VORWORT zur ersten Auflage

Diese Schrift ist nicht einer Partei zuliebe geschrieben worden, denn die Taufe ist keine Parteisache, sondern das Vorrecht aller Christen. Es sind die fortgesetzten Verteidigungsversuche der Kindertaufe in einigen vielgelesenen Blättern und Traktaten, die mich veranlaßten, in dieser Sache zur Feder zu greifen.

Ich möchte den mit der sogenannten Tauffrage beschäftigten Gläubigen Gelegenheit geben, auch einmal die andere Seite zu hören. Wenn von der einen Seite die kirchliche Sitte der Kindertaufe als die schriftgemäße Taufe verteidigt und den Gläubigen empfohlen wird, so haben wir, die wir die Unhaltbarkeit der Kindertaufe erkannten und uns darum schriftgemäß taufen ließen, gewiß auch ein Recht, unseren Standpunkt darzulegen.

Wer sich ein klares Urteil bilden möchte, sollte sich die Mühe geben, auch einmal ohne Vorurteile die Gründe derer anzuhören, die den kirchlichen Gebrauch der Kindertaufe aus Gewissensgründen verwerfen zu müssen glauben.

Möchte jeder, der diese Schrift liest, zu der Überzeugung kommen, daß nicht Schwärmerei und Unklarheit, nicht gesetzliches Wesen oder das Mißverstehen des äußeren Buchstabens der Heiligen Schrift uns dazu veranlaßte, uns als Gläubige in biblischer Weise taufen zu lassen, sondern ein ehrliches, nüchternes und gründliches Schriftstudium und die Liebe zu Gottes Wort und das Bewußtsein der persönlichen Verantwortlichkeit des einzelnen diesem Worte gegenüber.

Es gab einst nur eine Taufe. Aber der Feind der Wahrheit hat die Irrungen der Menschen dazu benutzt, diese kostbare Anordnung des Herrn zu einem Gegenstand des Streites und der Trennung zu machen.

In dieser Zeit der kirchlichen Verwirrung machen erfreulicherweise viele Gläubige ernst mit dem Grundsatz, in allen Fragen der Lehre und des Lebens nur die Heilige Schrift gelten zu lassen, nicht die menschlichen Überlieferungen.

Es ist selbstverständlich, daß darum auch viele anfangen, in der Tauffrage biblisch zu denken und zu handeln.

Zahlreiche Gläubige, ohne Unterschied der Parteien und Richtungen, sind auch in Deutschland bereits zu der urchristlichen Taufweise zurückgekehrt, und es ist keine Frage, daß in unserem Vaterlande, das ehedem der Ausgangspunkt jener mächtigen Täuferbewegung war, diese Wahrheit noch von vielen anerkannt werden wird.

Auch diese Schrift möchte im Blick auf die vielumstrittene Tauffrage mit Nachdruck den Grundsatz vertreten: Zurück zur Bibel! Zurück zur urchristlichen Lehre und Praxis!

In einzelnen Abschnitten geschichtlichen Inhalts sind ältere Aufsätze aus "Wahrheit in der Liebe" verwendet worden.

Den zweiten Aufsatz im Anhang verdanke ich meinem Freunde Naphtali Rudnitzky in Steglitz.

Berlin, im September 1913

W0355150

VORWORT zur zweiten Auflage

Die erste Auflage dieser Schrift (3000 Exemplare) war in kurzer Zeit vergriffen, doch verhinderten der Krieg und die ungünstigen Verhältnisse die längst geplante zweite Auflage.

Die vorliegende Ausgabe enthält im allgemeinen den Text der ersten, doch sind einige notwendige Ergänzungen hinzugefügt worden.

Heute ist die Herausgabe eines Buches mit großen Opfern verknüpft. Trotzdem hat sich das Casseler Verlagshaus dazu entschlossen. Möchten die Erwartungen reichlich erfüllt werden durch den Segen des Herrn, den wir erhoffen und erbitten!

Wiedenest, im September 1922 Johannes Warns

VORWORT zur Neuherausgabe

Ein Werk wie dieses nach fast 80 Jahren neu herauszugeben, muß begründet werden. Das Buch von Johannes Warns über die Taufe ist ein Klassiker, nach wie vor überzeugender und gründlicher als vieles, was vorher und nachher zu diesem Thema geschrieben wurde.

Johannes Warns (1874-1937), einer der ersten Lehrer der Allianz-Bibelschule Berlin und nach deren Umzug nach Wiedenest im Jahre 1919 ihr langjähriger Leiter, hat hier eine eingehende biblische und kirchengeschichtliche Untersuchung vorgelegt, die bei aller sachlichen Information bisweilen kämpferische Züge trägt - der Autor hat die Fragen in seinem eigenen Leben durchlitten. Für Johannes Warns stellt sich mit der Tauffrage die Frage nach der neutestamentlichen Gemeinde überhaupt. Uns begegnet hier die Überzeugung von der Gültigkeit der Heiligen Schrift auch in Fragen des gemeindlichen Lebens im Gegensatz zu einer Toleranz der Geschichte gegenüber, die die Gestalt Kirche in ihrem Gewordensein einfach hinnimmt. Wir sind der Überzeugung, daß das Werk von Johannes Warns sowohl in seiner Darlegung der biblischen Tauflehre als auch in seiner Schau der Gemeinde Jesu unveränderte Aktualität besitzt.

Es versteht sich von selbst, daß dieses Buch im Stil und in der literarischen Auseinandersetzung die Spuren seiner Zeit trägt. Daher wurde auch kein Versuch unternommen, sprachliche Anpassungen vorzunehmen oder neuere Literatur einzuarbeiten. Dies schmälert die Bedeutung des Werkes für einen heutigen Leser keineswegs. Wir wünschen und erbitten von Gott, daß das Buch, das seit seinem ersten Erscheinen für viele eine Orientierungshilfe darstellte, in einer Zeit des erneuten Fragens nach dem Wesen und der Gestalt der Gemeinde Jesu - und damit verbunden nach dem biblischen Zeugnis von der Taufe - weiterhin eine Segensspur hinterläßt.

Wiedenest, im Juni 1992 Hartwig Schnurr

I. Kapitel

Was lehrt die Heilige Schrift über die Taufe?

"Alle von Gott eingegebene Schrift ist auch nütze zur Überführung, zur Zurechtweisung, zur Unterweisung in der Gerechtigkeit, auf daß der Mensch Gottes vollkommen sei, zu jedem guten Werke vollkommen geschickt." 2.Tim.3,16.17.

"Gottes Wort läßt sich nicht mit Drehen und Deuteln umstoßen; es ist zu klar und zu gewaltig und besteht wider alles, was durch Menschen dawider aufgebracht wird." Luther.

"Christus sprach zu Männern, Frauen und Kindern, nicht zu Theologen, so sollten nicht theologische Künsteleien, sondern der Pulsschlag des lebenden Herzens bei der Beurteilung seiner Aussprüche maßgebend sein." Prof. Max Müller, Oxford.

Die Heilige Schrift allein darf in allen Fragen der Lehre und des Lebens unser Leitstern sein. Sie allein kann uns auch aus dem Wirrwarr der Meinungen zur gottgewollten Klarheit führen.

Wer darum über die vielumstrittene Frage der Taufe zu einer festen Überzeugung kommen möchte, sollte diesen wichtigen Gegenstand vor allem an der Hand der Heiligen Schrift erforschen.

Die Bibel ist für den Gläubigen nicht nur eine Sammlung geschichtlich zuverlässiger Urkunden vergangener Zeiten, sondern sie ist ihm die Urkunde der Offenbarung des lebendigen Gottes, göttliche Willenskundgebung und Wegweisung, darum unbedingte Autorität.

Ist sie nicht imstande, uns genügendes Licht über die Taufe zu geben, so müssen wir überhaupt darauf verzichten, je zur Klarheit zu kommen. Das wird aber wohl niemand zu behaupten wagen, dem die Bibel Gottes Wort ist. Darum gibt es keine Entschuldigung, wenn wir im unklaren bleiben, denn dazu ist uns die Heilige Schrift gegeben, daß wir in ihr forschen und mit jeder ungelösten Frage an sie herantreten. Über allen menschlichen Ansichten und Erklärungen sollte uns die Frage stehen: "Was sagt die Schrift? Wie steht geschrieben?"

Wenn wir so an das Neue Testament herantreten, um Licht über die Taufe zu empfangen, so werden wir finden, daß der Herr uns gemäß seiner Verheißung sein Licht und seine Klarheit nicht vorenthält.

Jesus Christus gebot nach seiner Auferstehung seinen Jüngern: "Geht hin und lehrt alle Völker und tauft sie in den Namen des Vaters und des Sohnes und des Heiligen Geistes und lehrt sie, alles zu bewahren, was ich euch geboten habe." (Matth.28,19.20.) Im 16. Kapitel des Evangeliums nach Markus lesen wir: "Geht hin in die ganze Welt und predigt das Evangelium der ganzen Schöpfung. Wer da glaubt und getauft wird, wird errettet werden; wer aber nicht glaubt, wird verdammt werden." (Mark.16,15.16.)[1]

---

1 Über die Echtheit des Taufbefehls vgl. Th. Zahn, Einleitung in das Neue Testament, II, S. 309.

In diesen Worten des Herrn lag ein dreifacher Auftrag für seine Boten: Verkündigung des Evangeliums, Taufe, Belehrung. Das Evangelium gilt allen Völkern der Erde, der ganzen Schöpfung. Darin liegt die Anweisung zur Evangelisation der Welt, aber weder eine Anweisung zur Christianisierung noch eine Verheißung der Bekehrung ganzer Völker. Denn der Herr nimmt "aus den Völkern" ein Volk für seinen Namen (Apg.15,14), d. h. durch das Evangelium wird ihm sein Volk gesammelt aus allen Nationen, Völkern und Zungen. Der Sinn des Wortes "Völker" oder "Nationen" wird vielleicht noch deutlicher durch die Übersetzung "Heiden". Gemeint sind jedenfalls alle Heiden (ohne irgendwelche nationale oder sprachliche Unterschiede) im Unterschied von dem Volke Israel. Es wird also an dieser Stelle (Matth.28,19) die frühere Anweisung (Matth.10,5) aufgehoben. Alle nun, die sich durch die Botschaft der Apostel und ihrer Nachfolger zu Jüngern anwerben und gewinnen lassen, sollen getauft werden. Alsdann sollen sie angewiesen werden, alles zu beobachten, was der Herr den Aposteln aufgetragen hat.

Das ist der Sinn des Missionsbefehls (Matth.28,19), den Luther durchaus richtig übersetzt hat. Die in den neuen Ausgaben der lutherischen Bibelübersetzung angebrachte "wörtlichere" Übersetzung ist nicht nur unnötig, sondern unrichtig. (S. Anhang 1.)

Eine nähere Anweisung über die Form der Taufe finden wir nicht. Heutzutage stellen sich unzählige unter "taufen" ein Besprengen oder Begießen mit Wasser vor. Eine solche Vorstellung war für die Apostel ausgeschlossen. Sie haben das "Taufen" nur als "Untertauchen" verstanden und verstehen können. (S. Anh. 2-4.)

Die Form der Taufe war ihnen bekannt. Sie hatten gesehen, wie Johannes taufte. Sie hatten selbst bereits getauft. Die Form der christlichen Taufe war keine andere als die des Johannes. Die Verschiedenheit liegt in ihrer Anwendung und Bedeutung.

Schon das vorchristliche Judentum kannte Taufbäder in Form des Untertauchens, die levitischen Reinigungsbäder (z.B. 3.Mose 14,8.9) und die Taufe der zum Judentum übertretenden Heiden, die sogenannte Proselytentaufe.[2] Sodann die Taufe des Johannes, bei dem der Vollzug

---

2 Der Eintritt eines Heiden in das Judentum erfolgte nach vorangegangener Belehrung durch Beschneidung und Taufe. Eigentlich sind es drei Stücke, die zu beobachten sind: Beschneidung, Tauchbad, wohlgefällige Annahme, bezw. Darbringung eines blutigen Opfers im Tempel oder Fasten, Beten und Almosen (vgl. Dr. Alfred Seeberg, Die Taufe im Neuen Testament; Dr. Alfred Jeremias, Babylonisches im Neuen Testament, S. 75).

Die Mischnah (Lehrsätze des Talmud) unterscheidet deutlich: 1. Milah = Beschneidung; 2. Tebila = Taufe; 3. Opfer. Daher heißt es auch im Talmud, Kerithot 9a: "Eure Väter sind nicht in den Bund aufgenommen worden, außer durch Beschneidung und Tauchbad und Blutbesprengung, so sollen auch sie nicht aufgenommen werden, außer durch Beschneidung und Tauchbad und Blutbesprengung." (Vgl. "Der Ölberg", 10. Jahrg. Nr. 2, S. 44, Vierteljahrsschrift von Naphtali Rudnitzky.) Die Proselytentaufe war eine einmalige, während die levitischen Reinigungen und Waschungen wiederholt und auch ohne Taufe vollzogen wurden. In den levitischen Reinigungen handelte es sich um Reinigung des Leibes (vgl. 1. Petri 3,21) zum Zwecke einer gottesdienstlichen Handlung. Solche mancherlei Taufen (Hebr. 9,10; 6,1.2) waren schon lange vor dem Auftreten Johannes des Täufers üblich. Sie werden noch heute geübt. In ihnen ist der Ursprung der Proselytentaufe zu suchen. In der Form lehnt sich Johannes in seiner Taufe an diese Taufen an, aber indem er Juden tauft,

der Taufe so innig mit seiner Verkündigung verbunden war, daß er den Namen "der Täufer" erhielt. Das Neue war nicht die Tatsache, daß er taufte, sondern daß er Juden taufte (Matth.3,9), womit er sie als unrein und untauglich zum Eintritt in das messianische Reich erklärte, während viele schon als leibliche Söhne Abrahams ein Anrecht darauf zu haben glaubten. Ohne die Anerkennung der eignen Unreinheit und ohne eine wirkliche Sinnesänderung gibt es keine Teilnahme an den messianischen Verheißungen. Nur das Gericht bleibt den Unbußfertigen. Wer nun durch die Worte des Johannes überzeugt wurde von der eignen Unwürdigkeit, gab dem Urteil Gottes recht, das er durch den Mund seines Propheten über alles Fleisch verkünden ließ, indem er seine Sünden bekannte (Matth.3,6; Mark.1,5) und seiner Gesinnungsänderung feierlich und öffentlich Ausdruck verlieh durch die Taufe, denn diese stellte das Gericht über das bisherige Leben und Wesen dar. Zugleich wies Johannes hin auf den, der nach ihm kommen und mit Geist und Feuer taufen würde. Die Taufe des Johannes, zu der er von Gott beauftragt war (Matth.21,25), war also mehr als eine nur äußere levitische Reinigung, sie war vielmehr die äußere Darstellung eines inneren Vorganges: der Anerkennung des göttlichen Gerichts über alles Fleisch. Zugleich war sie aber auch ein Unterpfand der Sündenvergebung, welche Gott jeder wahren Sinnesänderung verheißen hat. Diese Sündenvergebung ist aber nur ermöglicht worden durch das Opfer des Lammes, das der Welt Sünden trug und in seiner eignen Taufe durch Johannes den Platz des Sünders einnahm.[3] Die Taufe des Johannes war also sozusagen eine

---

vertieft er die Bedeutung dieser feierlichen Handlung, die im Hinblick auf den Messias und auf göttliche Ordnung (Matth. 21,25; Luk. 7,30) vollzogen wird.

Die Bemerkung Steinmeyers (Beiträge zur Christologie, Bd. I, S. 36) behält darum trotz dieser äußeren Gleichheit in der Form der Taufe ihre volle Richtigkeit, wenn er sagt: "Ohne verheißen zu sein, trat die Taufe überraschend und unerwartet in der Fülle der Zeit hervor. Unterwerfung verlangt sie, aber keine Reflexion. Jede Reflexion würde so töricht sein, wie es die des Syrers Naeman war. Als einen Gottesrat (Luk. 7,30) führt sie sich ein. Aber bei jedem Ratschluß Gottes greift die Frage Platz: Wer hat des Herrn Sinn erkannt, oder wer ist sein Ratgeber gewesen? Gleichwie es Gott gefallen hat, die Welt durch törichte Predigt zu retten (1. Kor. 1,21), geradeso war es sein 'Wohlgefallen', daß er die 'rettende Taufe', dies unscheinbare, von Schriftgelehrten verachtete Rettungsmittel, geordnet hat." (Vgl. Matth. 28,19.20, wo auch Predigt und Taufe zusammen genannt sind.)

3 Jesus begehrt für sich selbst die Taufe von Johannes. Nicht weil er Israelit war, unterzog er sich dieser Taufe Israels, nicht als Angehöriger eines sündhaften Volkes. Er tat es, um alle Gerechtigkeit zu erfüllen, die er nach Gottes Ratschluß und Willen erfüllen sollte. Trefflich erklärt Steinmeyer (Christologie I, S. 38): "Aus tiefinnerstem Impuls, voller Ahnung, daß der Vater mit ihm handeln wird, begehrt er von dem Täufer dessen Dienst. Johannes gehorcht und vollzieht den erschütternden Akt. Er, der Täufer, sollte ihn hernachmals verstehen; der Täufling selbst versteht ihn sofort. Die Wasser schlagen über seinem Haupte zusammen, er fühlt, er weiß sich zum Messias geweiht, zum Messias, der durch Leiden des Todes vollendet werden soll. "Fluten überladen ihn" (Ps. 69,2), mit aufgedecktem Auge überschaut er seinen Lauf, der dem Symbol durchaus und vollkommen entspricht." Die Taufe Jesu ist also seine Bereitschaftserklärung zum Leiden und Sterben. Er hat "kraft der Taufe im Jordan die Todesweihe empfangen". Es ist bezeichnend, daß Jesus später zweimal seinen Leidens- und Sterbensweg seine Taufe nennt. (Luk. 12,59; Mark. 10,38.) "Seine Taufe im Jordan hatte dem Herrn das Auge über den Lauf des Messias aufgetan. Sie war das Symbol, das ihm das Leiden des Todes geweissagt hat. Sie bot sich ihm dar als das zutreffende Gleichnis, da er die Zeit der Erfüllung im Anbruch sah.

Vorbereitung auf die Taufe des Messias, ein Hinweis auf den, der die Sündenvergebung gibt, der das Alte wirklich beseitigt und das Neue, den Heiligen Geist, mitteilt.

Darum ist ein sehr großer Unterschied zwischen der Taufe des Johannes und der christlichen Taufe.

Johannes taufte "bußfertige" Sünder, die ihre Sünden bekannten (Matth.3,6); die Jünger Jesu tauften nach Pfingsten "Glaubende" zur Zueignung oder zur Besiegelung der erlangten Vergebung (Apg.2,38). Die Taufe des Johannes wies vorwärts auf das Lamm Gottes, die Taufe der Apostel rückwärts auf das vollbrachte Opfer des Lammes. Johannes fordert Gesinnungsänderung; die Apostel fordern nicht nur Gesinnungsänderung, sondern auch den Glauben an Jesum als den Messias und Herrn. Das Kreuz, die Auferstehung und die Erlösung des Herrn sind die großen Tatsachen, die sie verkündigen, während Johannes auf sie hinwies. In dieser vorwärtsweisenden Bedeutung sind auch die Taufen zu werten, die Jesus vor seiner Verherrlichung vollzog oder durch seine Jünger vollziehen ließ.[4]

Daß es sich bei der christlichen Taufe nach Pfingsten um eine, wenn auch in der Form gleichartige, so doch im Wesen durchaus andersartige Taufe handelt, ist überflüssig zu sagen. Die feierliche Anordung (Matth.28,19.20 und Mark.16,15.16) läßt dies deutlich erkennen.

Der Auferstandene hat die Taufe ausdrücklich angeordnet. Auf seine Anweisung, nicht auf eine Anordnung der Apostel geht sie zurück. Noch viel weniger ist sie eine gewohnheitsmäßige Fortsetzung der Taufen von Pfingsten. Wir wollen hier dahingestellt sein lassen, ob die Worte bei Matthäus und Markus eine kurze und knappe Zusammenfassung einer

---

Also gründlich verstanden, also gründlich begriffen hat Jesus die Taufe, die er empfängt. Er zuerst, er unmittelbar. Irgendwie aber demnächst auch der Mann, welcher sie an ihm vollzieht. In das 'laß es jetzt zu' hat er sich gefügt: er erkennt auch den Grund. Schon am anderen Tage ist er ihm klar. Als Prophet und 'mehr als Prophet' bricht er in die Worte aus: 'Siehe das Lamm Gottes, das hinwegnimmt die Sünde der Welt.' Der Taufakt hat auch ihm das Auge aufgetan." (Steinmeyer, Christologie I, S. 39.) So wußte also Jesus, was der Vater über ihn beschlossen hatte, und mit dem festen Blick auf seinen Tod und sein stellvertretendes, versühnendes Leiden beginnt Jesus nun seine messianische Laufbahn. Er ist das Lamm Gottes, das den Platz des Sünders einzunehmen willig ist. Dieser Bereitwilligkeit - "Siehe, ich komme, o Gott, zu tun deinen Willen!" (Hebr. 10,7) - gab er Ausdruck, indem er Johannes um die Taufe bat und sich taufen ließ. Er, der die Sünden der Welt trug, erklärte sich in seiner Taufe bereit, den Tod zu erdulden und das Gericht über die Sünde an sich vollziehen zu lassen. Das ist die Bedeutung der Taufe Jesu.

4 In den drei Stellen bei Johannes (Joh. 3, 22.26; 4,2), in denen berichtet wird, daß Jesus taufte oder taufen ließ, scheint ein Widerspruch vorzuliegen. Zuerst wird berichtet, daß Jesus taufte; in der zweiten wird dem Johannes diese Mitteilung gemacht; die dritte Nachricht scheint die beiden anderen dahin zu erklären, daß Jesus die Wassertaufe nicht selbst vollzog, sondern sie durch seine Jünger vollziehen ließ. Aber ob nicht mit Recht angenommen werden darf, daß Jesus, der nach Joh. 4,1 mehr Jünger machte und taufte als Johannes (also die Taufe mit der Jüngerschaft verband), zunächst seine ersten Jünger selbst taufte (soweit sie nicht schon von Johannes getauft worden waren) und sie dann in seinem Namen beauftragte zu taufen? So würde sich der scheinbare Widerspruch lösen und zugleich eine Antwort auf die Frage gegeben sein: Waren sämtliche zwölf Jünger getauft? Wenn Jesus überhaupt taufte oder taufen ließ, die er dann zu Jüngern machte, ob er dann einige der zwölf von dieser Regel ausnahm? Das ist undenkbar.

Menge von Gedanken und Worten Jesu sind, oder ob hier buchstäblich niedergeschriebene Aussprüche vorliegen, das Resultat ist dasselbe. Jesus hat seinen Jüngern in den vierzig Tagen nach seiner Auferstehung Belehrungen, Anweisungen, Richtlinien gegeben (Apg.1,3) und dabei selbst die Taufe angeordnet als der Herr seiner Gemeinde, dem die Macht gegeben ist und der seinen Jüngern seine Gegenwart bis zur Vollendung des Zeitalters verheißen hat.

Soviel ist sicher, aus dem sogenannten Missionsbefehl kann die Taufe nicht entfernt werden.

Am Anfang der Apostelgeschichte berichtet uns Lukas den feierlichen Abschied Jesu von seinen Jüngern, wodurch die Erscheinungen während der vierzig Tage ihren Abschluß fanden. Es sind dabei überaus wichtige Anweisungen gegeben und Verheißungen ausgesprochen worden: Der Missionsauftrag an die Jünger, bis an die Enden der Welt zu gehen; die Verheißung des Heiligen Geistes als Ausrüstung zu diesem Zeugendienst und die Zusage der persönlichen Rückkehr des verherrlichten und erhöhten Christus zu den Seinen.

Die Jünger sollen warten auf den Heiligen Geist, die Verheißung des Vaters (vgl. Luk.24,49; Apg.2,33), "denn Johannes taufte zwar in Wasser, ihr aber werdet in Heiligen Geist getauft werden nach nunmehr nicht vielen Tagen" (Apg.1,5). Schon Johannes, der Herold des Kommenden, hatte diese Tat des Größeren, dem er den Weg bereitete, angekündigt:

"Ich schaute den Geist wie eine Taube aus dem Himmel herniederfahren, und er blieb auf ihm. Und ich kannte ihn nicht; aber der mich sandte, in Wasser zu taufen, der sprach zu mir: Auf welchen du sehen wirst den Geist herniederfahren und auf ihm bleiben, dieser ist es, der in Heiligen Geist tauft. Und ich habe gesehen und habe bezeugt, daß dieser der Sohn Gottes ist." (Joh.1,32-34.)

Der Anbruch einer neuen Zeit soll geschehen durch die Sendung des Heiligen Geistes für alle Gläubigen. Und diese Ordnung können wir überall in der Apostelgeschichte beobachten: zuerst Glaube an den Herrn Jesus Christus, dann Empfang des Heiligen Geistes.

Die Sendung des Heiligen Geistes ist die Krone und die Herrlichkeit des erhöhten Erlösers.

Diese Sendung ist einmal geschehen und kann nicht wiederholt werden.[5]

Der Heilige Geist ist jetzt da, wirksam in der Gemeinde, dem einen Leibe, in den die einzelnen Gläubigen hineingetauft werden (1.Kor.12,13), eingegliedert werden.

---

5 Die Ausgießung des Heiligen Geistes war eine einmalige. Sie braucht nicht wiederholt zu werden. Der Gläubige erlebt "sein Pfingsten" (wenn man diesen unbiblischen Ausdruck anwenden will) in der Stunde seiner Wiedergeburt. Diese "Geistesmitteilung" ist eine einmalige Erfahrung, die nicht wiederholt werden muß noch kann. Die Ausdrücke: "Unser Pfingsten", "Geistestaufe", "Krafttaufe" sind nicht schriftgemäß.

Seit Pfingsten werden die Leute weder in der Apostelgeschichte noch in den apostolischen Briefen aufgefordert, auf den Heiligen Geist zu warten und um ihn zu bitten oder "ihr Pfingsten" zu suchen.

Die Sendung des Geistes bedeutet die Erfüllung alttestamentlicher Verheißungen, die alle mit dieser einen, der Verheißung des Vaters, zusammenhängen, denn der Heilige Geist ist die göttliche Lebensmacht, wodurch die ersehnte und geweissagte Umwandlung und Erneuerung, Reinigung und Heiligung wirklich zustandekommt.

Eine solche Erneuerung gab es im Alten Bunde nicht. Sie konnte vorgebildet werden durch Beschneidung, Opfer und Waschungen, aber sie wurde durch alle diese Handlungen nicht bewirkt.

Auch die Taufe des Johannes konnte dies nicht bewirken. Sie war vielmehr eine öffentliche sichtbare Dokumentierung der Unvollkommenheit aller menschlichen Anstrengungen früherer Jahrhunderte, auf dem Wege des Gesetzesbeobachtung (also in eigner Kraft) zu dieser sittlichen Erneuerung zu kommen. Sie bedeutete das Gericht über alles Fleisch, und darum wies sie hin auf den, der in Geist und in Feuer taufen werde.

Die Taufe des Johannes hatte die Unwürdigkeit und Unfähigkeit des natürlichen Menschen bezeugt; aber Johannes konnte kein Leben, keine Kraft geben an Stelle der unzulänglichen eignen Kraft.

Jetzt verheißt der Auferstandene seinen Jüngern diese Kraft, die ihnen fehlte: "Ihr werdet Kraft empfangen, wenn der Heilige Geist auf euch gekommen ist, und ihr werdet meine Zeugen sein." Zum letzten Male stand er sichtbar im Kreise seiner Jünger, im Begriff, das Werk der Erlösung durch die Sendung des Geistes zu krönen und zu vollenden. Denn der Heilige Geist eignet die Erlösung zu, teilt das Leben des Auferstandenen mit und versiegelt dem einzelnen persönlich die Tatsache der Wiedergeburt. Denn erst an jenem Tage der Pfingsten sind die Jünger im Sinne des Neuen Testaments wiedergeboren worden und als die ersten zu einem Leibe (oder "in einen Leib") getauft, in den der Heilige Geist seitdem alle die einfügt, die er durch das Wort der Wahrheit zu Christo führen kann.

Alle wirklich Gläubigen (im Sinne des Neuen Testaments) haben den Heiligen Geist empfangen, und "wer Christi Geist nicht hat, der ist nicht sein Eigentum". Dieser Geist ist der Geist des Lebens. Ohne ihn ist der Mensch, auch der religiöse, tot. Dieser Geist ist der Geist der Kraft. Ohne ihn hat niemand eine Möglichkeit des Sieges über die Sünde und niemand die Berechtigung und Befähigung zum Dienst für den Herrn, auch keine Ausdauer im Leiden. Dieser Geist versiegelt uns die Kindschaft. Er allein leitet in alle Wahrheit, und kein Studium kann dafür einen Ersatz bieten. Er wirkt in allen Gläubigen und verbindet sie zu einer Einheit. Denn es ist nur ein Leib (Eph.4,4), die Gemeinde (Kol.1,24). Ohne den Geist wäre die christliche Gemeinde nicht.

Durch die Taufe des einzelnen Gläubigen in den Heiligen Geist wird aber die Taufe in Wasser nicht überflüssig gemacht, sonst hätten die Apostel den Herrn nicht verstanden. Die Apostelgeschichte berichtet, daß gleich die erste öffentliche Versammlung am Pfingsttage durch Petrus die Bekehrung und Taufe von dreitausend Zuhörern zur Folge hatte, denn "die sein Wort aufnahmen, ließen sich taufen."

Die dreitausend Täuflinge waren solche, denen die Botschaft des Apostels durchs Herz gegangen war, und die darum fragten: "Was sollen wir tun, Brüder?" Der Glaube war vorhanden, und daraufhin wurden sie getauft.[6]

Aus dem Bericht der Apostelgeschichte über die Wirkung der ersten öffentlichen Evangeliumsverkündigung mit nachfolgender Taufe am Pfingsttage ersehen wir, wie die Apostel die Anweisung des Herrn Matth. 28,19.20 auffaßten und ausführten.

Die Reihenfolge der Handlungen ist deutlich:

Matth. 28,19.20	**Apg. 2,14-42**
I. Lehret! (Wörtlich: Machet oder werbet zu Jüngern!)	I. Verkündigung der Heilstatsachen und Aufforderung zur Annahme des Messias (V. 14-36) Mahnung zur Buße und Aufforderung zur Taufe, sowie Verheißung der Sündenvergebung, der Geistmitteilung (V. 38.39). Abermalige ernste Aufforderung und Ermahnung (V. 40)
II. Taufet!	II. Taufe derer, die das Wort gern annahmen (V. 41)
III. Lehret sie zu bewahren alles, was ich euch befohlen habe!	III. Sie verharrten aber in der Lehre der Apostel und in der Gemeinschaft, im Brechen des Brotes und im Gebet (V. 42)

Nach diesem ausführlichen Bericht sind alle späteren kürzeren Berichte der Apostelgeschichte zu beurteilen.

Ebenso wurden die Männer und Frauen in Samarien (Apg.8,12) getauft, nachdem sie zum Glauben gekommen waren.

Sie hörten einmütig zu (V. 6); große Freude herrschte in der Stadt (V.8); und in Jerusalem vernimmt man die Nachricht, daß "Samarien das Wort Gottes angenommen habe" (V. 14). Philippus tauft "Männer und Weiber" (V. 12.13.16.)

Daß die Apostel aber erst von Jerusalem kommen müssen und gleichsam die Aufnahme der Samariter in die Gemeinde legitimieren müssen,

6 Wenn Professor Althaus behauptet, daß die Täuflinge den Heilsglauben noch nicht gehabt hätten, so entgegnet ihm Bunke (der Lehrstreit ..., S. 95) mit Recht: "Der tiefste Grund für die Bestreitung des Heilsglaubens bei den Getauften des Neuen Testaments ist die vorausgefaßte dogmatische Meinung, daß durch das Wort die Gnade Gottes nicht zugeeignet, sondern nur angeboten werde. Die Zueignung geschehe lediglich durch die Sakramente. Petrus und die anderen Apostel haben gewiß von denen, die die Taufe begehrten, angenommen, daß der Heilige Geist den Glauben in ihnen gewirkt habe."

geschieht in diesem Ausnahmefall darum, weil der Zusammenhang mit der Urgemeinde gewahrt werden und der neue Anfang in der gottgewollten Stufenfolge der Evangeliumsverkündigung (Apg.1,8) von den Aposteln selbst anerkannt werden sollte.

Der äthiopische Eunuch sagte zu Philippus (Kap.8,36.38): "Siehe, da ist Wasser, was hindert mich, getauft zu werden? Und sie stiegen beide in das Wasser hinab, sowohl Philippus als der Eunuch; und er taufte ihn. Als sie aber aus dem Wasser heraufstiegen, entrückte der Geist des Herrn den Philippus; und der Eunuch sah ihn nicht mehr, denn er zog seinen Weg mit Freuden." (V. 39)

Im 35. Verse hieß es: "Und er verkündigte ihm das Evangelium von Jesu." Wahrscheinlich ist dabei auch die Taufe erwähnt worden, wie hätte der Eunuch sonst die Bitte um die Taufe ausgesprochen![7]

Auch von Paulus wird berichtet (Apg.9,18), daß er, als er wieder sehend wurde, aufstand und sich von Ananias taufen ließ. Er selbst berichtet später, daß Ananias zu ihm gesagt habe: "Und nun, was zögerst du? Stehe auf und laß dich taufen und deine Sünden abwaschen und rufe seinen Namen an!" (Kap.22,16)

Die Schar der Zuhörer im Hause des Hauptmanns Cornelius in Cäsarea empfing den Heiligen Geist durch die gläubige Aufnahme des Wortes. Und doch hielt Petrus die Wassertaufe nicht für überflüssig, sondern erklärte: "Könnte wohl jemand das Wasser verwehren, daß diese nicht getauft würden, die den Heiligen Geist empfangen haben gleichwie auch wir?" Und er befahl, daß sie getauft würden in den Namen Jesu Christi. (Kap.10,47.48)

Von diesen Gläubigen sagt Petrus später selbst, daß sie das Wort des Evangeliums hörten und glaubten, und daß der Herr ihre Herzen durch den Glauben gereinigt habe. (Kap.15,7-9)

Auch in den übrigen Stellen der Apostelgeschichte ist der Glaube die Voraussetzung der Taufe. Lydia hörte zu, der Herr tat ihr das Herz auf, und nachdem sie und ihre Hausgenossen getauft worden waren, bat sie die Apostel, zu ihr einzukehren, "wenn ihr urteilt, daß ich an den Herrn gläubig bin." (Kap.16,14.15) Die übrigen Gläubigen scheinen nach V.40 Brüder gewesen zu sein.

Dem Kerkermeister wurde zuerst das Wort des Herrn gesagt samt allen, die in seinem Hause waren. Dann wurde die Taufe an ihnen vollzogen, denn der glaubte[8] an Gott mit seinem ganzen Hause. (Kap.16,32-34)

---

7 Die Lesart einiger Handschriften, die hier den Zusatz haben: "Philippus sprach: Glaubst du von ganzem Herzen, so mag es wohl sein. Er antwortete: Ich glaube, daß Jesus Christus Gottes Sohn ist", ist wohl nicht ursprünglich, jedoch sehr alt, denn schon Irenäus kennt sie, und sie beweist, daß man jedenfalls damals den Glauben als Bedingung der Taufe festhielt und darum die Nötigung zu dieser erklärenden Zufügung empfand.

8 Pastor Edelhoff erhob Einspruch gegen diese meine Ausführungen, indem er übersetzt: "Er freute sich mit seinem ganzen Hause, daß er (!) an Gott gläubig geworden war." Diese psychologische und auch exegetische Unmöglichkeit wird schon in Meyers Kommentar (1888) von D. Wendt abgelehnt, der natürlich "mit seinem ganzen Hause" (*panoikei*) und "glaubend" (*pepisteukôs*) miteinander verbindet. Man vergleiche dazu Strack-Zucklers Kommentar und Dr. Lechlers Ausführungen in Langes Bibelwerk.

Krispus, der Synagogenvorsteher in Korinth, wurde gläubig mit seinem ganzen Hause; und viele der Korinther, welche zuhörten, glaubten und wurden getauft. (Kap.18,8)

Die Jünger in Ephesus (Apg.19,1ff), eigentlich Jünger Johannes des Täufers, waren wahrscheinlich jüdische Proselyten, die auf den kommenden Messias hin getauft waren.

Ihre Stellung zu Christo war nicht die der Gläubigen nach Pfingsten. Paulus muß das an ihnen bemerkt haben, daher seine Frage. Die Jünger nahmen die Worte von dem Glauben an Christum Jesum auf und ließen sich taufen auf (oder in) den Christus (Messias) Jesus.

Aus der Apostelgeschichte ist zu ersehen, daß die Taufe an allen, die gläubig wurden, ohne Ausnahme vollzogen wurde. Der Glaube war stets die Voraussetzung der Taufe. Sie geschah durch Untertauchen (vgl. bes. Kap.8,38.39). Sie teilte nicht den Heiligen Geist mit, bewirkte auch nicht die Wiedergeburt, war also kein Sakrament in kirchlichem Sinne. (Vgl. bes. Kap.10,46) Die Ausübung der Taufe war nicht das Vorrecht einzelner Inhaber eines besonderen Gemeindeamts. (Vgl. Kap.9,12.18) Die Forderung der Taufe war eng verknüpft mit der vorangehenden Verkündigung des Evangeliums. (Vgl. Kap.2,38; 8,35.36; 22,16)

Wenden wir uns nun zu den Briefen der Apostel.

Eine klare Auseinandersetzung über den tiefen Sinn und die praktische Bedeutung der Taufhandlung finden wir zunächst im sechsten Kapitel des Römerbriefes.

Römer 6,1-11:

"Was sollen wir nun sagen? Sollten wir in der Sünde verharren, auf daß die Gnade überströme? Das sei fern! Wir, die wir der Sünde gestorben sind, wie sollen wir noch in derselben leben? Oder wißt ihr nicht, daß wir, so viele in Christum getauft wurden, in seinen Tod getauft worden sind? So sind wir nun durch ihn begraben worden durch die Taufe in den Tod, auf daß, gleichwie Christus aus den Toten auferweckt worden ist durch die Herrlichkeit des Vaters, also auch wir in Neuheit des Lebens wandeln. Denn wenn wir mit ihm eins gemacht worden sind in der Gleichheit seines Todes, so werden wir es auch in der seiner Auferstehung sein, indem wir dies wissen, daß unser alter Mensch mitgekreuzigt worden ist, auf daß der Leib der Sünde abgetan sei, daß wir der Sünde nicht mehr dienen. Denn wer gestorben ist, ist freigesprochen von der Sünde. Wenn wir aber mit Christo gestorben sind, so glauben wir, daß wir auch mit ihm leben werden, da wir wissen, daß Christus, aus den Toten auferweckt, nicht mehr stirbt; der Tod herrscht nicht mehr über ihn. Denn was er gestorben ist, ist er ein für allemal der Sünde gestorben; was er aber lebt, lebt er Gott. Also auch ihr, haltet euch der Sünde für tot, Gott aber lebend in Christo Jesu."

Der Apostel nennt die Taufe ein Begräbnis mit Christo. Die Eintauchung des Gläubigen in das Wasser ist ein Bild seiner Eintauchung in den Tod Christi, um zu zeigen, wie vollkommen er mit Christo in seinem Tod identifiziert ist. Er wird angesehen als einer, der mit Christo gestorben ist. Wie Christus ein für allemal der Sünde gestorben ist, so mit ihm der wirklich an ihn Glaubende; denn ist einer für alle gestorben, so sind sie und mit ihm alle gestorben, auf daß die, so da leben, hinfort nicht mehr sich selbst leben, sondern dem, der für sie gestorben und auferstanden ist. (2.Kor.5,14.15) Durch die einmalige Handlung der Taufe wird öffentlich bekundet, daß wir ein für allemal die Stellung in der Gnade Gottes einnehmen, als tot für die Sünde, lebend in Christo. Gott sieht den Gläubigen an als mit Christo gekreuzigt, gestorben, begraben und auferstanden aus dem Grabe, vereinigt mit Christo, um ewig für Gott zu leben. In der Tat ist der Gläubige versetzt in die Lebenssphäre des auferweckten und erhöhten Christus. Er ist "in Christo Jesu", wie Paulus in oft gebrauchter, schlichter, aber tiefsinniger Formel den Christenstand zu bezeichnen liebt. Sind wir - was in der Taufe zur Darstellung kommt - zusammengepflanzt mit Christo zur Gleichheit seines Todes, so steigen wir auch aus dem Grabe empor, um als Auferstandene zu leben mit ihm. (V. 15) Das Alte ist vergangen. Der Gläubige lebt auf einem neuen Boden, auf den er durch den Glauben versetzt ist, was er durch die Taufe ausdrückt und bekennt.

Darin liegt der große praktische Wert der Taufe für des Heiligungsleben des Gläubigen. Sie war ihm ein vom Herrn gewollter zusammenfassender Ausdruck des inneren Erlebnisses des Gläubigen und seiner gottgeschenkten neuen Stellung.

Dieses Vorrecht und Bekenntnis blieb ihm eine ständige Erinnerung an den Übergang aus dem Tode in das Leben, seiner Absage an Welt und Sünde und seiner Hingabe an den Herrn.[9]

Aus dieser Erkenntnis der Wirkung des Todes Christi, durch den der Gläubige nicht nur freigesprochen ist von der Schuld der Sünde, sondern auch freigemacht ist von der Macht der Sünde, leitet nun der Apostel den praktischen Wandel in Neuheit des Lebens ab. Christus starb nicht nur für meine Sünden, sondern auch ich starb der Sünde in seinem Tode. Im Glauben erfaßte ich es, und in der Taufe bezeugte ich es: Ich bin mit Christo gestorben. So wird durch die Taufe unser Blick auf das Werk Christi gelenkt. Sie ist nicht mein Werk, sondern in ihr erkläre ich, daß ich mit meinen eignen Werken zu Ende gekommen bin und damit aufhöre wie ein Toter, daß ich aber mein Leben, meine Kraft, ja, jede Segnung dem Christus zuschreibe und verdanke, der für mich gestorben, ja, vielmehr, der für mich auch auferstanden ist. Die Taufe ist eine öffentliche, sichtbare Anerkennung des Todes Christi und seines Kreuzes, durch das auch ich der Welt gekreuzigt sein will. Welch eine Verantwortung fühlt darum der Getaufte, nun auch dem Bekenntnis seiner Glaubenserfahrung gemäß zu leben! So ist die Taufe ein mächtiger Faktor der praktischen Heiligung, natürlich die Taufe eines Gläubigen. Ohne persönlichen Glau-

---

9 Prof. D. Deißmann bemerkt treffend: "Ebenso haben die antiken Christen die mystische Bedeutung der einzelnen Akte der Taufe auf das Sterben, Begrabenwerden und Auferstehen mit Christo leicht verstehen können, weil sie, als Erwachsene getauft, eine unzerstörbar lebendige Erinnerung an ihre durch ein Untertauchen vollzogene Taufe hatten." (Paulus, S. 108)

ben des Täuflings würde die Taufe nur eine wesenlose Zeremonie sein. (s. Anhang 5.)

Mit diesen wichtigen Aussagen des Römerbriefes eng verwandt sind die Verse 11 und 12 im zweiten Kapitel des Kolosserbriefes:

"In welchem (d.i. Christus) ihr auch beschnitten worden seid mit einer nicht mit Händen geschehenen Beschneidung, in dem Ausziehen des Leibes des Fleisches, in der Beschneidung des Christus, mit ihm begraben in der Taufe, in welcher ihr auch mit auferweckt worden seid durch den Glauben an die wirksame Kraft Gottes, der ihn aus den Toten auferweckt hat."

Die lebenskräftige Verbindung des Gläubigen mit Christo beruht auf seiner Gemeinschaft mit dem gekreuzigten, begrabenen und auferstandenen Christus, die der Glaube vermittelt.

Durch die Todesgemeinschaft mit ihm stirbt der Mensch der Welt und Sünde (vgl. V. 20); es vollzieht sich durch den Glauben eine wirkliche Lostrennung von dem, was früher das Lebenselement des Menschen war. Das ist die Beschneidung, "nicht mit Händen gemacht", die im Unterschied zu einer äußeren die wirkliche Reinigung, Heiligung und Absonderung bewirkt. Aus dem Tode zum Leben (V. 13), das ist der Weg, den jeder Gläubige durch die Kraft Gottes geführt wird. Dieses Erlebnis der erlangten Sündenvergebung und des Empfanges des ewigen Lebens ist bedingt durch die gläubige Aneignung des in V. 14.15 geschilderten Werkes Christi. Sie ist der Anfang des persönlichen Christentums im neutestamentlichen Sinne.

Dieses Erleben der umwandelnden, erneuernden Kraft Gottes ist von tief einschneidender Wirkung. Der Mensch sieht sich herausgerissen aus seiner bisherigen Welt, sein Leben erhält eine andere Richtung, ein anderes Ziel. Das Alte ist vergangen, es ist alles neu geworden. Auf Grund dieser Glaubenserfahrung, durch die sich der Mensch für immer mit Christo verbunden weiß, wird nun durch die Taufe bezeugt: Ich bin mit ihm gestorben, begraben, auferstanden. So gewiß wie diese feierliche Handlung an mir vollzogen wird, so gewiß habe ich das, was diese Handlung darstellt, im Glauben durch Gottes Gnade erfahren.

Einst "außer Christo", jetzt "in Christo", eins gemacht mit ihm. Das ist es, was durch die Taufe bezeugt wird.

Der normale Zeitpunkt der christlichen Taufe wäre darum bald nach dieser grundlegenden Glaubenserfahrung. Darum finden wir auch, daß in der Apostelgeschichte die Gläubiggewordenen alsbald getauft werden. Heute versäumen viele infolge falschen Beispiels und falscher Belehrung diesen Zeitpunkt.

Aber darum verlieren die Gläubigen nicht das köstliche Vorrecht auch bei späterer Erkenntnis, dem Wunsche ihres Herrn und Hauptes zu folgen und die wunderbare Erfahrung von Kol.2,13 durch eine biblische Taufe zu bezeugen.

Weitere Ausführungen über die Taufe finden wir in mehreren anderen Briefen des Neuen Testaments. Daraus ist zu ersehen, wie von den Aposteln bei den verschiedensten praktischen Anlässen des christlichen

Glaubens- und Gemeinschaftslebens auf die Taufe Bezug genommen wurde.

Für den, der seine Taufe mit Bewußtsein erlebt hat, der sich freiwillig taufen ließ[10], hat die Erinnerung an die Taufe eine große praktische Bedeutung.

Wie mannigfaltig waren doch die Anlässe zur Erwähnung der Taufe!

Redet der Apostel zum Beispiel vom Sieg über die Sünde, so erinnert er die Gläubigen daran, daß sie der Sünde gestorben seien, indem sie mit Christo der Welt und der Sünde gestorben seien, was ihre Taufe bezeugte.(Röm.6,3.4)

Wenn er die Gläubigen ermahnt, die Einheit im Geiste festzuhalten durch das Band des Friedens, so erinnert er sie an die eine Taufe, durch die sie alle zu einem Leibe (oder: in einen Leib hinein) getauft wurden. (Eph.4,1-6; 1.Kor.12,13)

Will der Apostel dem Parteiwesen wehren, so erinnert er die Leser an die Tatsache, daß sie durch die Taufe Christo angehören, denn sie seien nicht in Pauli Namen getauft. (1.Kor.1,12-16)

Die Erinnerung an ihre Taufe ruft den Gläubigen die Tatsache ins Gedächtnis zurück, daß das Alte vergangen ist, daß sie abgewaschen, gerechtfertigt, geheiligt wurden durch die rettende Gnade Gottes (1.Kor.6,11), dessen Söhne sie geworden sind durch den Glauben, wovon ihre Taufe die Darstellung und Bestätigung war. (Gal.3,26-29)

Unter solchen praktischen Gesichtpunkten wird im Neuen Testament von der Taufe der Gläubigen gehandelt.

---

10 Luther übersetzt an vielen Stellen sehr gut: "Ließen sich taufen" (Apg. 16, 33; 18,8), "Laßt euch taufen" (Apg. 2,38). Leider übersetzt die Elberfelder Bibel überall passivisch: "Wurden getauft; ein jeder werde getauft."

Mit Luthers Übersetzung stimmen Dr. Wiese, Weizsäcker und Böhmer überein. Letztere übersetzen auch Apg. 16,15: "Wie sie sich aber hatte taufen lassen samt ihren Leuten" (Weizsäcker) und: "Sie ließ sich mit all den Ihrigen taufen."

Dr. Alberts (Geistestaufe im Urchristentum, S. 129 f.) bemerkt dazu: "Bei der Taufe ist der Täufling nicht leidend, sondern handelnd. Auf die Frage: 'Was sollen wir tun?' antwortet Petrus: 'Ein jeder von euch lasse sich taufen!' (Apg. 2,38). Der Täufling veranlaßt die Taufe, ersucht den Täufer, ihn zu taufen. (Matth. 3,13.) Wollte ein Täufer einen Täufling, ohne daß dieser es wünschte, mit Gewalt untertauchen, so wäre das natürlich keine Taufe. Aber der Täufling ist nicht nur handelnd, indem er die Taufe veranlaßt, sondern er muß beim Untertauchen mitwirken, er muß die abwehrenden Bewegungen unterdrücken, die jeder unwillkürlich macht, wenn er rücklings ins Wasser versenkt wird. Das Wort 'taufen' läßt also für gewöhnlich keine reine Leidensform zu, der Getaufte verhält sich nie rein passiv. Derartige Handlungen drückt man im Deutschen durch 'lassen' aus, ich lasse mich taufen, im Griechischen durch eine besondere Wortform, das Medium. Wenn bestimmte Wortformen für das Medium fehlen, werden sie durch passive Formen ersetzt, der Zusammenhang muß dann ergeben, ob der Sinn ein passiver oder medialer ist. Da nun das 'Taufen in Wasser' nie rein passiv geschehen kann, höchstens bei kleinen Kindern oder Bewußtlosen, so haben die passiven Formen fast immer medialen Sinn. Demnach muß es heißen: 'Wer da glaubt und sich taufen läßt, der wird errettet werden.' (Mark. 16,16.) 'Denn alle, die ihr euch in Christum taufen ließt, zogt auch Christum an.' (Gal. 3,27.) 'Oder wißt ihr nicht, daß wir alle, die wir uns in Christum taufen ließen, uns in seinen Tod taufen ließen?' (Röm. 6,3.) 'Als sie und ihr Haus sich hatten taufen lassen' (Apg. 16,13), heißt es von der Lydia, und: 'Wo hinein habt ihr euch taufen lassen?' (Apg. 19,3) fragte Paulus die angeblich von Johannes Getauften in Ephesus. Dementsprechend muß überall übersetzt werden, wenn von der Wassertaufe die Rede ist."

Eine ausschließlich lehrhafte Stelle über die Bedeutung der Taufe finden wir nicht.

Deshalb gilt es, bei den Aussagen des Neuen Testaments über die Taufe die auch sonst so wichtige Regel zu beachten: Schriftwort muß durch Schriftwort erklärt werden! Erst durch die Vergleichung aller neutestamentlichen Aussagen über die Taufe kann man zur Klarheit kommen über den Sinn und den Wert der Taufe.

In folgendem zitieren wir darum die übrigen Aussagen über die Taufe im Neuen Testament.

Gal.3,26-29:

"Denn ihr seid alle Söhne Gottes durch den Glauben an Christum Jesum. Denn so viele euer in Christum getauft worden sind, ihr habt Christum angezogen. Da ist nicht Jude noch Grieche, da ist nicht Sklave noch Freier, da ist nicht Mann noch Weib; denn ihr alle seid einer in Christo Jesu. Wenn ihr aber Christi seid, so seid ihr Abrahams Same und nach der Verheißung Erben."

Diese Verse handeln von der Zugehörigkeit der Gläubigen zu Christo, wodurch sie Söhne Gottes und Erben sind.[11] Natürlich ist der Glaube die Bedingung. Aber dieser wird vom Apostel bei den Galatern als selbstverständlich vorausgesetzt (V. 26), ob sie nun aus den Juden oder Heiden stammen. (V.28)

Diese Zugehörigkeit zu Christo, ja, das Einssein mit ihm haben die Gläubigen in der Taufe bezeugt, in der sie gleichsam in Christum eingetaucht wurden, bei der sie gleichsam Christum wie ein Gewand angezogen (V. 27), so daß sie nun "in Christo" sind (V.28) oder "Christi" (V. 29). Nur der Glaube erfaßt und erlangt dies. Sollte jemand nicht glauben und doch getauft werden - ein Fall, den der Apostel hier gar nicht in Betracht zieht -, wo würde er natürlich nichts erlangen.

1.Kor.1,12.13:

"Ich sage aber dieses, daß ein jeder von euch sagt: Ich bin des Paulus, ich aber des Apollos, ich aber des Kephas, ich aber Christi. Ist der Christus zerteilt? Ist etwa Paulus für euch gekreuzigt, oder seid ihr in Pauli Namen getauft worden?"

In der Taufe drückt der Gläubige seine Zugehörigkeit zu Christo aus, nicht zu "Paulus" oder "Kephas" oder irgendeiner menschlichen Partei. Wenn Paulus für sie gekreuzigt und sie in seinen Namen getauft worden wären, so könnte die Rede: "Ich bin des Paulus" etwa berechtigt sein, nun ist sie töricht.

1.Kor.1,14-16:

"Ich danke Gott, daß ich niemand von euch getauft habe, außer Krispus und Gajus, auf daß nicht jemand sage, daß ich in meinem Namen getauft habe. Ich habe aber auch das Haus des Stephanas getauft; sonst weiß ich nicht, ob ich jemand anders getauft habe."

---

11 Vgl. Meyers Kommentar zu dieser Stelle: "Ihr ließt euch abwaschen, nicht nur durch euer Untertauchen ins Taufwasser, sondern überhaupt durch die Verbindung mit Christo, welche nicht in der Taufe aufgeht, aber ihr Symbol in der Taufe hat." (Röm. 6, 1f.; vgl. auch Apg. 22,16; 2,38; Eph. 5,26; 1 Petri 3,21.)

Aus dieser Stelle wird oft der oberflächliche Schluß gezogen, als wenn der Apostel von der Taufe geringschätzig gedacht hätte, wie viele moderne Gläubige. Der Zusammenhang zeigt ja klar, warum der Apostel sich freute, gerade in Korinth nur wenige selbst getauft zu haben. Gewiß war einst große Freude in seinem Herzen gewesen, als er die "Erstlinge" in Achaja in den Namen Jesu taufen konnte. Er ließ sich's nicht nehmen, selbst diese Taufen zu vollziehen, obgleich er sonst wie auch Petrus (vgl. Apg.10,48) durch seine Gehilfen taufen ließ. Jetzt aber, da es in Korinth zu Spaltungen gekommen war und eine Partei sich "paulinisch" nannte, war er froh, nicht noch mehr Taufen selbst vollzogen zu haben, damit man nicht sagen möge, daß er in seinen Namen getauft habe.

1.Kor. 6,11:

"Und solches sind euer etliche gewesen; aber ihr seid abgewaschen, aber ihr seid geheiligt, aber ihr seid gerechtfertigt worden in dem Namen des Herrn Jesus und durch den Geist unseres Gottes."

Ihr seid abgewaschen oder "ließt euch abwaschen"[12]. Die Taufe ist hier zwar nicht ausdrücklich genannt, doch, wie die meisten Ausleger anerkennen, gemeint. Die Schuldabwaschung und Sündenvergebung ist auch an anderen Stellen mit der Taufe in Verbindung gebracht. (Vgl. z.B. Eph.5,26; Apg.22,16.)

1.Kor. 10,1-6:

"Denn ich will euch, Brüder, darüber nicht im unklaren lassen, daß unsere Väter alle unter der Wolke waren, alle durch das Meer zogen und alle durch die Wolke und das Meer auf Moses getauft wurden, alle dieselbe geistliche Speise aßen und denselben geistlichen Trank tranken; sie tranken aus dem geistlichen Felsen, der nachfolgte. (Der Fels aber war der Christus.) Aber an den meisten von ihnen hatte Gott kein Wohlgefallen, denn sie wurden niedergestreckt in der Wüste. Dies aber geschah für uns zum Vorbilde, daß wir uns nicht auch das Böse gelüsten lassen, wie jene sich gelüsten ließen."

In den Erlebnissen Israels sieht der Apostel Vorbilder für uns. (V.6.) Niemand berufe sich auf seine Taufe (V.2) oder die Teilnahme am Abendmahl. Diese Warnungen stehen zwischen der Aufforderung zur Treue im Wettkampf (Kap.9,24-27) und der Ermahnung zur Standhaftigkeit in den Versuchungen (Kap.10,12.13). Der Durchzug durch das Rote Meer unter der Wolke und das Wasser zu den beiden Seiten bedeutete für die Israeliten eine ähnliche Erfahrung wie die Taufe für den Christen, die Scheidung von der Welt (Ägypten) und ein Hindurch- und Hinübergerettetwerden in ein neues Leben (das Ufer). Aber eine vergangene Erfahrung ist kein Schutz vor Untreue und Sünde. Darum die Mahnung und Warnung des Apostels.

1.Kor. 12,13: "Denn auch in einem Geiste sind wir alle zu einem Leibe (oder: in einen Leib) getauft worden, es seien Juden oder Griechen, es seien Sklaven oder Freie, und sind alle mit einem Geiste getränkt worden."

---

12 Vgl. Blaß, Grammatik des neutestamentlichen Griechisch, § 55, 2.

Daß hier ebenfalls an die Taufe gedacht ist und nicht nur an den Empfang des Geistes, beweist die Zusammenstellung mit dem Kelchtrinken im Abendmahle. Gewiß lenkt der Apostel den Blick der Leser auf die geistliche Erfahrung des Geistempfanges, ohne welche die äußere Taufe nichts wäre und geben würde. Aber insofern alle gläubig Getauften ja im Besitze des Geistes sind, dieser Geist aber nur einer ist, so bilden auch alle Getauften (d.h. sofern sie wirklich gläubig sind; aber dieser Fall wird hier ebensowenig wie Gal.3 in Zweifel gezogen) eine Einheit. Sie sind zu einem Leibe getauft. Sie sind der Gemeinde sichtbar eingefügt durch die Taufe. So kann der Apostel sagen: zu einem Leibe getauft (oder wörtlich: in einen Leib hineingetauft). Der eine Leib Christi ist die Gemeinde. (Kol.1,24; Eph.1,23; 1.Kor.12,27.) Jeder Gläubige ist "in Christo". (1.Kor.1,30; 2.Kor.12,2.)

Bei der nahen Beziehung zwischen Glaubenstaufe und Geistesempfang, die wir hier wie sonst im Neuen Testament finden, werden wir nicht fehlgehen, mit anderen Schrifterklärern auch in Stellen wie 2.Kor.1,21f.; Eph.1,13; 4,30, wo von einem "Siegel" oder von "versiegeln" die Rede ist, eine altchristliche Taufbezeichnung zu erkennen.[13] Wie beim aaronitischen Segensspruch der Name des Herrn auf die Israeliten gelegt wurde (4.Mose 6,27) oder wie sich römische Rekruten vor Ablegung des Fahneneides das Zeichen ihres Feldherrn in die Haut einätzen ließen, so ist der Gläubige in der Taufe dem Herrn Jesus Christus zugeeignet worden, dessen Name ja über ihm genannt wurde. Er ist jetzt Christi Eigentum und unantastbarer Besitz (Eph.1,14) und durch den (oder mit dem) Heiligen Geist versiegelt für den kommenden herrlichen Erlösungstag. Dieses Siegel, das er zugleich mit seiner Taufe empfängt, ist geradezu sein Erkennungszeichen; denn "wer Christi Geist nicht hat, der ist nicht sein". (Vgl. Röm.8,9 mit 2.Tim.2,19.)

1.Kor.15,29:

"Was machen sonst die, die sich um der Toten willen (oder für die Toten) taufen lassen? Wenn Tote überhaupt nicht auferstehen, warum lassen sie sich dann für sie taufen?"

Ohne eine Entscheidung über die Richtigkeit der Auslegung dieser schwierigen Stelle geben zu wollen, mache ich nur aufmerksam auf eine Erklärung, die Prof. D. W. Schmidt gibt.

Er weist auf Röm.11,15; 6,9; Joh.20,9 hin, wo "Tote" für gleichbedeutend mit "Tod" gebraucht wird und übersetzt danach die Korintherstelle: "Denn was werden denn die machen, welche sich taufen lassen für den Tod (= zugunsten ihres Zustandes im Totenreiche), wenn Tote überhaupt nicht auferstehen?"[14] Eine Taufe kurz vor dem Tode wäre dann zwecklos. Aber ein Vollzug der Taufe kurz vor dem Tode beweise, daß der Beweggrund die Auferstehungshoffnung sei.

---

13 Vgl. Dr. Fr. J. Dölger, Sphragis. Eine alt-christliche Taufbezeichnung. Paderborn 1911. - A. Frhr. v. Stromberg, Studien zur Theorie und Praxis der Taufe, Kap. 4, S. 89 ff.

14 D. W. Schmidt, Die Lehre des Apostels Paulus, S. 82. (In den Beiträgen zur christlichen Theologie.)

Aber welches auch die richtige Auffassung dieser Stelle ist, für unsere Erkenntnis über das Wesen und die Bedeutung der Taufe gibt sie nichts Neues. Nur kann man daraus in jedem Falle die Wertschätzung der Taufe erkennen und die Überzeugung von ihrer Notwendigkeit.[15]

Eph.4,1-6:

"Ich ermahne euch nun, ich, der Gefangene im Herrn, daß ihr würdig wandelt der Berufung, mit welcher ihr berufen worden seid, mit aller Demut, mit Langmut, einander tragend in Liebe, euch befleißigend, die Einheit des Geistes zu bewahren in dem Bande des Friedens. Da ist ein Leib und ein Geist, wie ihr auch berufen worden seid in einer Hoffnung euer Berufung. Ein Herr, ein Glaube, eine Taufe, ein Gott und Vater aller, der da ist über allen und durch alle und in allen."

Die eine Taufe darf nicht als Geistestaufe gedeutet werden. Gewiß wirkt der eine Geist in dem einen Leibe der Gemeinde. Aber die Glieder dieser Gemeinde, die alle den einen Herrn anerkannt haben, indem sie alle zu dem einen Glauben gelangt sind, haben auch diesen Glauben durch die eine Taufe bezeugt als Kinder des einen Gottes und Vaters.

Tit.3,5-7:

"Als aber die Güte und die Menschenliebe unseres Heiland-Gottes erschien, errettete er uns, nicht aus Werken, die in Gerechtigkeit vollbracht, wir getan hatten, sondern nach seiner Barmherzigkeit durch das Bad der Wiedergeburt und Erneuerung des Heiligen Geistes, welchen er reichlich über uns ausgegossen hat durch Jesum Christum, unseren Heiland, auf daß wir, gerechtfertigt durch seine Gnade, Erben würden nach der Hoffnung des ewigen Lebens."

Die Stelle ist vielfach sehr mißverstanden worden. Man hat darin einen Beweis für die Wiedergeburt durch die Taufe gesehen. Die Bedingung des Glaubens werde nicht einmal gestellt. Aber zeigt nicht der

---

15 Die Auslegungen dieser schwierigen Stelle sind unzählig. Tertullian (avd. Marcion, c. 5 c. 10) bekämpft die zu seiner Zeit aufkommende Unsitte der stellvertretenden Taufe Lebender für Tote. Auch Chrysostomus (*Homil.* 40 in 1. Kor.) wendet sich scharf gegen diesen Mißverstand von 1. Kor. 15,29.

Epiphanius (*Haeres* 28, 6) erklärt diese Stelle von der Gewohnheit, sterbenden Katechumenen auch ohne Vollendung ihrer Vorbereitungszeit die Taufe zu erteilen. Dieselbe Auslegung geben Theodoret und andere.

Durch eine andere Interpunktion sucht Dr. Wiese (nach Dürselen) in seiner guten Übersetzung des Neuen Testaments die Schwierigkeit zu beheben, indem er übersetzt: "Was würden sonst tun, die sich taufen lassen? Geschieht's der Toten halber? Wenn Tote überhaupt nicht auferweckt werden, was lassen sie sich dann nur taufen?", d. h.: Wäre Christus nicht auferstanden, sondern noch tot, so hätte die Taufe keinen Sinn.

J. A. Bengel schreibt mit Recht: de *"baptismo super mortuis" tanta est interpretationum varietas, ut is, qui, non dicam, varietates ipsas, sed varietatum cataloges colligere velit, Dissertationem scripturus sit.* D. h.: Es gibt eine solche Menge von Erklärungen über die "Taufe für die Toten", daß derjenige, der nur eine Aufzählung derselben anfertigen möchte, eine ganze Abhandlung schreiben müßte.

Im Blick auf diese viel umstrittene Stelle dürfte es darum am Platze sein, auf folgenden Grundsatz und Rat Luthers hinzuweisen: Sei nur gewiß und ohne Zweifel, daß nichts Helleres ist denn die Sonne, d. i. die Schrift. Ist aber eine Wolke davorgetreten, so ist doch nichts anderes dahinter denn dieselbe helle Sonne. Also, ist ein dunkler Spruch in der Schrift, so zweifelt nur nicht, es ist gewißlich dieselbe Wahrheit dahinter, die am anderen Orte klar ist; und wer das Dunkle nicht verstehen kann, der bleibe bei dem Lichten.

ganze Zusammenhang, zeigen nicht die Worte: "Nicht aus Werken, die in Gerechtigkeit vollbracht, wir getan hatten, sondern nach seiner Barmherzigkeit" deutlich genug, daß auch hier die "Rechtfertigung durch seine Gnade" (V.7) ohne Glauben undenkbar ist? Die Taufe ist in der Tat kein gewöhnliches Tauchbad, sondern ein Bad der Wiedergeburt, das zur Wiedergeburt in Beziehung steht, mit ihr zusammenhängt, sie darstellt und bezeugt.

In diesem Zusammenhang sei auf Joh.3,5 hingewiesen, eine Stelle, die oft sogar von Vertretern der Kindertaufe als Beweisstelle für die Lehre von der Wiedergeburt durch die Taufe benutzt wird. Der Zusammenhang läßt klar erkennen, daß Jesus in dem Gespräch mit Nikodemus die Johannestaufe meint, indem er Gesinnungsänderung und Geistesempfang als die wichtigsten Stücke der Wiedergeburt hervorhebt. Auch sonst pflegte der Herr den Pharisäern gegenüber ausdrücklich die Bußtaufe des Johannes hervorzuheben, der sie sich in ihrer Selbstgerechtigkeit nicht unterwerfen wollten. (Vgl. Luk.7,30; Matth.21,32)

1.Petri 3,19-22:

"In welchem er auch hinging und predigte den Geistern, die im Gefängnis sind, welche einst ungehorsam waren, als die Langmut Gottes harrte in den Tagen Noahs, während die Arche zugerichtet wurde, in welche wenige, das ist acht Seelen, durch Wasser gerettet wurden, welches Gegenbild euch jetzt errettet, das ist die Taufe (nicht ein Ablegen der Unreinigkeit des Fleisches, sondern das Begehren eines guten Gewissens vor Gott) durch die Auferstehung Jesu Christi, welcher, in den Himmel gegangen, zur Rechten Gottes ist, indem Engel und Gewalten und Mächte ihm unterworfen sind."

In der Arche waren einst nur wenige durch die Fluten des Gerichts "hindurch gerettet" worden, durch das Gegenbild dieses Wassers, die Taufe, geht der Gläubige hindurch. Auch dieses Wasser bedeutet Gericht, Selbstgericht, Sterben. Aber wie das Wasser der großen Flut, dieses Wasser des Gerichts, für die wenigen das Rettungsmittel war - denn es trug die Arche -, so bezeugt auch die christliche Taufe nicht nur Gericht, sondern auch Rettung. Aber sie bewirkt dies nicht mechanisch, sakramental als äußere Handlung. Wo der Glaube vorhanden ist, wo "das Begehren eines guten Gewissens vor Gott" den Glaubenden veranlaßt, sich taufen zu lassen, kann dies von der Taufe gesagt werden. Sonst bleibt die Taufe ein gewöhnliches Bad, ein "Abtun der Unreinigkeit des Fleisches".

Aus den zahlreichen Taufstellen des Neuen Testaments[16] kann jeder Gläubige völlige Klarheit über den Willen des Herrn, die Praxis der Apostel und den Sinn und die Bedeutung der Taufhandlung erhalten.

---

16 Auf die übrigen Stellen, in denen die Taufe erwähnt oder angedeutet wird, gehen wir nicht näher ein. So die Stellen, in denen das "Bekenntnis" der Gläubigen betont wird (vgl. 2. Tim. 2,2; 1 Tim. 6,12-16; Röm. 10,9; Hebr. 10,22.23), oder die Anrufung des Namens Jesu (Jak. 2,7; vgl. Apg. 22,16). Vgl. A. Seeberg, Die Taufe im Neuen Testament. - Th. Zahn, Einleitung in das Neue Testament I, S. 403; ferner Zahn, Das apostolische Symbolum, S. 38-44.

Eine Hindeutung auf die Taufe als Bad findet man 1. Kor. 6,11; Eph. 5,26; Apg. 22,16; Hebr. 10,22. Auch Kol. 1,3 und 2. Petri 1,9 ist wohl von der Taufe die Rede.

Taufe und Abendmahl, das sind die beiden feierlichen Handlungen, die der Herr für seine Gemeinde angeordnet hat.

Beide geben dem Gläubigen Gelegenheit, den Tod des Herrn zu verkündigen, der für uns gestorben ist und dem wir gestorben sind, um mit ihm in einem neuen Leben zu wandeln. (Röm.6,4; 1.Kor.11,26.)

Die Gemeinde hatte die heilige Pflicht, diese kostbaren Stiftungen und Vermächtnisse des Herrn mit gewissenhafter Treue im Sinne ihres Stifters zu bewahren und zu verwalten.

Sie hat es nicht getan. Sie hat eigenmächtige Änderungen getroffen und im Laufe der Zeit die Vorrechte der Heiligen aller Welt preisgegeben oder gar ihr aufgezwungen.

Aber in den heiligen Urkunden des Urchristentums, in den Schriften des Neuen Testaments finden wir die klaren Zeugnisse über den Willen des Herrn, über die Bedeutung seiner Anordnungen und über die ursprüngliche Auffassung und Befolgung seines Willens.

Gegenüber allen menschlichen Meinungen und Einrichtungen ist es unsere Pflicht, zurückzukehren zu der einfachen Wahrheit des Wortes Gottes. Denn alles Fleisch ist wie Gras und seine Herrlichkeit wie des Grases Blume. Das gilt von allem Menschenwerk und aller Menschenweisheit. Aber das Wort des Herrn bleibt in Ewigkeit.

Dieses Wort behält seine unveränderliche bleibende Bedeutung für die Gläubigen aller Zeiten und aller Orte.

Einem treuen Jünger des Herrn liegt es am Herzen, den Willen seines Herrn zu verstehen und zu tun, eingedenk des Wortes: "Wer mich liebt, der wird mein Wort halten." (Joh.14,23.)

II. Kapitel

Kennt das Neue Testament die Kindertaufe?

"Jede Überzeugung wird zum sinnlosen Dogma, sobald deren Untersuchung unterlassen oder gefürchtet wird." Gerlach.

"Der beste Lehrer ist immerdar, der sich ausschließlich und ohne jede Rücksicht durch die Bibel belehren läßt, nicht aber seine Meinung in die Bibel hineinträgt und diese gleichsam nötigt, das zu sagen, was sie nach seiner Meinung sagen sollte." Hilarius v. Poitiers, gest. 367.

"Alle Spuren von Kindertaufe, die man im Neuen Testament hat finden wollen, müssen erst hineingetragen werden." Prof. D. Fr. Schleiermacher.

Der Brauch der Taufe unmündiger Kinder war zur Zeit der Apostel völlig unbekannt. Diese Tatsache wird heute von allen Autoritäten der

(Heitmüller, Taufe und Abendmahl, S. 12; Rendtorff, S. 14; Frhr. v. Stromberg, S. 6.) Manche denken auch bei der "Erleuchtung" (Hebr. 6,1 ff; 10,32) an die Taufe.

verschiedenen Kirchen anerkannt und in den besten Lehrbüchern offen ausgesprochen. Schon in der ersten Auflage von Herzogs Realenzyklopädie (dem berühmten Nachschlagewerk für protestantische Theologen) war zu lesen:

"Daß im Neuen Testament sich keine Spur von Kindertaufe findet, darf wohl für die wissenschaftliche Exegese als festgestellt gelten; alle Versuche, dieselbe aus den Einsetzungsworten oder aus Stellen wie 1.Kor.1,16 zu deduzieren, sind darum als willkürliche Künsteleien aufzugeben, ja, durch 1.Kor.7,14 ist jede derartige Folgerung geradezu ausgeschlossen, sonst würde der Apostel die Heiligung der Kinder aus der an ihnen vollzogenen Taufe und nicht mit der Gemeinschaft ihrer gläubigen Eltern begründet haben; nur unter der Voraussetzung, daß die Kindertaufe noch nicht bestand, hat die apostolische Beweisführung einen bindenden Schluß."

In der neusten Auflage des genannten Werkes (3.Aufl. 1907, Bd. 19, S. 403) erklärt Prof. D. Feine-Breslau: "Die Übung der Kindertaufe ist in der apostolischen und nachapostolischen Zeit nicht nachweisbar. Wir hören zwar mehrfach von der Taufe ganzer Hausgemeinden (Apg.16,15.32f.; 18,8; 1.Kor.1,16); aber die letzte Stelle zusammengehalten mit 1.Kor.7,14, spricht nicht zugunsten der Annahme, daß damals auch die Kindertaufe üblich war, denn dann hätte Paulus nicht schreiben können: "*epei ara ta tekna hymôn akatharta estin*" (= sonst wären ja eure Kinder unrein)."

Und Prof. Dr. Drews bemerkt (ebendort S. 446): "Dafür, daß in der apostolischen Zeit auch Kinder getauft worden seien, fehlt jedes sichere Zeugnis. Wenn man für die Kindertaufe einen Schriftbeweis zu erbringen versucht hat, so ist das immer verlorene Mühe gewesen."

Aber trotz aller Zeugnisse maßgebender Schriftforscher und Kirchenhistoriker wird immer wieder von vielen Verteidigern der protestantischen Volkskirchen die Kindertaufe als biblisch verteidigt. Die römische Kirche hat kein Interesse daran, dies zu behaupten, sie verteidigt ja auch zahlreiche andere Einrichtungen als unter der Leitung des Heiligen Geistes, dessen Organ die Kirche ist, entstanden. Sie hat die Tradition, um alles zu erklären, was man mit der Bibel nicht belegen kann. Aber auf die Tradition sollte eigentlich ein protestantischer Theologe, der die Heilige Schrift als die einzige Norm für Lehre und Leben anerkennt, sich nicht berufen. Viele tun es zwar in echt römischer Art. Sie geben ohne weiteres zu: "In der Bibel steht nichts von einer Kindertaufe, apostolisch ist sie nicht; aber diese Sitte ist später unter Leitung des Heiligen Geistes entstanden." Daß man mit dieser Beweisführung alles verteidigen kann, Priester, Altäre, Messe usw., fühlen viele und versuchen darum, die Kindertaufe aus der Schrift zu "beweisen".

Sehen wir uns einmal diese "Beweise" näher an. Früher bezog man in echt naiver Weise einfach Stellen wie die bekannte: "Laßt die Kindlein zu mir kommen" auf die Kindertaufe. So wird dies Wort noch immer in den kirchlichen Agenden bei den Kindertaufen verwertet. So steht es auf vielen Taufschüsseln zu lesen. Nun hat Jesus bekanntlich jene Kinder, die zu ihm gebracht wurden, nicht getauft, auch seinen Jüngern nichts Derartiges aufgetragen. Er herzte sie und segnete sie.

Die meisten Verteidiger der Kindertaufe geben jetzt unumwunden zu, daß obige Worte des Herrn nichts zu tun haben mit irgendeiner Taufe. Der Herr spricht von dem Sinne der Kinder und erklärt: "Solcher (*toiutôn* d.i. der so beschaffenen) ist das Himmelreich." (Matth.19,14; Mark. 10,14; Luk.18,16.)

Die Aussprüche des Herrn über die Kinder, die er ja nicht taufte oder taufen ließ, zeigen, daß ihm auch heute die Kinder ohne Taufe oder Besprengung kostbar und wert sind.

Ein anderer Beweis für die Kindertaufe, der heute sehr beliebt ist, ist die Behauptung, Luther habe Matth. 28,19 nicht richtig übersetzt, es müsse eigentlich heißen: "Macht zu Jüngern alle Völker, indem (oder dadurch, daß) ihr sie tauft ..."

So stehe eigentlich schon im Missionsbefehl die Belehrung der Taufe nicht voran.

Das ist eine von den Theologen klug ersonnene Ausflucht. Die Tatsache, daß im Missionsbefehl die Kindertaufe keinen Platz hat, kann durch derartige Kunstgriffe nicht widerlegt werden. (S.d. Anhang 1.)

Ein weiterer Beweis wird in den sogenannten Haustaufen gesucht. Fünfmal wird nämlich berichtet, daß ganze Häuser getauft wurden. Nun ist im Altertum "Haus" nicht gleichbedeutend mit "Familie", sondern schließt einen weiteren Kreis in sich, den Kreis der Sklaven, die zum Haushalt gehören, die ganze Hausgenossenschaft. Aber abgesehen davon, ist in keiner dieser Stellen auch nur eine Andeutung zu finden, daß kleine Kinder mit dabei waren. Vielmehr lesen wir ausdrücklich, daß die Betreffenden dem Worte zuhörten und glaubten oder sich gar selbst zum Dienst verordneten. Ein Vergleich der fünf Berichte macht die Sache sofort deutlich.

Die sogenannten Haustaufen im Neuen Testament

	Apg.10 Cornelius	Apg.16,12ff Lydia	Apg.16,27ff Kerkermeister	Apg.18,8ff Krispus	1.Kor.1,16 Stephanas
1	Das ganze Haus soll errettet werden durch die Worte Petri (11,14)		Was muß ich tun, daß ich gerettet werde? (V.30)		
2	Wir sind alle versammelt, zu hören (V.33)	Lydia und die Frauen hörten dem Wort zu (V.13.14)	Verkündigung des Evangeliums an alle, die im Hause waren (V.31.32)	Er unterredete sich in der Synagoge (V.4) und bezeugte den Juden, daß Jesus der Christus sei (V.5)	
3	Der Heilige Geist fiel auf alle, die das Wort hörten (V.44)	Der Herr tat ihr das Herz auf (V.14)		Krispus aber glaubte an den Herrn mit seinem ganzen Hause, und viele der Korinther, welche hörten, glaubten	
4	Petrus befahl, daß die, die den Heiligen Geist empfangen hatten (V.47), getauft würden (V.48).	Als sie getauft worden war, sie und ihr Haus (V.15)	Und er ließ sich taufen, er und alle die Seinen alsbald (V.33)	Und ließen sich taufen (V.8)	Ich habe das Haus des Stephanas getauft (V.10)
5		Die Brüder im Hause der Lydia werden ermahnt (V.40)	Das ganze Haus frohlockte (V.34)		Ihr wißt vom Hause des St., sie haben sich selbst zum Dienst verordnet (16,15)

Im Hause des Cornelius hörten alle zu, der Heilige Geist fiel auf alle, und alle wurden getauft.

Im Hause des Kerkermeisters hörten alle das Evangelium und ließen sich taufen.

Im Hause des Krispus glaubten alle und ließen sich taufen.

Nach diesen drei ausführlichen Berichten müssen die Angaben über das Haus der Lydia und des Stephanas verstanden werden.

Man hat kein Recht, das in den kürzeren Berichten Fehlende im Widerspruch zu den anderen Berichten nach eigner Phantasie zu ergänzen, sondern hier müssen die ausführlicheren Aussagen (wie überall in der Schrift) zum Verständnis der kürzeren herangezogen werden.

Prof. Dr. Tobias Beck bemerkt zu diesen Stellen folgendes:

"Von den fünf Häusern aber, die als von den Aposteln getauft angeführt werden, wird gesagt: Erstens Apg.10,2; 11,14; 10,24.33.36.42-44.46; 15,7ff., daß Cornelius mit seinem ganzen Hause gottesfürchtig war und alle Versammelten die Worte des Petrus, durch welche sie selig werden sollten, anhörten, glaubten und nach Empfang des Heiligen Geistes mit Zungen redeten und Gott priesen. - Zweitens Apg.16,13-15.40, daß der Lydia getauftes Haus aus Personen bestand, welche das Ermahnungswort empfingen. - Drittens Apg.16,30-34, daß allen im Hause des Kerkermeisters das Wort des Herrn gesagt wurde und er sich freute mit seinem ganzen Hause, gläubig geworden zu sein. - Viertens Apg.18,4-7; vgl. 1.Kor.1,14, daß nach mehrmaligen Vorträgen des Apostels in der Synagoge zu Korinth der Vorsteher Krispus mit seinem Hause und viele, die zuhörten, gläubig und getauft worden seien. - Fünftens 1.Kor.16,15, daß Stephanas' Haus, das Erstlingshaus in Achaja, in selbstloser Dienstleistung den Heiligen sich widmete.

Alle die getauften Häuser bestanden also nach den bei ihrer Erwähnung selbst namhaft gemachten Umständen aus mündigen Personen."

Der Wortlaut der biblischen Berichte widerspricht also klar allen Vermutungen, die man zugunsten einer Kindertaufe an die sogenannten Haustaufen knüpft.

Sodann werden die Äußerungen des Apostels Paulus über die Kinder der Gläubigen im siebenten Kapitel des ersten Briefes an die Korinther von vielen als ein Beweis herangezogen, daß jene Kinder getauft gewesen wären. Aber diese Ausführungen des Apostels beweisen aufs deutlichste das Gegenteil. Sie sind ein direkter biblischer Beweis gegen das Vorhandensein der Kindertaufe in der apostolischen Zeit.

Der Apostel hätte sonst die ungläubigen und ungetauften Männer gläubiger Frauen in ihrer Stellung zur Gemeinde gar nicht vergleichen können mit den Kindern, falls letztere wirklich getauft, also in der Gemeinde gewesen wären.

Trotzdem wird von oberflächlichen Lesern die Bemerkung des Apostels über die Kinder: "Nun aber sind sie heilig" als Beweis für die Taufe gebraucht. Hier hat aber "heilig", auf die "ungläubigen" Männer angewandt, die Bedeutung von "nicht unrein" (wie Apg.10,14-28), so daß keine Trennung der gläubigen Gattin von dem ungläubigen Manne nötig ist.

Wenn man zwei Dinge oder Personen miteinander vergleicht, so müssen sie in irgendeinem Punkte gleich sein, sonst beweist man eben nichts durch den Vergleich. Die Ähnlichkeit der ungläubigen Männer mit den dort genannten Kindern besteht aber darin, daß beide nicht zur Gemeinde gehörten, nicht getauft waren. Diese einzig logische Auffassung dieser Stelle ist auch bei allen bedeutenden kirchlichen Schriftauslegern zu finden. (S. Anhang 6.)

Muß so jeder Versuch, aus dem Neuen Testament den Brauch der Kindertaufe zu rechtfertigen, fehlschlagen, so versuchen manche das Alte Testament in dieser Frage entscheiden zu lassen.

Da wird zuerst der allegorische Schriftbeweis zu Hilfe genommen.

Wie Noah mit seiner Familie durchs Wasser hindurch gerettet wurde, so sei es biblisch, wenn mit dem gläubigen Familienvater zugleich dessen Haus getauft werde. Wie die gläubigen Eltern des Moses ihr Kind aufs Wasser aussetzten und es als ein "aus dem Wasser gezogenes Kind" für

Gott aufzogen, oder wie am Durchzug durch das Rote Meer doch auch Kinder teilnahmen, so sei es den Gläubigen erlaubt, ihre Kinder taufen zu lassen. So werden die alttestamentlichen Berichte nach Analogien untersucht, um mittels einer kunstvollen allegorischen Deutung den Schriftbeweis zu erbringen, den das Neue Testament versagt.

Zu den einfachsten Grundsätzen einer gesunden und nüchternen Schriftauslegung gehört doch diese Regel: Will man eine christliche Lehre oder einen für die Gemeinde des Neuen Testaments gültigen Grundsatz beweisen, so muß dieser Beweis entnommen werden erstens aus einer klaren Anweisung des Herrn, zweitens aus den Berichten über die Praxis der Apostel, drittens aus der apostolischen Belehrung in irgendeiner Schrift des Neuen Testaments. Fehlen sämtliche Zeugnisse dieser Art, so ist es für einen gewissenhaften Schriftausleger unmöglich, irgendeine Lehre oder Handlung biblisch zu rechtfertigen.

Als ungenügendes und unzuverlässiges Beweismaterial sind abzuweisen: Erstens alle künstlichen Erklärungen von Gleichnis-reden, zweitens alle allegorischen Deutungen und Übertragungen alttestamentlicher Vorgänge auf das Neue Testament, drittens alle Schlußfolgerungen aus dem, was nicht gesagt, also nicht ausdrücklich verboten ist.

Sie sind darum abzuweisen, weil hier der Mutmaßung und der Phantasie des Erklärers beliebiger Spielraum gegeben wird; weshalb sich denn auch auf keinem anderen Gebiet die Erklärer so sehr widersprechen.

Geduldet und anerkannt werden kann die allegorische Schrifterklärung nur insoweit, als sie dem Gesamtzeugnis des Neuen Testaments nicht widerspricht und diesem Zeugnis nichts hinzufügt. Beachtet man diesen Grundsatz der Schriftauslegung nicht, so kann man mit seinen Schlußfolgerungen aus alttestamentlichen Vorgängen oder Einrichtungen die größte Verwirrung anrichten.

Bekannt ist auch der Versuch, die Kindertaufe durch den Hinweis auf die Beschneidung der jüdischen Kinder zu rechtfertigen. Wenn dies biblisch berechtigt wäre, so müßte die logische Schlußfolgerung folgende sein: Alle Kinder jüdischer Eltern gehörten zum Volke Gottes und hatten auf Grund ihrer leiblichen Abstammung ein Anrecht auf das Bundeszeichen der Beschneidung. Da nun aber im Neuen Bunde ein Glied des Volkes Gottes nicht durch fleischliche Abstammung von christlichen Eltern wird, sondern durch den Glauben und die Wiedergeburt (Joh.1,12; Röm.1,17; Jak.1,18), so gehört auch nur Gläubigen das Bundeszeichen, die Taufe. Die beliebte Gleichstellung von Kindertaufe und Beschneidung beweist, daß man das Wesen der Gemeinde des Herrn, der neutestamentlichen Ekklesia, nicht verstanden hat, zu der im Neuen Bunde nur Gläubige gehören. Wenn in den paulinischen Gemeinden die Taufe der Säuglinge geübt worden wäre, so hätte ja der Apostel Paulus im Kampfe um die Beschneidung jenen judaistischen Gegnern eine Waffe in die Hand gegeben, die sie gegen ihn, der den Glauben allein als den Weg in die Gemeinschaft mit Gott verteidigte, hätten anwenden können. Hätte der Apostel wirklich mit gutem Gewissen so energisch gegen die Beschneidung Zeugnis ablegen können, wenn er an die Stelle der Beschneidung eine Handlung gesetzt hätte, die ebenfalls an Unmündigen vollzogen wird und bei der der Glaube in neutesttamentlichem Sinne schlechterdings nicht vorhanden sein kann? Durch den Vollzug einer Kindertaufe würde der Apostel seinem eignen Glaubensbegriff widersprochen haben. Andererseits hätte der Apostel seine Gegner, welche die Beschneidung in die christliche Gemeinde einzuführen versuchten, einfach auf die Kindertaufe hinweisen können als das an die Stelle der Beschneidung gesetzte neutestamentliche Bundessiegel, wodurch das des Alten Bundes ersetzt und überflüssig gemacht sei. Der Apostel Paulus würde, falls die Kindertaufe bereits zu seiner Zeit aufgebracht worden wäre, gewiß ebenso energisch gegen diese Handlung - wobei der Glaube nicht in Betracht kommt - protestiert haben, wie er gegen die Beschneidung protestierte. Beides, Kindertaufe und Beschneidung, ist schlechterdings mit der Lehre des Apostels auf keine Weise in Einklang zu bringen. Da sich die maßgebenden Schrifterklärer der verschiedensten Richtungen darüber einig sind und es in ihren Schriften unumwunden zugeben, so ist es um so merkwürdiger, daß unter ihren Schülern immer noch eine ganze Schar zu finden ist, die die alten Beweise für die Schriftgemäßheit der Kindertaufe hervorholt und dem Volke vorträgt. Der einfache Mann will eben wissen, ob sich eine Lehre oder eine Einrichtung biblisch begründen läßt. Ein echt protestantisches Gewissen läßt sich durch Gründe der Tradition oder der menschlichen Klugheit nicht beruhigen.

Das gilt ganz besonders von den sogenannten "Gemeinschaftsleuten", denen von den Führern dieser Grundsatz der alleinigen Autorität der Schrift immer wieder eingeprägt wird. Sie verlangen biblische Beweise. Diese werden ihnen zwar geboten von gewissen Brüdern, die als Führer gelten und deren Auslegung man vertraut. Daß diese Brüder in der Tauffrage keinen biblischen Boden unter den Füßen haben, wird aber doch manchen klar, die die Heilige Schrift allein und nicht menschliche Führer befragen. Sobald ihnen klar wird, daß die Kindertaufe nicht biblisch ist, gibt es für sie dann keine Tauffrage mehr.

Uns ist ja nicht maßgebend, was Augustinus und die römischen Dogmatiker über die Kindertaufe gedacht haben.

Ja, auch die Erklärungen eines Luther und Calvin dürfen und müssen an den göttlichen Zeugnissen der Schrift geprüft werden.

Hier gilt nicht: Was hat dieser oder jener Theologe gedacht? Wie haben die Konzile entschieden? Was ist die allgemeine Sitte und Gewohnheit? Sondern wir erklären mit Luther als echte Kinder der Reformation: "Gewohnheit hin, Gewohnheit her, Gottes Wort muß vorgehn!"

"Man zeigt uns", um weiter mit Luther zu reden, "dürre, helle Sprüche der Schrift, die mit klarem Verstand uns zwingen." Luther sagt mit Recht: "Du mußt dich gründen auf einen starken klaren Spruch der Schrift, da du bestehen magst; wenn du den nicht hast, so ist es nicht möglich, daß du bestehen kannst."

Eine solche klare Schriftstelle für die Kindertaufe ist in der Schrift nicht zu finden.[17]

---

17 In der Besprechung meiner Ausführungen in der ersten Auflage gibt Dr. Eichhorn in "Auf der Warte" zu, "daß die Notwendigkeit der Kindertaufe aus dem Neuen Testament

Wir müssen darum auch alle Vertreter der kirchlichen Kindertaufpraxis bitten, die einstimmigen, wissenschaftlichen Ergebnisse über die urchristliche Taufweise, wie sie auf allen Universitäten anerkannt und gelehrt werden und wie sie in den maßgebenden theologischen Werken offen und klar ausgesprochen werden, auch den sogenannten "Laien" nicht länger vorzuenthalten, d.h., um es kurz zu sagen, einzugestehen: Das Neue Testament kennt die Kindertaufe nicht.

Alle gründlichen Exegeten sind sich darüber einig, daß im Neuen Testament keine Spur von einer Kindertaufe zu finden ist. Die Dogmatiker lehren einstimmig, daß die Annahme des Säuglingsglaubens oder einer Wirkung der Taufhandlung, abgesehen vom Glauben, dem biblischen Glaubensbegriff widerspreche. Und die historische Theologie ist sich längst darüber klar, daß sich bis in die letzten Jahrzehnte des zweiten Jahrhunderts keine Spur eines Zeugnisses für die Kindertaufe findet.

Schon Prof. D. Friedr. Schleiermacher (gest. 1834) erklärte: "Alle Spuren von Kindertaufe, die man im Neuen Testament hat finden wollen, müssen erst hineingetragen werden." Und er meinte: "Daher hätte man sehr füglich, um der Einsetzung Christi wieder näherzutreten, bei der Reformation die Kindertaufe fahren lassen können."[18] Daher gab dieser weitblickende und scharfsinnige Theologe schon damals (1830) den Rat: "Darum wäre es natürlich, dies jedem evangelischen Hauswesen anheimzustellen, ob es seine Kinder wolle nach der gewöhnlichen Weise oder erst bei der Ablegung des Glaubensbekenntnisses zur Taufe darbieten, und wir sollten erklären, daß wir das über die Wiedertäufer ausgesprochene Verdammungsurteil, was diesen Punkt betrifft, aufheben."

---

nicht zu erweisen ist". Wenn er demgegenüber aber feierlich erklärt: "Ebenso entschieden behaupte ich aber auch, daß die Apostel die Kindertaufe nicht verworfen und verboten haben", so ist das doch ein sehr merkwürdiger Einwand. Sind denn im Neuen Testament alle späteren Mißbräuche und Irrtümer der Kirchen und Sekten im voraus genannt und ausdrücklich verboten? Die Apostel hatten gar keine Veranlassung, das zu verbieten, woran zu ihrer Zeit niemand dachte.

Ferner ist Dr. Eichhorns Behauptung: "Es ist wahrscheinlich, daß die Praxis der Kindertaufe noch in die apostolische Zeit hineinreichte," nichts wie eine Vermutung. Mit Vermutungen läßt sich aber nichts beweisen. Vermuten doch manche, daß im Hause des Kerkermeisters (Apg. 16) kleine Kinder und Säuglinge dabei waren, welcher Vermutung ein Baptist seine "Vermutung" entgegenstellte, daß das jüngste Kind bereits sechzehn Jahre alt gewesen sei.

Die Behauptung, die Apostel hätten die Kindertaufe nicht verboten, mag der Wirklichkeit entsprechen, obwohl niemand feststellen kann, wie sie den belehrten, der etwa die Bitte aussprach, man möge seine unmündigen Kinder zugleich mit ihm taufen. Es geht aber nicht an, zu behaupten: "Die Apostel hatten bezüglich der Kindertaufe kein bestimmtes Gebot ihres Meisters. Sie konnten (!) sie daher weder verbieten, noch wollten (!) sie dieselbe zur allgemeinen Pflicht machen." Das sind wieder Vermutungen ohne geschichtliche Grundlagen. Dasselbe gilt von der Behauptung: "Sonst wäre es undenkbar, daß schon hundert Jahre nach dem Tode der Apostel treue und gewissenhafte Christen ihre Kinder taufen ließen." Denn wir kennen keine bestimmten Christen, die etwa hundert Jahre nach dem Tode der Apostel ihre Kinder taufen ließen, wissen also auch nichts von ihrer Treue und Gewissenhaftigkeit. (Vgl. Anhang 7.)

18 Vgl. "Der christliche Glaube nach den Grundsätzen der evangelischen Kirche" II, S. 418 und 423.

Wie Schleiermacher haben seitdem zahlreiche maßgebende kirchliche Theologen und Gelehrte immer wieder bezeugt, daß im Neuen Testament und bis zum Ende des zweiten Jahrhunderts auch in den außerbiblischen Schriften der nachapostolischen Zeit keine Spur von einer Kindertaufe zu finden ist.

Nur einige dieser Zeugnisse[19], die leicht verzehnfacht werden könnten, mögen hier folgen:

"Das Gebot der Kindertaufe findet sich weder im Munde Jesu noch sonst im Neuen Testament; sie ist erst im zweiten und dritten Jahrhundert aufgekommen." Prof. D. Barth in "Calvin und Servet".

"Alles, was man in die Apostelgeschichte von Kindertaufe hineingelesen hat, ist pure Phantasie." Prof. D. Beyschlag, Neutestamentliche Theologie I, S. 312.

"Von der Kindertaufe weiß das echte Evangelium, wie es von Christo und seinen unmittelbaren Jüngern verkündigt worden ist, nichts. Wir können dem Evangelium nicht eine Einrichtung der Kirche aufdringen, die durch das Evangelium nicht empfohlen wird." Prof. Dr. Böhmer, System des christlichen Lebens, S. 132.

"Zur Teilnahme am Kultus berechtigte die Taufe, welche an den zuvor unterrichteten und durch Fasten und Gebet vorbereiteten erwachsenen Katechumenen auf ihr christliches Glaubensbekenntnis hin in einem Flusse durch Untertauchung - im dritten Jahrhundert auch an Kindern christlicher Eltern - vollzogen wurde." Prof. D. A. Ebrard, Handbuch der christlichen Kirchen- und Dogmengeschichte.

"Man wird doch wohl zugestehen dürfen, daß nirgend im Neuen Testament, auch nicht Matth. 28,19, die Kindertaufe eingesetzt worden sei." Prof. D. Fr. H. R. Frank, System der christl. Wahrheit, 1886, II, S. 274.

"Weder in der Heiligen Schrift noch in den ersten 150 Jahren der christlichen Kirche findet sich ein sicheres Beispiel der Kindertaufe, und wir müssen gestehen, daß die zahlreichen Gegner derselben vom evangelischen Standpunkte aus nicht widerlegt werden können." Prof. D. Aug. Hahn, Lehrbuch des christlichen Glaubens, S.556.

"Die Übung der Kindertaufe ist in der apostolischen und nachapostolischen Zeit nicht nachweisbar." Prof. D. Dr. Hauck in der Protestant. Real-Enzykl., Bd.16, S.246.

"Natürlich ließen sich damals nur solche taufen, welche an Jesum Christum glaubten, und Kindertaufe gab es noch nicht." "Auch im nachapostolischen Zeitalter hören wir nur von der Taufe Erwachsener." Prof. Dr. W. Heitmüller, Taufe und Abendmahl im Urchristentum, 1911, S. 19.28.

"Obwohl die magisch-sakramentale Auffassung das Aufkommen der Kindertaufe begünstigte, blieb während des ganzen kirchlichen Altertums die Erwachsenentaufe die Regel." Prof. Dr. Karl Heussi, Kompendium der Kirchengesch., 1910, § 21d.

---

19 Weitere Zeugnisse sind im Anhang Nr. 7 zu finden.

"Der Taufe, die an Erwachsenen vorgenommen wird - und von Kindertaufe verlautet noch kein Wort -, geht ein Unterricht voraus, zum mindesten für die, die nicht als Kinder christlicher Familien groß geworden waren." Lizentiat R. Knopf, Das nachapostolische Zeitalter, 1905, S.276.

"Die Schrift enthält keine Vorschrift und Anweisung der Kindertaufe. Der Herr hat seine Jünger angewiesen, sein Wort zu predigen und die Völker zu bekehren und zur Gemeinde Jesu zu sammeln. So haben sie es denn auch geübt und sich dementsprechend vor allem an die Erwachsenen gewandt, um sie zu Jüngern Jesu zu machen." Prof. D. Chr. E. Luthard, Christliche Glaubenslehre, S.556.

"Der Brauch der Kindertaufe lag diesem Zeitalter fern. Nicht allein die so spät erst vorkommende bestimmte Erwähnung der Kindertaufe, der lange fortdauernde Widerstand gegen dieselbe läßt auf den nichtapostolischen Ursprung derselben schließen." Prof. D. J. A. W. Neander, Allg. Gesch. d. christl. Rel. u. Kirche.

"Daß die Kindertaufe wirklich in der apostolischen Zeit üblich war oder wenigstens vorgekommen ist, läßt sich aus dem Neuen Testament nicht beweisen." Prof. Dr. Riehm, Handwörterbuch des Christl. Altertums.

"Vergegenwärtigen wir uns den Hergang bei der urchristlichen Taufe und vergleichen wir damit das Verfahren, wie es heute in unserer evangelischen Kirche innegehalten wird, so sind erhebliche Unterschiede unverkennbar. Die stärksten Verschiebungen der einzelnen Akte sind durch die um die Mitte des zweiten Jahrhunderts aufgekommene Kindertaufe bedingt." Prof. D. A. Seeberg, Die Taufe im Neuen Testament, 1905, S.23.

"Daher ist die Taufe der Christenkinder, von welcher sich im Neuen Testament keine Spur findet, nicht für ein apostolisches Institut zu halten, wie sie denn auch frühzeitigen und langen Widerstand gefunden." Prof. Dr. Wendt zu Apg.16,15 im Kommentar zum Neuen Testament von Dr. Meyer, 5. Auflage.

Weitere Zeugnisse sind in dem neusten Nachschlagewerk von Schiele und Tscharnack (Mohr, Tübingen), die Aufsätze von Heitmüller, Drews, A. Meyer und Thümmel zu finden.

Angesichts dieser Tatsachen bitten wir alle Pfarrer, Prediger, Evangelisten, Stadtmissionare, Sendboten, Stundenhalter usw., doch nicht länger im Gegensatz zu allen theologischen Lehrern und Historikern die Kindertaufe in die Schrift hineinzulesen und mit "falschen Glossen", wie Luther sagt, "die Schrift zu martern" und "die klaren Sprüche stumpf und matt zu machen" und "das eigne Dünkel zuvor in die Schrift hineinzutragen, um danach dieselbe nach dem eignen Sinn zu lenken". "Nein, es gilt nicht Dünkens, Schrift, Schrift, Schrift her, zwinge, bringe, nötige mich mit Gottes Wort!" "Es hilft keine Kunst, kein Witz, kein Dichten wider Gott (Spr.21,30), er kann es mit einem Wort alles zuschanden machen." "Darum ist das unser Grund" (um noch weiter mit Luther zu reden): "Wo die Heilige Schrift etwas gründet zu glauben, da soll man nicht weichen von den Worten, wie sie lauten, noch von der Ordnung, wie sie da steht."

Man verarge es uns nicht, daß wir alles "als lauter Träume" ansehen, was "ohne Grund der Schrift" vorgebracht wird. Die einzig mögliche Stellung, die ein Protestant in allen solchen Fragen einnehmen kann, hat Luther schon 1518 gekennzeichnet, wenn er schreibt: "Christi Lehre ist sein göttlich Wort, darum sei verboten, einen Buchstaben daran zu wandeln." (Gal.1,8.)

Eine Handlung als Taufe zu bezeichnen, bei der im Gegensatz zu der Stiftungsabsicht Jesu geradezu alles verändert ist, ist eine unentschuldbare Oberflächlichkeit und ein leichtsinniges Hinweggleiten über das Wort des Herrn der Gemeinde.

Würde etwa ein Gesandter des Deutschen Reiches in einem fremden Lande eine ihm gegebene Anweisung nach eignem Gutdünken ändern oder eigenmächtig etwas davon abstreichen oder etwas hinzufügen, so würde er alsbald seines Postens enthoben werden. Und Diener Christi, solche, die als Gesandte für Christum und an Christi Statt die Botschaft ihres Königs zu verkündigen beauftragt sind, sollten ein Recht haben, diesen Auftrag willkürlich zu ändern, eigenmächtig zu kürzen oder mit ihren selbstersonnenen Zusätzen zu versehen? Oder sollten sie ein Recht haben, etwa die Anordnungen des Herrn für seine Gemeinde als unwichtig zu erklären, um eine menschliche und römisch-katholische Einrichtung aufrechterhalten zu können, deren Beseitigung ein konsequenter Protestantismus, d.h. der Gehorsam gegen das Wort Gottes, fordert?

Sollte nicht jeder gläubige Pfarrer sich scheuen, einem unmündigen Kinde unter Berufung auf Gottes Wort die Wiedergeburt oder Bundeszugehörigkeit zuzusprechen und dabei die Benetzung mit einigen Tropfen Wassers vorzunehmen unter dem Vorgeben, die von Christo gewollte Taufe vollzogen zu haben?

1. Eine solche Handlung, unter der Bezeichnung "Taufe", führt die Ungläubigen und die noch nicht Gläubigen irre und täuscht sie hinweg über die traurige Tatsache, daß sie noch außerhalb des Reiches Gottes sind, sie erschwert somit die erste Evangeliumsverkündigung unter der Masse der eingebildeten Christen.

2. Eine solche Handlung, als Taufe ausgegeben, bringt viele Gläubige um eine gottgewollte gesegnete Gelegenheit, ihren persönlichen Glauben in der Form einer wirklichen Taufe zu bezeugen, wie der Herr sie für seine Jünger angeordnet hat.

3. Eine solche Handlung als Taufe zu bezeichnen und zu behandeln (indem man die Taufe der Gläubigen abschafft und als "Wiedertaufe" schmäht), ist eine Geringschätzung und Nichtachtung des feierlich bekundeten Willens Jesu Christi.

Bei der in Deutschland üblichen Kindertaufe ist geradezu alles verändert: die Form, die Anwendung, der Sinn.

1. Zunächst die Form:

Ebensowenig wie man das Recht hat, die Form des Abendmahls zu ändern, indem man etwa Wasser anstatt Wein nehmen würde oder Einzelkelche und Einzelbrote einführen würde oder diese Elemente nur zur Schau stellen würde, ebensowenig hat man ein Recht, die Form der Taufe so völlig zu ändern, daß das Symbol überhaupt nicht zur Darstellung kommt, wie es bei der Besprengung anstatt der Untertauchung der Fall ist.

2. Die Anwendung:

Ebensowenig wie es erlaubt ist, das Mahl des Herrn unmündigen Kindern einzuflößen, was viele Kirchenväter, die die Kindertaufe verteidigten, auch für richtig erklärten, und was die griechischen und orientalischen Kirchen bis in die Gegenwart tun; ebensowenig ist es erlaubt, unmündigen und unbewußten Kindern die Taufe zu erteilen.

3. Der Sinn und Zweck:

Und wie es falsch ist, aus dem Abendmahl ein Mittel der Sündenvergebung zu machen, so ist es auch falsch, aus der Taufe ein Mittel der Wiedergeburt zu machen oder sie zu einem bloßen Sakrament der Berufung zu machen im Widerspruch zur Schrift, zwischen welchen Extremen sich die heutigen Verteidiger der Kindertaufe bewegen.

Es ist wichtig und nötig, daß sich die Gläubigen in unserer Zeit darauf besinnen, was die urchristliche Taufe war und bedeutete, und daß die Achtung vor dem Wunsche und der Anweisung Jesu sie bewege, zu der urchristlichen Taufweise und Tauflehre zurückzukehren.

Lassen wir die Taufe das sein, was sie nach der Schrift ist: Das Bekenntnis des Glaubens, das Siegel und die Bestätigung der Zugehörigkeit des Täuflings zu Christo, die allein durch den Glauben zustandekommt, und eine einfache und bedeutungsvolle Darstellung des inneren Heilserlebnisses und somit das Bundeszeichen für alle, die durch das lebendige und bleibende Wort Gottes wiedergeboren wurden und entschlossen sind, mit Christo in einem neuen Leben zu wandeln.

III. Kapitel

Der Ursprung der Kindertaufe

"Und sie werden die Ohren von der Wahrheit abkehren und zu den Fabeln sich hinwenden." 2.Tim.4,4.

"... jüdische Fabeln und Gebote von Menschen, die sich von der Wahrheit abwenden." Tit.1,14.

"Darum ist's gar überaus ein närrisch Ding, wenn sie gebieten, man solle der Kirchen, den Vätern, Konzilien glauben, obgleich kein Wort Gottes da sei. Viel närrischer ist's aber, wenn man sagt, die Könige und Fürsten und die Menge glaubt also." Luther 1523.

"Gott ist Gott, der gesteht keiner Kreatur weder Gewähr (anerkanntes Recht) nach Verjährung wider sich und sein Wort; denn er ist ewig. Ewigkeit aber geht über alle Gewähr und Verjährung." Luther 1542.

Um die Entstehung und allmähliche Einbürgerung der Kindertaufe zu begreifen, gilt es, die beiden mächtigen Faktoren zu beachten, die in ihrer Zusammenwirkung eine Macht waren, die jeden Widerspruch und Widerstand unterdrücken mußten. Da ist zunächst der Aberglaube, der sich schon im Laufe des zweiten Jahrhunderts an die Mysterien, die geheimnisvollen, heiligen Handlungen knüpfte, sodann die Einrichtung der Staatskirche. Die abergläubischen Vorstellungen, die man an die Taufe knüpfte, mußten notwendigerweise zur Kindertaufe führen. Und die Staatskirche des vierten Jahrhunderts, die ja die katholische, die allgemeine, sein wollte und als Volks- und Landeskirche eine Kirche für alle sein wollte, forderte ebenfalls die Kindertaufe, als die dem Wesen einer Volkskirche am meisten entsprechende Form. Der Aberglaube ist die erste und eigentliche Wurzel zahlreicher Irrtümer nachapostolischer Zeit.

Die Staatskirche nimmt bereits ein entartetes, vom Aberglauben durchsetztes Christentum in Schutz und Pflege. Als die Staatskirche aufkam, war die Kindertaufe schon da. Sie brauchte nur zur allgemeinen Durchführung gebracht zu werden. Die Kindertaufe ist ein Irrtum unter vielen Irrtümern jener Zeit. Nur im Zusammenhange mit den anderen Abweichungen von den biblischen Grundsätzen kann sie überhaupt verstanden werden.

Will man erkennen, wie groß der Abfall im nachapostolischen Zeitalter ist, so muß man einmal die Schriften dieser Zeit zur Hand nehmen. Man wird bald sehen, daß dieser Abfall sich Schritt für Schritt in fast allen Lehrpunkten vollzieht. Mit Erschrecken wird man inne, daß fast keine der biblischen Wahrheiten unverfälscht und unverkürzt oder ohne heidnische und jüdische Zusätze bleibt. Wenn man diese traurige Entwicklung verfolgt, so wundert man sich durchaus nicht über das Aufkommen der Kindertaufe (die erst in späteren Jahrhunderten zu einer Besprengung wurde). Man muß sich im Gegenteil wundern, daß diese Sitte nicht schon früher aufgekommen ist und daß sich noch so lange Zeit die Erwachsenentaufe auch in kirchlichen Familien behauptete und sich nur langsam durch die Kindertaufe verdrängen ließ. Die abergläubischen Vorstellungen, die man schon bald nach der apostolischen Zeit an die Taufe knüpfte, sind eine völlig genügende Erklärung für die Kindertaufe.[20]

---

20 Es ist nicht nötig, die Wurzeln der Sitte, auch die Kinder zu taufen, im Judentum oder im Heidentum zu suchen. Aus dem Talmud geht allerdings hervor, daß die Juden alle Findelkinder und alle in Gefangenschaft geratenen Kinder heidnischer Eltern tauften.

"Merkwürdig ist, daß schon in der altgermanischen Zeit eine Art Untertauchung und Begießung der Kinder stattfand, mit der die Namengebung verbunden war. Übrigens gehen wahrscheinlich auch unsere Patengeschenke auf die vorchristliche Zeit zurück, nämlich auf die altgermanische Anschauung, daß die Namengebung mit einem Geschenk verbunden sein mußte."

Lic. theol. Bröse "Reichsboten" Nr. 218, 1901.

Das aqua lustralis oder Reinigungswasser spielte bei den religiösen Gebräuchen der Römer eine wichtige Rolle. Eine *lustratio liberorum* wurde mit neugebornen Mädchen am achten, mit Knaben am neunten Tage nach der Geburt vorgenommen, um sie gegen Verzauberung zu schützen, indem man sie durch das Haus an den Hausaltar und selbst durch den Tempel trug. Diese Tage hießen lustriti dies. (Vgl. Lübkes Reallexikon des klassischen Altertums.)

Um sich eine Vorstellung von diesem Aberglauben zu machen, ist es nötig, einmal die wichtigsten Schriften auf ihre Lehre über die Taufe zu prüfen. Es ist interessant, zu beobachten, wie diese Irrtümer größer und größer werden. Und Irrtümer brauchen nicht viel Zeit, um sich durchzusetzen. Sie wuchern wie das Unkraut. Werfen wir einmal einen Blick auf die Literatur des nachapostolischen Zeitalters, insoweit sie für die Tauffrage in Betracht kommt.

Im Jahre 117 starb der Bischof Ignatius von Antiochien im Zirkus von Rom, wo er den wilden Tieren vorgeworfen wurde, den Märtyrertod. Er hat auf dem Wege nach Rom eine Reihe von Briefen geschrieben, die uns erhalten sind. Dieser "Schüler des Petrus", wie er genannt wird, der so energisch für die monarchische Verfassung der Gemeinden und die Rechte des Bischofs eintritt und eine merkwürdige Wertschätzung des Martyriums verkündigt, zeigt in allen seinen Schriften, daß die Vorstellungen der heidnischen Mysterien (Geheimnisse) ihn stark beeinflußt haben. Er kennt noch keine Kindertaufe, aber er lehrt eine mystisch-magische Wirkung des Taufwassers, wie er auch in seinen Briefen an die Epheser das Abendmahlsbrot eine Medizin der Unsterblichkeit nennt.

In dem Briefe des römischen Presbyters Clemens, der um das Jahr 96 im Namen der Gemeinde in Rom an die in Korinth geschrieben ist, ist die Taufe überhaupt nicht erwähnt. Schon zeigt sich aber eine Verflachung in der Auffassung der Heilsbedeutung des Todes Christi und des Glaubens.

Dagegen beschäftigt sich Hermas, der in Rom um das Jahr 140 eine prophetische Schrift verfaßte, auch mit der Taufe. Wie er das Christentum überhaupt ganz gesetzlich auffaßt, so auch die Taufe. "Wir steigen ins Wasser hinab und empfangen Vergebung unserer Sünden." Die Taufe teilt auf geheimnisvolle Art das Leben mit. Da nur Getaufte zum Volke Gottes gehören, läßt Clemens sogar in der Unterwelt die alttestamentlichen Gläubigen nachträglich von den Aposteln getauft werden.

Der Brief des Barnabas[21] mit seiner eigentümlichen Erklärung des Alten Testaments zeigt noch deutlicher diesen Glauben an die Wirkung des Taufwassers. Durch die Taufe erlangen wir Vergebung der Sünden, die Einwohnung Gottes, die Wiedergeburt. Fortan gilt es, das neue Gesetz Christi zu erfüllen.

Die Zwölfapostellehre, ebenfalls eine alte Schrift aus jener Zeit,[22] enthält unter anderem genaue Vorschriften über die Taufe. Auch hier

---

Auch beim Mithraskultus und anderen Geheimkulten gehörte ein Tauchbad als Einführungsakt zu den wichtigsten religiösen Gebräuchen.
Weitere Nachweise bringt J. Mountain. (My Baptism and what led to it, S. 159 ff.)

21 Der Brief ist nach dem Jahre 70 und vor dem Jahre 137 entstanden. (Vgl. Heussi S. 28. 1.) Er stammt aber sicher nicht von dem Begleiter des Apostels Paulus. Dort heißt es u. a. über die Taufe: "Merkt, wie er (der Herr) das Kreuz und das Wasser beisammen-gesetzt hat. Denn das will er sagen (in Ps. 1,3-6): Selig sind, die auf das Wort vom Kreuz vertraut haben und in das Wasser hineingestiegen sind." "Wir steigen ins Wasser voller Sünden und Unflat und kommen fruchtbar heraus und haben in unseren Herzen Gottesfurcht und Hoffnung auf Jesum im Geist."

22 Sie war lange verloren, wurde aber 1883 wiedergefunden. Sie scheint in der ersten Hälfte des zweiten Jahrhunderts in Syrien oder Ägypten entstanden zu sein. Es heißt dort:

finden wir nichts von einer Kindertaufe, während auf Ausnahmefälle Rücksicht genommen wird. Auch hier erscheint die Taufe als Heilmittel.

Der Philosoph Aristides weiß in seiner Schutzschrift für die Christen, die er dem Kaiser Antonius Pius (im Jahre 190?) überreichte, wohl davon zu rühmen, daß die Eltern ihre Kinder überreden, Christen zu werden, und daß sie, wenn ihnen ein Kind geboren wird, Gott dafür danken, aber von einer Taufe der Kinder erwähnt er nichts.

Der Philosoph und Märtyrer Justinus (gest. 165 in Rom), der in Ephesus und Rom wirkte, hat Schriften hinterlassen, die von großer Wichtigkeit für die Kenntnis der christlichen Gebräuche in der nachapostolischen Zeit sind. Er hat bereits den paulinischen Glaubensbegriff nicht mehr verstanden, und der Gedanke an eine Erlösung tritt deutlich zurück. Der Unterschied zwischen dem Alten und Neuen Bunde ist ihm nicht klar. Das Christentum ist ihm wesentlich das "neue Gesetz".

In seiner Apologie beschreibt Justinus genau den Hergang der Taufe. Von einer Kindertaufe weiß er noch nichts. Aber seine Ansicht von der Wirkung des Taufwassers zeigt, wie die Bahn, die er mit seiner Tauflehre verfolgt, notwendig zur Kindertaufe führen wird.[23] Auch Justinus sieht in der Taufe den Anfang des neuen Lebens, die Wiedergeburt, die der Mensch, der sich in wirklicher Buße Gott in der Taufe weiht, erfährt.

Eine durchaus gesetzliche Auffassung des christlichen Lebens zeigt auch der sogenannte zweite Clemensbrief, richtiger ein Vortrag, zwischen 135 und 140 in Korinth entstanden. Natürlich ist auch hier die Taufe das Mittel der Sündenvergebung, das Siegel. Die Getauften sollen ihre Taufe unbefleckt erhalten und die Gebote Gottes erfüllen, um durch dieses Tun den ewigen Lohn zu verdienen. Hier weht schon der Geist echt römischer Werkgerechtigkeit. Die Verflüchtigung der biblischen Wahrheiten an allen wichtigen Punkten, die bereits in den ältesten Schriften stark hervortritt, dann aber um so deutlicher wird, je weiter wir uns von der apostolischen Zeit entfernen, zeigt sich in allen Schriften der nachapostolischen Zeit. Hier ist kein Festhalten der gesunden Lehre, geschweige denn ein Wachsen in der Erkenntnis zu bemerken.

"Betreffs der Taufe aber, so taufet also: Nachdem ihr das alles zuvor gelehrt habt, taufet auf (oder in) den Namen des Vaters und des Sohnes und des Heiligen Geistes in fließendem Wasser. Wenn du aber kein fließendes Wasser hast, so taufe in anderem Wasser. Wenn du es aber in kaltem nicht kannst, so in warmem. Wenn du aber beides nicht hast, so gieße dreimal Wasser aus auf das Haupt auf den Namen des Vaters und des Sohnes und des Heiligen Geistes. Vor der Taufe soll der Täufer fasten und der Täufling und, wenn möglich, einige andere. Dem Täufling befiehl aber, vorher einen oder zwei Tage zu fasten."

Hier ist das älteste Zeugnis für die Erlaubnis einer Taufe durch Begießen, falls eine Taufe durch Untertauchen in fließendem Wasser oder stehendem Wasser nicht möglich ist.

23 "Alle, die sich überzeugen lassen und glauben, daß das, was von uns gelehrt und gesagt wird, wahr sei, und die versprechen, so leben zu wollen, die werden gelehrt, zu beten und unter Fasten vor Gott Vergebung der früheren Sünden zu erflehen, wobei wir mit ihnen mitbeten und mitfasten. Dann werden sie von uns dorthin geführt, wo Wasser ist, und nach der Art der Wiedergeburt, durch die auch wir selber wiedergeboren wurden, wiedergeboren. Denn sie empfangen im Namen Gottes, des Vaters aller und des Herrn, und unseres Heilands Jesu Christi und des Heiligen Geistes das Wasserbad." (Apol. I, 61, 2 f.)

Wer verstanden hat, was die Heilige Schrift unter der Erlösung, der Rechtfertigung und Heiligung des Sünders versteht und was die Gemeinde der Gläubigen nach göttlichen Gedanken ist, wird niemals in den Schriften der nachapostolischen Zeit eine gesunde Fortentwicklung der biblischen Wahrheit sehen können, sondern muß in ihr einen Abfall von der Wahrheit erkennen, der in erschreckender Weise wie ein eisiger Reif die frischen Blumen und Knospen im Garten der Gemeinde verheert hat. Die katholische Kirche beruft sich mit Vorliebe auf diese apostolischen Väter und ihre späteren Nachfolger. Sie sieht in den geistigen Erzeugnissen dieser Zeit eine Wirkung des Heiligen Geistes, der in der Kirche wirksam sei und unter dessen Leitung sich die katholische Kirche ausgestaltet habe.

Man kann in der Tat in diesen Schriften bereits die Ansätze zu den meisten späteren Lehren und Grundsätzen finden, ohne welche die katholische Kirche undenkbar wäre.

Was bei den sogenannten "apostolischen Vätern" (richtiger den Schülern der Apostel, wofür jene Männer gehalten werden) in zarten Ansätzen bereits zu finden ist, tritt bei den nachfolgenden maßgebenden Lehrern der Kirche schon deutlicher hervor. Und am Anfang des dritten Jahrhunderts ist die katholische Kirche in ihren Grundzügen bereits fertig, als Heilsanstalt, als rechtsartiger Verband, geleitet von monarchischen Bischöfen, als Verwalterin der rechten Lehre und der heilsspendenden Sakramente. Schon Irenäus, der "hervorragendste Kirchenlehrer des zweiten Jahrhunderts", seit 180 Bischof von Lyon, vertritt jene unbiblische Lehre von den monarchischen Rechten der Bischöfe und einen veräußerlichten Glaubensbegriff schon deutlicher und planmäßiger. Kein Wunder, daß auch er die Taufe als Mittel der Wiedergeburt und der Sündenvergebung preist.

Bei seiner Auffassung von der Wirkung des Taufwassers würde es uns nicht wundern, wenn Irenäus bereits die Kindertaufe verteidigt hätte. Man zitiert ihn auch in Lehrbüchern als den ersten Gewährsmann, der der Kindertaufe Erwähnung tue. Doch kann jene Stelle, in der die Taufe überhaupt nicht genannt wird, auch ganz anders aufgefaßt werden.[24] In Tertullian (150-223) tritt uns ein scharfer Gegener der aufkommenden Kindertaufe entgegen.[25] Das ist um so merkwürdiger, als auch er die

24 Die betreffende Stelle (*Ad. haeres. lib.* II, 22) ist nur in lateinischer Übersetzung erhalten, deren Zuverlässigkeit nicht erwiesen ist. Wir kennen den genauen griechischen Wortlaut nicht. Außerdem fragt es sich sehr, ob Irenäus, der nicht von der Taufe redet, sondern von der Tatsache, daß Jesus als Mensch alle Lebensalter durchlaufen und somit geheiligt habe, da er alle retten wolle, die durch ihn an Gott wiedergeboren würden, "Kinder und kleine Kinder, Knaben und Jünglinge und Alte", wirklich an die Taufhandlung gedacht hat.

25 Tertullian schreibt in seiner Schrift über die Taufe: Zwar spricht der Herr: "Wehrt ihnen nicht, zu mir zu kommen." (Matth. 19,14.) Nun wohlan, so mögen sie denn kommen, wenn sie erwachsen sind (*dum adolescunt*); sie mögen kommen, wenn sie lernen; wenn sie, wohin sie kommen, belehrt werden (*dum quo veniant, docentur*). Sie mögen Christen werden, wenn sie Christum erkennen können. Warum eilt das schuldlose Alter zur Sündenvergebung (*quid testinat aetas innocens ad remissionem peccatorum*)? Beweist man doch in irdischen Dingen mehr Vorsicht. Sollte man demjenigen, welchem man ein irdi-

Vorstellungen seiner Vorgänger und Zeitgenossen über die magische Wirkung der Taufe teilt. Er schätzt die Taufe nicht etwa gering. Wenn er trotzdem so energisch gegen die Kindertaufe auftritt, so muß er gewichtige Gründe dafür gehabt haben. Er würde dies ohne Zweifel nicht gewagt haben, wenn die Kindertaufe bereits seit Generationen in den Gemeinden Nordafrikas in Gebrauch gewesen wäre. Sein Protest ist der deutlichste Beweis, daß die Kindertaufe nicht für einen apostolischen Brauch gehalten wurde.

Tertullians Protest hat die allmähliche Einbürgerung der Kindertaufe doch nicht aufhalten können. Vielleicht trug der scharfe Gegensatz zur Großkirche, in dem er seit seinem Austritt aus derselben im Jahre 207 stand, um so mehr dazu bei, daß seine Mahnungen nicht die Wirkung hatten, die er ihnen als Bischof der katholischen Kirche hätte verschaffen können. Tertullian, der Sohn eines römischen Hauptmanns, selbst Advokat, interessierte sich sehr für praktische Gemeindefragen. Er betonte aber die apostolischen Grundsätze der Trennung zwischen Gläubigen und Weltförmigen. Er forderte persönliche Entscheidung, sittlichen Ernst des einzelnen. Für die ernstere Richtung, die er mit seinen Anhängern vertrat, lag keine Versuchung vor, die Kindertaufe zu befürworten.

Anders war es bei Cyprian (210-258), dem Bischof von Karthago. Als ein echter römischer Rechtsanwalt hat er auch nach seiner Bekehrung (246) und der bald darauf erfolgten Wahl zum Bischof seine juristische Denkart nicht abgelegt, was aus seinen Schriften deutlich zu erkennen ist. Er hat wie kein anderer zum Ausbau der katholischen Gesetzeskirche als Heilsanstalt beigetragen. Dieser Kirche werden die Glieder durch die Taufe eingefügt. Durch die Taufe wird der Mensch wiedergeboren, empfängt er Vergebung der Sünden und Kraft zum neuen Leben zur Erfüllung des Gesetzes Gottes. Cyprian beriet im Jahre 253 mit über sechzig Bischöfen über die Frage, ob die Kinder am dritten oder achten Tage getauft werden sollten.[26] Man gab übrigens damals in Nordafrika

---

sches Gut nicht anvertraut (*cui substantia terrena*, d. i. irdisches Vermögen, irdische Dinge, non creditur), ein himmlisches anvertrauen? Sie mögen erst verstehen, um das Heil zu bitten, damit es ihnen auf ihr Bitten gewährt werden könne ... Wenn man das Gewicht der Taufe (*pondus baptismi*) kennt, so wird man eher die zu zeitige Erlangung, als den Aufschub derselben fürchten (*magis timebunt consecutionem, quam dilationem*). Nur der vollständige Glaube (*fides integra*, d. h. wobei die Erkenntnis nicht wie bei Kindern ausgeschlossen ist) kann wegen des Heils unbesorgt sein."

26 Damals faßte man folgenden Beschluß: "Wir glauben, daß man niemand von der Erlangung der Gnade (!) abhalten, noch die geistliche Beschneidung nach der leiblichen einschränken dürfe, sondern daß man einen jeden zur Gnade Christi zulassen müsse, nach dem Ausspruche Petri: Niemand sei für gemein oder unrein zu achten. Wenn etwas die Menschen von Erlangung der Gnade zurückhalten könne, so wären es vielmehr bei Erwachsenen und Alten ihre schweren Sünden. Da aber auch den schwersten Verbrechern, die viele Sünden vorher wider Gott begangen haben, wenn sie hernach glauben, Vergebung der Sünden erteilt wird und man niemand von der Taufe und Gnade ausschließt, wieviel weniger darf man ein Kind zurückweisen (!), das als neugeboren in nichts gesündigt hat, außer, daß es wegen seiner leiblichen Abstammung gleich von seiner Geburt an mit dem alten Tode angesteckt ist - welches zur Sündenvergebung desto leichter gelangt, da ihm nicht eigne, sondern fremde Sünden erlassen werden. (Gemeint ist die Erbsünde.)
Wir haben deswegen in der Versammlung den Beschluß gefaßt, daß man von der göttlichen Gnade niemand zurückweisen dürfe. Da dies im allgemeinen gilt, so muß es auch, wie wir

den unmündigen Kindern auch bereits das Abendmahl.[27] Daß trotzdem die Kindertaufe noch lange nicht allgemeine Sitte wurde, ist auffallend. Noch hundert Jahre später pflegte man auch in christlichen Familien die Kinder nicht zu taufen. Es bestanden also beide Gewohnheiten nebeneinander.

Augustinus (354-430) hat das, was Cyprian begann, zielbewußt und energisch weiterverfolgt. Um seine Ansichten über die Sakramente zu verstehen, muß man, abgesehen von der abergläubischen Auffassung der "Sakramente" als geheimnisvoll wirkender Mittel der Gnade, die damalige Lage der katholischen Kirche und die verschiedenartigen christlichen Strömungen jener Zeit berücksichtigen.

Es war im Beginn des vierten Jahrhunderts zu einer großen neuen Spaltung in der Gemeinde Karthago gekommen, die jahrhundertelang fortbestand. Der katholischen Kirche stand die Partei der Donatisten entgegen. Die Donatisten behaupteten die Nichtigkeit der katholischen Sakramente und wiederholten an denen, die aus der katholischen Kirche zu ihnen übertraten, die Taufe. Demgegenüber behaupteten die Vertreter der katholischen Kirche die Gültigkeit der Sakramente, auch wenn sie von Unwürdigen vollzogen wurden. Die Gnadenmitteilung hafte am Sakrament, nicht an dem Spender. Nach Augustinus gibt es nur eine Kirche. In ihr sind allerdings würdige und unwürdige Glieder. Wer aber nicht zu dieser Kirche gehört, ist außerhalb des Reiches Gottes. Darum bleiben die Sakramente der Donatisten, weil sie außerhalb der Kirche stehen, wirkungslos. Tritt ein Donatist zur katholischen Kirche über, so tritt die Taufe, die ja auch bei den Donatisten "richtig" vollzogen wurde und darum nicht wiederholt werden braucht, in Wirkung. Solange der Getaufte außerhalb der Kirche sei, nütze ihm auch die rechte Taufe nicht.[28]

---

glauben, besonders in Absicht auf die Kinder beobachtet werden, welche unsere Hilfe und die göttliche Barmherzigkeit nun desto mehr verdienen, weil sie gleich von ihrer Geburt an weinen und dadurch nichts anders tun, als um Hilfe flehen." (!) *Cypr. ep. 64 ad. Fidum.*

27 Männer wie Cyprian und Augustinus stellten diese Forderung. Das war nur folgerichtig. In der römischen Kirche hat sich hier und da diese Sitte bis ins 12. und 13. Jahrhundert erhalten. Die orientalischen Kirchen haben bis heute daran festgehalten.

28 Alle Einigungsversuche schlugen fehl. "Seit 318 oder 319 schritt die Staatsgewalt gegen die Donatisten ein (Konfiskation ihrer Kirchen), und als das nur die Leidenschaften steigerte, entschloß sich Konstantin 321 der Ruhe der Provinzen ihre kirchliche Einheit zu opfern. Die verbannten Donatisten durften zurückkehren, ihre Kirche erhielt volle Freiheit. Hier war also die kaiserliche Politik vorläufig gescheitert." Dr. K. Müller, Kirchengeschichte I, S. 179.

Diese Kirche der Donatisten, die sich selbst als die eigentliche "katholische" betrachtete und der katholischen Kirche ihr Existenzrecht absprach, bestand als mächtige Gemeinschaft neben der Kirche, in der Augustinus durch Ambrosius, nach langem vergeblichen Suchen in den Sekten, zur Ruhe gebracht wurde, um fortan als ihr entschiedenster Verteidiger alle anderen Kirchen zu bekämpfen, fest davon überzeugt, daß es außerhalb seiner Kirche kein Heil gebe. Augustinus rief die Staatsgewalt zu Hilfe, als seine Einigungsversuche fruchtlos blieben.

Allerdings war schon durch Konstans (340-350) die dem Donatismus gewährte Duldung aufgehoben worden. Aber die infolgedessen entstandene revolutionäre Bewegung (die Donatisten waren den Katholiken an Zahl weit überlegen) hatte bewiesen, daß mit Waffen-

Auf diese Weise konnte Augustinus den Donatisten ihr Existenzrecht absprechen, die Heiligkeit der Kirche trotz ihrer unwürdigen Glieder behaupten und die Sakramente in ihrer Wirkung ganz unabhängig machen von den menschlichen Personen.

Zur Konsequenz der Kindertaufe wurde aber Augustinus besonders geführt durch seine Auffassung von der Prädestination und seine Lehre über die Erbsünde im Kampfe gegen Pelagius, der behauptete, die Kinder seien sündlos und dürften darum getauft werden. Augustinus sagte: "Gerade weil sie mit der Erbsünde belastet sind, soll man sie taufen, damit sie der Gnade teilhaftig werden." In der Gnadenlehre Augustins tritt ja das Werk der Erlösung durch Christum zurück hinter der Heilsanstalt der Kirche, die durch ihre Sakramente die Gnade einflößt. Damit ist die dogmatische Unterlage auch für die Kindertaufe gewonnen.

Augustinus war von Beruf römischer Rechtsanwalt gewesen wie auch Cyprian und Tertullian. Man darf das nicht übersehen, wenn man sich ihre gesetzliche Auffassung der Erlösung und der kirchlichen Ordnung erklären will. Niemand kann sich so gänzlich von dem Einfluß seiner Umgebung befreien, daß seine alte Lebensart, seine Bildung, seine Vorstellungen und seine Art zu denken gänzlich abgestreift werden. Das ist unmöglich.

Dies können wir sehr deutlich auch bei den großen Kirchenmännern des Abendlandes bemerken. Überall schaut der Jurist hervor, in ihrer Auffassung von der Versöhnung, von der Buße, vom christlichen Leben, von der Kirche und ihren Ordnungen. So konnten sie bei ihrer juristischen Auffassung auch die Kindertaufe verteidigen. Nach römischer Rechtsauffassung konnten sie sich einfach auf die Einwilligung und den ausdrücklichen Willen der Eltern und Vormünder berufen und die Regeln des römischen Rechts über den *consensus praesumtivus* (= vorausgesetzte Zustimmung) und die *stipulatio vicaria* (= stellvertretende Abmachung) in Anwendung bringen.[29]

Seit Augustinus' Zeit wurde sogar hin und wieder auch Kindern nichtchristlicher Eltern die Taufe erteilt. Hier ließ sich zwar obiger Grund

---

gewalt diese Kirche nicht zu unterdrücken sei. Seitdem sie unter Julian ihre Rechte zurückerhalten hatte, bestand sie in alter Stärke fort.

Kaiser Honorius kam der katholischen Kirche zu Hilfe, und seit dem berühmten Religionsgespräch im Jahre 411 (Dr. Müller nennt es eine "Komödie") war die Macht des Donatismus gebrochen. Der kaiserliche Kommissar hatte den katholischen Bischöfen recht gegeben. Seit 415 wurde auf den Besuch donatistischer Versammlungen Todesstrafe gesetzt. Trotzdem war der Donatismus nicht auszurotten bis in die Zeit der Vandalen und bis zur Eroberung jener Länder durch die Araber. Indem der Donatismus die alte Forderung vertrat, "daß in der Kirche nicht nur die Institutionen, sondern vor allem die Personen heilig sein müssen" (Harnack, Dogm.), wurden seine Gegner um so mehr zu der entgegengesetzten Behauptung getrieben, daß die Sakramente an sich wirken, und daß die Kirche heilig sei und die Sakramente heilig seien, auch wenn die Personen unheilig seien. So hat sich Augustinus Sakramentsbegriff durch den Gegensatz gegen die Donatisten entwickelt, wie später Luthers Auffassung von Taufe und Abendmahl gegen die "Wiedertäufer" und "Sakramentierer". Auch ihren Kirchenbegriff haben sowohl Luther wie schon Augustinus im Kampfe gegen ihre Gegner gewonnen.

29 Vgl. Augusti, Handbuch der christlichen Archäologie, Bd. II, S. 356.

nicht anwenden. Man erklärte aber die Taufe in solchem Falle als eine Wohltat, "welche man solchen armen Geschöpfen nicht entziehen dürfe". Hier kam ihnen die Vorstellung von der geheimnisvollen Wirkung des Taufwassers zu Hilfe. Bald hörte man gar, daß Kinder von Juden durch List oder Gewalt ihren Eltern oder Vormündern weggenommen wurden, um ihnen die Taufe zu erteilen. Gewaltsame Taufen von Juden und Heiden sind die äußersten Konsequenzen dieser abergläubischen Anschauung von der Wirkung des Taufwassers.

Während in der lateinischen Kirche des Abendlandes der Geist römischen Gesetzeswesens durch die juristisch geschulten Männer zur Herrschaft kam, hielt in die griechische Kirche des Morgenlandes die Philosophie ihren Einzug.[30]

Männer wie Clemens von Alexandrien und Origenes[31] (gest.254) kommen auf anderen Wegen fast zu denselben Resultaten, wenigstens in ihrer Sakramentslehre, wie jene führenden Männer des Abendlandes. Ihnen folgen die übrigen Väter des Orients, ein Cyrill von Jerusalem, Methodius, Basilius, die beiden Gregore, Athanasius und Chrysostomus. Auch sie denken sich die Taufe als geheimnisvoll wirkende Kraft, durch die dem Empfänger die Heilsgüter mitgeteilt würden. Gregor von Nazianz[32] (gest.390) empfiehlt in Notfällen, wenn die Gefahr des Todes eintritt, auch die Unmündigen zu taufen, "denn es ist besser, daß sie ohne

---

30 In welchem Maße dies schon bei dem Bischof Melito von Sardes (gest. 190) der Fall war, läßt sich nicht feststellen, da seine Schriften nur in geringen Bruchstücken erhalten sind. Leider besitzen wir auch von seiner Schrift über die Taufe nur einige Fragmente.

31 Über die angebliche Befürwortung der Kindertaufe durch Origenes s. Anhang 7.

32 Gregor hat sich gründlich über die Taufe ausgesprochen. Er schreibt: "Die Taufe ist Erleuchtung der Seelen, Umwandlung des Lebens, Gelöbnis eines guten Gewissens gegen Gott. Die Taufe ist Unterstützung unserer Schwachheit, Ablegen des Fleisches, Anziehen des Geistes (des fleischlichen und geistigen Menschen), Teilnahme am Logos, Wiederherstellung des Geschöpfes, Abspülung der Sünde (eigentlich Überflutung, wodurch die Sünde weggeschafft wird, im Gegensatz gegen die Flut, als Strafe der Sünde und Anspielung auf 1. Petri 3,21), Mitteilung des Lichts, Entfernung der Finsternis. Die Taufe ist ein Fahrzeug zu Gott, ein Sterben mit Christo (eigentlich ein Auswandern mit Christo), eine Befestigung des Glaubens, eine Vollendung des Geistes, ein Schlüssel des Himmelreichs, eine Veränderung des Lebens, eine Befreiung von der Sklaverei, eine Lösung von Fesseln, eine Umwendung in einen besseren Zustand. Die Taufe - was soll ich noch mehreres aufzählen? - ist das schönste und herrlichste Geschenk Gottes; denn wie man das Heiligste des Heiligen und das Lied der Lieder (das Allerheiligste und das Hohelied) sagt, so nennt man auch die Taufe Erleuchtung, weil sie heiliger als jede andere Art von Erleuchtung ist."

An einer anderen Stelle bringt Gregor noch mehrere Namen der Taufe und erklärt sich über die Bedeutung derselben etwas bestimmter: "Wie Christus, der Geber, mit vielen verschiedenen Namen bezeichnet wird, so auch seine Gabe; wir nennen sie das Geschenk, die Gnade, die Taufe, die Salbung, die Erleuchtung, das Gewand der Unvergänglichkeit, das Bad der Wiedergeburt, das Siegel, und überhaupt alles Herrliche. Geschenk, weil es auch denen gegeben wird, die nichts vorher dargebracht haben; Gnade, weil sie auch Schuldigen mitgeteilt wird; Taufe, weil die Sünde im Wasser mitbegraben wird; Salbung, als etwas Priesterliches und Königliches (weil Priester und Könige gesalbt werden); Erleuchtung, als (geistige) Aufhellung; Gewand, als Umhüllung der Schande; Bad, als Abwaschung; Siegel, als Bewahrung und Bezeichnung der Herrschaft (welcher die Christen als Untertanen des Gottesreiches unterworfen sind)." (Vgl. Dr. Ullmann, Gregorius von Nazianz, S. 320.)

Bewußtsein geheiligt werden, als daß sie unbesiegelt und ungeweiht abscheiden". Er beruft sich auf die Beschneidung, die auch am achten Tage vorgenommen werde, und auf das Bestreichen der Türpfosten, welches auch fühllose Dinge seien. Sei keine Lebensgefahr vorhanden, so sei es besser, bis zum dritten Jahre zu warten, damit Kinder doch etwas von den Worten des Sakraments verstehen. Ohne Taufe kann sich auch Gregor keine Seligkeit denken. Die Taufe ist ihm eben die Tür zum Leben.

So war die Kindertaufe als eine Folge des Aberglaubens längst hier und da in Übung, ehe sie innerhalb der Staatskirche zu einer Kirchenfrage wurde. Bei Augustinus, ihrem Verteidiger, ist zu bemerken, wie beide Faktoren zusammenwirken, seine Sakramentsauffassung und sein Kirchenbegriff, um seine Auffassung von der Kindertaufe herauszubilden. Er, der den Arm des Staates gegen die Ketzer zu Hilfe rief und unter Berufung auf das Wort: "Nötige sie hereinzukommen" den Zwang und die Beeinflußung predigte, sieht die Kirche wesentlich als eine sakramentale Heilsanstalt an.

Die urchristlichen Gemeinden waren Gemeinden von Gläubigen gewesen, die auf Grund persönlicher Selbstentscheidung sich zusammenschlossen. Freiwilligkeit, persönliche Überzeugung, eigner Entschluß, bewirkt durch eigne Erfahrung, waren die Grundlagen dieser Freiwilligkeitsgemeinden. Hier herrschte kein Zwang und Druck, kein Autoritätsglaube.

Und wie das einzelne Glied der Gemeinde als selbständige Persönlichkeit durch eigne Willensentscheidung in den Kreis der Brüder eintrat, so anerkannte auch eine Gemeinde die andere in ihrer Selbständigkeit und allen ihren Rechten, die ihr als einer vom Geist des Herrn gesammelten und geleiteten, aber von allen menschlichen Autoritäten unabhängigen Gemeinde zukam. Dieses Freiwilligkeitsprinzip gehört zum Wesen einer biblischen Gemeinde. Eine Gemeinde im Sinne des Neuen Testaments ist ein Kreis lauter freier Persönlichkeiten. Durch das Wort berufen, durch den Geist erneuert und durch eben denselben Geist mit allen Gleichgesinnten zusammengeschlossen in den Linien des Wortes, stellt die Gemeinde einen Kreis selbständiger, freier, freiwilliger Glieder dar. Es gehört zum Wesen der Gemeinde, daß sie keine gezwungenen, unfreiwilligen, unfreien, unbewußten Glieder kennt.

In der Einheitskirche des Staates, die Heils- und Erziehungsanstalt für das ganze Volk sein will, herrschen durchaus andere Gesichtspunkte. Eine Landeskirche und Volkskirche kann des Zwanges nicht entbehren. Sie kann nicht warten auf die freiwillige Selbstentscheidung des einzelnen. Sie gewinnt ihre Glieder durch fleischliche Fortpflanzung und möglichst schnelle Eingliederung des Neugebornen in ihren Verband. Diese Eingliederung darf nicht abhängig sein von dem persönlichen Wunsche des einzelnen. Dadurch würde der Bestand der Kirche gefährdet werden. Denn würden nicht unzählige auf die Gliedschaft verzichten, wenn die Entscheidungsmöglichkeit des einzelnen abgewartet würde? Darum muß die Eingliederung des einzelnen zu einer Zeit vorgenommen werden, da dieser einzelne noch keine selbständige Persönlichkeit ist. Darum geschieht diese Eingliederung am besten in frühster Jugend, da das selbständige Bewußtsein des Menschen noch unentwickelt und eine freie Willensentscheidung ausgeschlossen ist.

Was ist natürlicher, wenn man alle Bewohner einer Stadt oder eines Landes zu Christen machen will, als den Aufnahmeakt, die Taufe, die früher mit dem bewußten, freiwilligen Übertritt in die Gemeinde zusammenfiel, auch an Unfreiwilligen und Unmündigen zu vollziehen? Als Ersatz für die Taufe ein anderes Aufnahmemittel für die Kinder zu erfinden, war unmöglich, denn ohne Taufe war man überhaupt kein Christ nach damaliger Anschauung. "Die Taufe macht zum Christen." Aber es war auch gar nicht nötig, ein anderes Aufnahmemittel zu suchen. Man hatte längst begonnen, hier und dort auch Kinder zu taufen, einfach durch abergläubische Vorstellungen veranlaßt, nicht mit dem Zweck, eine Volks- und Staatskirche zu bilden.

Die Staatskirche fand die Kindertaufe vor. Wäre das nicht der Fall gewesen, so hätte sie dieselbe erfinden müssen, um sich zugleich als eine Volks- und Landeskirche behaupten zu können. Eine Landeskirche ohne Kindertaufe wäre ebenso eine Widerspruch in sich selbst wie eine Gemeinde der Gläubigen, welche die Kindertaufe beibehält. Sollen alle Bewohner einer Stadt, eines Landes "Christen" sein, kennt man im Staate keine "Nichtchristen", so können, dürfen und müssen auch alle Christen das Bundeszeichen der Christen, die Taufe, empfangen. Darum kann eine solche Kirche ihre Glieder nicht durch freie Selbstentscheidung freier Persönlichkeiten gewinnen, sie muß sich durch fleischliche Fortpflanzung ergänzen und kann deshalb der Kindertaufe nicht entraten.

In einer Kirche, die ihre Glieder nicht durch den freiwilligen Beitritt einzelner gewinnen will, ist es darum überhaupt nicht am Platze, allzusehr die Persönlichkeit des einzelnen zu betonen und ein Christwerden zu fordern. Das würde ja die Vorstellung erwecken, daß nicht alle "Christen" wirkliche Christen sind. Einer Landeskirche muß aber daran liegen, daß alle ihre Glieder Christen sind, d. i. als solche angesehen werden.

In der Zeit des Urchristentums wurde man Christ durch freiwillige Selbstentscheidung. Ihr Ausdruck, ihre Anerkennung und Besiegelung war die Taufe. Diese Praxis, so sagt man, sei aber heute nur noch auf dem Missionsfelde unter den Heiden möglich und richtig. Innerhalb einer Volks- und Landeskirche sei die Taufe auf den persönlichen Glauben ein unmöglicher Gedanke. Hier dürfe das Christwerden, also auch die Taufe, überhaupt nicht von einer persönlichen Entscheidung abhängig gemacht werden, weshalb sie am besten in einem Alter erfolge, da der Mensch noch nicht selbst über sich entscheiden kann. Damit hört in der Christenheit die Taufe auf, der Ausdruck einer persönlichen Glaubensüberzeugung zu sein. Sie wird das Siegel eines allgemeinen Namenchristentums. Das ist aber nicht mehr die biblische Taufe. Die Taufe hat nun eine ganz andere Bedeutung. Sie ist nicht mehr der Ausdruck einer persönlichen Glaubensüberzeugung, sie dokumentiert nicht mehr den Übergang aus dem alten Leben der Sünde in das neue Leben des Glaubensgehorsams.

Die biblische Taufe ist abgeschafft. An ihre Stelle ist eine Zeremonie getreten, die am Nichtchristen vollzogen wird, an Unmündigen, die im Sinne des Neuen Testaments noch nicht glauben können. (Röm.10,17.) Nachdem diese Handlung staatlich sanktioniert, die biblische Taufe dagegen mit der Todesstrafe belegt war, konnte man es wagen, auch die Form zu ändern, indem man anstatt des Untertauchens die Besprengung wählte, was ebenso unmotiviert ist, als beim Abendmahl die Form zu ändern, etwa den "Laien" den Kelch zu entziehen, was sich die römische Kirche aber auch erlaubt hat. Beides geschah aber erst in späterer Zeit. Durch das offizielle Christentum, das den Grundsatz vertritt: "Wir sind alle Christen", mußte notwendigerweise die biblische Taufe (die eine persönliche Entscheidung voraussetzt) abgeschafft und statt ihrer eine Taufe im unbewußten Lebensalter gesetzt werden. Dazu sind aber gar keine besonderen Synodalbeschlüsse nötig gewesen. Als die Kirche den Anspruch erhob, als Volks- und Landeskirche die eine allgemeine (katholische) zu sein und ihre Hand auf die Gesamtheit der Einwohner der Dörfer, Städte, Provinzen und Länder zu legen, war die Kindertaufe die brauchbarste und dem Wesen der ganze Völker und Länder umspannenden Einheitskirche angemessenste Form. Es war sehr günstig, daß darin der Aberglaube der Menge dem Bedürfnis des Staates entgegenkam.

Trotz des Zusammenwirkens dieser beiden mächtigen Faktoren, des Aberglaubens und des volkskirchlichen Prinzips, also des Bedürfnisses der großen Menge und des Bedürfnisses der staatlichen Einheitskirche, setzt sich der Gebrauch der Kindertaufe aber doch nur sehr langsam durch, und erst im sechsten Jahrhundert kann von einer allgemeinen Anerkennung und Durchführung dieser Sitte gesprochen werden. Und hierin liegt ein starker Beweis für den nichtapostolischen Ursprung der Kindertaufe. Es ist eine allen Historikern auffallende Tatsache, daß im dritten und vierten Jahrhundert in alten christlichen Familien, deren Angehörige seit mehreren Generationen Christen waren, nicht die Kindertaufe geübt wurde, sondern die Taufe der Erwachsenen. Es ist das eine so merkwürdige Erscheinung, daß einige Historiker bei der falschen Voraussetzung, die Kindertaufe sei apostolischer Brauch, von einem "Verdrängen der Kindertaufe" in dieser Zeit reden und daß andere glauben, beweisen zu müssen, die Kindertaufe habe im dritten und vierten Jahrhundert nicht gänzlich aufgehört. Das beweist doch, wie das Beibehalten der Taufe der Erwachsenen in christlichen Häusern überaus häufig war.

Wie wäre das aber zu erklären, wenn die Kindertaufe von den Aposteln eingeführt wäre? Sind etwa jene christlichen Eltern, die ihre Kinder nicht taufen ließen, von dem Brauche der Apostel abgefallen? Dann müßte dieser Vorwurf die frömmsten Familien treffen, und außerdem müßte die Tatsache erklärt werden, wie diese Eltern in den verschiedensten Teilen des römischen Weltreiches alle auf denselben Gedanken kommen konnten, die Taufe der Kinder zu unterlassen, im Gegensatz zu der bis dahin angeblich allgemeinen und schon von den Aposteln geübten Weise?

Und wie wäre es weiter zu erkären, daß dieses Verhalten der christlichen Eltern von seiten der Bischöfe und der Gemeinden niemals getadelt wird und, wie es scheint, nirgend Bedenken hervorgerufen hat? Selbst Bischöfe tauften die eignen Kinder nicht. Sie finden es nätürlich, die Söhne heranwachsen zu lassen, bis sie als Männer um die Taufe bitten. Wenn die uns überlieferten Nachrichten Ausnahmefälle gewesen wären, hätten sie ohne Zweifel Aufsehen erregt und zur Kritik oder gar zu Exkommunikation Anlaß gegeben. Daß dies nirgend der Fall war, beweist die Überlieferung und Fortdauer der biblischen Taufpraxis in den alten christlichen Familien.

Wäre die Taufe der Säuglinge fester Brauch im ersten und zweiten Jahrhundert gewesen, so wäre man im dritten Jahrhundert niemals auf den Gedanken gekommen, diese Praxis aufzugeben, um so weniger, als die magisch-dingliche Wirkung der Taufe überall gelehrt und geglaubt wurde. Daß trotzdem die Kindertaufe gerade in altchristlichen Familien sich so langsam einbürgerte, beweist, daß eine andere Tradition durch mehrere Generationen hindurch vorlag.

Hätte es sich bei der Unterlassung der Kindertaufe um eine Neuerung gehandelt (wie merkwürdig, daß diese in allen Teilen des großen römischen Reiches gleichzeitig hätte auftauchen können!), so wäre eine scharfe kirchliche Opposition die Folge gewesen. Davon hören wir nichts.

Wohl aber konnte der Irrtum der Kindertaufe infolge der falschen, dogmatischen Wertung der äußeren Taufhandlung allmählich zur Geltung kommen (wie zahlreiche andere Irrtümer) und die Warnung eines Tertullian gegen die Kindertaufe ohne nachweisbare Wirkung verhallen.

Also als ein Festhalten an der alten Taufpraxis und Taufform müssen wir das Unterlassen der Kindertaufe in zahlreichen christlichen Familien während des dritten und vierten Jahrhunderts ansehen. Zwar wurde die biblische Lehre über die Taufe vielfach schon nicht mehr verstanden; die biblische Form aber erhielt sich länger und ging erst nach und nach im Laufe der Jahrhunderte verloren.

Der Werdegang ist also folgender:

1. Taufe gläubiger Erwachsener mit Festhalten an der biblischen Lehre über die Taufe. 2. Taufe gläubiger Erwachsener, aber falsche Vorstellungen von einer dinglichen Wirkung des Sakraments. 3. Taufe Ungläubiger. 4. Taufe von Kindern unter Wahrung der rechten Formen. 5. Taufe von Kindern unter Preisgabe der alten Formen.

Im dritten und vierten Jahrhundert war fast überall die kirchliche Lehre von der Taufe eine falsche. Damit hängt zusammen, daß man hier und da begann, auch Unmündige "zur Gnade zuzulassen", aber in den gebildeten christlichen Familien mit älterer Tradition konnte man sich trotz der Überzeugung von der wunderbaren Wirkung des Taufwassers nicht so ohne weiteres zu dieser Neuerung entschließen.

Das ist die einzig mögliche Erklärung der merkwürdigen historischen Tatsache, daß zahlreiche christliche Eltern, unter ihnen die eifrigsten Christen ihrer Zeit, ihre Kinder nicht taufen ließen.

Es mag genügen, auf einige bekannte Männer hinzuweisen.

"Ambrosius" (gest. 397), zuerst römischer Statthalter (Präfekt), dann Bischof von Mailand, war um das Jahr 340 als Sohn des römischen Präfekten von Gallien in Trier geboren. Seine Eltern waren Christen. Die Familie hatte schon ein Jahrhundert früher das Christentum angenommen. Zu ihren Ahnen gehörte die Märtyrerin Sotharis, die unter Diokletian den Tod erlitt. Im Jahre 350 starb der Vater des Ambrosius, und seine Mutter zog mit ihrem Sohne nach Rom. Seine ältere Schwester Marzelina war eine sehr entschiedene Christin. Ambrosius wurde nicht als Kind getauft, sondern am 30. November 374, als er wenigstens 34 Jahre alt und bereits zum Bischof von Mailand erwählt war.

Hieronymus (gest. 420), "der größte Gelehrte unter den lateinischen Kirchenvätern", der Übersetzer der Bibel in die lateinische Sprache, war als Sohn christlicher Eltern zu Stridon in Dalmatien geboren, etwa im Jahre 340, und wurde in Rom, wo er seine Bildung empfing, durch den Papst Liberius getauft, als er etwa 20 Jahre alt war, im Jahre 360.

Augustinus (gest. 430), der bedeutendste Kirchenlehrer seiner Zeit, war im Jahre 354 in Tagaste in Numidien, Nordafrika, geboren. Seine Mutter war die fromme Monika, die selbst von christlichen Eltern stammte. Diese ließ ihn nicht als Kind taufen, sondern Augustinus wurde in Mailand durch Ambrosius getauft, im Jahre 387, als er 33 Jahre alt war.[33]

Gregor (gest. 390), der große Kappadozier, Bischof von Nazianz in Kleinasien, war als der Sohn eines Bischofs im Jahre 350 geboren, wurde aber erst nach Vollendung seiner Studien im 30. Lebensjahre getauft.

---

33 Der Hinweis auf den heidnischen Vater Augustinus, der jedenfalls die Taufe des Kindes nicht erlaubt hätte, wird schon durch den eignen Bericht Augustins in seinen "Confessiones" (Bekenntnissen) hinfällig. Er schreibt dort im elften Kapitel folgendes:

"Schon als Knabe hatte ich Kunde von dem ewigen Leben, uns verheißen durch die Erniedrigung unseres Herrn und Heilands, der herabstieg zu unserem Hochmut, und ich ward mit dem Zeichen seines Kreuzes bezeichnet und mit seinem Salze geweiht, schon von dem Leibe meiner Mutter an, deren ganze Hoffnung du warst. Du sahst, o Herr, wie ich, noch ein Knabe, eines Tages plötzlich von heftig brennendem Magenkrampfe ergriffen wurde und fast dem Tode nahe kam. Du sahst, mein Gott, denn du warst schon damals mein Hort und Hüter, mit welcher Bewegung des Herzens, mit welchem Glauben ich die Taufe deines Gesalbten, meines Herrn und Gottes, von der Frömmigkeit meiner Mutter und der Mutter unser aller, der Kirche, verlangte. Und meine leibliche Mutter, mächtig erschüttert, weil sie auch mein ewiges Seelenheil als ein teures Pfand unter dem Herzen trug, das im Glauben an dich zu heiliger Reinheit gelangt war, würde eilend dafür gesorgt haben, daß ich in die heiligen Sakramente eingeweiht und durch sie gereinigt würde in deinem Bekenntnis, Herr Jesus, zur Vergebung der Sünden, wenn ich nicht sogleich genesen wäre. Es wurde daher meine Entsühnung durch die Taufe verschoben, gleich als müsse ich mich noch beflecken, solange ich noch am Leben bliebe, weil nach der Taufe die Schuld sündiger Befleckung noch größer und gefahrvoller würde. So war damals schon ich, die Mutter und das ganze Haus gläubig, ausgenommen den Vater, der, obwohl er ein Heide war, doch nicht das Recht der frommen Mutterliebe zugunsten seines Vaterrechts umstieß, um mich am Glauben an Christum zu hindern." (Aug. Bekenntnisse von Lachmann.)

Dieser Bericht ist darum so interessant, weil er die abergläubische Vorstellung, die Augustinus selbst mit der Taufe verband, erkennen läßt. Ob seine Mutter schon selbst so spekulierte, ist damit zwar noch nicht bewiesen. Immerhin sind diese Bekenntnisse ein merkwürdiger Beleg für die Tatsache, daß die Taufe der Kinder als eine Frucht abergläubischer Vorstellungen, die man mit der Taufe verband, anzusehen ist. Wie in diesem Falle, mag man in vielen Fällen gedacht und gehandelt haben.

Seine fromme Mutter Nonna, die einem angesehenen alten christlichen Geschlecht entstammte und eine vorzügliche christliche Erziehung genossen hatte, weihte ihren Sohn Gregor schon vor seiner Geburt dem Herrn. Sie ließ ihn aber nicht taufen, sondern trug ihn in die Kirche und, indem sie seine Händchen auf die Bibel legte, weihte sie ihn betend dem Dienste des Herrn. Gregor wurde von Jugend an mit der Heiligen Schrift bekannt gemacht. Aber an eine Kindertaufe dachten seine Eltern nicht. Gewiß auch die anderen Bischöfe in Kappadozien nicht, sonst hätten sie wohl seine Eltern auf ihr Versäumnis aufmerksam gemacht.

Basilius der Große (gest. 379), Bischof von Cäsarea in Kappadozien, entstammte ebenfalls einer frommen, christlichen Familie, aus der drei Bischöfe hervorgingen (außer ihm sein Bruder Gregor von Nyssa und Petrus von Sebaste). Diese Familie war berühmt durch eine große Anzahl christlicher Bekenner und Märtyrer. Des Basilius Großmutter war die heilige Makaria, seine Mutter die Tochter eines Märtyrers. Basilius wurde auch nicht als Kind getauft, sondern erst nach seiner Rückkehr von der Universität durch den Bischof von Cäsarea.

Ephraem, der Syrer (gest. um 373), der in der Nähe von Edessa als kirchlicher Lehrer, Schriftsteller und Dichter lebte, wurde um das Jahr 300 zu Nisibis in Mesopotamien als Sohn frommer christlicher Eltern geboren, die ebenfalls Märtyrer in ihrer Familie zählten und selbst ihren Glauben ruhmvoll bekannten.

Auch Ephraem wurde nicht als Kind getauft.

Chrysostomus (gest. 407), der berühmteste Kanzelredner des Altertums, wurde 347 zu Antiochien als Sohn vornehmer Eltern geboren. Seine Mutter Anthusa wurde neben der Monika und Nonna als dritte "in dem weltdurchstrahlenden Dreigestirn mustergültiger Mütter" genannt. Aber auch sie ließ ihren Sohn nicht als Kind taufen. Sie betete mit ihm und las die Bibel mit ihm. Aber getauft wurde er erst, als er schon Advokat war, von dem Bischof Meletius von Antiochien nach einem dreijährigen Unterricht.

Aus diesen Beispielen, die bereits aus der Zeit nach der Verkehrung des Christentums in eine Staatsreligion genommen sind, und zwar aus den verschiedensten Ländern, Gallien, Afrika, Dalmatien, Kleinasien und Syrien, ist zu ersehen, daß die Einbürgerung der Kindertaufe nur langsam vor sich ging, trotz des Aberglaubens jener Zeit. Es müssen doch wichtige Bedenken und Traditionen vorgelegen haben, sonst wäre diese Tatsache eins der größten Rätsel des christlichen Altertums. Das Aufkommen der Kindertaufe ist sehr erklärlich für jeden, der sich mit den Vorstellungen der nachapostolischen Christen beschäftigt. Dagegen die Abschaffung der Kindertaufe wäre undenkbar. Das müßte aber in weiten Kreisen geschehen sein, wenn sie wirklich apostolischer Brauch gewesen ist. Die Einbürgerung der Kindertaufe, deren Hauptgrund in der falschen Lehre über die Bedeutung und das Wesen der Taufe zu suchen ist, wurde aber auch noch durch andere Umstände wesentlich gefördert. Was war im Laufe der Jahre allmählich aus der so einfachen Form der Taufe geworden! Seit der Einbürgerung des Katechumenats wurde die ursprüngliche Taufhandlung mit einer solchen Fülle von Formeln und

Zeremonien umrahmt, daß schon ein gründliches Studium dazu gehört, den Sinn und Zweck aller dieser heiligen Handlungen zu verstehen, die fortan mit der kirchlichen Taufweise verknüpft blieben.

Unter dem Katechumenat verstand man die Belehrung über die Grundwahrheiten des Christentums, die der Taufe voranging. Es handelte sich um die Vorbereitung und Zubereitung derer, die um die Aufnahme in die christliche Gemeinde baten. Die Dauer der Vorbereitung war verschieden, oft zwei bis drei Monate.

In der apostolischen Zeit finden wir weder Katechumenen noch Katecheten. Auch die ältesten nachapostolischen Schriften enthalten noch keine Anweisungen über einen den Taufbewerbern zu erteilenden Unterricht.

Die "Lehre der zwölf Apostel" spricht nur vom Fasten vor der Taufe, der allerdings eine Belehrung über die zwei Wege vorausgehen solle. Als der erste Zeuge der beginnenden Einrichtung des Katechumenats kann Justinus angesehen werden; aber von einer amtlichen Regelung des Unterrichts weiß auch er noch nichts.

Tertullian spricht von Katechumenen, und Origenes unterscheidet bereits verschiedene Stufen der Vorbereitung zum Eintritt in die Gemeinde, die mit der Taufe ihren Abschluß fand.

So wurde die einfache biblische Taufweise bald in eine mit zahlreichen sinnbildlichen Zeremonien ausgeschmückte Handlung verwandelt. Wer einmal einer sogenannten Taufe nach römischem oder griechischem Ritus zugeschaut hat, wird mit Erstaunen die mancherlei Formen und Formeln beobachtet haben, lauter Gebräuche, die im Laufe des zweiten Jahrhunderts durch die Einbürgerung des Katechumenats in Übung kamen und dann auch bei der gänzlichen Verdrängung der Erwachsenentaufe beibehalten wurden, obwohl viele derselben nur für erwachsene Täuflinge passen.

Die alten Tauffragen konnte man nach wie vor benutzen, da man sie einfach an die Taufpaten, als an die Vertreter des Kindes richtete.[34]

---

34 Der Ursprung der kirchlichen Einrichtung, Taufpaten für andere zu bestellen, ist nicht in Verbindung mit der Kindertaufe entstanden, sondern wie Prof. D. Drews (Prot. Real-Enz., Bd. XIX, S. 447) hervorhebt, aus der Sitte, "daß ein erwachsener Heide, der dem Bischof unbekannt war, bei seiner Meldung zur Taufe von einem Christen begleitet war, der für den Taufbewerber Bürgschaft leistete". Ein solcher Pate übernahm dann auch die Überwachung seines Schützlings während dessen Vorbereitungszeit vor der Taufe.

Als dann die Kindertaufe in Übung kam, galten die Eltern des Kindes, wie Augustinus und andere bezeugen, als Paten. Alle bekannten Bezeichnungen hängen mit dem Begriff *pater* = Vater (griechisch: *pater*) zusammen, so auch die deutschen Bezeichnungen Gevatter (altdeutsch: gevatera), Gevatterin, Gevatterschaft.

Was ist auch natürlicher, als daß die Eltern selbst die Garantie für die christliche Erziehung übernehmen? Falls die Eltern fehlten, traten andere gläubige Verwandte an deren Stelle.

Allmählich wurden dann die Eltern vom Patenamt ausgeschlossen. Die protestantischen Kirchen übernahmen mit der Kindertaufe auch das Pateninstitut aus der römischen Kirche.

Auch hier sind die Eltern vom Patenamt ausgeschlossen, aber nicht Katholiken und Andersgläubige, ohne Rücksicht auf die Konfession, was offenbar sinnlos ist, sobald man es mit der religiösen Erziehung des Kindes durch die Paten ernst nimmt; die ist aber tatsächlich nicht der Fall, wie Prof. Drews bemerkt. Das Patenamt ist heute "so gut wie ganz zu einer leeren Form geworden".

Die Reihenfolge der einzelnen Handlungen wurde streng beobachtet. Zuerst am Anfang des Katechumenats die Bezeichnung (Signatur) mit dem Kreuze und Handauflegung; Genuß des geweihten Salzes; dann während der letzten vierzig Tage: die Aneignung des Taufbekenntnisses (symbolum) und des "Vaterunsers"; dann der Exorzismus, d.h. die Austreibung des bösen Geistes, bestehend aus der Exsufflatio (Zeichen des Abscheus gegen den bösen Geist) und aus dem Afflatus (der Mitteilung des guten Geistes), aus dem Ephata (der symbolischen Öffnung von Ohren, Mund und Nase); dann folgte die Abrenuntiatio (die feierliche Absage an den Teufel), zuletzt die Salbung mit Öl.

Dieses "Anhauchen", die Salzdarreichung, Beschwörung des Satans, Berührung der Nase und der Ohren mit Speichel, Ablegung des Gelübdes (jetzt durch die Paten), Salbung mit Öl usw. schreibt der Katechismus Romanus auch heute noch vor. Ganz ähnlich wird die Taufe in den griechisch-orthodoxen Kirchen vollzogen, nur daß hier noch heute an der Untertauchung des Täuflings festgehalten wird, während sich in der römischen Kirche die Übergießung allmählich eingebürgert hat, seitdem das Konzil zu Ravenna 1311 neben der "Untertauchung" die "Übergießung" (infusio) aber nicht die "Besprengung" (aspersio) erlaubte.

Luther hat anfangs (1523) in seinem "Taufbüchlein" alle römischen Taufzeremonien festgehalten. Von 1526 nur noch die Exsufflatio, Kreuzeszeichen an Stirn und Brust, Exorzismus, Handauflegung, Abrenuntiatio und Glaubensbekenntnis. In neuerer Zeit hat man auch manche dieser Gebräuche fallen lassen. Strengere "Lutheraner" halten aber daran bis heute fest.

Es läßt sich nicht leugnen, daß in den beibehaltenen Tauffragen, die man ursprünglich an die Erwachsenen richtete, dann aber mechanisch auf die Kinder übertrug, deutliche Beweise gegen die Behauptung einer urchristlichen Praxis der Kindertaufe vorliegen. Die noch heute in allen Kirchen gebrauchten Taufformulare mit ihren Fragen und Antworten, ihrem Glaubensbekenntnis, ihrer Absage an den Teufel und den vorgeschriebenen Gebeten hätten nur dann einen Sinn, wenn sie, wie es ursprünglich geschah, auf Erwachsene angewandt würden, die selber Rede und Antwort stehen können. Die mannigfaltigen Gebräuche entstammen übrigens zum großen Teil dem Heidentum.

Die zahlreichen heidnischen Mysterienkulte, die sich jahrhundertelang mit dem Christentum um den Vorrang stritten, hatten auch ihre geheimnisvollen Gebräuche und Weihen. Man nannte sie Mysterien (d.h. Geheimnisse), was in der lateinischen Kirchensprache des Abendlandes mit *sacramentum* wiedergegeben wurde. Mit diesen Mysterien verknüpfte man die Vorstellung, daß "die Gläubigen in ihnen und durch sie in ein Verhältnis zu ihrem Gott treten durch ein bestimmtes sakrales Tun und bestimmte sakrale Formeln". Anklänge an diese echt heidnischen Vorstellungen von den zauberhaft wirkenden kultischen Gebräuchen findet man mehr oder weniger stark ausgeprägt in vielen christlichen

Schriften aus der nachapostolischen Zeit. Aus den heidnischen Mithrasmysterien stammt z.B. auch der Brauch, den Täuflingen Honig auf den Mund zu legen. Überhaupt dringen allerlei Bestandteile aus den heidnischen Mysterien in die Gottesdienstordnungen ein, z.B. entspricht die stufenweise Erschließung der christlichen Geheimnisse den stufenweisen Weihen der heidnischen Mysterienweihen.[35]

Noch in anderen Beziehungen vollzieht sich eine Abänderung und Umgestaltung der ursprünglichen einfachen Taufweise.

Seitdem der Klerus, der sogenannte geistliche Stand, die Vollziehung aller sogenannten "geistlichen Handlungen" als ein besonderes Vorrecht in Anspruch nahm, wurde auch das Recht zu taufen den sogenannten Laien entzogen. Im Neuen Testament findet sich nach Pfingsten keine direkte Mitteilung über eine Taufe, die die zwölf Apostel selbst vollzogen haben. Sie gaben die Anweisung zu taufen, wie auch Jesus durch seine Jünger taufen ließ. Trotzdem kann man annehmen, daß sie auch selbst unter Umständen getauft haben, wie wir das von Paulus lesen.

Es scheint, daß ursprünglich jeder Gläubige das Recht hatte, zu taufen, und erst nach und nach wurde das Recht, die Taufe zu vollziehen, zum Vorrecht eines besonderen Amts.

Das Neue Testament erwähnt wenigstens nichts von einem besonderen, dem Philippus gegebenen Auftrage, zu taufen. Auch Ananias, der den Paulus taufte, war ein einfacher Jünger zu Damaskus. Aber schon Ignatius will nichts wissen von einer Taufe ohne den Bischof, und ebenso bestimmen die "Apostolischen Konstitutionen". Dagegen ist in dem Dialog des Ariston von Pella die Taufe noch nicht als Vorrecht des Amts behandelt.[36] Tertullian spricht ebenfalls allen Gläubigen das Recht zu taufen zu, wenn er auch im Interesse der kirchlichen Ordnung in der Regel die Taufe von dem Aufseher vollziehen lassen möchte. Cyprian behält dagegen dieses Recht dem Aufseher (Bischof) allein vor. Später wurde dies ausdrücklich festgesetzt, und die sogenannten Privattaufen wurden durch kaiserliche Bestimmungen verboten.[37]

Bald gab es auch bestimmte Taufzeiten und Tauforte. Im Neuen Testament wird die Taufe von jedem Gläubigen zu jeder Zeit vollzogen. Auch machte man keinen Unterschied, ob sie im fließenden Wasser oder etwa in einem Badebassin vollzogen wurde.

Johannes der Täufer taufte im Jordan, Philippus im stehenden Wasser, und zahlreiche Taufen, die in der Apostelgeschichte erwähnt werden, wurden ohne Zweifel in Teichen oder Badebassins vollzogen.

---

35 Vgl. Dr. K. Müller, Kirchengeschichte I, S. 122; Soltau, Das Fortleben des Heidentums in der altchristlichen Kirche, S. 191 ff.; Dr. Heitmüller, Taufe und Abendmahl im Urchristentum, S. 23 ff.; Harnack, Dogmengeschichte, S. 129 ff.

36 Vgl. D. A. Schlatter, Die Kirche Jerusalems vom Jahre 70 bis 130, S. 70.

37 Nur die "Nottaufe" hat die Kirche später allen, auch den Frauen, erlaubt und sie gar den Hebammen zur Pflicht gemacht. Sogar Heiden und Mohammedaner konnten bei Anwendung der rechten Formel gültig taufen. Luther hat die Nottaufe beibehalten. Das war konsequent bei seiner Auffassung von der Taufe. Die reformierten Kirchen kennen keine Nottaufe.

Justinus, der Märtyrer, berichtet einfach, daß getauft wurde, "wo Wasser ist", und auch Tertullian kennt keine Regel.[38]

Auch die Form des Untertauchens war nicht überall dieselbe. Das Bestreben, diese feierliche Handlung noch feierlicher zu gestalten, mag zu allerlei Änderungen veranlaßt haben.[39]

In allen diesen Fragen dürfte aber doch wohl die größte Einfachheit der urchristlichen Praxis am nächsten kommen. So ist es wohl ziemlich sicher, daß die urchristliche Form der Taufe in einem einmaligen Untertauchen bestand. Wie früh schon daraus ein dreimaliges geworden ist, ist nicht nachzuweisen.[40]

Wichtiger als diese Frage erschien vielen die Frage nach der rechten Taufformel.

Die Anweisung des Herrn (Matth.28,19) scheint darüber keinen Zweifel zu lassen. Aber die Apostelgeschichte scheint nur eine Taufe auf den Namen Jesu zu kennen,[41] oder sollte hier überall nur eine einfache

---

38 Vom 8. bis 12. Jahrhundert sind Taufen in Flüssen oder Meeren und auch in Fässern häufig. Als der heilige Otto, "der Apostel der Pommern", im Jahre 1124 die heidnischen Pommern taufte, geschah dies nach einem siebentägigen Unterricht, nach dreitägigem Fasten und Baden des Körpers. In drei Taufzelten für Männer, Knaben und Frauen waren Fässer mit Wasser gefüllt in die Erde gestellt. Der Täufling ging mit seinem Paten hinein, der eine Kerze in der Hand trug und das Kleid des Täuflings aus dessen Hand entgegennahm. Sobald man außerhalb des Zeltes das Geräusch des Wassers vernommen hatte, ging der Priester hinein, tauchte dreimal den Kopf unter und salbte seinen Scheitel mit dem heiligen Salböl und ließ ein weißes Kleid zurück. Nachdem sich der Priester entfernt hatte, entstieg der Getaufte dem Wasser, zog das Kleid an und verließ das Zelt.

Ähnlich wird man sich die Taufe in anderen Gegenden Deutschlands zu denken haben, wenn man auch, wo es möglich war, wohl meist in fließendem Wasser taufte. (Vgl. das Jahrbuch des Vereins für die evangelische Kirchengeschichte Westfalens, 1903, S. 191.)

39 So tauft man heute noch in der German Baptist Brethren Church den knienden Täufling durch dreimaliges Untertauchen nach vorn, während die Baptisten und andere taufgesinnte Kreise ein einmaliges Untertauchen nach rückwärts üben, wodurch das Bild des Begräbnisses (Röm. 6) zur Darstellung gebracht werden soll.

Unter den Täufern der Reformationszeit bestanden manche darauf, daß die Taufe öffentlich im Flusse vollzogen würde. Doch legten viele auf das Wo keinen Wert, ebensowenig auf das Wie. Wir erfahren von Taufen in den Häusern, wohl meist in der Form eines Begießens, aber daneben kommen auch Taufen im Rhein und in anderen Flüssen durch Untertauchen vor. Der Pfarrer Wolfgang Uliman, der nach Keßlers Bericht in der Chronika von St. Gallen (1523-1539) von Grebel im Rhein getauft wurde und dann selbst gegen 800 Personen taufte, war nicht der einzige, "der nicht wollte mit einer Schüssel Wasser begossen, sondern ganz nackt und bloß unter Wasser getauft werden".

Bei den Mennoniten älterer Richtung wird bis heute keine Untertauchung geübt. Dagegen wird bei der Mennoniten-Brüdergemeinde in Rußland (seit 1860) und in Amerika nur in dieser Form getauft, doch war man anfänglich schwankend, ob der kniende Täufling nach vorn oder der stehende rückwärts ins Wasser zu senken sei. (Vgl. P. M. Friesen, Geschichte der Alt-Evangel. Mennoniten-Brüderschaft in Rußland, S. 242.)

Welche Taufweise Menno selbst geübt hat, läßt sich nicht mit Gewißheit feststellen. (Vgl. Der Hilfsbote, Cassel 1908, S. 43.)

40 Schon Tertullian kennt das dreimalige Untertauchen, und Hieronymus, Athanasius und andere verteidigen diese Form; aber beide Weisen bestanden nebeneinander, und manche Synoden haben beide für gleichberechtigt erklärt.

41 Vgl. Apg. 2,38; 8,16; 10,48; 19,5. Siehe auch Röm. 6,3. Ambrosius erklärt diese Form für ausreichend. Athanasius und Augustinus sind dagegen.

Bezeichnung der christlichen Taufe vorliegen ohne Rücksicht auf eine bestimmte Formel, so daß "auf Christum taufen" mit Anwendung der in Matth.28,19 gesprochenen Worte geschah? Oder ist selbst in Matth.28,19 keine Anweisung zum Gebrauch einer bestimmten Formel gegeben? Muß überhaupt bei der Taufe eine Formel gesprochen werden: "Ich taufe dich im Namen des Vaters und des Sohnes und des Heiligen Geistes!" oder: "Ich taufe dich im Namen Jesu!"?

Ist nicht auch das eine Taufe in Christum, wenn etwa der Täufling und der Täufer im Gebet den Namen des Herrn anrufen und dann überhaupt keine Formel angewendet wird?

Sicher waren die Apostel und die ersten Christen keine Formelmenschen, die das Wort des Herrn (Matth.28,19) als eine Taufformel ansahen, sondern eine Formel liegt weder in Matth.28,19 vor, noch in den Stellen der Apostelgeschichte oder Röm.6,3; Gal.3,27. Vielmehr ist dort wie hier eine Angabe des Zweckes und der Bedeutung der Taufe zu sehen. Zwischen Matth.28,19 und den übrigen Stellen, die ja durchaus nicht alle miteinander übereinstimmen, ist darum kein Widerspruch, sobald man nirgend eine bestimmte Formel sucht.

Noch eine andere Frage macht heute viel Kopfzerbrechen, ob es heißen müsse "in dem Namen" oder "im Namen" oder "auf den Namen". Diese Schwierigkeiten sind aber erst durch eine falsche Auffassung der lateinischen Übersetzung entstanden.[42]

Sicherlich ist die größte Freiheit und Weitherzigkeit bei der Entscheidung solcher Fragen das Geratenste, und je einfacher und je natürlicher, je form- und formelloser eine Taufe vollzogen wird, um so besser. Aber es läßt sich verstehen, daß die Meinungen über solche Fragen oft auseinandergingen und leider zu Trennungen Anlaß gaben zwischen Brüdern, die in der Hauptsache durchaus einig waren.

Leider blieb das Wort des Apostels oft unbeachtet: "Den Schwachen im Glauben nehmt auf, doch nicht zur Entscheidung zweifelhafter Fragen" (Röm.14,1), und das andere Wort: "Nehmt einander auf, gleichwie auch Christus euch aufgenommen hat." (Röm.15,7.) Schlimm ist es immer, aus diesen Fragen Gesetze zu machen, die man anderen aufzwingen möchte. Auch in bezug auf diese Fragen gilt wohl das Wort: "Ein jeder sei seiner Meinung gewiß."

E. Riggenbach meint (Der trinitar. Taufbefehl, Beiträge zur Förd. christl. Theol. VII, 1, 1903, S. 94), die Gemeinde könne "sich durch den trinitarischen Taufbefehl Jesu nicht an eine bestimmte Formel gebunden gefühlt und die Taufe in einer von seinem Wortlaut abweichenden Weise vollzogen haben, wenn sie durch besondere Gründe dazu veranlaßt war und das Bewußtsein haben durfte, damit den Gehorsam und die Pietät nicht zu verletzen, die sie dem Herrn schuldete." Das ist richtig.

42 Schon Cyprian liest in nomine, dessen wörtliche Übersetzung "im Namen" zu sein scheint; aber diese scheinbar wörtliche Übersetzung nach dem Lateinischen ist zu wörtlich; denn wie Dr. Alberts sehr richtig bemerkt, ist diese Konstruktion bei Zeitwörtern der Bewegung im Deutschen durch den Akkusativ zu übersetzen, also *eis to onoma* ist dasselbe wie *en onomati*, und *in nomen* ist gleichbedeutend mit *in nomine*.

In der Tat gebrauchen Tertullian, Hieronymus und andere beide Wendungen abwechselnd. (Vgl. Anhang 3.)

Uns modernen Menschen, die wir mit der Taufhandlung keine magischen Vorstellungen verknüpfen und die wir überhaupt nur ein geringes dogmatisches Interesse haben, erscheinen alle diese Fragen als nebensächlich und unwesentlich.

Der Christ des zweiten und dritten Jahrhunderts empfand anders. Er knüpfte an jede Handlung eine magische Wirkung, darum mußte sie gerade so und nicht anders vollzogen werden. Ihm schien mit den Elementen, die auf magische Weise durch das Wort geweiht waren, unsichtbare Wirkungen zustandezukommen, darum mußten die Formeln richtig ausgesprochen werden.

Wirken nun die Formen und Formeln an und für sich, so ist der Schritt leicht getan, sie auch bei Personen in Anwendung zu bringen, die kein Bewußtsein ihrer Bedeutung hatten, d.h. sie bei Sterbenden oder auch Säuglingen anzuwenden, bei denen die biblische Voraussetzung fehlte. Das geschah immer häufiger. Wenn man Katechumenen, die vor der Taufe starben, taufte, dann sogar Heiden und Juden nach dem Tode taufte, ein Mißbrauch, den schon Tertullian und auch Chrysostomus bekämpften, so ist die Kindertaufe doch noch harmloser.

Die Synoden zu Karthago (397) und zu Konstantinopel (680) bekämpften die Sitte und mußten auch verbieten, Tote zu taufen oder Lebende stellvertretend für Tote - Mißbräuche, die durchaus nicht selten waren, wie andere Nachrichten beweisen. Später taufte man sogar leblose Dinge, z.B. Glocken. Für den Glauben an die mechanische Wirkung der Taufe sind die kirchlichen Bestimmungen ein Beweis, daß im Notfalle jeder, auch ein Mohammedaner oder Heide gültig taufen könne. Bekannt ist das Beispiel einer Spieltaufe, die Athanasius als Knabe an einem Spielgefährten vornahm, die dann vom Bischof als gültig erklärt wurde.

Diese Vorstellungen von der magisch wirkenden Kraft der Taufe sind heute noch allgemein verbreitet. Vor einigen Jahren wurde in Rußland in einem Findelhaufe aus Versehen ein jüdisches Kind anstatt eines christlichen getauft. Sofort reklamierte die Kirche dieses Kind als ihr Eigentum, das der Mutter genommen und von der Kirche erzogen werden müsse. Man sieht daraus, wie die Vorstellung von der sakramental dinglichen Wirkung der Taufe in der orthodoxen Kirche festgehalten wird.

Bei dieser Auffassung ist auch die Missionspraxis der römischen Kirche erklärlich, möglichst viele Säuglinge durch die Taufe zu Christen zu machen. (Siehe Anhang 9.)

Die äußerste Konsequenz dieser mechanischen Auffassung ist die Taufe noch nicht ganz geborener Kinder und der Embryonen, womit sich kirchliche Synoden des Mittelalters beschäftigten, z.B. in Köln 1281, Trier 1310, Bamberg 1491.

Vor einigen Jahren war sogar in einem öffentlichen Blatte die Rede von einem Instrument, das man erfunden hatte, um ein Kind im Mutterleibe zu taufen bei Todesgefahr der Mutter.

Zwangsweise Taufen von Juden und Heiden hat die Kirche offiziell stets abgelehnt, aber häufig geübt bis in die neuste Zeit des Balkankrieges.[43]

Alle diese zahlreichen Irrtümer in der Lehre und praktischen Ausübung der Taufe machen das Aufkommen der Kindertaufe durchaus verständlich.

Man pflegt in den volkstümlichen kirchengeschichtlichen Werken die Märtyrerzeit der christlichen Zeit mit rosigen Farben zu malen. Man ist geneigt, in der Umwandlung der Kirche in eine offizielle Staatskirche den Grund des Abfalls in Lehre und Wandel zu sehen. Aber das ist nicht richtig.

Der Abfall von der Wahrheit offenbart sich bereits im zweiten und dritten Jahrhundert in einer so erschreckenden Weise, daß man darin eine nur zu vollständige Erfüllung der apostolischen Voraussage erblicken muß: "Ich weiß, daß nach meinem Abschiede verderbliche Wölfe zu euch hereinkommen werden, die der Herde nicht schonen. Und aus eurer eignen Mitte werden Männer aufstehen, die verkehrte Dinge reden, um die Jünger abzuziehen hinter sich her." (Apg.19,29.30)

Dem Abfall in der Lehre entspricht der traurige sittliche Zustand in den damaligen Gemeinden.

Wenn man die Zustände im dritten Jahrhundert kennen lernt, wundert man sich nicht mehr über das Aufkommen so zahlreicher Irrungen in Lehre und Praxis.

Durch Tertullians Schriften können wir z.B. einen Einblick tun in die Zustände der nordafrikanischen Gemeinden.

Da gibt es Christen, die Götzenbilder verfertigen und Opfergegenstände verkaufen. Christliche Beamte vollziehen heidnische Opfer, christliche Lehrer unterrichten Heiden in der heidnischen Mythologie. Unter den Gemeindegliedern herrscht die Mode in Kleidern und Haarputz. Die christlichen Frauen bedienen sich des Geschmeides und der Schminke. In Rom konnte ein Mann wie Kallistos zur Würde des Bischofs emporsteigen (219-221), der, selbst ein fragwürdiger Charakter, den sittlichen Ernst der Gemeinde so herabdrückte, daß man ganze Scharen solcher, die wegen sittlicher Vergehen ausgeschlossen waren, wieder aufnahm, was auch in Rom zur Ausscheidung der strengeren Partei führte.

Seit dem Ausscheiden der novatianischen Richtung machte sich der weltliche Sinn immer mehr breit innerhalb der Gemeinden. Der heidnische Geist gewann an Raum.

---

43 Das erste Beispiel berichtet Theodoret aus dem Leben des Kaisers Konstantius (337-361), der im Kriege gegen Maxentius die heidnischen Soldaten vor die Entscheidung stellte, entweder sich taufen zu lassen oder das Heer sofort zu verlassen. Chilperich, der Frankenkönig, ließ viele Juden zwangsweise taufen, und der König Dagobert ließ die heidnischen Einwohner von Gent mit Gewalt taufen. Ebenso verfuhr Karl der Große mit den Sachsen. Ähnliche Vorgänge wiederholten sich bei der Einführung des Christentums bei den Friesen, Thüringern, Bulgaren und Russen. (Vgl. Anhang 8.)

Die Schilderungen des Hieronymus über das, was er selbst in Rom erlebte, erfüllen uns mit Abscheu. Dr. Ebrard faßt diese Berichte wie folgt zusammen:

"Um das Presbyteriat und Diakonat bewarben sich gar manche in der Absicht, freieren Zutritt zu den Weibern zu haben; die ganze Sorgfalt dieser Kleriker war auf Putz und Wohlgerüche gerichtet; sie kräuselten ihre Locken mit dem Brenneisen, trugen blitzende Ringe, wechselten jede Stunde die Rosse an ihren Wagen; Neuigkeiten zuzutragen und Abwesende zu schmähen, war ihre Haupttätigkeit bei ihren seelsorgerlichen Besuchen. Die vornehmen (christlichen) Frauen trugen golddurchwirkte Kleider, hielten sich Gefolge von Verschnittenen, umgaben sich mit Schmeichlern und Parasiten, unter denen die Kleriker obenan waren; die Töchter wahrten den Schein der Jungfräulichkeit durch Abtreiben der außerehelich empfangenen Frucht. Virginität bei Jungfrauen war eine Seltenheit und darum ein Gegenstand geistlichen Hochmuts (vgl. *Augustini de civ. Dei* I,28); Mädchen schon pflegten sich an Wein zu berauschen. Asketen enthielten sich der Ehe, und um die Enthaltsamkeit schwieriger und glänzender zu machen, hielten sie *sorores* ("Schwestern") im Hause, um mit ihnen in rein geistiger Liebe zusammen zu leben; was so im Geiste (hochmütiger Schwärmerei) begonnen war, endete fast ausnahmslos im Fleisch und im Schmutz. So gänzlich versunken wie in Rom war die Christenheit nicht allenthalben, aber auch die heidnische Bevölkerung nicht; das Verhältnis jedoch zwischen beiden war so ziemlich überall das gleiche, daß nämlich die Christenheit mehr Heidnisches von den Heiden aufnahm als die Heiden Christliches von den Christen."

Um 401 klagt eine afrikanische Synode über den Theaterbesuch der Christen an den Sonntagen und ihre Teilnahme an heidnischen Volksfesten. Die Christen nahmen teil an heidnischen Aufzügen und Tänzen vor den Basiliken, feierten den Donnerstag zu Ehren Jupiters mit den Heiden, während sie den Sonntag vernachlässigten, brauchten heidnische Lose und Zaubermittel. Heiden, zur Bekehrung aufgefordert, gaben zur Antwort: "*Quare nos relinquamus deos, quos christiani ipsi nobiscum colunt*?" (d.i.: "Warum sollen wir die Götter verlassen, die die Christen selbst mit uns verehren?") So berichtet Augustinus (*serm.* 215 und *serm.* 6, Kap.6).

Ambrosius klagt (*serm.* 11) darüber, daß viele die öffentlichen Gottesdienste besuchten, um sich miteinander zu unterhalten, sich zu ergötzen oder Geschäfte abzumachen; daß man die christlichen Feste mitfeierte und an dem heiligen Mahle teilnahm und sich unmittelbar darauf an heidnischen Festen, Tänzen und Gelagen beteiligte.

Der ganze Gottesdienst artete aus in einen dramatischen Kultusakt. Die Sakramente wurden nach heidnischer Vorstellung als zauberhaft wirkende Gnadenmittel betrachtet, die Sündenvergebung, Erkenntnis und ewiges Leben vermitteln.

Wenn man die Schriften der führenden Männer der Kirche aus dem zweiten und dritten Jahrhundert liest, so gewinnt man in der Tat den

Eindruck, "das ganze Christentum sei eine Zauberreligion und seine sakramentalen Mysterien die Hauptsache gewesen".

So mächtig war der heidnische Einfluß innerhalb der christlichen Gemeinde auf Wandel und Denken geworden.

Diese Tatsache muß beachtet werden, wenn man das Aufkommen so vieler geheimnisvoller Zeremonien und kräftiger Irrtümer in der Lehre verstehen will. Zu diesen Irrtümern, die Ende des zweiten und Anfang des dritten Jahrhunderts aufkamen, gehört auch die Kindertaufe. (S. die Zeittafel Anhang 10.)

Eine objektive Geschichtsforschung wird immer wieder zu dem Resultat kommen, daß die Kindertaufe nicht apostolisch ist, daß sie erst im Laufe des dritten Jahrhunderts in Übung gekommen ist, später als viele andere Mißbräuche, daß sie aber erst seit dem sechsten Jahrhundert allmählich zu Herrschaft kam.

IV. Kapitel

Die Bekämpfung und Unterdrückung der biblischen Taufe

"Sie werden euch aus der Synagoge ausschließen; es kommt aber die Stunde, daß jeder, der euch tötet, meinen wird, er erweise Gott einen Dienst." Joh.16,2.

"Wer will uns scheiden von der Liebe Christi? Trübsal oder Angst, Verfolgung, Hunger, Blöße, Gefahr oder Schwert? Wie geschrieben steht: Um deinetwillen werden wir getötet den ganzen Tag, wie Schlachtschafe sind wir geachtet. Aber in dem allen sind wir mehr als Überwinder durch den, der uns geliebt hat." Röm.8,35-37.

"Jede erzwungene Religion ist ein Greuel. Zum wahren Glauben gehört die Überzeugung, und diese wird nicht durch den Zwang, sondern einzig und allein durch die Kraft der Wahrheit im Unterricht erlangt." Hilarius v. Poitiers, gest. 367.

Obwohl sich noch lange in allen Teilen des Römischen Reiches in den christlichen Familien die Sitte fortpflanzte, mit der Taufe bis zum mündigen Alter zu warten, so kam es doch endlich im Laufe der Jahrhunderte zum allgemeinen Gebrauch der Kindertaufe. Die abergläubischen und magischen Vorstellungen, die man mehr und mehr mit den Sakramenten verband, die Befürwortung der Kindertaufe durch führende Männer, der Wunsch der staatlichen Behörden, keine Heiden mehr innerhalb der Reichsgrenzen, vielmehr nur christliche Untertanen zu haben, haben die offizielle Einführung der Kindertaufe innerhalb der katholischen Kirche ungemein befördert. Je weniger in jener Zeit auf die persönliche Glaubenserfahrung Wert gelegt und die freiwillige Selbstentscheidung gefordert wurde, vielmehr das Christwerden durch äußere Handlungen vermittelt gedacht wurde, um so selbstverständlicher mußte es erscheinen, diese Handlung möglichst früh zu vollziehen.

Aber noch ein anderer wesentlicher Faktor wirkte mit, diesen Prozeß zu beschleunigen: die staatliche Gesetzgebung, welche die Wiederholung der Taufe verbot. War dabei anfänglich auch wohl die Spitze gegen die nichtkatholischen kirchlichen Parteien gerichtet, die beim Übertritt aus der katholischen Reichskirche die Taufe wiederholten, so konnten diese Gesetze, je mehr die Kindertaufe allgemeiner Brauch wurde innerhalb der katholischen Kirche, gegen alle angewendet werden, die, als Kinder getauft, diese Taufe verwarfen und im mündigen Alter die biblische Taufe begehrten oder ausführten.

In der Tat sind durch das ganze Mittelalter hindurch die harten kirchlichen Gesetze, die einen Teil des bürgerlichen Gesetzbuches bildeten, beobachtet und mehr oder weniger scharf gegen die Vertreter der biblischen Taufe in Anwendung gebracht worden. Der Vollzug der biblischen Taufe galt eben als "Wiederholung" der Taufe, als "Wiedertaufe", und darauf stand die Todesstrafe.

Seitdem das Christentum Staatsreligion geworden war und die Organisation der Kirche sowie ihre rechte "Lehre" unter staatlichen Schutz gestellt worden waren, galt jede Abweichung von dem Staatskult und jeder freie Zusammenschluß Gleichgesinnter als politisches Verbrechen. Es mußte notwendig zur Verfolgung derer kommen, die an der einfachen biblischen Form festhielten. Und so beginnt im vierten Jahrhundert im Namen des "Christentums" eine Verfolgung der wahren Christen, deren Tatsachen auch die dunkelsten Schilderungen weit übertreffen.

Die Häresie, d.h. jeder Widerspruch gegen die vom Kaiser bestätigte Lehre der katholischen Kirche, wird als ein bürgerliches Verbrechen bestraft. Die von den katholischen Konzilien festgesetzten Glaubensformeln werden Staatsgesetze. Der Kaiser ist die höchste Autorität. Er bestätigt die dogmatischen Beschlüsse der Kirchensynode. Der Kaiser hat die Pflicht, für die Ausrottung der Ketzereien zu sorgen.

Theodosius der Große (379-395) und Gratianus (375-383) machten der Religionsfreiheit ein Ende, "zugunsten der Religion katholischer Heiligkeit". Fortan galt der Kampf nicht nur dem Heidentum, sondern allen nichtstaatskirchlichen Gemeinden und christlichen Richtungen. Kaiserliche Edikte schrieben vor, was geglaubt werden müsse. Theodosius erließ nicht weniger als fünfzehn Gesetze gegen die Ketzer. Seit der Synode von Konstantinopel mußte nun jeder römische Bürger ein orthodoxer Christ sein, d. h. zur Staatskirche gehören. Jeder andere Standpunkt wurde als Verbrechen angesehen.[44] Die große Spaltung der

44 Augustinus und Ambrosius, die das Heil des einzelnen von seiner Zugehörigkeit zur katholischen Kirche abhängig machten, haben durch ihren mächtigen Einfluß dieser falschen Idee der äußeren Kircheneinheit zum Siege verholfen.

Wir sahen, daß Augustinus unter Berufung auf das Wort "Nötige sie hereinzukommen" die staatliche Hilfe gegen die Ketzer anrief. Nur zu bereitwillig ging die Obrigkeit aus politischen Gründen darauf ein.

Wenn der Staat sich herbeiließ, den Bestand der Einheitskirche des Kaiserreichs durch Polizeigesetze zu sichern, so war es selbstverständlich, um einen Ausdruck von Dr. Alberts

nordafrikanischen Kirche wurde auf Veranlassung Augustins dadurch beigelegt, daß auf Befehl des Kaisers Honorius im Jahre 411 eine große Disputation in Karthago stattfinden mußte, an der 286 katholische und 279 donatistische Bischöfe teilnahmen.

Damals sprach einfach der kaiserliche Kommissar der katholischen Partei den Sieg zu.

Theodosius II. (408-450) hat nicht weniger als sechzig Gesetze gegen die Ketzer erlassen, darunter auch solche gegen die "Wiedertäufer".[45] Justinian (527-565) erneuert und verschärft die Ketzergesetze.

Das sogenannte *Corpus juris civilis*, die berühmte Gesetzessammlung des Justinian, enthält auch die kirchlichen Erlasse der Kaiser. Der dritte Teil erhebt die Beschlüsse der großen Kirchensynoden zu Gesetzen, über die jede weitere Verhandlung staatsgesetzlich verboten wird. Ein ganzer Abschnitt handelt von den Wiedertäufern. Da das römische Recht in fast allen europäischen Staaten Aufnahme fand, so kamen auch die Gesetze

---

zu gebrauchen, "daß man auch die Eingangspforte, die Taufe, durch Strafgesetze in ihrer kirchlichen Form sichern mußte". Das erste derartige Gesetz aus dem Jahre 377 lautet: "Ein Vorsteher, der in unerlaubter Anmaßung die heilige Taufe wiederholt, den erklären wir des Priesteramts für unwürdig; denn wir verdammen den Irrtum derer, welche die Vorschriften der Apostel mit Füßen treten, und diejenigen, welche die Weihe des christlichen Namens begehren, durch eine nochmalige Taufe nicht reinigen, sondern schänden und unter dem Namen eines Reinigungsbades beschmutzen."

Im Jahre 391 gaben die Kaiser Valentinianus II., Theodosius und Arkadius an den Flavianus, Praef. Praet. folgende Verordnung:

"Wer den heiligen Glauben verläßt und die heilige Taufe durch ketzerischen Aberglauben entweiht, soll aus der menschlichen Gesellschaft ausgeschlossen werden, darf kein gerichtliches Zeugnis ablegen, kann, wie schon früher bestimmt ist, kein Testament machen, keine Erbschaft antreten und von niemand zum Erben eingesetzt werden. Wir würden auch dergleichen Personen an weit entfernte Orte verbannen, wenn uns nicht die Strafe härter dünkte, daß sie unter Menschen bleiben müssen, ohne sich doch ihres Umgangs zu erfreuen. Niemals aber soll er seine frühere Rechtsfähigkeit wiedererhalten, noch kann er sein Verbrechen durch Reue wieder gutmachen oder dasselbe unter gesuchten Ausflüchten und Entschuldigungen verbergen, weil diejenigen, die den Glauben, den sie Gott zuwandten, entheiligten und sich als Verräter göttlicher Geheimnisse den Ungläubigen anschlossen, durch Lügengewebe nicht zu rechtfertigen sind. Denn den Gefallenen und Irrenden kommt man wohl zu Hilfe, den Verruchten aber, die die heilige Taufe entweihten, kann keine Besserung wie bei anderen Vergehen Linderung verschaffen."

45 Ein Gesetz der Kaiser Honorius und Theodosius II, vom Jahre 413 bestimmt: "Wenn jemand überführt wird, mit einem Gliede der katholischen Kirche die Wiedertaufe vorgenommen zu haben, so soll mit dem, der dieses schändliche Verbrechen begangen hat, zugleich auch derjenige, sofern er dem Alter nach zurechnungsfähig ist, der sich dazu hat überreden lassen, ohne Gnade mit dem Tode bestraft werden."

Folgende Verordnung der Kaiser Theodosius II. und Valentinianus III. stammt aus dem Jahre 428: "Keinem Häretiker ist es gestattet, Angehörige oder Haussklaven, die in die Gebräuche der Rechtgläubigen eingeweiht wurden, zu seiner Taufe zu verführen, noch die, die er gekauft oder sonstwie erworben hat (falls diese noch nicht an seiner Irrlehre hängen), daran zu hindern, dem Glauben der katholischen Gemeinschaft treu zu bleiben.

Wer dies tut oder, falls er Hausgenosse ist, mit sich geschehen läßt, ohne davon Anzeige zu machen, wird mit Verbannung und mit einer Geldstrafe von zehn Pfund belegt. Beide verlieren ferner die Fähigkeit, ein Testament oder eine Schenkung zu machen. Alle diese Vorschriften sind so zu beobachten, daß es keinem Richter erlaubt ist, bei einem ihm hinter-brachten Vergehen die Strafe zu mildern oder aufzuheben, widrigenfalls er selbst dieselbe Strafe erleiden soll, die er anderen durch seine Umgehung erspart hat."

gegen die Ketzer überall in Anwendung. Von Zeit zu Zeit wurden sie neu eingeschärft und durch Zusätze verschärft, und es wurde strenge Handhabung derselben befohlen. Zahlreiche Synoden des Mittelalters drangen auf die Ausführung der bürgerlichen Ketzerstrafen.

Je enger nun in den nachfolgenden Jahrhunderten das römische Kaisertum mit der Kirche verbunden wurde und römisches Recht zur Geltung kam, um so mehr hintertrieben die geistlichen und weltlichen Fürsten gemeinsam alle kirchlichen Reformversuche und versuchten im Interesse des "christlichen" Staates alle Ketzereien auszurotten.

Die Synoden zu Toulouse 1119, zu Reims 1148, zu Tours 1163 erließen scharfe Bestimmungen gegen die Häretiker. Ketzer sollen nicht nur mit dem Kirchenbann belegt, sondern der weltlichen Obrigkeit zur Bestrafung übergeben werden. Man soll ihnen nachforschen und ihre Güter konfiszieren.

Das allgemeine Laterankonzil 1179 verhängte über die Albigenser Landesverweisung, Degradierung, Sklaventum und Rechtlosigkeit. Die Päpste erklären die Gebannten für vogelfrei, lösen alle Eide und Gehorsamspflichten anderer ihnen gegenüber, erlauben ihre Ermordung im Dienste der Kirche. So sagt Urban II., die seien keine Mörder, die aus glühendem Eifer für die Mutterkirche Exkommunizierte töten; er legt ihnen nur dann eine Buße auf, wenn ihre Mordabsicht eine nicht ganz lautere war. In dem kirchlichen Rechtsbuch steht der Satz: "Die sind keine Mörder, die Exkommunizierte töten." Diesem Standpunkt entspricht die Lehre des heiligen Thomas von Aquin: "Häretiker dürfen nicht allein exkommuniziert, sondern auch mit Recht getötet werden."

Im Jahre 1184 beschlossen in Anwesenheit des Papstes Lucius III. und des Kaisers Friedrich I., Barbarossa, die geistlichen und weltlichen Fürsten, daß alle Obrigkeiten gegen die Ketzer vorgehen sollten, unter Androhung der Exkommunikation im Unterlassungsfalle. Bischöfe, die ihre Pflicht gegen die Ketzer versäumen, werden auf drei Jahre ihrer Würde enthoben; Städte, welche es versäumen, diesem Gesetze nachzukommen, verlieren den Bischofsitz und Verkehr mit anderen Städten.[46]

Das vierte allgemeine Laterankonzil im Jahre 1215 bestätigte und verschärfte diese Beschlüsse.

Auf der Synode zu Toulouse im Jahre 1229 wurde unter dem Vorsitz des päpstlichen Legaten, des Kardinals Romanus, die Ketzeraufspürung und -verfolgung aufs neue allen Bischöfen zur Pflicht gemacht. In allen Pfarreien sollen ein Priester und mehrere Laien verpflichtet sein, die

---

46 "Ein autoritativer Kommentar zu dem Erlaß Lucius' III. vom Jahre 1184, der die Ketzer dem weltlichen Arm zur gebührenden Strafe zu überliefern befahl, führt die Stelle aus Johannes ("Wer nicht in mir bleibt, der wird weggeworfen wie eine Rebe, die verdorrt, und man sammelt sie und wirft sie ins Feuer, und sie muß brennen") an, und die kaiserliche Besprechung zieht daraus triumphierend den Schluß, daß nicht nur das göttliche, sondern auch das menschliche Recht und die gesamte Gewohnheit den Tod durchs Feuer zu einer gebührenden Strafe für Ketzer mache. Und zwar durfte dem Ketzer nicht einmal die Gnade der vorherigen Erdrosselung zuteil werden; vielmehr mußte er, wie die Behörden der Inquisition versichern, lebendig vor dem Volke verbrannt werden, ja, sogar eine ganze Stadt durfte verbrannt werden, wenn Ketzer darin wohnten."

H. Ch. Lea, Geschichte der Inquisition im Mittelalter, Verlag von C. Georgi, Bonn.

Ketzer aufzuspüren und anzugeben. Ihre Wohnstätten soll die Obrigkeit zerstören bei Androhung des Verlustes ihrer Herrschaftsgebiete im Unterlassungsfalle. Wer seiner Ketzerei abschwört, darf sich in einer rechtgläubigen Ortschaft niederlassen, muß aber als Erkennungszeichen zwei farbige Kreuze an seinem Gewande tragen. Wer unter dem Zwange aus Furcht widerruft, soll in Haft behalten werden. Alle männlichen Personen vom zwölften Jahre an, alle weiblichen vom vierzehnten Jahre an müssen schwören, die Ketzer der Obrigkeit anzuzeigen, und diesen Schwur alle zwei Jahre erneuern.

Schon 1228 hatte Gregor IX. verboten, daß Laien predigten. Im folgenden Jahre sprach er den Bann aus über alle Ketzer, ihre Gönner und Hehler. 1231 bestimmte er, daß Ketzer, auch wenn sie sich mit der Kirche aussöhnen wollen, in ewigen Kerker zu geben sind, sodann daß jedermann, auch wenn er von den Inquisitoren nicht aufgefordert wird, unter Androhung des Bannes die Ketzer zu denunzieren hat.

Wiederholt gaben die deutschen Kaiser dem Papste das Versprechen, die Ketzergesetze energisch zu handhaben.

Kaiser Otto IV. versprach 1209 ausdrücklich dem Papste Innocenz III. die Ausrottung der Ketzer. Schärfer noch als Otto ging der Kaiser Friedrich II. von Hohenstaufen gegen die Häretiker vor, trotz des freien und aufgeklärten religiösen Standpunktes, den er persönlich vertrat, und trotz des über alle Maßen heftigen Kampfes, den er mit den Päpsten um das Recht der Weltherrschaft führte und der mit dem Untergang der Hohenstaufen (1268) endete. Der katholische Geschichtsschreiber Ficker gibt zu, daß diese überaus grausamen Verordnungen des deutschen Kaisers auf Veranlassung der Kirche und des Papstes erfolgten. Und Graf von Hoensbroech bemerkt mit Recht:

"Die blutigen Gesetze Friedrich II. stehen bis zur gegenwärtigen Stunde im Gesetzbuch des "Statthalters Christi", im kanonischen Recht! Allerdings, dort stehen sie am richtigen Platz, denn die "Statthalter Christi" sind ihre geistigen Urheber, und alles infolge dieser Gesetze vergossene Christenblut fällt nicht nur wegen dieser Urheberschaft auf das Papsttum zurück, sondern auch deshalb, weil die Päpste und nicht die Kaiser die eifrigsten Verbreiter dieser Gesetze waren und ihre unnachsichtliche Befolgung unter Androhung der härtesten kirchlichen Strafen erzwangen." (Näheres über die Gesetze Friedrichs II. siehe Anhang 11.)

Seitdem Gregor IX. im Jahre 1232 die Inquisition den Dominikanern übertrug und diese "hochheiligen" Inquisitionstribunale, die selbst von allen weltlichen Obrigkeiten unabhängig waren, ihre blutige Arbeit in allen Ländern begannen, waren alle, die sich irgendwie mit den Lehren und Grundsätzen der Kirche in Widerspruch setzten, ihres Lebens keinen Tag sicher. Schon der "schwere Verdacht der Ketzerei" war Grund genug. Von der großen Zahl derer, denen die Augen aufgegangen waren über das bodenlose Verderben der Kirche, können wir uns kaum eine Vorstellung machen. Aber es ist wohl nicht zuviel gesagt, daß die Papstkirche, die mit den Katharern, Albigensern, Waldensern und deren Gesinnungsgenossen einen Kampf auf Leben und Tod zu führen hatte, "unrettbar verloren gewesen wäre, wenn sie nicht die Inquisition erfunden und die weltliche Gewalt mit geistlichen und weltlichen Mitteln zur Vollstreckerin ihrer Bluturteile gemacht hätte".[47]

Unter der unberechenbar großen Zahl der Opfer kirchlicher Verfolgungswut befanden sich zu allen Zeiten Vertreter der biblischen Taufe. Selbst unter den zahlreichen Opfern der Inquisition, die als Hexen verbrannt wurden, mögen manche der Kirche lästige Ketzer gewesen sein. (S. Anhang 12.)

Ursprünglich waren jene harten Gesetze des bürgerlichen Gesetzbuches zwar nicht zum Schutze der Kindertaufe erlassen, sondern sie sollten den Bestand der Staatskirche sichern gegen die "Wiedertaufe" in irgendwelchen christlichen Kreisen, die außerhalb der katholischen Kirche standen. Es erhielt sich ja, wie wir sahen, sogar in der Staatskirche noch lange der Brauch, die Kinder nicht zu taufen. Seitdem aber die Kindertaufe zur Herrschaft kam, konnte man naturgemäß jene Gesetze gegen alle anwenden, die, den Unterweisungen der Heiligen Schrift folgend, die Taufe auf Grund des Glaubens vollzogen.

So ist tatsächlich über zwölf Jahrhunderte hindurch die biblische Taufe als bürgerliches Verbrechen gebrandmarkt und mit der Todesstrafe belegt worden. Trotzdem konnte sie niemals ausgerottet werden, vielmehr hat sie in allen Jahrhunderten ihre Vertreter und Verteidiger gehabt.

Man findet noch heute selbst unter den Gebildeten viele, die in der sogenannten Wiedertaufe einen sonderbaren Einfall des holländischen Schneiders und nachmaligen "Königs" zu Münster sehen.[48]

Es wird in den Schulen nicht gelehrt, daß durch alle Jahrhunderte hindurch eine mächtige "Los-von-Rom-Bewegung" bestanden hat und daß diese Bewegungen zeitweilig die Existenz der Kirche bedrohten. Man ist es auch gewöhnt, die von der Kirche verfolgten Ketzer als gefährliche Irrlehrer oder gar als unmoralische Menschen anzusehen. Es ist das zu

---

47 Noch im Jahre 1559 empfahl der sterbende Papst Paul IV. seinen Kardinälen die Inquisition "als das einzige Mittel, die römische Religion und Kirche vom Untergange zu retten".

Der "größte Heilige des 12. Jahrhunderts, der Zisterzienserabt Bernhard von Clairveaux (1091-1153), ein Mann von beispiellosem Einfluß bei den Fürsten und in der Kirche", tadelt zwar das sofortige Hinrichten der Ketzer, gestattet aber, um größeres Übel zu verhüten, deren Hinrichtung durch den weltlichen Arm, falls alle angewandten Mittel fehlschlagen.

Thomas von Aquin (1227-1274) betrachtet Häresie als eine Sünde, welche ärger als Falschmünzerei ist und daher nicht nur mit dem Kirchenbanne, sondern auch mit dem Tode gestraft zu werden verdient. (*Meruerunt non solum ab ecclesia per excommunicationem separari, sed etiam per mortem a mundo excludi.*) (Siehe Dr. Kaltner, Konrad v. Marburg, S. 16.)

48 Der katholische Historiker Prof. Dr. A. Knöpfler sagt sehr richtig: "Die meisten Untersuchungen zeigen, daß jene albernen Ausschreitungen nicht Ursache, sondern Folge der rücksichtslosen Gewalt gewesen sind, die jahrelang gegen sie geübt wurden. Erst unter dem Druck der Verfolgungen und nachdem die Sekte der leitenden Häupter beraubt worden, drangen allmählich demagogische Elemente ein und gewannen schließlich die Oberhand. Damit löst sich auch das Rätsel, vor dem bisher die Geschichtsschreibung gestanden, daß nämlich eine Sekte, die in Münster solche Ungeheuerlichkeiten beging, anderwärts selbst den erbittertsten Feinden unbedingte Anerkennung eines sittlich tadellosen Lebens abzwingen konnte.

verstehen, hatte doch bis in die letzten Jahrzehnte die historische Wissenschaft der Geschichte der Ketzer nicht das Interesse gezollt, das seitdem zahlreiche Historiker erfaßt hat. Eine Schrift ist der anderen gefolgt. Immer neues Licht fiel auf diese bisher dunklen Gebiete der mittelalterlichen Kirchengeschichte.[49]

War man früher fast nur auf die Quellen der kirchlichen Gegner dieser Verfolgten angewiesen, oft auf die Aussagen der Folterer und Inquisitoren, so gelang es den modernen Gelehrten, die zuverlässigen Quellen in den eignen Schriften der Ketzer aufzudecken, soweit sie noch in den Archiven verborgen lagen und nicht durch die Inquisition vernichtet waren. Das Bild, das wir auf Grund dieser streng wissenschaftlichen Forschungen von den Ketzern erhalten, ist ein völlig anderes, als die kirchlichen Historiker es zu zeichnen pflegten.

Wir erfahren, daß die sogenannte "Ketzerei" eine ungeheure Verbreitung in allen Ländern gefunden hatte. Unter diesen vorreformatorischen Protestanten gegen Rom gab es natürlich verschiedene Richtungen und Färbungen. Mancher Aberglaube wurde von vielen beibehalten. Manche Unklarheit in Lehre und Praxis finden sich hier und dort. Manche Verirrungen einzelner oder ganzer Richtungen sind zu beklagen. Auf der anderen Seite finden wir unter den Ketzern Männer voll Geistesmacht und Klarheit, die einen mächtigen Einfluß auf ihre Zeitgenossen ausübten. Auch die Literatur - soweit sie durch die Inquisitionszeit hindurch gerettet ist - zeigt, welche Innerlichkeit des Glaubenslebens mit der Begeisterung für die Wahrheit verbunden war.[50]

---

49 "Einsichtige wundern sich nicht über den anhaltenden Eifer, mit dem neuerdings gerade die Täufergeschichte behandelt wird; es treibt die Forscher dabei nicht nur ein psychologisches Interesse an dem heldenhaften Mut der überzeugungstreuen 'Häretiker', sondern die Beobachtung, daß gerade die Täuferbewegung so viele lebensfähige Keime enthielt für die sittliche Vervollkommnung der Menschheit, die ihre treibende Kraft in warmherziger Nächstenliebe, nicht in verstandeskühlem Dogma besaß."
Prof. Dr. K. Rembert in den Monatsheften der Comeniusgesellschaft, Bd. 19, Heft 7, S. 179.

50 Während die römische Kirche kein Interesse daran hatte, dem Volke die Bibel in der Volkssprache in die Hand zu geben, finden wir in den Kreisen der Waldenser und der verwandten Richtungen zahlreiche Bibelübersetzungen. Man hat feststellen können, daß in den Jahren 1466-1518 allein vierzehn vollständige Bibelausgaben in hochdeutscher Sprache in Druck erschienen.
Vgl.: Krafft, Über die deutsche Bibel vor Luther. Dr. L. Keller, Die Waldenser und die deutschen Bibelübersetzungen. W. Walther (Die deutsche Bibelübersetzung des Mittelalters) berechnet die Zahl aller selbständigen Bibelübersetzer vor Luther im ganzen auf 72. Vgl. A. Risch, Die deutsche Bibel in ihrer geschichtlichen Entwickelung, S. 18.
Auch Pastor Fleisch (Die moderne Gemeinschaftsbewegung in Deutschland) erkennt den Zusammenhang der heutigen Bewegungen mit dem Täufertum der Reformationszeit und seinen Vorläufern, den Waldensern und Albigensern an, nennt es aber eine "Täuschung", wenn wir jene Gemeinschaften "Altevangelische Gemeinden" nennen, und behauptet dagegen, daß jene Kreise "vielmehr gut katholisch" gewesen seien, ebensogut, ja, noch besser katholisch als die offizielle katholische Kirche.
Daß sie in manchen Punkten noch katholisch dachten und handelten, haben wir nie geleugnet, geben auch gern zu, daß sich bis in die heutige Zeit in den Kreisen der Gemeinschaftsbewegung manche Reste römischen Sauerteiges finden. Ist das etwa in den großen Kirchen mit ihrem Sakraments-, Amts- und Kirchenbegriff nicht der Fall? Deshalb lehnen diese es aber doch ab, "gut katholisch" genannt zu werden.

Die Gläubigen der damaligen Zeit waren unter dem Druck der Gesetze und unter den Späheraugen der Inquisition gezwungen, ihre Grundsätze zu verhüllen, ihre Zusammenkünfte geheimzuhalten. Man nannte sie "Winkler" oder "Grubenheimer", weil sie die Winkel und Gruben aufsuchen mußten, um vor den Verfolgern sicher zu sein. Sicher ist, daß unter diesen verfolgten Christen auch zahlreiche Vertreter der biblischen Taufe waren. Oft haben die Opfer der Inquisition ja auch unter den qualvollsten Foltern nicht bekannt, was ihre Verfolger zu hören begehrten. Aber aus einzelnen Beispielen sind wir berechtigt, den Rückschluß zu ziehen, daß es stets Verteidiger der biblischen Taufe gegeben hat.

Über das Alter der täuferischen Bewegung haben stets große Meinungsverschiedenheiten geherrscht. Mit Vorliebe werden die "Wiedertäufer" - wie der von kirchlicher Seite den Vertretern der Glaubenstaufe beigelegte Schimpfname lautet - als neue Sekte angesehen, die plötzlich entstanden sei, nachdem fast fünfzehnhundert Jahre lang die "altchristliche Praxis der Kindertaufe ihr gutes Recht behauptet habe". Daß aber der sogenannte "Anabaptismus" nur als ein Wiedererwachen oder eine Fortsetzung uralter Grundsätze anzusehen ist und, wie Lüdemann (Reformation und Täufertum, S. 34) betont, "nicht jene wurzellose, plötzlich aus der Reformationsbewegung selbst aufschießende Erscheinung war, für die man sie bisher meist gehalten", darüber haben zahlreiche Forschungen schon viel Licht gebracht.

In manchen Punkten ist dieser Zusammenhang auch augenscheinlich und bedarf keines Beweises. Unbekannt ist aber vielen, daß schon lange vor der Reformation einzelne Kreise der Böhmischen Brüder und vor ihnen der Waldenser, ja, der vorwaldensischen, sogenannten Katharer, die Kindertaufe verwarfen und die Glaubenstaufe für schriftgemäß hielten und ausübten. Seit Jahrhunderten - ja, wir dürfen behaupten: seit der apostolischen Zeit - hat es immer solche Vertreter der Glaubenstaufe gegeben.

Peter von Bruys, der im Jahre 1130 in St. Gil verbrannt wurde, verwarf außer anderen Irrtümern der Kirche auch die Kindertaufe. Er hatte viele Nachfolger in Frankreich. Auch der im Jahre 1155 in Italien verbrannte kühne Prediger Arnold von Brescia verwarf die Kindertaufe.

Die "Ketzer", welche um 1140 in Köln den Scheiterhaufen besteigen mußten, vertraten die Taufe der Erwachsenen. Viele Waldenser verteidigten diese Taufe als die allein biblische. Stephan von Borbone berichtet dies um 1250 ausdrücklich von Waldensern in Lyon. Ein anderer klagt über die Waldenser: "Es sagen auch die Ketzer, daß keinem dies Sakrament nütze, wenn er es nicht mit eignem Mund und Herzen begehrt."

Unter den Ketzern, die 1231 in Trier entdeckt wurden, die im Besitze deutscher Bibeln gefunden wurden, gab es solche, die die Taufe wiederholten.

Ein anderer schreibt um 1260: "Einige taufen von neuem, andere legen die Hände auf anstatt der Taufe." Auch David von Augsburg (gest.

1227) berichtet: "Einige sagen, die Taufe nütze den Kindern nichts, weil sie noch keinen tätigen Glauben hätten."

Peter Chelcicky - ein Führer der Böhmischen Brüder, die ja im engen Zusammenhange mit den Waldensern und durch diese mit den alten Katharern stehen - schreibt, obwohl er die Kindertaufe nicht unbedingt verwirft: "Es wäre besser, nach Art der alten Kirche nur Erwachsene zu taufen, die durch ihre Werke ihren Glauben bereits betätigen können." (Vgl. Keller: Die Reformation, S. 284.) Im Jahre 1467 wurde die Erwachsenentaufe bei den Brüdern in Böhmen Regel und blieb es bis zum Jahre 1534.[51] Es war auf jener berühmten Konferenz zu Lhota 1467, als sich die Anwesenden auf das Bekenntnis des Glaubens hin taufen ließen.

In dem Bericht der Räte des Kölner Erzbischofs über die "wiedertäuferische Bewegung" an den Kaiser Karl V. heißt es, daß die Wiedertäufer sich "rechte Christen" nennen, daß sie die Güter teilen wollen usw., "wie denn der Wiedertäufer Art allezeit gewesen ist, als die alten Historien und das kaiserliche Recht, vor tausend Jahren gemacht, bezeugen".

Auch der Reichstagsabschied von Speyer erwähnt, daß die "neue Sekte des Wiedertaufs" bereits vor vielen hundert Jahren verdammt und "in gemeinen Rechten verboten" worden sei.

Als sich um 1524 in Deutschland die seit Jahrhunderten unter verschiedenen Formen bestehenden Brüdergemeinden selbständig machten, wiederholte sich derselbe Vorgang wie zu Lhota 1467: die Taufe der Erwachsenen wurde als erster feierlicher Akt vollzogen. Damals tauchte der Name "Anabaptisten" oder "Wiedertäufer" auf, von den Brüdern als Schimpfname abgewiesen. Zwar hielt das Volk an dem uralten Ketzernamen fest, doch die Theologen mußten für die "neue" Sekte, welche diese "neue" Irrlehre, wie sie meinten, vertraten, einen "neuen" Namen haben. Heute ist der Name alt, aber die Furcht vor einem "Wiedertäufer" steckt noch immer einem echten Kirchengliede in Fleisch und Blut.

Dr. Keller bemerkt treffend:

"Es ist sonderbar: Die römisch-katholische Kirche, die seit den Zeiten Konstantins ihr inneres Wesen völlig änderte, behauptet unentwegt, daß sie als Kirche mit der Zeit der Apostel in ununterbrochenem Zusammenhang stehe und daß dieselbe Kirche vor und nach jener Zeit bestanden habe. Hier wagte kaum jemand zu widersprechen, obwohl die klaffenden Unterschiede in Verfassung und Lehre mit Händen zu greifen sind und eigentlich von keiner Seite bestritten werden.

Wenn aber die Brüdergemeinden des sechzehnten Jahrhunderts versicherten, daß sie in ungelöstem Zusammenhang mit den älteren Brüdergemeinden ständen und die Übereinstimmung des Glaubens und der Verfassung deutlich auf der Hand liegt, auch kaum von jemand

---

51 Dem im Jahre 1534 auf der Synode zu Jungbunzlau gefaßten Beschluß, die Spättaufe einzustellen, fügten sich übrigens vier böhmische Gemeinden nicht. (Vgl. Dr. L. Keller, Joh. v. Staupitz, S. 118 ff.) Die Einstellung der Spättaufe erfolgte, um den Verdacht einer Verbindung mit den "Wiedertäufern" abzuwälzen.

geleugnet wird, so sind dies 'Erfindungen', um neue Sektierer mit einem hohen Alter zu schmücken."

Ein näheres Eingehen auf die lange Zeit der Leiden und Kämpfe der verschiedenen Reformatoren vor der Reformation ist an dieser Stelle nicht möglich.

Die Zahl der Opfer, die in der ersten christlichen Märtyrerzeit von heidnischer Hand fielen, reicht nicht im entferntesten heran an die Zahl der Märtyrer, die unter der Verfolgungswut der sogenannten Christen und unter Berufung auf den Namen Christi hingemordet wurden. Von vielen dieser Blutzeugen, die ihr Leben nicht liebten bis zum Tode und deren die Welt nicht wert war (Ebr.11,38), schweigt die Geschichtsschreibung. Selbst ihre Namen sind größtenteils vergessen.

Aber während die weltbeherrschende und durch und durch verweltlichte Kirche, trunken vom Blute der Heiligen, sich als Feindin der Wahrheit bewies, bereitete Gott sich eine neue Zeit vor, die zu einem Zusammenbruch der angemaßten Macht und Herrlichkeit führte und zur Befreiung ganzer Völker aus der Knechtschaft Roms.

Vergeblich waren alle Versuche, durch Vernichtung einzelner treuer Zeugen den Siegeslauf der Wahrheit aufzuhalten. Mit großer Kühnheit griff besonders Luther das Papsttum an und forderte im Namen Tausender die geraubten Rechte der persönlichen Freiheit, die Rechte des allgemeinen Priestertums zurück.

Wie helle Posaunentöne erklang's aus seinen ersten gewaltigen Schriften (1520), mit denen er wie ein Prophet und gottbegeisterter Zeuge für die alten Wahrheiten auftrat.

Es war eine große Zeit, diese Zeit des Erwachens und des leidensfrohen Zeugnisses vieler, die gleich dem mutigen Wittenberger Mönch die Fesseln römischer Knechtschaft von sich abschüttelten.

Begeistert traten viele "Stille im Lande" aus der Verborgenheit hervor. Ein neuer Geistesfrühling war hereingebrochen. Man fing an, sich wieder zu besinnen auf die uralten heiligen Güter, auf das allgemeine Menschenrecht des freien Gewissens und auf die größte aller Gaben, das Wort Gottes.

Aber wie es immer zu geschehen pflegt, daß die wirkliche Erfüllung hinter dem Gehofften zurückbleibt, daß von den angesetzten Blüten und Knospen nur ein Teil zur Entfaltung und Reife kommt, so geschah es auch damals in der weiteren Entwicklung der großen Reformbewegung.

Die großen Grundsätze, für die gekämpft wurde, sind die ausschließliche Autorität des Wortes Gottes in allen Fragen des Glaubens und des Lebens, ferner die Rechtfertigung des Sünders vor Gott durch den Glauben, nicht durch eignes Verdienst oder priesterliche Vermittlung. Sodann ist die uneingeschränkte Gewissensfreiheit des einzelnen eine ebenso selbstverständliche Forderung des Protestantismus, wie der Verzicht der Kirche auf jeden Zwang. In den ersten Schriften Luthers sind diese Wahrheiten klar ausgesprochen. Es können und müssen innerhalb des Prostantismus verschiedene Richtungen sein. Denn bei aller Treue gegenüber der Heiligen Schrift werden die Auffassungen und Schlußfolgerungen der einzelnen doch verschieden sein, obwohl die Wahrheit natürlich nur eine sein kann. Charakter und Wert der einzelnen Richtungen sind aber zu messen an ihrer Treue gegenüber der gemeinsamen Grundlage. Nicht die Negation römischer Irrtümer macht eine Richtung zu einer evangelisch-protestantischen. Wurzelecht sind nur diejenigen Triebe, die der gemeinsamen Grundlage entstammen.

Unser Wissen ist Stückwerk und wird es bleiben, bis das Vollkommene kommt. Dann wird das Stückwerk aufhören.

Bis dahin wird das Erkennen und Erfassen der biblischen Wahrheit stufenmäßig fortschreitend bleiben. Jeder Christ weiß davon aus Erfahrung. Es ist darum eine Anmaßung, wenn einzelne ihre Auffassungen und ihr Verständnis einer biblischen Wahrheit zum Gesetz und Dogma für andere machen oder gar ihre Überzeugung anderen aufnötigen und aufzwingen wollen.

Uns modernen Menschen erscheint es als etwas Selbstverständliches, daß gegenseitige Duldung und Achtung den freien Wettbewerb der christlichen Richtungen ermöglichen und fördern, ja, daß die freie Persönlichkeit keinerlei religiösem Zwang unterworfen werden sollte.

Für diese Ideen hatte aber die damalige Zeit wenig Verständnis, und auch in den neugebildeten protestantischen Kirchen blieb die Gewissensfreiheit eine unbekannte Sache.

Nicht nur wurde wieder genau festgelegt, was und wie geglaubt werden müsse, sondern es wurden auch mit eifernder Energie alle anderen Meinungen und Glaubensüberzeugungen unterdrückt.

Luthers anfängliche Verteidigung der Freiheit eines Christenmenschen blieb eine unerfüllte Forderung. Das Recht der freien christlichen Persönlichkeit war ein Ideal, das damals unverwirklicht blieb.

So ist es zu erklären, daß auch den Gegnern der Kindertaufe, obwohl sie sich mit Recht auf die Schrift berufen konnten, keine Anerkennung noch Duldung gewährt wurde von seiten derer, die sich auf dasselbe Wort Gottes als Quelle der Erkenntnis und Norm des Lebens beriefen. Die Reformation brachte nicht das Ende des blutigen Verfolgungseifers, im Gegenteil, es begann eine neue Zeit der Drangsal, der Tränen und des Blutes, und zwar nicht weniger in den Gebieten der von Rom getrennten Kirchen als dort, wo die römische Kirche nach wie vor die Herrschaft behauptete.

Ganz besonders richtete sich dieser Verfolgungseifer gegen die "Wiedertäufer", die die Kindertaufe verwarfen und die Rückkehr zur urchristlichen Taufweise forderten.

Ohne nähere Beleuchtung des Standpunktes der Reformatoren zur Tauffrage und zur Gewissensfreiheit ist diese merkwürdige Tatsache nicht zu verstehen.

V. Kapitel

Die Reformatoren und die Taufe

"Wer glaubt, der hat; wer nicht glaubt, dem nützt selbst das Sakrament nichts. *Hanc sententiam moriens confitebor et omnia potius negabo quam illam revocabo.*" Luther 1518.

"Taufe hilft niemand, ist auch niemand zu geben, er glaube denn für sich selbst, und ohne eignen Glauben niemand zu taufen ist. ... Wo wir nun nicht können beweisen, daß die jungen Kinder selbst glauben und eignen Glauben haben, da ist es mein treuer Rat und Urteil, daß man stracks abstehe, je eher, desto besser, und taufe nimmermehr kein Kind. Luther 1528.

Will man erfahren, was die heutigen Lutheraner über die Taufe lehren, so muß man etwa einige Jahrgänge ihres Organs "Der alte Glaube" oder ein anderes maßgebendes lutherisches Kirchenblatt zur Hand nehmen. Man wird dann finden, daß sich die Tauflehre der sogenannten Lutheraner des zwanzigsten Jahrhunderts im wesentlichen deckt mit der des Augustinus oder Gregor.

Was aber hat Luther selbst über die Taufe gedacht und gelehrt? Es ist eine anerkannte Tatsache, daß Luther seine Anschauungen über die Taufe häufig gewechselt hat. Im Jahre 1518 meinte Luther noch, daß das Kind auf das Verdienst eines fremden Glaubens hin getauft und selig werde. Ein Jahr später schreibt er in seinem Sermon:

"Die Taufe ist ein äußerlich Zeichen oder Losung, die uns absondert von allen ungetauften Menschen, daß wir dabei erkennet werden ein Volk Christi, unseres Herzogs, unter welches Panier (das ist das heilige Kreuz) wir stetiglich streiten wider die Sünde. Darum müssen wir drei Dinge in dem heiligen Sakrament ansehen: das Zeichen, die Bedeutung und den Glauben. Das Zeichen stehet darinnen, daß man den Menschen in dem Namen des Vaters, des Sohnes und des Heiligen Geistes stößt ins Wasser; aber man läßt ihn nicht darinnen, sondern hebt ihn wieder heraus, darum heißt man es aus der Taufe gehoben. Also müssen alle beide Stücke in dem Zeichen sein: das Taufen und das Herausheben."

In seiner Erklärung des Galaterbriefes aus dem Jahre 1519 beantwortet Luther die Frage, "wie die Kinder getauft und selig werden können, da sie das Wort noch nicht hören, und da man ohne zu hören nicht glauben könne". (Nach Röm.10,14.) Er antwortet, das Wort müsse immer, indem es ans Ohr schlage, zugleich den Geist innerlich mitteilen. Das durch den Priester über den Täufling ausgesprochene Wort aber wirke desto leichter durch den Geist, je empfänglicher gerade ein kleines Kind sei.

Als im Jahre 1521 die Zwickauer Propheten die Kindertaufe angriffen - auch Karlstadt versuchte sie abzuschaffen -, sah Luther sich genötigt, aufs neue der Tauffrage näher zu treten (Januar 1522). Melanchthon war "ängstlich erregt",[52] und auch Luther "fürchtete den Aufruhr". Luther betont ihnen gegenüber wieder den fremden Glauben, in welchem die Kinder betend dargebracht werden. Auch behauptet er wieder, daß die Kinder wirklich glauben. Wolle man dagegen einwenden, daß die Kinder den Glauben noch nicht zeigen, "dann wären auch wir nicht Christen, solange wir schlafen". Er fordert von den Zwickauern einen Beweis, daß die Kinder noch nicht glauben. Auch beruft sich Luther auf die Beschneidung. Einige Monate später meint Luther in einem Schreiben an Spalatin, durch das Wort und das Gebet der Kirche werde der Teufel aus den Kindern ausgetrieben. Weshalb solle denn bei den Kindern nicht dieselbe Wirkung erzielt werden wie bei den Erwachsenen? Sie seien ja viel empfänglicher, weil die eigne Vernunft ihnen noch nicht zu schaffen mache. Da es Matth.19,14 von den Kindern heiße: "Ihrer ist das Himmelreich", das Himmelreich aber nur den Glaubenden gehöre, so müsse man annehmen, daß sie glauben.

Ausführlich äußert sich Luther dann in seiner Kirchenpostille, und zwar in der Predigt zum dritten Sonntag nach Epiphanias über Matt.8,1ff. Dort sagt er:

"Die Sophisten in hohen Schulen und des Papstes Rotte hat erdichtet, daß die jungen Kinder werden ohne eignen Glauben getauft, nämlich auf den Glauben der Kirche, welchen die Paten bekennen bei der Taufe, danach in der Taufe werde dem Kindlein aus Kraft und Macht der Taufe die Sünde vergeben und eigner Glaube eingegossen mit Gnaden, daß ein neugebornes Kind wird aus dem Wasser und Heiligen Geist. Wenn man sie aber fragt um den Grund solcher Antwort, und wo das in der Schrift stehe, dann findet man sie im finstern Rauchloch; - oder sie weisen uns auf ihre Barette und sagen: 'Wir sind die hochgelehrten Doktoren und sagen solches; darum ist's recht und darfst nicht weiter fragen', wie denn alle ihre Lehre keinen anderen Grund hat wie ihre eignen Träume und Dünkel. Aus diesen Lügen sind sie weiter gefahren und so ferne kommen, daß sie haben gelehrt und halten auch noch, die Sakramente haben solche Kraft, daß, ob du schon keinen eignen Glauben habest und das Sakrament entweihest, so kriegst du doch Gnade und der Sünde Vergebung ohne allen Glauben. - Die Sophisten fahren zu, deuten der heiligen Väter Wort dahin, daß die Kinder ohne eignen Glauben getauft werden und allein in der Kirche Glauben, Gnade erlangen - denn sie sind dem Glauben feind; - wo sie nur die Werke erheben mögen, muß sich der Glaube leiden; denken nicht einmal, ob die heiligen Väter irrten oder

---

52 Melanchthon war selbst schwankend geworden und hatte Bedenken gegen die Kindertaufe. (S. Erbkam, Gesch. der prot. Sekten, S. 507; Wappler, Täuferbewegung in Thüringen, S. 9., Auf seine Fürsprache versprach sogar der Kurfürst diesem neuen Evangelium seinen Schutz. (Keller, Gesch. der Wiedertäufer, S. 18.) "Markus Stübner aber blieb ein halb Jahr bei Philippo in seinem Hause, unterredete sich mit den Gelehrten und anderen und brachte ihrer viele auf seine Meinung, wie geklaget wird." (G. Arnold, Kirch- und Ketzer-Historie, 1699, Teil II, 16, 21.) Damals saß Luther auf der Wartburg und konnte seine Bedenken gegen die neuen Propheten nur schriftlich äußern. Am 8. März erschien aber Luther plötzlich in Wittenberg, und seine Predigten gegen die Neuerer und Bilderstürmer bewirkten die Ausweisung derselben aus der Stadt.

ob sie selbst die Väter recht verstünden. Für diesem Gift und Irrtum hüte dich, wenn es gleich aller Väter und Konzilien ausgedrückte Meinung wäre; denn sie besteht nicht, hat keinen Grund in der Schrift für sich, sondern eitlen Menschendünkel und Träume. Dazu ist sie stracks wider die vorigen Hauptsprüche, da Christus spricht: 'Wer glaubt und getauft wird, der soll selig werden' usw. - daß kurzum beschlossen ist: 'Taufe hilft niemand, ist auch niemand zu geben, er glaube denn für sich selbst, und ohne eignen Glauben niemand zu taufen ist.' Wie auch St. Augustinus selbst spricht: '*Non sacramentum justificat, sed fides sacramenti.*' (Das Sakrament macht nicht gerecht, sondern der Glaube des Sakraments.)

Über diese sind etliche andere, wie die Brüder Waldenses genannt, die halten, daß ein jeder müsse für sich selbst glauben und mit eignem Glauben müsse die Taufe oder das Sakrament empfangen, wo nicht, so sei ihm die Taufe oder das Sakrament kein nütze. So fern reden sie und halten sie recht. Aber daß sie zufahren und taufen gleichwohl die jungen Kinder, welche sie auch halten für die, die keinen eignen Glauben haben, das ist ein Spott der heiligen Taufe, und sündigen wider das andere Gebot, daß sie Gottes Namen und Wort unnütz und vergeblich führen, mit Wissen und mutwillens. Es hilft sie auch nichts die Ausrede, daß sie sagen, die Kinder taufe man auf ihren zukünftigen Glauben, wenn sie zur Vernunft kommen, denn der Glaube muß vor oder in der Taufe da sein, sonst wird das Kind nicht los vom Teufel und von der Sünde. Darum, wenn ihre Meinung recht wäre, so müßten das alles eitle Lügen sein, daß mit dem Kinde in der Taufe gehandelt wird. Denn da fragt der Täufer, ob das Kind glaube, und man antwortet "Ja" an seiner Statt. Nun wird doch niemand an seiner Statt getauft, sondern es wird selbst getauft. Darum muß es auch selbst glauben, oder die Paten lügen, wenn sie sagen an seiner Statt: Ich glaube. - Wo wir nun nicht können beweisen, daß die jungen Kinder selbst glauben und eignen Glauben haben, da ist es mein treuer Rat und Urteil, daß man stracks abgehe, je eher je besser, und taufe nimmermehr kein Kind, daß wir nicht die hochgelobte Majestät Gottes mit solchen Alfanzen, Gaukelwerk, da nichts hinter ist, spotten und lästern!"

In einer anderen Predigt derselben Postille beruft sich dann Luther wieder auf Matth.19,13-15; Mark.10,13-16; Luk.18,15.16, diese starken, festen Sprüche. Er behauptet, den Kindern werde der Glaube geschenkt. Sie werden dargebracht durch fremden Glauben und Werk wie der Gichtbrüchige. Der Priester handelt im Namen Christi und erweckt so in ihnen den Glauben und gibt ihnen das Heil oder Himmelreich. Ferner glaubt Luther, aus den Worten: "Ich schreibe euch Kindern usw." (1.Joh.2,14), die Kindertaufe als apostolische Sitte erkennen zu können. Die Apostel hätten von den Kindern angenommen, "sie glauben und kennen den Vater, gerade als wären sie zur Vernunft gekommen und könnten lesen". Gegenüber dem Einwand, daß der Glaube doch nur aus der Predigt komme (Röm.10,17), behauptet Luther, daß die noch nicht erwachte Vernunft (als Inbegriff des Denkens, Dichtens und Trachtens im natürlichen Menschen) auch dem Worte keinen Widerstand entgegensetze, deshalb können die Kinder um so leichter glauben, denn "eben weil sie ohne Vernunft sind, sind sie besser zum Glauben geschickt denn die Alten und Vernünftigen, welchen die Vernunft immer im Wege liegt, und will ihren großen Kopf nicht durch die enge Tür stoßen". "Glauben an Gottes Wort ist allein Gottes Werk über alle Vernunft, welchem das Kind so nahe ist als der Alte, ja, viel näher." Darum "sei der Kinder Taufe die allergewisseste um des Wortes Christi willen."

Auch bei den Kindern kommt der Glaube durch Hören. (Röm.10,17.) Denn wenn es auch kein vernünftiges Hören sei, so doch ein geistliches Hören des Evangeliums in der Taufe.

Ähnliche Äußerungen wiederholt Luther 1528 in seinem Sendschreiben: "Von der Wiedertaufe an zween Pfarrherrn."

Hier bringt Luther aber noch als neuen Beweis den Hinweis auf diese uralte Sitte der Kindertaufe und ihre allgemeine Anerkennung und bemerkt, wenn die Kindertaufe nicht recht wäre, so müsse man ja annehmen, daß diese ganze Zeit über keine Taufe, also auch keine Christenheit gewesen sei.

Köstlin bemerkt dazu: "Wir sehen in diesen Beweisführungen, wie derselbe Luther, der so kühn den evangelischen Kampf mit alten Überlieferungen aufgenommen hatte, jetzt selber auch im Streit gegen eine vorgeblich reformatorische, evangelische Richtung, auf das Alter einer Tradition sich stützt."[53]

Sogar den Beweis der "Vernunft" verschmäht Luther nicht, wenn er in jenem Sermon und besonders auch im Großen Katechismus auf die Tatsache hinweist, daß Gott so viele der als Kinder Getauften heilige und segne, was er doch nicht könne, wenn ihm die Kindertaufe mißfalle. "Dies ist fast die beste und stärkste Beweisung für die Einfältigen und Ungelehrten; denn man wird uns diesen Artikel: 'Ich glaube an eine heilige, christliche Kirche, die Gemeinde der Heiligen usw.' nicht nehmen noch umstoßen."

Aber noch eine andere Seite betont Luther in diesen späteren Taufschriften: Die objektive Wirkung der Taufe auch ohne den Glauben des Täuflings. "Gold bleibt nicht weniger Gold, ob es gleich eine Bübin mit Sünde und Schande trägt."

Damit ist Luther wieder bei dem katholischen Sakramentsbegriff angelangt. Im Jahre 1536 betonte er Butzer gegenüber allerdings wieder energisch den Glauben, ohne den das Sakrament nicht wirke. Auch im Großen Katechismus heißt es: "Die Taufe ohne den Glauben bleibt ein

---

53 Man vergleiche damit Luthers Ausspruch aus früherer Zeit: "In solchem Handel muß man sich gar nicht kehren an Menschengesetz, Recht, altes Herkommen, Brauch, Gewohnheit usw., Gott gebe, es sei vom Papst oder Kaiser, von Fürsten oder Bischof gesetzt, es habe ein oder tausend Jahre gewährt. Denn die Seele des Menschen ist ein ewig Ding über alles, was zeitlich ist; darum muß sie nur mit ewigem Wort regiert und gefaßt werden. Denn es gar schimpflich ist, mit Menschenrecht und langer Gewohnheit vor Gott zu regieren."

bloßes wirkungsloses Zeichen. Die nicht mit vollem Glauben die Taufe empfangen, empfangen nicht den Geist, sondern allein Wasser."[54]

Also nur Gläubige dürfen getauft werden; aber auch die Kinder sollen getauft werden. Die Kinder haben eben den rechten Glauben, und zwar persönlichen Glauben, und nur darum dürfen und können sie getauft werden.[55]

Auf die Frage: "Ob die Kinder auch glauben und recht getauft werden?" gibt Luther im Großen Katechismus die bündige Antwort: "Wer einfältig ist, der schlage die Frage von sich und weise sie zu den Gelehrten."

Es steht also fest, daß Luther die Taufe ohne persönlichen Glauben des Täuflings für wertlos erklärt.[56]

Er kann auch nur darum an der Taufe der Kinder festhalten, weil er annimmt, daß sie glauben, ohne das freilich beweisen zu können.

"Es war doch klar", wie D. Hafe mit Recht bemerkt, "daß dann der große reformatorische Begriff des Glaubens drangegeben werden müsse, diese sittliche Macht, die unter den Schrecken des Gewissens entsteht und zugleich als ein Wissen, ein Zustimmen und Vertrauen sich in die Arme des Gekreuzigten wirft."

Unbegreiflich ist es allerdings, daß der so scharf denkende Reformator seinem eignen Glaubensbegriff entgegen diesen angenommenen (und unbewiesenen) Glauben der Kinder als den in der Schrift geforderten

---

54 So auch in den Schwabacher Artikeln 1529: "Aufs dritte, weil wir den großen Nutzen und die Kraft der Taufe haben, so laß nun weiter sehen, wer die Person sei, die solches empfahe, was die Taufe gibt und nützt. Das ist abermals aufs schönste und klarste ausgedrückt in den Worten: 'Wer da glaubt und getauft wird, der wird selig.'

Das ist, der Glaube macht die Person allein würdig, das heilsame göttliche Wasser nützlich zu empfangen, denn wenn solches allhie in den Worten bei und mit dem Wasser vorgetragen und verheißen wird, kann es nicht anders empfangen werden, denn daß wir solches von Herzen glauben. Ohne Glauben ist es nichts nütze, ob es gleich an sich selber ein göttlicher, überschwenglicher Schatz ist. Darum vermag das einige Wort (Wer da glaubt) so viel, daß es ausschließt und zurücktreibt alle Werke, die wir tun können in der Meinung, als dadurch Seligkeit zu erlangen und zu verdienen. Denn es ist beschlossen, was nicht Glaube ist, das tut nichts dazu, empfähet auch nichts."

55 Daß Luther stets an den persönlichen Glauben des Täuflings, nicht an den der Paten dachte, zeigen auch die Fragen, die man vor der Taufe dem Täufling vorlegen soll.
In seinem "Taufbüchlein" finden wir die uralten Tauffragen der katholischen Kirche. Auch die alten Gebete, die ursprünglich nur für die Gläubigen passen, verwendet Luther ohne Bedenken, z. B. "Reiche das Gute dem, der dich bittet, und öffne die Tür dem, der da anklopft!" (S. Anhang 13.)

Luther ließ überhaupt, wie wir sahen, die im Laufe der Zeit hinzugekommenen Traditionen "der schwachen Gewissen wegen" bestehen, "damit sie nicht klagen, ich wolle eine neue Taufe einsetzen". So läßt Luther in seinem "Taufbüchlein" die Taufhandlung aus 17 verschiedenen Akten bestehen, in Gebeten, Exorzizmus (Austreibung des bösen Geistes), Abrenunziation (Absage an den Teufel), symbolischen Handlungen, wie Kreuzeszeichen usw., Evangeliumsverlesung, Vaterunser und Glaubensbekenntnis. Auch Leo Jud, der 1523 ein "Taufbüchli" schrieb, und Zwingli in seiner "Form des toufs" 1525 lassen allerlei menschliche Zeremonien bei der Taufhandlung bestehen.

56 Großer Katechismus, S. 549. *Baptismus absente fide nudum et inefficax signum permanet*, d. h. die Taufe bleibt, falls der Glaube fehlt, ein bloßes und wirkungsloses Zeichen.

Glauben verteidigen kann. Man denke nur an Röm. 10,17: "So kommt der Glaube aus der Verkündigung ... Wie sollen sie glauben, so ihnen nicht verkündigt ist?"

Aber es ist eine Tatsache, daß Luther so gelehrt hat. Auf diese Weise ist die Kindertaufe für die Kirche gerettet worden, dieser für den protestantischen Standpunkt so "unbegreifliche Akt", wie Dr. Möhler ihn nennt.[57]

Aber das gilt gegenüber allen modernen Lutheranern, die bald diese, bald jene Erklärung für die Kindertaufe herbringen, festzuhalten: Luther nahm an, daß die Kinder schon glaubten, und darum taufte er sie.

Treffend bemerkt das Theologische Handwörterbuch von Pastor Zeller: "Von Wiedergeburt und Empfang des Heiligen Geistes hat Luther bei der Kindertaufe nur geredet, weil er auch am Kinderglauben festhielt; wer den letzteren nicht mehr festhält und doch von einer Wiedergeburt und einem Empfangen des Heiligen Geistes in der Kindertaufe redet, kann sich nicht auf Luther berufen, sondern wandelt auf katholischen Wegen.[58]

Bei seiner Sakramentsauffassung konnte Luther niemals mit Zwingli einig werden. Zwingli sah in den Sakramenten nichts anderes als "ein sicher Zeichen oder Siegel, Symbole ohne besondere Kraft". Durch die Taufe verschreiben wir uns Gott gleichsam als Soldaten Christi, wie wenn ein Eidgenosse sich ein weißes Kreuz annäht, um die Verpflichtung eines Eidgenossen auf sich zu nehmen. Die Taufe ist Pflichtsymbol. Im Kampfe gegen die mächtige Bewegung der schweizerischen Täufer stützte sich Zwingli um so mehr auf die Kindertaufe (seit 1525), an der er früher selbst starke Zweifel gehegt hatte.[59]

---

57 Ganz beruhigen konnte sich Luther übrigens bei seinen eignen Erklärungen nicht. So schrieb er 1525 an Melanchthon: "*Semper expectavi Satanam, ut hoc ulcus tangeret, sed noluit per papistas. In nobis ispis molitur hoc gravissimum schisma*", d. h.: "Ich habe immer erwartet, daß der Teufel diesen wunden Punkt berühren würde, aber er wollte es nicht durch die Papisten. Uns selbst macht dieser schärfste Zwiespalt sehr zu schaffen."

58 Wie Luther über das Verhältnis von Taufe, Glaube und Wiedergeburt dachte, schildert auch Lic. theol. Gennrich (Die Lehre von der Wiedergeburt, S. 136), dort heißt es: "Hat Luther nicht gerade durch die Verbindung der Wiedergeburt mit der Taufe, der Kindertaufe, ein magisch naturhaftes Moment in die Lehre von der Wiedergeburt hineingebracht? Es ist nicht zu leugnen, daß er sich durch die hier von ihm festgehaltene herkömmliche kirchliche Lehre in ein schweres Problem verwickelte. Aber gerade die Art, wie er dieses Problem zu lösen versucht, zeigt, wie unvollziehbar ihm im Grunde die Vorstellung der Wiedergeburt als eines durch die göttliche Gnade im Menschen gewirkten Naturgesetzes war. Wie sehr er auch die Kraft der Sakramente unabhängig von der Subjektivität des Empfängers betont, bisweilen auch überspannt hat, daran hat er doch stets festgehalten, daß das, was in Wort und Sakrament so kräftig dargereicht wird, wirklich angeeignet wird nur vom Glauben. Dabei bleibt's, der Glaube ist die Wiedergeburt und kann auch ohne Sakramente seligmachen, wo es sich nicht um selbstverschuldete Versäumnis oder Geringschätzung derselben handelt. Darum hat er auch, um die Kindertaufe als Sakrament der Wiedergeburt im Vollsinn des Wortes festhalten zu können, sich nicht gescheut, zu dem, wie wir allerdings urteilen müssen, verzweifelten Mittel zu greifen, auch in den neugebornen Kindern, die die Taufe empfangen, den Glauben anzunehmen, da es ohne diesen nun einmal für ihn eine Wiedergeburt nicht gibt."

59 Zwingli bezeugt selbst, daß er ursprünglich für die Glaubenstaufe gewesen sei; seit 1525 predigte er aber gegen die Wiedertäufer; man solle sie enthaupten "kraft der kaiserli-

Darin ging er denselben Weg wie Luther, denn eine Staatskirche, wie sie auch in Zürich durch Mitwirkung des großen Rates zur Durchführung kam, kann die Taufe als ein "Pflichtsymbol" selbständiger Persönlichkeiten nicht einführen, ohne sich selbst aufzulösen. Luther verwarf Zwinglis Lehre durchaus, so daß er "geradezu den Teufel als Urheber" derselben ansah. Dafür macht ihm Zwingli, während Luther ihn der Verleugnung des Glaubens zeiht, den Rückfall ins Papsttum zum Vorwurf.

Calvin hält die Sakramente für eine symbolische Bestätigung der innerlich erfahrenen Gnade. Für die Ungläubigen sind sie bloße Zeichen ohne Inhalt. Für die Erwählten, die den Glauben haben, ist aber eine reale Wirkung Gottes mit dem Symbol verbunden.[60] Auch Calvin konnte in seiner Staatskirche die Kindertaufe nicht entbehren.

Die Taufauffassungen der Reformatoren, wie sie in den einzelnen Bekenntnisschriften der Kirchen ihre Ausprägung fanden, wurden von ihren Nachfolgern festgehalten und mit bewunderungswürdiger Zähigkeit verteidigt.

Um den Leser nicht mit Einzelheiten zu ermüden, mag es genügen, darauf hinzuweisen, daß die lutherischen Dogmatiker sowohl an der Behauptung des Glaubens der Säuglinge, als auch an ihrer durch die Taufe bewirkten Wiedergeburt festhielten.

So Johann Gerhard (gest. 1637), über den Genrich (Die Lehre von der Wiedergeburt, S. 152) bemerkt: "Für Gerhard steht wie für Luther beides fest: Ohne Glauben weder Wiedergeburt noch Sündenvergebung noch Sohnschaft noch ewiges Heil, und andererseits nach Tit.3,5: Die Taufe ist das Bad der Wiedergeburt, das wirksame Gnadenmittel, durch das jene Güter uns zuteil werden. Aus diesen Sätzen ergibt sich nun für ihn folgerichtig der unantastbare Schluß, daß der Heilige Geist in der Taufe, vielmehr durch sie, durch das mit dem Wasser verbundene Wort den Glauben wirkt. Auch bei den Kindern ist darum die Taufe im Vollsinn des Wortes Wiedergeburt durch den Glauben, sofern sie ja dem Wirken des Geistes durch Unbußfertigkeit und Widerstreben keinen

---

chen Rechte". Der Haß Zwinglis gegen seine früheren Vertrauten "nahm von Jahr zu Jahr zu". (Keller, Die Reformation, S. 40, 6. Erbkam, Geschichte der protestantischen Sekten, S. 533. Zwinglis Werke von Schüler und Schultheß, Bd. II, S. 245.

60 Nach reformierter Anschauung bewirkt also die Taufe nicht die Vergebung der Sünden und die Wiedergeburt, sondern ist der Aufnahmeakt in die Gemeinde. Die Kinder gläubiger Eltern gehören nach der Lehre der Reformierten von rechtswegen dem Herrn und dürfen darum auch getauft werden. Die Kinder von Ungläubigen, Papisten und Heiden dürfen nach Calvins Ansicht und auch nach ausdrücklichem Beschluß der Dordrechter Synode (1618-19) nicht eher getauft werden, als bis sie erwachsen sind und ihren Glauben bekennen können. Selbst die Helvetische Konfession (1562) verteidigt die Kindertaufe mit dem bedeutsamen Zusatz: "Vornehmlich, da man ihre Erwählung gläubig voraussetzen darf." Das Niederländische Bekenntnis spricht ausdrücklich nur von dem Recht der Taufe von Kindern der Gläubigen, und der Heidelberger Katechismus sagt ebenso klar: "Daß sie durch die Taufe von den Kindern der Ungläubigen unterschieden werden sollen." Im Jahre 1830 erfolgte sogar in Utrecht eine Separation unter Berufung auf die Dordrechter Lehre, nur den Kindern gläubiger Eltern die Taufe gewähren zu dürfen. (Näheres über die Tauflehre der Reformierten siehe Anhang 17.)

Riegel vorschieben können, wenn wir freilich uns von diesem Glauben auch keine Vorstellung machen können."

Heute ist dieser Standpunkt von sehr vielen protestantischen Theologen aufgegeben.[61] Unter den Pastoren innerhalb der Gemeinschaftsbewegung ist wohl keiner, der daran festhielte. Wenn manche von ihnen trotzdem an der Kindertaufe festhalten, so gründen sie sich dabei nicht mehr auf den "Glauben" der Säuglinge und behaupten darum auch nicht ihre Wiedergeburt. Man weist beides entschieden zurück.

Positiv gläubige Männer der Wissenschaft erkennen dies unumwunden an, verzichten darum auf biblische Beweisgründe für die Kindertaufe und suchen sie mit anderen Gründen zu stützen.

So schreibt z.B. der bekannte verstorbene Professor D. Warneck über das Verhältnis von Glaube und Taufe folgendes:

"Wie es dasselbe Heil ist, welches Taufe und Wort vermittelt, so ist es auch dieselbe Heilsbedingung, an welche Wort wie Taufe den Heilsempfang bindet. Wenn diese klare Schriftwahrheit heute vielfach verdunkelt ist, so kommt das, abgesehen von einer magischen Auffassung der Sakramente als unmittelbar übernatürliche Wirkungen hervorbringende Akte, wesentlich aus dem Gedränge, in welches die Wertung der innerhalb der jetzigen Christenheit üblichen Kindertaufe die Dogmatik gebracht hat.

Es ist eine notorische Tatsache, daß von der großen Majorität der als Kinder getauften Christen nicht gesagt werden kann, was Paulus von den getauften Christen der apostolischen Zeit aussagte; wird es dennoch behauptet, so entleert man die apostolischen Aussagen und macht sie zur Phrase. Die Apostel hatten bei diesen Aussagen immer Erwachsene im Auge, bei denen Glaube und Taufvollzug zusammenfiel."

Professor Warneck teilt in diesem Punkte die Auffassung vieler bedeutender kirchlicher Schriftausleger. Er hat darin recht, wenn er im Gegensatz zu Luther erklärt: "Völlig unmündigen Kindern einen latenten (= verborgenen) Glauben beizulegen oder zu lehren, daß durch die

---

61 Prof. D. H. Cremer hat es allerdings versucht, die alte Auffassung Luthers von dem Glauben der Säuglinge zu verteidigen. (Vgl. seine Schriften: "Wesen und Wirkung der Taufgnade"; "Taufe, Wiedergeburt und Kindertaufe". Ähnlich Prof. D. Althaus in seiner Schrift: "Die Heilsbedeutung der Taufe im Neuen Testament." Übrigens ist die Zahl der protestantischen Theologen, die die Taufwiedergeburtslehre vertreten, noch sehr groß. Die Tatsache darf nicht geleugnet werden, daß die Lehre von der Wiedergeburt durch die Kindertaufe die offizielle, d. h. in den Bekenntnisschriften der Landeskirche niedergelegte Kirchenlehre ist. (S. Anhang 14. 15.) Auch die meisten kirchlichen Tauflieder enthalten diese Lehre. (S. Anhang 16.) Wer diese Lehre nicht vertritt, steht im Widerspruch zu den Bekenntnisschriften, auf die sich jeder Pfarrer verpflichten muß. Pastor Fleisch weist in seiner Geschichte der Gemeinschaftsbewegung, S. 475, ausdrücklich darauf hin und wirft denen, die diese Tatsache ableugnen, mit Recht Geschichtsentstellung vor. Wer es mit seiner Verpflichtung auf die Bekenntnisschriften der Kirche ernst nimmt und davon überzeugt ist, daß in diesen oder auch anderen wichtigen Lehren die Schrift anders lehrt als die kirchlichen Bekenntnisschriften, sollte entweder die Verpflichtung ablehnen oder bei späterer Erkenntnis des Widerspruchs sein Pfarramt niederlegen.

Taufe der Heilsglaube in ihnen gewirkt werde, ist eine dogmatische Verirrung, wie jetzt wohl allgemein anerkannt wird."[62]

Also die Voraussetzung Luthers, daß die Säuglinge glauben, mag man doch nicht aufrechterhalten. Man hat erkannt: Die Heilige Schrift kennt nur die Taufe der Gläubigen.

Die einfache Schlußfolgerung eines Bibelchristen ist darum: Also haben wir kein Recht, an dem Brauch der später eingeführten Kindertaufe festzuhalten, wir müssen der Taufe ihren ursprünglichen vom Herrn gewollten Platz und ihre biblische Bedeutung lassen.

Aber die kirchlichen Theologen wissen einen Ausweg, um diese einfache Schlußfolgerung herumzukommen, die, "wie in den gewordenen, so auch in der werdenden Volkskirche (auf den Missionsfeldern) durch die natürliche Entwickelung bedingte Institution der Kindertaufe", wie man sagt, "zu retten". Die Sache ist sehr einfach. Man gibt ohne weiteres zu:

Die Behauptung einer wirklichen Heilsmitteilung durch die Taufe, abgesehen vom Glauben, gar bei offenem Unglauben, löst die Schrift auf." "Die Verfasser der neutestamentlichen Schriften setzen überall voraus, daß die christliche Taufe nur an denen vollzogen wird, welche zum Glauben an die Heilsbotschaft von Jesu Christo gekommen sind."

Um nun trotzdem die Kindertaufe halten zu können, sieht man sich genötigt, der Taufe eine andere Bedeutung zu geben. Man sagt etwa: Unmündige Kinder glauben nicht, also ist die Kindertaufe kein Bekenntnis des Glaubens, kein Siegel der persönlichen Wiedergeburt. Stellvertretenden Glauben gibt es nicht. Einen angebornen Glauben gibt es auch nicht. Also muß die Kindertaufe eine ganz andere Bedeutung haben als die Taufe eines Gläubigen. Welches ist diese ihre Bedeutung? Man hat in der neueren "positiven" Theologie die verschiedensten Formeln für die Begründung und Erklärung der Kindertaufe geprägt.

Diese ist, so sagt man, "das Sakrament der Berufung ins Reich Gottes" oder "die Anbietung des Heils" oder "die Eingliederung in die Gemeinschaft, in welcher dem Kinde von Anfang an das Heil angeboten wird und es zum Glauben kommen kann".

Aber hat der Herr dazu die Taufe eingesetzt? Ist es erlaubt, seine Anordnung so zu ändern und umzudeuten? Man "beruft" nicht und "bietet nicht an" durch die Taufe, kann auch durch eine bloße Taufe oder Besprengung niemand "eingliedern" in die christliche Gemeinde. Das Anbieten geschieht durch die Predigt, die Eingliederung kann nur mit solchen geschehen, die durch die Predigt gläubig wurden. Nur Gläubiggewordene gehören zur Gemeinde, und nur solchen gehört die Taufe.

Steht solche Verteidigung eines innerhalb der bereits verweltlichten Kirche aufgekommenen, der "natürlichen Entwickelung" angehörenden Brauchs nicht auf sehr schwachen Füßen? Biblische Gründe für denselben

---

62 Vgl. Ev. Missionslehre III, 2; Die Missionsmittel, S. 242 f. Unbegreiflich ist, wie der jüngere Warneck in seinem neusten Buch: "Paulus im Lichte der heutigen Heidenmission", S. 153, schreiben kann: "Schon die Apostel tauften Kinder in christlich werdenden Familien mit."

hat man nicht, darum sucht man sie auf anderen Gebieten. Mit solchen Mitteln kann man auch andere Institutionen und Erfindungen der römischen Kirche verteidigen. Aber damit stößt man die Schrift um und predigt "ein anderes Evangelium". Wenn Professor Warneck und die übrigen Theologen seines Standpunktes die Übertragung der apostolischen Aussagen über die Taufe auf die heutige Kindertaufe eine "Entleerung" der apostolischen Aussagen und eine "Phrase" nennen, so können sie es dem Gläubigen, der sich in allen Punkten nur nach der Schrift richten will, nicht übel nehmen, wenn er jede Art von Kindertaufe ablehnt.

Wenn man zugibt: die Apostel haben die Kindertaufe nicht geübt, und das Neue Testament weiß nichts davon, trotzdem aber für unmündige Kinder eine Besprengung einrichtet, die biblische Taufe der Gläubigen aber ganz unterläßt, so beweist man damit, daß man sich anstatt auf die Heilige Schrift auf die Tradition stützt.[63] Das ist aber römischer Irrtum.

Wer die von Luther so hartnäckig verteidigte und in seinem bekannten Katechismus vorausgesetzte Überzeugung biblisch und logisch rechtfertigen zu können meint, daß auch die Säuglinge schon glauben, mag immerhin an der Kindertaufe festhalten.

Alle anderen sollten ehrlicherweise, um mit Luther zu reden, "stracks davon abstehen".

---

63 D. Kaftan erklärt: "Ein Schriftbeweis für die Kindertaufe läßt sich, wie gezeigt, nicht beibringen. Trotzdem haben die Reformatoren an der Kindertaufe festgehalten und hat es die evangelische Kirche mit ihnen getan. Die Bekenntnisschriften weisen zur Begründung darauf hin, daß weitaus die meisten, die uns in der Geschichte der Kirche als Vorbilder des Glaubens und Lebens erscheinen, in der frühsten Kindheit getauft worden sind, und daß es unmöglich wäre, ihnen, als nicht eigentlich Getauften, die Anteilnahme am Heil abzusprechen - eine innerlich verstandene Berufung auf die Tradition, die volles Gewicht beanspruchen darf. Es kommt hinzu, daß die christliche Erziehung an der Taufe der Kinder ihre unentbehrliche Grundlage hat. Daß es bei der Kindertaufe sein Bewenden haben muß, steht daher außer Frage."

Mit Recht macht D. Traub in der Kritik obiger Ausführungen Kaftans u. a. folgende Bemerkungen: "Man wird bei der letzten Wendung unwillkürlich erinnert an einen oberkirchenrätlichen Erlaß: 'Es muß dabei sein Bewenden haben!' Warum? Weil es Tradition ist." Deutlich genug weist Traub auch die unbewiesene Behauptung zurück, daß die christliche Erziehung an der Taufe der Kinder ihre "unentbehrliche Grundlage" habe. Er schreibt: "Kirchenrechtlich allerdings, insofern nach den heutigen staatlichen Schulgesetzen diejenigen Kinder, die einen evangelischen Taufschein haben, in evangelische Schule und Religionsunterricht eingewiesen, und die, die einen katholischen Taufschein haben, in die katholische Volksschule überwiesen werden. Inwiefern aber der Vollzug der Taufe als solcher eine 'unentbehrliche Grundlage' der 'christlichen Erziehung' sein soll, ist unerfindlich. Bisher galt doch die Taufe als etwas, was irgendwie an dem Kind geschehen soll, und erst in zweiter Linie traten die Eltern und Paten auf, welche eine Verpflichtung für die christliche Erziehung übernahmen. Daß eine solche ebenso möglich ist ohne den Vollzug eines Wassersprengens über dem Kinde, dürfte doch einleuchtend sein. Die christliche Erziehung ist mit der Taufe so wenig verknüpft, wie ein Unterlassen der Taufe noch keineswegs eine unchristliche Erziehung zur Folge haben muß. Solange also die Unentbehrlichkeit der Taufe für die christliche Erziehung bloß behauptet und nicht begründet wird, schwebt sie in der Luft." Die einzige Begründung, die ihr in den obigen Ausführungen gegeben wird, ist die Tradition. Die "christliche Erziehung" wird nicht durch die Taufe, sondern durch den Willen der Eltern oder Freunde verbürgt.

Wer zu der Überzeugung gekommen ist, daß die unmündigen Kinder selbst noch nicht den heilsanzeigenden Glauben haben können, Christus für solche aber weder einen stellvertretenden Glauben angenommen, noch eine Besprengung mit Wasser angeordnet hat, der sollte wenigstens sich in seinem Gewissen verpflichtet fühlen, auch den einfachen sogenannten "Laien" gegenüber zuzugeben: Die Kirche übt die von Christo eingesetzte Taufe nicht.

Die von der "Kirche" nach und nach eingeführte Säuglingstaufe, aus der erst ziemlich spät eine Besprengung wurde, hat keinen biblischen Grund und darf darum auch nicht mit irgendwelchen neutestamentlichen Taufstellen gestützt und motiviert werden, wie die kirchliche Agende es vorschreibt. Wer aber stillschweigend trotz besserer Erkenntnis die von der Kirche fälschlich auf die Kindertaufe bezogenen Schriftstellen bei der Besprengung von Säuglingen anwendet, täuscht die Zuhörer über den Sinn und die Bedeutung jener Schriftstellen und versündigt sich an dem Worte Gottes, zu dessen klarer, unmißverständlicher Verkündigung jeder Gläubige vor Gott verantwortlich ist.

VI. Kapitel

Die Reformatoren und die Gewissensfreiheit

"Das weltliche Regiment hat Gesetze, die sich nicht weiter erstrecken denn über Leib und Gut und was äußerlich ist auf Erden. Denn über die Seele kann und will Gott niemand lassen regieren, denn sich selbst allein. Darum, wo weltliche Gewalt sich vermißt, den Seelen Gesetz zu geben, da greift sie Gott in sein Regiment." Luther 1523.

"Weltliche Obrigkeit hat das Schwert mit dem Befehl, daß sie allem Ärgernis wehren soll, daß es nicht einreiße oder Schaden tue. Nun ist aber das gefährlichste und greulichste Ärgernis, wo falsche Lehre und unrechter Gottesdienst einreißt." Luther 1532.

"Das charakteristische Prinzip des Protestantismus hat im Grunde mit den Dogmen gar nichts zu tun, denn es lautet nur: vollständige Gewissensfreiheit; allein die Reformatoren haben diese Idee nicht konsequent durchgeführt." A. Vinet.

Mit dem unbedingten Kirchentum tritt notwendig Verfolgung ein. Es verneint das Gewissensrecht der einzelnen und der Gemeinde, Denkfreiheit und, was dasselbe ist, Lehr- und Redefreiheit über die höchsten Gegenstände des menschlichen Forschens und Nachdenkens. Dieser Ausspruch v. Bunsens kennzeichnet das Staatschristentum in jeder Form und zu allen Zeiten.[64]

---

64 Daß der "Absolutismus des kirchlichen Systems", das Ideal der auf absolute Alleinwahrheit begründeten Einheitskirche, nicht der katholischen Kirche allein angehört, sondern auch das Ideal der altprotestantischen, lutherischen und reformierten Landeskirchen ist, hat

Zwar sind es echt evangelische Grundsätze der Freiheit, die Luther selbst kühn vertrat, aber nur solange er noch nicht die Hand zur Bildung neuer staatskirchlicher Verbände gereicht hatte. Diesen verhängnisvollen Schritt vollzogen Luther und Melanchthon im Jahre 1527. Damals übergaben sie die oberste Leitung der Kirche offiziell dem Landesfürsten, wobei sie sich ausdrücklich auf das Beispiel Konstantins beriefen, "der nicht habe leiden wollen noch sollen die Zwietracht, so Arius unter den Christen im Kaisertum angericht". Dazu bemerkt Baumgarten: "So verdunkelt ist also hier das Auge der großen Reformatoren, daß sie nicht begreifen, daß die Ausbildung des römischen Papsttums nur möglich geworden war durch die Verweltlichung der Kirche in dem byzantinischen Kirchenregiment, daß sie den Moment der kirchlichen Vergangenheit als Vorbild hinstellen, den die christlichen Stimmen des Mittelalters als den Beginn des Verderbens bezeichnet hatten. Es war eine Selbstfolge, nachdem man Konstantin als Vorbild aufgestellt, daß man auch in jene verwirrende Vermischung der alt- und neutestamentlichen Zeit zurückfallen würde, welche wir mit Konstantins Staatskirchentum gleichzeitig auftauchend gefunden haben." Religiöser Zwang, kirchliches Gesetzeswesen, staatskirchlicher Absolutismus[65] traten an die Stelle der Glaubens- und Gewissensfreiheit, der Freiwilligkeit und Brüderlichkeit des biblischen Christentums. Staatskirchentum und biblisches Christentum sind und bleiben Gegensätze wie Feuer und Wasser. Die freiwillige Unterordnung der geistlichen Angelegenheiten unter die Bevormundung der irdisch-weltlichen Macht, unter offizielle Leitung des Staates, dämpft den Geist der Freiheit und schafft eine nach staatlichem Vorbilde geschaffene Ordnung des Befehls und Gehorsams, welche das gerade Gegenteil ist von der durch Christum selbst für seine Nachfolger festgelegten Ordnung, deren Grundlagen auf der Freiheit und brüderlichen Liebesgemeinschaft beruht. Das in Buchstaben fixierte "Bekenntnis" wird zum Staatsgesetz. Wie einst in dem griechischen und römischen

---

in klarer Weise Professor D. Dr. Troeltsch (Die Trennung von Staat und Kirche, Tübingen 1907) ausgeführt. Es heißt da unter anderem:
"Allerdings hat Luther mit großartigem Idealismus am Anfang für ein freies Gemeindechristentum gekämpft, das auf Gewalt verzichten und alles vom Geiste hervorgebracht sehen will. Allein Luthers Glaube setzte dabei als selbstverständlich voraus, daß der Anstaltsgeist hierbei mit geringfügigen, leicht zu duldenden Ausnahmen alle in dieselbe Wahrheit führen werde. Als er in dieser Erwartung sich getäuscht sah, wandte er sich mit herbem Grimm gegen den erbsündigen Trotz und Irrgeist der Masse dem strengen Landeskirchentum zu und mußte in steigendem Maße alle die staatlichen Nachhilfen dulden und anerkennen, welche die Einheit des Glaubens und der Lehre aufrechtzuerhalten allein geeignet waren. Und so haben ohne Luthers anfänglichen idealistischen Glauben Zwingli und Calvin in ihrer Weltverständigkeit von Anfang an gedacht."

65 "In der Pfalz regierten bald ein Lutheraner, bald ein Calvinist; jedesmal mußten Professoren und Pastoren nach dem Bekenntnis des Fürsten wechseln. An der Universität Jena wird von dem Herzog bald die eine, bald die andere Theologenpartei verfolgt und verjagt; in Kursachsen kommt es sogar zu grausamen und blutigen Verfolgungen der vermeintlichen Irrlehrer von seiten der staatlichen Kirchengewalt; in Württemberg verwaltete eine Zeitlang der Jude Süß Oppenheimer das herzogliche Kirchenregiment." (Vgl. Baumgarten, Kirchengeschichtliche Vorträge.)

Kaiserreich den Bekenntnisbuchstaben der staatliche Schutz gewährt wird, so jetzt in den "protestantischen" Staaten ebensogut wie in den katholischen Nachbarstaaten. Die verschiedenen Landeskirchen sind scharf getrennt voneinander. "Wie entsetzlich, daß die Lutheraner tot und teilnahmslos zusahen, als die reformierten Glaubensgenossen in den Niederlanden und in Frankreich verfolgt und zu Tausenden geschlachtet wurden! Wie himmelschreiend, daß um des Glaubens willen verjagte Brüder in lutherischen Landen gemieden wurden wie Pestkranke, weil sie das reformierte Bekenntnis hatten!" (Baumgarten.) Und innerhalb der einzelnen protestantischen Territorien herrscht die größte Unduldsamkeit und Willkür seitens der staatskirchlichen "Amts"träger, indem "die zelotische Wut wie ein heiliger Wahnsinn die besten Kräfte verzehrte". Von den traurigen Zuständen innerhalb der neugegründeten protestantischen Landeskirchen haben die wenigsten heutzutage eine Vorstellung.

Man ist gewohnt, in der Kirchengründung seitens der Reformatoren den eigentlichen Kern und Abschluß ihrer Aufgabe zu sehen. Man übersieht den traurigen Rückfall in das römische Wesen und den Abfall von den klaren, für die Gemeindebildung in der Schrift niedergelegten Prinzipien. Man ist auch gewohnt, den Parteikämpfen und theologischen Streitigkeiten jener Zeit eine Wichtigkeit für unser Glaubensleben zuzuweisen, die uns alle unangenehmen Seiten jenes für die römische Kirche ergötzlichen Bruderzwistes vergessen machen müßte. Wir, die wir in jener erneuten Verquickung von religiösem und politischem Wesen ein Abweichen von der Schrift erkennen, die wir in dem leidigen Streit um Nebendinge, worüber die Liebe verlassen wird, nicht einen Ausfluß des Geistes Christi sehen können, beurteilen jene Vorgänge allerdings anders.

Uns gehört jede landes- und staatskirchliche Organisation, jede Verbindung der Gemeinde mit der Weltmacht und ihre Auslieferung an die Staatsverwaltung zu den menschlichen Verirrungen, die von den schwerwiegendsten Folgen begleitet wurden und die einem Schein- und Weltchristentum die Wege gebahnt haben, über das alle gläubigen Gemüter voll Trauer den Kopf schütteln, für das aber in der blinden Welt - soweit sie nicht alle Religion abgeschafft hat - noch immer Verehrer und Anhänger genug zu finden sind. Aber nicht nur das, auch vielen Gläubigen sind in dieser Beziehung die Augen geblendet, daß sie nicht unterscheiden können zwischen göttlichem Willen und göttlicher Zulassung. Man sehe nur unsere christliche Presse an, welche mit wenigen Ausnahmen immer noch der Vermischung der Kinder Gottes mit der Welt unter Mißbrauch bekannter Gottesworte, wie z.B. des Gleichnisses vom Unkraut unter dem Weizen, das Wort redet.

Daß dieser Bau auf falschem, unchristlichem Grunde ruht, ist jedoch vielen klar, die noch gezwungen oder freiwillig innerhalb seiner weiten Hallen und Räume leben, sich aber in ein Stübchen zurückgezogen haben, um dort mit Gleichgesinnten Gemeinschaft zu pflegen und der kommenden Ereignisse zu warten. Es ist ein großer Baum mit weitreichenden, kräftigen Ästen, dieses Weltkirchentum. Viele glauben, dieser Baum sei aber morsch bis ins innerste Mark. Aber wie dem auch sei, ob er auch noch auf lange hinaus den Stürmen Trotz bieten mag, die

Hauptsache bleibt die: Welche Früchte trägt dieser Baum? Daran sollen und können wir seine Art erkennen. Eine der traurigsten Früchte vom Baume der protestantischen Kirchen ist der Gewissenszwang und die religiöse Unduldsamkeit, die mit dem offiziellen Staats-kirchentum verbunden ist.

Seitdem auf dem Reichstage zu Speier im Jahre 1529 die Protestanten und Katholiken gemeinsam beschlossen hatten, keine Sekte zuzulassen, "die dem Sakrament des wahren Fronleichnams und Blutes entgegen sei", vor allem aber alle "Wiedertäufer" auszurotten,[66] brach überall die heftigste Verfolgung gegen alle aus, die sich den herrschenden Weltkirchen nicht anschließen konnten. Und ein solcher Beschluß konnte gefaßt werden auf demselben Reichstage, auf dem die Evangelischen Glaubens- und Gewissensfreiheit für sich verlangten, da man "in Sachen, die Gottes Ehre und der Seelen Heil und Seligkeit angehen, gewissenshalber Gott vor allen anzusehen verplichtet und schuldig sei".

Es ist eine beliebte Rede, daß Luther keinen weltlichen Schutz für seine Lehre gesucht habe, sondern stets zur christlichen Duldung Andersgläubiger ermahnt habe. Dies trifft ja zu für die ersten Jahre der öffentlichen Wirksamkeit Luthers. Äußerungen wie: "Die Ketzer verbrennen ist wider den Willen des Heiligen Geistes", "Zum Glauben kann und soll man niemand zwingen" kehren oft wieder in den ersten reformatorischen Schriften. Indem aber Luther den Weg zur Gründung einer Staatskirche betrat und dem Landesfürsten die oberste Kirchengewalt übertrug, mußte er auch in bezug auf seine Ansicht über Toleranz und Gewissensfreiheit eine Schwenkung machen. Das ist in der Tat der Fall.

Noch 1524 hatte Luther über Thomas Münzer geschrieben: "Ew. Fürstl. Gnaden sollen nicht wehren dem Amt des Wortes! Man lasse sie nur getrost und frisch predigen, was sie können und wider wen sie wollen, denn es müssen Sekten sein ... Man lasse die Geister aufeinander

---

66 Der § 6 des Reichstagsabschiedes bestimmte, "daß alle und jede Wiedertäufer und Wiedergetaufte, Mann- und Weibspersonen verständigen Alters, vom natürlichen Leben zum Tode mit Feuer, Schwert und dergleichen nach Gelegenheit der Personen ohne vorhergehende der geistlichen Richter Inquisition gerichtet oder gebracht werden". Das unterschrieben alle protestantischen Fürsten mit Ausnahme des Landgrafen Philipp von Hessen. Mit Recht bemerkt Prof. Erbkam in seiner "Geschichte der protestantischen Sekten im Zeitalter der Reformation (S. 578): "Die Reformatoren vergaßen bald die früher von ihnen kundgegebenen Grundsätze allgemeiner Religionsfreiheit und drangen bei den Obrigkeiten auf harte Bestrafung der Sektierer." Dieser Forscher findet zwei Gründe für diese traurige Tatsache. Erstlich das Interesse an der äußeren Ruhe und Sicherheit der neugegründeten Kirche, sodann die im Widerspruch zum Neuen Testament stehende falsche theokratische Vorstellung vom Staat, die besonders stark bei Calvin und Melanchthon hervortritt, welche aus den alttestamentlichen Vorschriften für den theokratischen Staat Israel die Normen des Handelns auch für die sogenannten "christlichen" Obrigkeiten entlehnen.

Im Kalwer Kirchenlexikon (Bd. II, S. 949) heißt es: "An diesem Edikt haben sich auch die Protestanten beteiligt, wie hernach an der blutigen Ausführung desselben; auch sie sind noch befangen in den Rechtsanschauungen der alten Kirche und blind gegen die praktischen Konsequenzen ihrer eignen Voraussetzungen." Und das geschah auf demselben Reichstage, auf welchem die Protestanten selbst die religiöse Duldung von seiten der römischen Kirche erbaten. (Die ausführliche Mitteilung des kaiserlichen Mandats gegen die Wiedertäufer siehe im Anhang 19.)

platzen und treffen." Und in seiner "Ermahnung zum Frieden" während des Bauernkrieges 1525 schrieb Luther: "Die Obrigkeit soll nicht wehren, was jedermann lehren und glauben will, es sei Evangelium oder Lüge. Es ist genug, daß sie Aufruhr und Unfrieden zu lehren wehret."

Um dieselbe Zeit, als den Landesfürsten offiziell die oberste Leitung der Kirche übertragen wurde, änderte sich auch Luthers Ansicht über die Behandlung der "Ketzer".

Schon 1528 erwirkt Luther einen strengen Befehl des Kurfürsten Johann von Sachsen gegen alle, die Bücher und Schriften der Wiedertäufer und Sakramentierer (wozu auch die Zwinglianer und Calvinisten gehörten) kaufen, verkaufen oder lesen. Schon im Jahre 1527 waren alle Sakramentierer und Wiedertäufer aus dem Lande gewiesen worden.[67] Daß aber die Reformatoren auf dieser gesetzlich- römischen Bahn weitergingen, lehrt ein Brief Melanchthons aus dem Jahre 1530 an Mykonius, in dem er schreibt: "Anfänglich, als ich Storch und dessen Sekte, aus welcher die Wiedertäufer entsprungen sind, zu kennen begann, habe ich einer törichten Milde gehuldigt; dachten doch damals auch andere, daß die Ketzer nicht mit dem Schwerte auszurotten seien ... Jetzt aber bereue ich nicht wenig meine frühere Milde ... Ich bin nun der Ansicht, daß auch jene, die keine aufrührerischen, doch aber öffentlich gotteslästerliche Artikel verteidigen, von der Obrigkeit getötet werden sollen. Denn die Obrigkeit muß wie andere öffentliche Verbrechen so auch die öffentlichen Gotteslästerungen strafen. Dies lehrt uns das Gesetz Mosis." Daß Luther um diese Zeit bereits ebenso dachte, geht aus seinen Schriften und mancherlei Äußerungen hervor. In jener Unterredung mit Veit Dietrich, der im Auftrage des Lazarus Spengler in Nürnberg gekommen war, um mit Luther über diese Frage zu sprechen, sprach Luther, wie Neander sagt, "Grundsätze aus, welche den früher von ihm ausgesprochenen ganz entgegengesetzt waren und durch welche alle drückende Herrschaft einer Staatsreligion, alle Geistestyrannei gutgeheißen werden konnte, dieselben Grundsätze, nach denen die römischen Kaiser, indem sie das Christentum verfolgten, gehandelt hatten." In der Erklärung des 82. Psalms (Sommer 1530 gedruckt) betont Luther ausdrücklich die Pflicht der Obrigkeit, "den widerwärtigen Lehren oder Ketzereien" zu "wehren" und zu "strafen". Er unterscheidet hier zweierlei Ketzer, solche, die Aufrührer sind, die ohne Zweifel gestraft werden müssen, und solche, die "lehren wider einen öffentlichen Artikel des Glaubens, der klärlich in der Schrift gegründet und in aller Welt geglaubt ist ... Die soll man auch nicht leiden, sondern als die öffentlichen Lästerer strafen ... Moses in seinem Gesetz gebietet auch, solche Lästerer, ja, alle falschen Lehrer zu steinigen. Also soll man hier auch nicht viel Disputierens machen, sondern auch unverhört und unverantwortet verdammen solche öffentliche Lästerung." Luther wendet sich dann mit aller Entschiedenheit gegen die "Winkelschleicher", d.h. die "unberufe-

67 Von der Billigung der Todesstrafe verlautet um diese Zeit noch nichts: "Wer unrecht lehrt wider die Schrift und Gottes Wort, dem gebe man Urlaub; aber ausrotten soll man nicht." Ähnlich schrieb Luther damals an Link in Nürnberg.

nen Prediger". Jeder Pfarrer hat seine ihm zugeteilte Pfarrei, "darin kein anderer oder Fremder ohne sein Wissen und Willen sich unterstehen soll, seine Pfarrkinder zu lehren weder heimlich noch öffentlich, und soll auch bei Leib und Seel niemand zuhören, sondern ansagen und melden seinem Pfarrherrn oder der Obrigkeit. Und solches soll man also festhalten, daß auch kein Prediger, wie fromm und rechtschaffen er sei, in eines Papisten oder ketzerischen Pfarrherrn Volk zu predigen oder heimlich zu lehren sich unterstehen soll ohne desselben Pfarrherrn Wissen und Willen. Denn es ist ihm nicht befohlen." Luther ermahnt, daß man sich hüten solle vor solchen "Buben und sie meiden als des Teufels gewisse Boten, es sei denn, daß sie gute Kundschaft und Zeugnis bringen ihres Berufs und Befehls von Gott zu solchem Werk in solchem Kirchspiel. Sonst soll man sie nicht zulassen noch hören, wenn sie gleich das reine Evangelium wollten lehren, ja, wenn sie gleich Engel und eitel Gabriel vom Himmel wären ... Will jemand predigen oder lehren, so beweise er den Beruf und den Befehl, der ihn dazu treibe oder zwinge, oder schweige still. Will er nicht, so befehle die Obrigkeit solche Buben dem rechten Meister, der Meister Hans heißet (d.i. dem Henker)." Diese Grundsätze wurden fortan immer wieder ausgesprochen.

Am 31. Oktober 1531 schrieb Melanchthon an Mykonius: "Was die Wiedertäufer betrifft, haben wir folgendes Urteil gefällt: Da sie eine teuflische Sekte bilden, so sind sie nicht zu dulden, denn sie zerrütten die Kirchen und haben doch selber keine gewisse Lehre. Es ist daher diese Sekte nichts anderes als eine Verwirrung der Kirchen, besonders weil sie offen das Predigtamt verwirft. Wir haben deshalb beschlossen, daß an einzelnen Orten über die Rädelsführer die Todesstrafe zu verhängen sei."

Um diese Zeit hatten die Wittenberger Theologen für den Kurfürsten von Sachsen ein Gutachten über die "Wiedertäufer" abgeben müssen, das Melanchthon verfaßte. In diesem Gutachten werden die "Wiedertäufer" als Gotteslästerer und Aufrührer bezeichnet, die "das öffentliche Predigtamt verwerfen und lehren, man soll sonst heilig werden ohne Predigt und Kirchenamt". "Der Potestat ist schuldig laut des zweiten Gebots, das öffentliche Predigtamt, d.h. die kirchliche Ordnung zu schützen und zu erhalten." Luther hat diesem Gutachten sein *placet mihi Luthero* (d.i.: Es gefällt mir wohl) hinzugefügt.[68]

Als Butzer von Straßburg aus 1534 in Wittenberg anfragte, wie man sich zu den Täufern stellen sollte, schrieb ihm Melanchthon: "Wir alle sind hier schon längst der Ansicht - und darüber haben wir auch vor einigen Jahren für unsere Fürsten ein Bedenken abgefaßt -, daß es Pflicht der Obrigkeit ist, wie alle übrigen öffentlichen Verbrechen, so auch die Gotteslästerungen, sofern sie in die Öffentlichkeit treten, zu verbieten

68 Auf dieses Gutachten hin wurden 1531 eine Anzahl Wiedertäufer nach Eisenach geschleppt und gefoltert, und ein gewisser Fritz Erbe wurde zum Tode verurteilt, auf den Protest des Landgrafen von Hessen hin aber lebenslänglich im Kerker festgehalten, wo er "langsam verkommen ist". (Vgl. Keller, Die Reformation, S. 449; Wappler, Die Stellung Kursachsens und des Landgrafen Philipp von Hessen zur Täuferbewegung, S. 37 ff.) Von anderen Hinrichtungen in Sachsen wird aus den Jahren 1533, 1536, 1537 und 1543 berichtet.

und zu bestrafen." - "Gotteslästerer nenne ich jene, die Artikel aufstellen, welche eigentlich mit dem weltlichen Regiment nichts zu tun haben, sondern Theorien enthalten gegen die Gottheit Christi, die Kindertaufe und dergleichen Dogmen."

So hatte sich in dem Denken Luthers und Melanchthons ein gänzlicher Umschwung vollzogen. Luther wenigstens hatte früher genau die entgegengesetzte Ansicht vertreten. Als er 1523 bewies, "daß eine christliche Versammlung oder Gemeinde Recht und Macht habe, alle Lehre zu urteilen", machte er auch aufs entschiedenste die Rechte des allgemeinen Priestertums geltend. Danach sind die Gläubigen nicht nur berechtigt, "alle Lehre zu urteilen, Lehrer oder Seelsorger zu berufen, ein- und abzusetzen", sondern "bei ihrer Seele Verlust und Gottes Ungnaden schuldig, das Wort Gottes zu lesen". Es haben "alle Christen Macht und Befehl, und müssen es tun, daß sie predigen ..." Im Jahre 1532 lehrt Luther dagegen: "Das ist verboten, daß ein jeglicher aus seinem Kopfe herfährt und macht eine eigne Lehre und läßt sich Meister Klügel dünken und will jedermann meistern und tadeln." "Das heiße ich richten in der Lehre, der höchsten, schändlichsten und schädlichsten Laster eins auf Erden, daraus alle Rottengeister entstanden." "Jene, so ohne Amt und Befehl herfahren, sind nicht so gut, daß sie falsche Propheten heißen, sondern Landstreicher und Buben, die man sollte Meister Hansen (d.h. dem Henker) befehlen." Ein andermal sagt er in der Auslegung vom "Unkraut unter dem Weizen" (!!!): "Weltliche Obrigkeit hat das Schwert mit dem Befehl, daß sie allem Ärgernis wehren soll, daß es nicht einreiße oder Schaden tue. Nun ist aber das gefährlichste und greulichste Ärgernis, wo falsche Lehre und unrechter Gottesdienst einreißt." In solchen Fällen hat die weltliche Obrigkeit die Pflicht, "daß die das Schwert und alle Gewalt dahin wende, auf daß die Lehre rein und der Gottesdienst lauter und ungefälscht, auch Friede und Einigkeit erhalten werde". Natürlich konnte Luther, indem er die alttestamentlich-theokratischen Verordnungen des jüdischen Staates ohne weiteres auf die sogenannten "christlichen" Staaten übertrug, Beispiele genug für diese "obrigkeitlichen" Pflichten im Alten Testament finden. Er beruft sich auf David, "der die falschen Lehrer und Ketzer vertrieben", auf Josaphat, Josia, Hiskia, Nebukadnezar, Darius, Cyrus, die "trefflich darum gerühmt werden vom Heiligen Geist, daß sie rechten Gottesdienst angeordnet und wider die Abgötterei mit Gewalt sich gesetzt haben". "Alle weltliche Obrigkeit ist schuldig, Gottes Wort und die rechte Kirche zu schützen. Denn Gott hat sie nicht allein als Sauhirten gesetzt, den Untertanen das leibliche Leben und Futter zu schützen, sondern zuförderst Gottes Ehre und Erkenntnis im menschlichen Geschlecht zu erhalten, ob dem rechten Gottesdienst zu halten, falsche Lehre und Abgötterei zu strafen und zu vertilgen ..."

"Weil denn Abgötterei anrichten ein böses Werk ist, ist's nicht allein erlaubt, sondern auch ernstlich geboten denen, so das Schwert haben, daß sie es wider solch Böses gebrauchen und sich und die Ihren davor schützen und retten."

Zu den Rottengeistern, Sakramentierern und Gotteslästerern gehören übrigens auch die Anhänger Zwinglis.[69]

Im April 1532 schrieb Luther an den Herzog Albrecht von Preußen, daß keine Obrigkeit Sakramentierer und Wiedertäufer in ihrem Lande dulden dürfe. Luther erklärte als die Pflicht des christlichen Gewissens eines jeden Untertans, daß er die Winkelprediger der Obrigkeit zur Bestrafung anzeige. Er hält sie für hartnäckige Bösewichte, deren teuflische Sekte dem höllischen Geist ihr Entstehen verdanke. Schärfer als Luther war freilich der sonst so milde Melanchthon. Im Jahre 1536 wurden in Jena auf seinen Rat mehrere gefangene Wiedertäufer, weil sie auf ihrem Irrtum bestanden, hingerichtet.[70]

Als 1533 für die Wittenberger Universität neue Statuten verfaßt wurden, wurde den Theologen ausdrücklich die Überwachung und Verurteilung der falschen Lehren übertragen, die dann niemand verkündigen dürfe. Wer sie doch verteidige, solle "mit solcher Strenge bestraft werden, daß er die schlechten Meinungen nicht weiter verbreiten kann.[71]

Aus dem Jahre 1536 ist noch ein anderes wichtiges Gutachten der Wittenberger Theologen über die Behandlung der "Wiedertäufer" vorhanden, das dem Landgrafen Philipp von Hessen auf seine Bitte gegeben wurde und das von Luther, Melanchthon, Bugenhagen und Creutzinger unterschrieben ist. (5. Juni 1536.) Dort wird ausgesprochen, daß die Obrigkeit schuldig sei, "öffentliche falsche Lehre, ungerechten Gottesdienst und Ketzereien in eignen Gebieten und an Personen, worüber sie zu gebieten hat, zu wehren und zu strafen, und dies gebietet Gott im

---

69 Als Luther die Nachricht von der Schlacht bei Kappel (1531) vernommen hatte, in der Zwingli gefallen und dessen Anhänger von den katholischen Schweizer Kantonen besiegt waren, bedauerte er, daß die Katholiken ihre Gegner nicht streng genug behandelten: "Wahr ist's, daß der Sieg der Schweizer wider die Zwingler nicht sehr fröhlich, noch solches großes Ruhms wert ist, weil sie den zwinglischen Glauben, wie sie es nennen, in ihrem Vertrag bleiben lassen und solchen Irrtum gar nicht verdammen, sondern neben ihrem alten ungezweifelten Glauben, wie sie sagen, hingehen lassen, dessen sich die Sakramentischen vielleicht trösten und stärken."

Luthers Urteil über Zwingli war ja überhaupt sehr hart: "Ich bekenne für mich, daß ich den Zwingel für einen Unchristen halte mit aller seiner Lehre, denn er hält und lehrt kein Stück des christlichen Glaubens recht und ist ärger worden siebenmal, denn da er ein Papist war."

70 Vgl. Corp. Ref. II, p. 549; G. Arnold, Kirchen- und Ketzerhistorie I, S. 1299.

71 Professor Paulsen - Berlin, bemerkt dazu in seiner "Geschichte des gelehrten Unterrichts", S. 35: "Man sieht, die revolutionäre Ära der Reformation liegt hinter ihr. Derselbe Luther, der vor zwölf Jahren es für unvereinbar mit seinem Gewissen erklärt hatte, der auf dem Konzil versammelten Christenheit die Feststellung der Glaubensformeln anheimzugeben, nahm jetzt für die Wittenberger Fakultät, denn darauf kommt die Sache heraus, die unwiderstehliche Entscheidung in Glaubenssachen in Anspruch. Luther war von 1535 bis zu seinem Tode ohne Unterbrechung Vorsteher dieser Fakultät." Die Verfolgungen in Kursachsen wurden härter, die Hinrichtungen mehrten sich. Viele starben mit wahrem Heldenmut, worüber Melanchthon bemerkte: "Solche Kühnheit ist nicht anders zu achten denn eine schreckliche Verstockung vom Teufel." Von den 1535 im Amt Orlamünde gefangenen sechzehn Täufern wurden vier auf Melanchthons Rat hingerichtet, 1537 wurden mehrere in der Unstrut ertränkt, und so wurde weiter gegen die unglücklichen Täufer vorgegangen.

zweiten Gebot, da er spricht: Wer Gottes Namen unehrt, der soll nicht ungestraft bleiben. Jedermann ist schuldig, nach seinem Stand und Amt Gotteslästerung zu verhüten und zu wehren; und kraft dieses Gebots haben Fürsten und Obrigkeiten Macht und Befehl, unrechten Gottesdienst abzutun und dagegen rechte Lehre und rechten Gottesdienst aufzurichten. Also lehrt sie auch dies Gebot, Gotteslästerung und öffentliche falsche Lehre zu wehren und die Halsstarrigen zu strafen. Dazu dient auch der Text 3. Mose 24,16: 'Wer Gott lästert, der soll getötet werden.' Nun sind etliche Artikel der Wiedertäufer, da merklich angelegen ist. Denn welche Zerrüttung sollte folgen, so man die Kinder nicht taufen sollte? Was endlich anderes daraus denn ein öffentlich heidnisch Wesen? Über das sondern sich die Wiedertäufer von der Kirche, auch an den Orten, wo reine christliche Lehre ist und wo die Mißbräuche und Abgötterei abgetan sind, und richten ein eigen Ministerium (Predigtamt) und Versammlung an, welches auch wider Befehl ist." Wieder beruft man sich auf das Beispiel alttestamentlicher Könige, welche die falschen Propheten straften und töten ließen. "Aus diesem allen ist nun klar, daß weltliche Obrigkeit schuldig ist, Gotteslästerung, falsche Lehre, Ketzereien zu wehren und die Anhänger am Leibe zu strafen. Wo nun die Wiedertäufer Artikel haben wider das weltliche Regiment, so ist desto leichter zu richten; denn es ist nicht Zweifel, im selbigen Fall sollen als die Halsstarrigen als Aufrührerische gestraft werden. Wo aber jemand nur Artikel hätte von geistlichen Sachen, als von Kindertaufe, Erbsünde und unnötiger Sonderung, dieweil diese Artikel auch wichtig sind ... schließen wir, daß in diesem Falle die Halsstarrigen auch mögen getötet werden."

Dieses Gutachten hatte Melanchthon verfaßt, aber Luther fügte eigenhändig noch hinzu: "Nachdem unser gnädiger Herr Landgraf meldet, daß etliche Führer und Lehrer der Wiedertäufer gefangen sind, welche zu verweisen sind (d.i. des Landes verwiesen waren) und ihre Zusage nicht gehalten, mag Ew. Fürstl. Gnaden mit gutem Gewissen dieselbigen auch deshalb, daß sie ungehorsam geworden und ihre Zusage oder Eid nicht gehalten haben, mit dem Schwert strafen lassen."

Professor Köstlin bemerkt zu diesen Auffassungen Luthers: "Es war das wesentlich dieselbe Anschauung, von der auch die Gegenpartei ausging und welche in der ganzen herkömmlichen Theorie, Gesetzgebung und Praxis herrschte."[72] Und Professor Köhler-Gießen erklärt: "Die Todesstrafe auf Ketzerei als Ketzerei war damit auf lutherischer Seite von autoritativster Seite aus legitimiert. Die alten Ketzergesetze aus dem römischen Recht erhalten nunmehr - das war nur folgerichtig - von der Reformation her ihre ausdrückliche Approbation."[73] Es ist also auf dieser Linie eine Umlenkung und völlige Rückkehr zur römischen Praxis des weltlichen Zwanges in Glaubenssachen zu erkennen. In den neugegründeten protestantischen Landeskirchen gab es ebensowenig freie Religi-

---

72 Köstlin, Luthers Theologie in ihrer geschichtlichen Entwickelung, Bd. II, S. 557.

73 W. Köhler, Reformation und Ketzerprozeß, 1901.

onsübung und anerkannte Glaubens- und Gewissensfreiheit als in den katholischen Ländern. "Die Reformatoren selbst vergaßen bald die von ihnen kundgegebenen Grundsätze allgemeiner Religionsfreiheit."[74]

Aber, so fragt man unwillkürlich, wie ist es denkbar, daß ein Mann wie Luther, der in einer so wunderbar klaren und entschiedenen Weise die "Freiheit eines Christenmenschen" vor aller Welt verteidigte (1520), der in seiner Schrift: "Deutsche Messe und Ordnung des Gottesdienstes" (1526) bezeugte, daß er das Bild einer biblisch geordneten Gemeinde der Gläubigen wohl kannte, wie konnte er in späteren Jahren eine solche verhängnisvolle Schwenkung machen und seinen eignen Grundsätzen widersprechen?

Der Grund liegt darin, daß er seinem früher ausgesprochenen Grundsatz, daß das geistliche Regiment so weit vom weltlichen zu trennen sei, wie Himmel und Erde voneinander sind, untreu wurde.

Anstatt die Konsequenzen der Glaubensgerechtigkeit zu ziehen, nämlich die Sammlung der Gläubigen zu brüderlichen Verbänden nach biblischem Muster, errichtete man das staatskirchliche Gebäude nach rein weltlichem Muster unter weltlicher Leitung, in unseliger Vermischung weltlich-irdischer und religiöser Interessensphären. Und eine Staatskirche kann ihrem inneren Prinzip nach keine Gewissensfreiheit, wenigstens keine Kultusfreiheit für andere gewähren. Sie tut es nur gedrungen und gezwungen, und wenn sie es tut, hat sie sich damit dem Prinzip nach selbst aufgegeben, mag sie auch der Form nach noch längere Zeit ihren Einfluß auf weite Kreise behaupten.

Denselben Standpunkt wie die führenden Männer in Deutschland vertreten die Reformatoren in der Schweiz. Und die Schüler und Gehilfen der Reformatoren vertreten natürlich den Standpunkt ihrer Lehrer und fordern wie diese überall die Obrigkeit auf zu strengen Maßnahmen gegen die "Sakramentierer" und "Täufer". Ein Schüler Luthers war es, Urbanus Rhegius, der das Prinzip der Unduldsamkeit und des staatlichen Zwanges in Glaubenssachen geradezu in ein System brachte. Die im Jahre 1535 unter dem Titel "Händbüchlein eines christlichen Fürsten", den Braunschweiger Herzögen gewidmete und in Wittenberg gedruckte Schrift beschäftigt sich u.a. auch mit der Frage: "Ob man die Leute zum Glauben zwingen kann; ob eine Obrigkeit die Irrigen im Glauben in ihren Landen und Gebieten mag mit Gewalt und Kraft vom Irrtum dringen, daß sie auch wider ihren Willen müssen die Wahrheit hören?" Rhegius schreibt: "Auf diese Frage antworte ich mit Ja und sage, daß es ein nützlich, gut, notwendig Ding den Irrenden ist, daß man sie zur Wahrheit zwinge, und ein rechtes, gutes Werk des christlichen Regiments, daß ein

---

74 Prof. Erbkam - Königsberg, Geschichte der protestantischen Sekten im Zeitalter der Reformation, S. 579.

In seiner Geschichte der deutschen Reformation bemerkt F. v. Bezold: "Interessant ist sein (Luthers) Übergang von den Grundsätzen der Gewissensfreiheit und der kirchlichen Unabhängigkeit zum Gewissenszwang und zur Staatshilfe. - Es war die alte furchtbare Anschauung, daß der Staat die sogenannte Abgötterei ausrotten müsse; schon berief sich Spalatin in einer für den sterbenden Kurfürsten bestimmten Schrift auf die Einschärfung dieser Pflicht im mosaischen Gesetz, ganz wie die mittelalterliche Papstkirche."

Fürst seine Untertanen mit Gewalt vom Irrtum ohne tyrannischen Mutwillen zwinge zur Wahrheit ... Ich sage nicht, daß ein Fürst jemand möge zum Glauben zwingen mit dem Schwert. Dieweil aber Gott pflegt seiner Ordnung nach den ersten Glauben durch das wahre Evangelium zu geben ins Herz, so muß man auch das wahre Evangelium hören, soll man den rechten Glauben kriegen. So muß nun ein Fürst seine Leute dringen, das Evangelium, die göttliche Wahrheit, zu hören; auf diese Weise tut er, soviel an ihm ist, und befiehlt's Gott, welchen er alsdann mit Glauben begabe oder nicht." Wenn Rhegius sich für diese Ansicht auf die alttestamentlichen Beispiele beruft, so folgt er in dieser falschen Übertragung der israelitischen Volksgesetze auf die Zeit des Neuen Bundes seinen großen protestantischen Zeitgenossen, einem Luther, einem Melanchthon, einem Calvin. Aber Rhegius hat auch neutestamentliche Belege. So weist er darauf hin, "daß Sankt Paulus zugut der Christenheit, auf daß er nach Gottes Befehl auch zu Rom evangelisierte, an den römischen Kaiser appellierte und bei einem heidnischen Fürsten Hilfe suchte zur Förderung des Evangeliums. Warum sollte man denn jetzt nicht christliche Fürsten um Hilfe anrufen wider die Ketzer, daß sie entweder zum Hören der Wahrheit gezwungen und bekehrt würden oder aber also gestraft, daß sie das Gift irriger Lehre nicht weiter zu vieler Seelen Verdammnis unter die Einfältigen ausschreien mögen?"

Diese Schrift des Rhegius übersetzte Spalatin ins Lateinische (1538). "Damit auch die Könige, Fürsten und Magistrate der fremden Nationen dieses wahrhaftige Handbüchlein lesen können." Im Jahre 1540 schrieb Rhegius abermals ein "Handbüchlein" für die Söhne des Herzogs Ernst, worin er bei Erklärung des vierten Gebots unter anderem bemerkt: "Der Obrigkeit Amt ist, zu sehen und zu schaffen, daß die Lehre der christlichen Religion rein, treulich und recht gelehrt werde, die Irrtümer und Mißbräuche abgeschafft und gut, scharf, stark Regiment erhalten und geführt werde." "Soviel die zehn Gebote anlangt, hat die Obrigkeit ebensoviel zu tun und zu lassen, hat eben dasselbe Amt im Neuen Testament, das vorhin im Alten Testament die frommen Könige Israels gehabt haben. So will Gott (5. Mose 17), der König sollte halten über dem Gesetz und der Lehre der rechten Religion; wie wir lesen, daß die christlichen, frommen Kaiser Konstantinus, Valentinianus und Theodosius getan haben, welche mit Gesetzen und dem Schwert die Gotteslästerung und unrechten, falschen Gottesdienst verboten und gestraft haben."

Dieselben Grundsätze vertritt Rhegius in seiner Kirchenordnung für die Stadt Hannover im Jahre 1536 unter ausdrücklicher Gutheißung von Luther und Melanchthon. Die Ratsherren läßt er erklären:

"Der Schulmeister oder die Schulmeisterin, der oder die unsere Jugend mit Irrtum beflecken wollte, den oder die wollen wir gleich anderen Gotteslästerern strafen; denn wir erkennen uns auch gemeine Väter zu sein, nicht allein der Alten, sondern auch der Jungen; darum wir allein keinem Schulmeister, sondern auch keinem Vater und keiner Mutter, sie seien, wer sie wollen, bei uns gestatten mögen, daß sie ihre Kinder mit falscher Lehre beflecken." Gemeint sind nicht nur die Katholiken, sondern auch alle "Zwinglianer" und "Wiedertäufer".

Die Unduldsamkeit und Gewissensknechtung wuchsen in jenen Gegenden. Ein Historiker[75] charakterisiert jene Zustände folgendermaßen: "Welche empörende Unduldsamkeit jetzt herrschend ward, ergibt sich daraus, daß nach den Stadtstatuten von 1536 und 1544 die Wiedertäufer am Halse gestraft werden sollten. Zwinglianer und Papisten sollten mit Ruten ausgestrichen und aus der Stadt ewig verwiesen werden."

Ähnlich wie in Hannover verfuhr man in Lüneburg, wo 1532 der Beschluß gefaßt wurde, niemand in der Stadt zu dulden, der das Evangelium nicht annehme. Auch dies geschah auf ein Gutachten des Rhegius hin.

Im Jahre 1536 verfaßte Rhegius ein Gutachten für den Landgrafen von Hessen: "Ein Bedenken der Lüneburgischen, ob einer Obrigkeit gezieme, die Wiedertäufer oder andere Ketzer zum rechten Glauben zu bringen, und so sie in der Ketzerei beharren, der Ketzerei halber mit dem Schwert zu richten."

Rhegius behauptet hier, daß "die weltliche Obrigkeit auch schuldig ist auf Gottes Befehl, sich der christlichen Religion nach Maß ihres Amts anzunehmen und mit dem Schwert zu verhüten, daß durch Ketzerei nicht verlästert werde der allerheiligste Name Gottes." Wenn sich die Ketzer nicht bekehren ließen, da müsse "eine Obrigkeit das Rauhe hervorkehren und tun wie die Balbierer; wenn sie sehen, daß ein Glied am natürlichen Leibe schadhaft wird und ihm durch keine Arznei mehr geholfen werden und zu fürchten ist, das kranke Glied verderbe den ganzen Leib, so schneiden sie das böse Glied vom Leib, auf daß nicht der ganze Leib dadurch beschädigt werde." Ihm steht es fest, daß "die weltliche Obrigkeit mit Gott und gutem Gewissen mit dem Schwert strafen möge alle verruchten Ketzer, so ketzerische Lehren halten wider die Artikel unseres heiligen Glaubens und im Irrtum beharren".

Diese Grundsätze, nach denen streng gehandelt wurde - wir brauchen hier wohl die zahllosen geschichtlichen Tatsachen nicht wieder hervorzukehren -, wurden übrigens nicht nur von einzelnen Männern vertreten, sondern herrschten überall in den protestantischen Ländern. Nur vereinzelte Stimmen erheben sich hier und da im kirchlichen Lager gegen die grausame Behandlung Andersdenkender. In Württemberg gab der so milde und edle Reformator Brenz 1530 seine Meinung dahin ab, daß die Obrigkeit zwar persönliche Überzeugung wohl dulden könne, aber keine öffentlichen oder heimlichen Versammlungen, "keine Rottierung des Glaubens" zulassen dürfe.[76]

Aber in einem späteren Gutachten bestreitet er, daß "die Schwärmer, Wiedertäufer oder Irrigen" überhaupt ein Gewissen hätten. Darum könne auch von Gewissenszwang nicht die Rede sein, wenn man über sie Strafen verhänge. Sie hätten, eigentlich zu reden, kein Gewissen, als allein ein falsches, gestümpeltes, wie die falsche Münze nicht Münze, ein

75 Schlegel, Kirchen- und Reformationsgeschichte von Norddeutschland und den Hannoverschen Staaten.

76 Melanchthon schrieb 1530 an Mykonius: "Brenz ist zu mild."

gemalter Mann nicht Mann ist. "Wo kein Glaube ist, sondern nur eine hartköpfige Irrung befunden wird bei einem Menschen, als daß er zänkisch ist und der Wahrheit nicht gehorchen will, da darf man kein Schon haben." "Wenn nun die Obrigkeit falsche Lehre verbietet, die Verführer straft oder ausweist und also Gott zu Dienst die Wahrheit fördert, so tut sie nichts zur Beschwerung der Gewissen, dringt auch niemand, wider sein Gewissen zu tun, sondern arbeitet dahin, daß dieselben rechte, gute Gewissen bekommen, das Brandmal oder Zeichen der Bestie ablegen und zur Wahrheit kommen."

So wurde denn auch in Württemberg von der Obrigkeit befohlen, "daß sie sich männiglich der irrigen, verführerischen, gotteslästerlichen Irrtümer der Wiedertaufe, der schwenkfeldischen und sakramentiererischen Sekten enthalte." Schwere Strafen standen auf Übertretung dieses Befehls.

Dieselben oder wohl noch strengere Ansichten vertraten die übrigen Führer der Reformationsbewegung, Männer wie Bugenhagen, Justus Jonas, Nikolaus Amsdorf, Justus Menius,[77] Paul Eber u.a.m. Daß Luther und Melanchthon ihnen nicht entgegentraten, sondern, wie wir sehen, denselben Standpunkt vertraten, ist eine traurige Tatsache. In diesem Punkte hatten sie alle ihre katholischen Grundsätze nicht aufgegeben. Die mittelalterliche Auffassung über Kirche und Staat hat kein Verständnis für Toleranz und Gewissensfreiheit gehabt.

Die Folge war, daß, wie Döllinger sich ausdrückt, "ein drückender Despotismus sich auf einen großen Teil Deutschlands legte und das protestantische Volk von seinen fürstlichen Oberbischöfen und deren Beamten zu einer nie dagewesenen Knechtschaft herabgedrückt wurde."

Es tut dem Herzen eines Protestanten weh, dergleichen Urteile aus der Feder eines katholischen Historikers lesen zu müssen, aber der Wahrheit muß die Ehre gegeben werden. Namhafte protestantische Forscher haben es darum auch nicht widerlegen können, was Döllinger schon 1861 schrieb: "Historisch ist nichts unrichtiger als die Behauptung, die Reformation sei eine Bewegung für Gewissensfreiheit gewesen."

---

77 Schon 1528 forderte Menius den Kurfürsten von Sachsen auf, gegen die Täufer vorzugehen. Am 18. Januar 1530 wurden sechs der eingefangenen Täufer zu Reinhardsbrunn hingerichtet, obwohl sie "keine aufrührerischen Artikel hatten".

Die von Menius zusammen mit Mykonius gegen die Täufer verfaßte Schrift, zu der Luther die Vorrede geschrieben hatte, erschien im Mai 1530. Sie war dem Landgrafen Philipp von Hessen gewidmet, "in dessen Verhalten gegen die Täufer man eine Hinneigung zur Wiedertaufe sah".

Des Menius Schriften: "Der Widdertaufer lere und geheimnis" und "Von dem Geist der Widerteuffer" gehören zu den schärfsten Traktaten, die überhaupt geschrieben sind.
Bezeichnend für das Verhalten der lutherischen Theologen gegen ihre Gegner, besonders die Täufer, ist auch die von Melanchthon, Brenz - Stuttgart, Dr. Marbach - Straßburg, M. Diller, Kurpfälz. Hofprediger, Pistorius in Hessen, M. G. Karg - Ansbach, M. J. Bungius - Greifswald sowie Dr. J. Andreä in Württemberg gemeinsam herausgegebene Schrift anläßlich ihres Zusammenseins in Worms 1557.

Der Titel lautet: "Prozeß, wie es soll gehalten werden mit den Wiedertäufern. Durch etliche Gelehrten, so zu Worms versammelt gewesen, gestellt." In dieser Schrift werden die Täufer als "teuflisches Geschmeiß" tituliert, und die weltliche Obrigkeit wird gegen sie aufgerufen. (Vgl. Chr. Hege, Die Täufer in der Kurpfalz, S. 95.)

Es gab aber auch Ausnahmen unter den lutherischen und reformierten Theologen, die jedoch wegen ihrer Milde in den Verdacht kamen, selbst von den Schwärmern angesteckt zu sein.

So der Straßburger Reformator Capito, der in einem Briefe Muskulus über die "Wiedertäufer" schreibt: "Damit bin ich ganz einverstanden, daß du gegen die armen Leute mit Mitleid und Milde verfährst, du hast darin meine volle und ganze Zustimmung, denn was diese anrichten, hat ja nicht soviel auf sich. Es schreckt mich stets das rücksichtslose Vorgehen meiner Mitbrüder gegen sie, weil ich weiß, mit welcher Behutsamkeit, mit welch außerordentlicher Scheu und Vorsicht seinerzeit Paulus ans Werk ging. Daniel Mühe (der Amtmeister von Straßburg) nimmt infolge der Reden Butzers eine solche Grausamkeit an (möchte ich fast sagen), daß er durchaus darauf hinstrebt, den Wiedertäufern nicht das Geringste mehr zu lassen. Ich trete dem entgegen, weil vor Gottes Angesicht zu handeln ist ..."

"Mögen die Täufer uns anfeinden, das erlaube ich gern, wenn sie nur nicht den öffentlichen Frieden stören. Durch die Kraft des Wortes und die Erfüllung unserer Pflichten werden wir das Übrige schon zuwege bringen. Auch zweifle ich nicht, daß bei uns früher alles ruhig geblieben wäre, wenn wir auf die Gewissen der Menschen genauer Rücksicht genommen hätten. Oft geht man schon nicht anders mehr vor, als wenn es sich um profane Dinge handelte, und zwar geschieht dies durch solche, die, nur auf das Vorurteil anderer sich stützend, frischweg das verdammen, von dem sie selbst keine Ahnung haben."[78]

Der Straßburger Reformator Matthäus Zell pflegte zu sagen: "Wer Christum als seinen einigen Herrn und Heiland erkennt, der soll trotzdem teilhaben an meinem Tisch, ich will auch teilhaben mit ihm im Himmel." Seine Gattin klagt ihre Glaubensgenossen an:

"Die armen Täufer, da ihr so grimmig und zornig über sie seid und die Obrigkeit allenthalben über sie hetzet wie ein Jäger die Hunde auf ein Wildschwein oder auf einen Hasen, die doch Christum den Herrn auch mit uns bekennen - soll man sie gleich darum verfolgen und Christum in ihnen, den sie doch mit Eifer bekennen und viele unter ihnen bis in das Elend, Gefängnis, Feuer und Wasser bekannt haben? Lieber gebet euch die Schuld, daß wir in Lehr und Leben Ursache sind, daß sie sich von uns trennen. Wer Böses tut, den soll eine Obrigkeit strafen, den Glauben aber nicht zwingen und regieren, wie ihr meinet, er gehört dem Herzen und Gewissen zu, nicht den äußerlichen Menschen. - Das hat der alte Matthäus Zell nicht getan, sondern die Schafe gesammelt, nicht zerstreut; hat auch in solches nie gewilligt, sondern mit traurigem Herzen und großem Ernst, da es die Gelehrten auch einmal also bei der Obrigkeit anrichteten, öffentlich auf der Kanzel und im Konvent der Prediger gesagt: Ich nehme Gott, Himmel und Erdreich an jenem Tage zum Zeugen, daß ich unschuldig sein will an dem Kreuz und Verjagen dieser armen Leute."

---

78 Dr. C. Gerbert, Geschichte der Straßburger Sektenbewegung, Straßburg 1889, S. 85.

Ergreifend ist auch der Protest des Pfarrers Odenbach zu Moscheln aus dem Jahre 1528. (S. Anhang 19.) Aber das waren nur sehr vereinzelte Stimmen, im allgemeinen fand die Gewissensfreiheit auch in den protestantischen Ländern keine Stätte.

VII. Kapitel

Ausbreitung und Bekämpfung der Taufbewegung im Zeitalter der Reformation

"Glauben heißt dem Worte Gottes gehorchen, es sei zum Leben oder zum Tode." Hans Denk gest. 1527.

"Wir dürfen nicht Gottes Gebot verletzen, um Menschengebot zu achten, wenngleich es uns Geld und Gut, Leib und Leben koste." Jakob Huter 1535.

"Alles, was in der Heiligen Schrift nicht klar geboten ist, ist verboten - in den Dingen, welche die Ehre Gottes und der Seele Heil betreffen." Dr. Balthasar Hubmaier, gest. 1528.

Die Veröffentlichungen gelehrter Forscher über die so oft entstellte Geschichte der Täufer und ihre Ziele lassen uns die mächtige Bewegung des Täufertums in ganz anderem Lichte erscheinen, als sie bisher von kirchlicher Seite dargestellt zu werden pflegte.[79]

Dr. L. Keller, dem wir eine Anzahl vorzüglicher Untersuchungen auf diesem Gebiet verdanken, schreibt darüber u.a. in den Heften der Comeniusgesellschaft:

"Es war bis in die letzten Jahrzehnte des neunzehnten Jahrhunderts hinein üblich, die religiöse Bewegung des sogenannten Anabaptismus als Werk einiger weniger verschrobener oder verbrecherischer Menschen hinzustellen, die zur Befriedigung persönlicher Leidenschaften die Ruhe der Kirchen und Gläubigen zu zerstören suchten und für ihre revolutionäre Gesinnung die verdiente Strafe erhielten. Je mehr aber seit dreißig

---

79 Auch die bei Belhagen & Klasing erschienene Monographie "Die Wiedertäufer", die mit ihren 59 Kunstbeilagen ein vornehmes Aussehen hat, macht davon keine Ausnahme. Es ist zu bedauern, daß diese Darstellung den neueren geschichtswissenschaftlichen Ergebnissen so wenig gerecht wird und nach den alten kirchlich-parteiischen Rezepten ein ebenso abschreckendes wie unzutreffendes Bild jener mächtigen Geistesbewegung entwirft, die man mit dem Schimpfnamen "Wiedertäuferei" zu belegen pflegte. Wenn der Titel dieser einseitigen Darstellung wenigstens lautete: "Die Wiedertäufer zu Münster!" Denn die Geschichte dieser kleinen entarteten Gruppe, die den Grundsätzen der echten Täufer entgegenhandelten, nimmt fast den ganzen Raum des Buches ein.

Die Sache ist so, als ob in etwa zweihundert Jahren die heutige ausgedehnte Gemeinschaftsbewegung von einem Gegner beschrieben würde mit einseitiger Benutzung der Nachrichten über einen kleineren Nebenbetrieb der großen Bewegung, also etwa der Pfingstbewegung.

Jahren unbefangene Forscher über die parteiischen Berichte der Gegner hinweg zu den Quellen vordrangen, um so mehr zeigte es sich, daß hier für religiöse Prinzipien von starker innerer Berechtigung gekämpft wurde und daß die Bewegung viel tiefere Furchen gezogen und breitere Schichten gerade des unabhängigen Bürger- und Bauernstandes ergriffen hatte, als bisher den Kirchenhistorikern bekannt gewesen ist."

Prof. Kinzler in seiner "Geschichte Bayerns" erklärt: "Selten ist eine geschichtliche Erscheinung von den Zeitgenossen mit einem solchen Ingrimm verfolgt und dank ihren Verleumdungen auch von der Nachwelt so lange verkannt und ungerecht beurteilt worden, wie die von den drei mächtigen Religionsparteien mit gleichem Haß zurückgestoßenen Wiedertäufer."

Und Prof. Thudichum gibt den Täufern folgendes anerkennende Zeugnis: "Mit vollstem Vertrauen spreche ich es als mein Urteil aus: Den Brüdern verbleibt der Ruhm, unter unzähligen Drangsalen ein Christentum verteidigt zu haben, welches allein den Lehren Jesu entspricht, und zu denjenigen zu gehören, welchen eine aufgeklärte Wissenschaft der Philosophie, Sittenlehre und Theologie zu danken ist, mit deren Hilfe im Laufe der Jahrhunderte eine menschenfreundlichere Staatsgesetzgebung, ein edleres Völkerrecht und eine bessere Verfassung der evangelischen Kirchen Platz gegriffen hat."[80]

Eine eingehende und zusammenstellende Darstellung der Täuferbewegung im Zeitalter der Reformation und der nachfolgenden Jahrhunderte kann dem Leser natürlich an dieser Stelle nicht geboten werden. Wenn stattdessen nur einige Züge und Bilder aus der überaus reichen Fülle dieser interessanten Geschichte lose aneinandergereiht werden, so geschieht das in der Hoffnung, daß mancher Leser, der Näheres über die Geschichte dieser Märtyrergemeinden wissen will, einige der namhaft gemachten größeren Werke oder Abhandlungen zur Hand nehmen möchte. Es wäre zu wünschen, daß manches gute Werk dieser neuerdings gewaltig anwachsenden Literatur über die Täufer mehr in den Kreisen ihrer Nachfolger und geistigen Erben bekannt würde.

Bei der von den Reformatoren und staatlichen Behörden eingenommenen Stellung ist es nicht zu verwundern, daß sich in allen Ländern gegen die zahlreichen "Ketzer" eine planmäßige grausame Verfolgung erhob. Ströme von Blut sind geflossen von den "Märtyrern der freien Meinung", unter denen viele Märtyrer der apostolischen Wahrheit und Vertreter der urchristlichen Taufe waren. Man kann drei Perioden in der Geschichte des Täufertums im sechzehnten Jahrhundert unterscheiden, eine schweizerische, eine oberdeutsche und eine niederländische Periode.[81]

In zahlreichen Städten Oberdeutschlands und der Schweiz hatten sich als Erben der alten Waldensergemeinden stille Kreise von "Brüdern", wie

---

80 Fr. Thudichum, Professor der Rechte, Die deutsche Reformation 1517-1537.

81 Vgl. C. H. Wedel, Abriß der Geschichte der Mennoniten, Bd. III, S. 11 ff.

sie sich selbst nannten, gebildet, die ihre Schriftbetrachtungen und Liebesmahle möglichst unauffällig zu halten pflegten.[82]

Viele dieser Brüder sind später als Führer der Täuferbewegung bekannt geworden.

Das Auftreten Luthers begrüßten diese Kreise mit Freuden und großen Erwartungen. Die alten und unter dem Druck der Verfolgungen nur unvollkommen zur Ausführung gebrachten Grundsätze eines biblischen Gemeindechristentums im Gegensatz zur römischen Kirche wurden von vielen laut verkündigt. Die stillen Kreise traten offen hervor. Als dann Luther und seine Freunde, wie auch Zwingli, anstatt Gemeinden von Gläubigen nach biblischem Muster zu bilden, protestantische Staatskirchen ins Leben riefen, kam es bald zu einem schroffen Gegensatz zwischen den Staatskirchen und all denen, die sich diesem kirchlichen System nicht eingliedern ließen. Und so kam es zu grausamen Verfolgungen.

Seit der öffentlichen Disputation zwischen den Führern der Brüder und Zwingli am 17. Januar 1525 verfügte der Rat der Stadt Zürich die Ausweisung der Brüder, und jede Versammlung wurde verboten. Doch geschah es, daß die Brüder am 25. Januar wieder zusammenkamen zum Gebet nach Bibellesen. Da bat Jakob von Chur (genannt Georg "Blaurock" vom Hause Jakobs in Chur) den Konrad Grebel um die Taufe. Ihm folgten andere. Eine gemeinsame Abendmahlsfeier beschloß diese merkwürdige Versammlung.

Als führende Brüder diese Kreises, der sich entschloß, mit den biblischen Gemeindegrundsätzen Ernst zu machen, treten einige besonders hervor, die bald Gelegenheit finden sollten, ihre Überzeugung mit dem Blute zu besiegeln. Als Geldstrafen, Gefängnis und Ausweisung ihre Wirkung verfehlten, drohte das Züricher Edikt vom Jahre 1526 den Täufern die Todesstrafe durch Ertränken an.[83]

Konrad Grebel, eines Züricher Ratsherrn Sohn, der sich in Wien und Paris eine ausgezeichnete Kenntnis der alten Sprachen erworben hatte, hatte sich seit 1522 den Brüdern in Zürich angeschlossen. Seine hervorragende Gelehrsamkeit wird auch von seinen Gegnern anerkannt. Einst nannte ihn Zwingli seinen Freund. Seitdem er aber im Gegensatz zu der Staatskirche Zwinglis die Bildung einer vom Staate unabhängigen Gemeinde und die Taufe der Erwachsenen vertrat[84] und u.a. seine

---

82 Als Sitze solcher stillen Versammlungen lernen wir u. a. Basel, Zürich, St. Gallen, Straßburg, Worms, Mainz, Nürnberg, Augsburg kennen.

83 In dem Züricher Edikt von 1526 heißt es: "Welcher die Wiedertaufe ungerecht und die Kindertaufe gerecht zu sein erkennt und verjahet, daß er geirrt habe, soll auf eine Urphede ausgelassen, anbei ihm aber ernstlich gesagt werden, daß er der Wiedertaufe mit Worten und Werken müßig gehe, nirgend davon sage noch lehre, auch sich des Winkelpredigens enthalte und in die rechte Pfarrkirche gehe, desgleichen die Täufer weder hause noch hofe, ihnen weder Unterschlauf noch Vorschub, auch in keinem Wege weder Speise noch Trank noch Aufenthalt gebe. Denn wo er solches übertrete und sich als ungehorsam erzeigte, würde man wiederum auf denselben greifen und ihn von Stund an ohne alle Gnade ertränken." (Erbkam, Geschichte der protestantischen Sekten, S. 538.)

84 Er taufte seit dem 9. April 1525 öffentlich Hunderte in der Sitter zu St. Gallen.

Stimme gegen den Zehnten erhob, der auch von der neugegründeten Staatskirche eingefordert wurde, wurde er ins Gefängnis gelegt, wo er (vor dem Herbst) 1526 gestorben ist.

Felix Manz, ebenfalls Züricher Bürger, war ein tüchtiger Kenner der hebräischen Sprache. In seiner Mutter Haus wurden Versammlungen gehalten. Er war der erste, der zum Tode durch Ertränken verurteilt wurde, weil er wider christliche Ordnung getauft, die Todesstrafe verworfen habe usw.

Am 5. Januar 1527 wurde dies Urteil vollzogen, indem der Scharfrichter mit ihm die Limmat hinabfuhr, um ihn im See zu versenken. Vom Ufer aus sprachen ihm seine Mutter und seine Brüder Mut zu, und seine letzten Worte waren: "Herr, in deine Hände befehle ich meinen Geist!"

Georg Blaurock von Chur, ein früherer Mönch und ein ausgezeichneter feuriger Redner unter den Brüdern, wurde am 15. Januar 1527 als Ausländer aus der Stadt gepeitscht, nachdem er schon einige Male in Haft gewesen war. Er wirkte dann in Biel, Bern und Tirol.

Wilhelm Röubli (Reublin) war um 1528 Pfarrer in Basel und später in Wytikon bei Zürich, ein geborner Schwabe, warf aus der Schrift allen Päpsten und Pfaffen ihre Zeremonien um und legte "die Heilige Schrift so christlich und wohl aus, daß dergleichen vorher nie war gehört worden, so daß er ein mächtig Volk überkam".[85]

Als Pfarrer in Basel trug er am Fronleichnamstage anstatt der Monstranz eine Bibel als "das rechte Heiligtum" umher. Er ließ sich 1524 taufen und wirkte mit großem Erfolg für die erkannte Wahrheit. Nach seiner Ausweisung aus Zürich wirkte er am Oberrhein, in Straßburg, Rottenburg, Ulm und zuletzt in Mähren.

Simon Stumpf aus Bödigheim im Odenwald war Pfarrer in Höngg bei Zürich, wurde aber als Täufer 1523 aus Zürich verbannt. Auch andere Führer, wie Hetzer, Sattler, Hubmaier, hielten sich vorübergehend in Zürich auf.

Die Verfolgungen wurden schärfer. Weitere elf Personen wurden zum Tode durch Ertränken verurteilt. Mit den Behörden von Bern, St. Gallen und anderen Kantonen beschloß der Züricher Rat ein gemeinsames Vorgehen gegen die Täufer.[86]

---

85 Dr. L. Keller, Die Reformation usw., S. 381 (dort Angabe weiterer Quellen); Wedel, Abriß der Geschichte der Mennoniten, II, S. 18.

86 E. Egli (Die Züricher Wiedertäufer) stellt fest, daß in den Jahren 1523-25 an sechs Orten des Kantons Täufer vorhanden waren, in den Jahren 1525-27 bereits an 26, in den Jahren 1527-31 an 56, in den Jahren 1531-35 an 70 Orten. Ähnlich war es mit der Ausbreitung des Täufertums in den Kantonen St. Gallen, Schaffhausen, Basel und Bern sowie in Graubünden. (Vgl. Dr. Keller, Die Reformation usw., S. 411.) In St. Gallen ließen sich 800 taufen. Die Züricher Gemeinde unter Leitung Wolfgang Ulimanns zählte auch etwa 800 Glieder.

In Basel kam man im Hause eines Schneiders namens Schürer zusammen. Hier ließ sich 1525 Ulrich Hugwald, ein Professor der Universität, taufen. Sonst waren es meist einfache Bürger und Handwerker, die der Gemeinde angehörten. Hier bewies sich der Reformator

Im Berner Kanton sind in kurzer Zeit 34 Täufer hingerichtet worden. Auch Basel stand nicht zurück. Hier war Konrad Winkler der erste Märtyrer. Eine beliebte Strafe war, die Taufgesinnten dreimal, an einen Strick gebunden, unter Wasser zu tauchen und sie dann außer Landes zu jagen unter Androhung des Todes durch Ertränken, der an vielen vollzogen wurde. So flohen viele Täufer nach dem Elsaß und nach Schwaben, nach Tirol und Mähren.

In dieser Zeit der Verfolgung hielten die Täufer unter der Leitung von Michael Sattler und Georg Blaurock eine Synode ab am 24. Februar 1527 zu Schlatten am Randen, d.i. Schlatt am Randen im Amtsbezirk Engen im Großherzogtum Baden, wo in sieben Artikeln ausgesprochen wurde: 1. daß die Taufe nur Gläubiggewordenen erteilt werden solle;[87] 2. daß Gemeindezucht geübt; 3. daß das Abendmahl zum Gedächtnis des Todes Christi gefeiert werden solle; 4. daß Glieder der Gemeinde nicht Gemeinschaft mit der Welt haben dürften; 5. daß es die Aufgabe der Hirten der Gemeinde sei, zu lehren, zu vermahnen usw.; 6. mit Schwert und weltlichem Gericht solle der Christ nichts zu schaffen haben; 7. auch jeder Eid sei dem Christen verboten. Das also waren die "gefährlichen" Grundsätze, weshalb die Täufer so grimmig verfolgt wurden.

Nach der Zurückdrängung der täuferischen Bewegung in der Schweiz wurde Süddeutschland ihr Schauplatz. Auch in Süddeutschland waren die alten Sitze der Waldensergemeinden jetzt die Hauptsitze der Täufer, so Straßburg, Ulm, Augsburg, Nürnberg, Steyr.

Ludwig Hetzer, Hans Denk, Balthasar Hubmaier und andere wirkten hier mit großem Eifer für die gemeinsame Sache.

Wie es scheint, kam es zuerst in Augsburg zu einer selbständigen Täufergemeinde, die bald auf 1100 Glieder wuchs. Die Stadt hatte damals etwa 20 000 Einwohner. In Straßburg vollzog Jakob Hut aus Waldshut die erste Taufe im Rhein. Bald gab es auch hier eine

---

Ökolampadius den Täufern ebenso feindlich wie Zwingli in Zürich. Und das erste Todesurteil wurde in Basel am 12. Januar 1530 an Hans Ludi vollzogen.

In Aarau, der Hauptstadt des Aargau, genossen die Täufer eine längere Zeit der Ruhe. Als man auch hier seit 1535 mit Enthauptung und Ertränken gegen sie vorging, wanderten die meisten aus.

87 Der Artikel über die Taufe lautet wörtlich: Zum ersten: So merkent von dem Tauff: Der Tauff sol geben werden allen denen / so gelernt sint / die buß und endrung deß lebens / vnd glauben in der warheyt / daß ihre sünd durch Christum hinweg genummen seien / vnd allen denen / so wöllen wandlen in der vffersteeung Jesu Christi / und mit jm begraben wöllen sein in todt / vff dz sie mit jm vfferstan mögen / vnd allen denen / so es in solcher meynung von uns begeren und fordern durch sich selbs. Mit dem werden außgeschlossen alle kinder tauf, das Bapsts höchste und erste grewel. Solches habt jr grundt vnd zeugnuß der schrifft vnd brauch der Apostel. Mat. 28 (V. 19) / Mar. 16 (V. 16) / Act. 2 (V. 38), 8 (V. 36 f.), 16 (V. 31. 33), 19 (V. 4 f.). Deß wölln wir vns einfeltiglich doch vestiglich halten und versichert sein.

Vgl. Dr. H. Böhmer, Urkunden zur Geschichte des Bauernkrieges und der Wiedertäufer, Bonn 1910, S. 28.

bedeutende Gemeinde. Die Reformatoren Butzer und Capito waren selbst unsicher in ihrem Standpunkt zur Kindertaufe.[88]

Ihre milde Art gegen Andersdenkende brachte ihnen sogar den Vorwurf ein, daß sie es mit den Sektierern hielten.

Hubmaier war im Herbst 1525 aus Straßburg ausgewiesen worden. Bald wurden "viel Wiedertäufer in Turm gelegt und auf Beharren ihrer Lehr der Stadt und des Landes verwiesen". Noch im September 1526 sprach Capito die Hoffnung aus, daß es gelingen werde, die Täufer von der Stadt fernzuhalten.

Die günstige Lage Straßburgs, der Reichtum und die Wohltätigkeit ihrer Bürger zog in Zeiten der Kriegsnot und Verfolgung zahlreiche Flüchtlinge in ihre schützenden Mauern.[89]

Vor allem war es die Duldsamkeit und Weitherzigkeit der Straßburger Prediger Butzer, Zell und Capito und die weise Mäßigung des Rats, die vielen der verfolgten Ketzer Zuflucht gewährte. Sie galt ihnen als "die Krone der Städte, der die Palme gebühre". Männer wie Karlstadt, Hubmaier, Jakob Groß, Denk, Hetzer, Kautz, Schwenkfeld, Servet, Melchior Hofmann, Rothmann und viele andere fanden hier Aufnahme.[90]

Wohl hört man von Gefängnis und Ausweisung, aber nichts von einer Todesstrafe. Hier wirkten in der Täufergemeinde Männer wie Michael Sattler, Hans Denk und seit 1528 Pilgram Marbeck.

Seit 1529 ging man aber auch in Straßburg energischer gegen die Wiedertäufer vor. Im März dieses Jahres lagen 44 im Turm von St. Wilhelm gefangen. Im Herbst des Jahres 1531 wurde auch Pilgram Marbeck gefangengesetzt. Er hatte zwei Schriften drucken lassen und zahlreiche Taufen vollzogen. Seine Heimat war Tirol, wo er Mönch gewesen war. Er war ein begabter, energischer Mann.[91] In dem öffentlichen Gespräch in Gegenwart des Rats hat er sich geschickt verteidigt. Er erklärte sich entschieden gegen die Kindertaufe. "Durch dieselbe zwinge man die Leute, in Reich Gottes zu kommen, und es soll doch kein Zwang

---

88 In seiner Schrift "Grund und Ursache der Neuerungen in der Gemeine zu Straßburg" (Dez. 1524) erklärte Butzer: "Wo jemand mit der Taufe zuwarten wollte und er könnte solches, bei denen er wohnt, ohne Zerstörung der Liebe und Einigkeit erlangen, so wollen wir uns darum mit ihm nicht entzweien noch ihn verdammen. Ein jeder sei seines Sinnes gewiß." (Dr. C. Gerbert, Geschichte der Straßburger Sektenbewegung, S. 9. Über Kapitos Verhältnis zu den Täufern vgl. Dr. Keller, Joh. v. Staupitz, S. 391.)

89 So sollen zur Zeit des Bauernkrieges 2000 Frauen und Kinder und während der Hungersnot 1529 gar 30 000 Menschen unentgeltliche Versorgung gefunden haben.

90 Hier fand auch Calvin in den Jahren 1538-41 ein Exil. Er hatte enge Fühlung mit den Täufern, von denen er manches lernte, z. B. die strenge Gemeindezucht. Aus dem Kreise der Straßburger Taufgesinnten stammt auch Calvins Gattin, Jdelette v. Bühren, die Witwe eines Täufers. (Vgl. Mennonit. Blätter Nr. 9, 1909.)

91 So versorgte er Straßburg mit Holz (durch Holzflöße) und mit gutem Wasser (durch Wasserleitungen).

darin sein." Sie sei "ein moralisch Opfer, eine Seelendieberei und Mörderei".[92]

Natürlich brachten solche Gespräche keine Einigung zustande. Auf Butzers Rat beschloß der Rat die Ausweisung "des Wiedertäuferfürstehers". In Marbecks Abschiedsbrief an den Rat der Stadt Straßburg finden sich köstliche Aussprüche über die Glaubens- und Gewissensfreiheit.

Marbeck wandte sich nach Augsburg, wo er im Anfang des Jahres 1532 starb.

Melchior Hofmann, ein Kürschner aus Schwäbisch-Hall, der sich seit 1529 einige Male vorübergehend in Straßburg aufhielt, wurde nach seiner Rückkehr aus den Niederlanden Ende 1532 in Straßburg verhaftet und im folgenden Jahre zu ewigem Gefängnis verurteilt. Er starb etwa zehn Jahre später im Gefängnis.

Die Straßburger Synode von 1533 brachte ein schärferes Vorgehen gegen die Wiedertäufer, und im März 1534 wurde ein neues strenges Mandat erlassen, in dem es u.a. hieß, daß alle fremden Wiedertäufer verhaftet oder der Stadt bei Lebensstrafe verwiesen werden; sind es Bürger, so solle man dieselben zuerst ermahnen, sich an die straßburgische Lehre zu halten; tun sie es, so sollen sie in ihren Bürgerrechten ungekränkt bleiben; tun sie es nicht, so sollen sie innerhalb vierzehn Tagen nebst Weib und Kind die Stadt und deren Gebiet meiden und bei Leibesstrafe nicht dahin zurückkommen.[93]

Michael Sattler wandte sich von Straßburg nach Schwaben. Bald wurde er eingefangen und in Rottenburg zum Tode verurteilt, weil er gelehrt habe: 1. daß die Kinder nicht allein durch die Taufe selig würden; 2. daß man den Leib und das Blut Christi nicht mit dem natürlichen Munde beim Abendmahl empfange und 3. daß man weder Krieg führen noch schwören dürfe. Das Urteil lautete: "Michael Sattler soll dem Henker übergeben werden, der soll ihn zum Richtplatz führen und ihm die Zunge ausschneiden; darauf soll er ihn auf einen Karren werfen und sein Fleisch zweimal mit rotglühenden Zangen reißen; dann soll er ihn ans Stadttor bringen und daselbst sein Fleisch in gleicher Weise peinigen." So starb Sattler am 21. Mai 1527.[94] Seine Frau und andere Frauen wurden ertränkt und eine Anzahl Brüder enthauptet. Rottenburg hat in etwa zehn Jahren neunhundert solcher Hinrichtungen erlebt.

---

92 Dr. Gerbert, Geschichte der Straßburger Sektenbewegung, S. 102. Erbkam, Geschichte der protestantischen Sekten, S. 554.

93 Im folgenden Jahre befahl die Obrigkeit die Kinder binnen sechs Wochen zur Taufe zu bringen. Im Jahre 1540 wurde den Täufern sogar die Todesstrafe angedroht, die aber in Straßburg niemals vollzogen wurde.

94 In einem Briefe der Straßburger Prediger an die Prediger in Worms über die Hinrichtung Sattlers in der Bischofsstadt Rottenburg heißt es: "Wir zweifeln nicht, Michael Sattler, der zu Rottenburg verbrannt worden ist, sei ein lieber Freund Gottes, wiewohl er ein Vornehmer im Tauforden gewesen ist, doch viel geschickter und ehrbarer denn etliche andere ... Darum wir nicht zweifeln, er sei ein Märtyrer Christi." (Chr. Hege, Die Täufer in der Kurpfalz, S. 9.)

Harte Verfolgungen hatte auch die Täufergemeinde in Augsburg durchzumachen. Die große Zahl ihrer Glieder, zu denen auch Mitglieder des Rats und der Patrizierfamilien gehörten, lenkte die Aufmerksamkeit aller auf sich. Hans Denk, der in Nürnberg Rektor gewesen, aber von dort vertrieben war, kam 1526 von St. Gallen nach Augsburg, wo er als Lehrer der dortigen Gemeinde einen großen Einfluß gewann. Dem Reformator Urbanus Rhegius gefiel aber das "heimliche Murmeln in den Winkeln nicht". Denk mußte nach Straßburg fliehen. Er starb schon im folgenden Jahre an der Pest in Basel, erst 32 Jahre alt.

Bei der uns bekannten Unduldsamkeit des Rhegius ist es nicht zu verwundern, daß auch der Rat der Stadt Augsburg eine andere Haltung einnahm wie der Rat der Stadt Straßburg. 1527 wurde eine Versammlung von 105 Teilnehmern überrascht und auseinandergesprengt. Trotzdem fand einige Monate später eine größere Konferenz in Augsburg statt, die man später die "Märtyrersynode" nannte, da fast alle Brüder bald als Märtyrer sterben mußten.[95]

Hans Leupold, Vorsteher der Augsburger Gemeinde, war der erste aus diesem Kreise, den das Todesurteil traf. Er wurde am 25. April 1528 enthauptet.[96]

Eitel-Hans Langenmantel wurde zwei Wochen später mit vier anderen hingerichtet. Groß war die Zahl derer, die ausgepeitscht wurden oder denen man mit glühendem Eisen ein Kreuz auf die Stirn brannte, um sie dann aus der Stadt zu weisen. So war die Gemeinde schon im Jahre 1530 völlig auseinandergesprengt.

In Worms wagte es der Rat nicht, in derselben Weise vorzugehen, da die Partei der Täufer sehr zahlreich war. Hierher kam Denk 1526, als er von Straßburg vertrieben wurde, und hier ließ er die in Gemeinschaft mit Hetzer verfertigte Übersetzung der Propheten im April 1527 in Druck erscheinen.[97]

---

95 Diese Täufersynode war, wie Dr. Keller sagt, nebst der in Straßburg 1557 und der in Köln 1591 "unzweifelhaft die bedeutendste im sechzehnten Jahrhundert". Die Augsburger Synode, die unter Leitung von Hans Denk und Hans Hut abgehalten wurde, war von etwa sechzig Abgeordneten der verschiedenen Gemeinden in Franken, Bayern, Österreich, der Schweiz besucht. (Vgl. Dr. Keller, Die Reformation usw. S. 426.)

96 Er war am 12. April mit 87 anderen, als sie sich gerade versammelt hatten, verhaftet worden. Im Gefängnis dichtete er noch ein Lied, das später in den "Ausbund" der täuferischen Liedersammlung aufgenommen wurde.

Die Lieder der Täufer lassen in ergreifender Weise die Leidens- und Todesfreudigkeit dieser Märtyrer jener großen Verfolgungszeit erkennen und den alles Elend der mittelalterlichen Kerkerhaft und alle Folterqualen überwindenden Geist des Glaubens, der diese meist einfachen Leute aus dem Volke beseelte. Die Lieder sind zum großen Teil in den Gefängnissen gedichtet. Sie alle lassen uns tiefe Blicke tun in das innere Glaubensleben der Brüder. Man sang diese Lieder gern, und sie pflanzten sich fort von Mund zu Mund, sie wurden in immer neuen Auflagen gedruckt. Die Arbeiten von R. v. Liliencron ("Die histor. Volkslieder der Deutschen vom 13. bis 16. Jahrhundert", ferner "Zur Liederdichtung der Wiedertäufer" in den Abhandlungen der Königl. Bayr. Akad. der Wissenschaften) und Wolkans "Lieder der Wiedertäufer", Berlin 1903, bieten dem modernen Leser manches wertvolle Lied aus diesem kostbaren Liederschatz.

97 Dieses Werk erlebte in dreizehn Jahren fünfzehn Auflagen. Luthers Bibelübersetzung erschien erst vollständig 1534.

Die lutherischen Prediger Jakob Kautz und Hilarius traten 1526 und 1527 zu den Täufern über. Die Zahl ihrer Anhänger wuchs in Worms und in der Umgebung der Stadt. Die sieben Thesen, welche Kautz am 9. Juni 1527 an der Tür der Predigerkirche zu Worms anschlug, erregten ungeheures Aufsehen, was endlich die Behörde zum Einschreiten bewog. Am 1. Juli wurden Kautz und Hilarius ausgewiesen. Weitere Ausweisungen folgten. Wer zurückkehrte, wurde mit Ruten aus der Stadt getrieben; einem wurden wegen Nichtbeachtung des Ausweisungsbefehls zwei Finger abgehackt. Trotzdem bestand die Gemeinde im Stillen weiter. Als Hans Leupold am Anfang des Jahres aus Augsburg nach Worms kam, konnte er noch sechzehn Personen taufen.

In zahlreichen anderen Städten Süddeutschlands bestanden kleinere oder größere Täufergemeinden. So in Eßlingen, Reutlingen, Tübingen, Böblingen, Nürtingen, Kirchheim, Stuttgart, München, Regensburg, Straubing, Linz, Passau.

Die Herzöge von Bayern erließen die schärfsten Verordnungen gegen die Täufer, denen man überall nachspürte. Georg Wagner von Emering mußte als erster Märtyrer Bayerns am 18. Februar in München auf dem Scheiterhaufen sterben.

Der Befehl des Herzogs Wilhelm von Bayern: "Wer widerruft, den soll man köpfen; wer nicht widerruft, den soll man verbrennen," galt auch wohl außerhalb seines Landes hier und da als Regel. So wütete die Verfolgung überall in Bayern, Franken und Schwaben.[98] Die Stände des Schwäbischen Bundes ließen durch bewaffnete Reiterscharen die Täufer auftreiben, und die Hauptleute durften "ohn Urteil und Recht" die Hinrichtung vollziehen lassen.[99] Hunderte bestiegen den Scheiterhaufen oder wurden öffentlich oder heimlich ertränkt. Sebastian Frank gibt die Zahl der bis zum Jahre 1530 Getöteten schon auf zweitausend an. Wie viele mögen aber verjagt, gefoltert und eingekerkert worden sein! Und die größte Verfolgung kam erst nach dem Jahre 1530!

Die Bayerischen Herzöge haben mit der Zeit die Täufer aus ihrem Gebiet vertrieben. Noch 1586 wanderten etwa 600 Täufer aus Bayern nach Mähren.

---

98 Das Gutachten der württembergischen Theologen vom Jahre 1535 sticht vorteilhaft ab von anderen Gutachten der damaligen Zeit. Sie gestehen, daß nicht Bosheit, sondern Einfältigkeit und guter Eifer die Ursache zu solcher Schwärmerei sei, da die Leute "bei den Rottengeistern einen solchen feinen Schein des Lebens, dagegen bei uns und dem großen Haufen der Unsern leider ein so ganz wildes, freches und verruchtes Wesen sehen." Sie raten zu milder Behandlung.

99 Von 1528 bis 1531 dauerten diese Streifzüge des Schwäbischen Bundes. Martin Zehentmayer, der über hundert Personen getauft hatte, wurde in Schwäbisch-Gmund am 4. Februar mit vierzig Anhängern gefangengenommen. Der Rat ließ zweihundert Mann zu Fuß und fünfzig Reiter vom Schwäbischen Bund kommen, die ihm bei der Bestrafung "treulich zur Hand sein sollten". Am 7. Dezember wurde Zehentmayer mit sechs anderen (darunter ein fünfzehnjähriger Knabe) hingerichtet. Beim Überfall auf den Mantelhof wurden siebzehn Täufer umgebracht.

Auch in der Markgrafschaft Baden gab es viele Täufer. In Bruchsal bestand eine Gemeinde von 500 Gliedern. An den Versammlungen, die in der Nähe der Stadt Bretten im Walde gehalten wurden, nahmen 200-300 Menschen teil.

In der Kurpfalz gab es ebenfalls viele Täufer in der Umgegend von Heidelberg, Alzen und Kreuznach, sodann im Bistum Speyer und im Herzogtum Zweibrücken. In dem einen Jahre 1529 sind allein 350 Täufer hingerichtet worden. Aber der Kurfürst Ludwig V. soll später diese zahlreichen Hinrichtungen sehr bereut haben. Unmenschlich und grausam war die Behandlung der Gefangenen, auch derer, die widerriefen.

Die späteren Fürsten waren milder. Sie veranstalteten sogar Religionsgespräche zwischen den Täufern und den Predigern der Landeskirche (so 1557 in Pfeddersheim und 1571 in Frankental). Trotzdem blieb die Lage der Täufer sehr gedrückt, so daß nach und nach alle das Land verließen.[100]

Am erträglichsten war die Lage der Täufer in Hessen unter der Herrschaft des Landgrafen Philipp des Großmütigen. Dieser edle Fürst unterschied sich von allen seinen fürstlichen Zeitgenossen durch seine Großmut und Milde und durch seine Duldung abweichender Glaubensansichten.[101]

Wie er das vom Reichstag zu Speyer 1529 verhängte Todesurteil über "alle Getauften" (S. Anhang 18) als einziger nicht unterschrieb, so konnte er noch im Jahre 1540 betonen, nie ein Todesurteil über einen Täufer bestätigt zu haben. Ihm stand es fest, daß "zu Zeiten der ein ein ander Meinung dann der ander" habe, daß man darum durch Belehrung und nicht durch Zwang die Irrenden bekehren müsse. "Ich sehe auch mehr Besserung bei den, die man Schwermer heißt, den bei den, die lutherisch sein."

Die Meinungsverschiedenheiten zwischen den Kurfürsten von Sachsen, die von den Wittenberger Theologen beraten wurden, und Philipp von Hessen gaben Anlaß zu einem regen Briefwechsel und zu zahlreichen Gutachten der theologischen Fakultäten. Von allen Seiten zur strengeren Bestrafung der Täufer gedrängt, verhängte Philipp Gefängnisstrafen und Ausweisung. Er konnte es nicht über das Gewissen bringen, jemand "des glaubens halben, wo wir nit sonst genugsam ursache der verwirkung haben mögen, mit dem Schwert richten zu lassen". Im Sinne Philipps handelten auch seine Söhne gegen die Täufer. Die höchste Strafe war Landesverweisung.

In Kursachsen fanden dagegen zahlreiche Hinrichtungen statt. Man fürchtete eine Wiederholung des Bauernaufstandes und sah in den Wiedertäufern ohne Unterschied Aufwiegler und Revolutionäre.[102] So

---

100 Christian Hege, Die Täufer in der Kurpfalz, Frankfurt a. M. 1908.

101 Prof. Dr. P. Wappler, Die Stellung Kursachsens und des Landgrafen Philipp von Hessen zur Täuferbewegung, Münster 1910.

102 Thomas Münzer wird noch immer vielfach als "Wiedertäufer" und gar Urheber des Täufertums angesehen, aber mit Unrecht. "Das Auftreten der Zwickauer Propheten in Wittenberg kann wohl als verwandte und vorlaufende Erscheinung, aber nicht als eigentli-

wurde in den sächsischen Ländern streng nach dem Speyrer Reichstagsbeschluß vom Jahre 1529 verfahren.

Luther und seine Freunde predigten scharf gegen die "Schwärmer und Sakramentierer". Melanchthon bestimmte durch seine "Gutachten" die Fürsten und Magistrate zu strengem Vorgehen, nicht nur gegen solche Ketzer, die "aufrührerische Artikel" vertraten, sondern gegen die Ketzer überhaupt, besonders gegen die Wiedertäufer, deren Sekte, wie die Reformatoren bezeugten, "gewißlich vom Teufel ist". Auf Melanchthons Rat wurden am 27. Februar 1536 in Jena drei Täufer, die selbst unter der Folter von ihrem Glauben nicht lassen wollten, hingerichtet. Einer von diesen war der Müller Hans Peißker aus Kleineutersdorf im Sachsen-Altenburgischen, der mit seiner sechsjährigen Tochter und vierzehn anderen am 21. November 1535 verhaftet worden war. Melanchthon begleitete die drei selbst auf das Schafott. Ihre Standhaftigkeit erschien ihm als "eine schreckliche Verstockung vom Teufel".

In Thüringen und am Harz gab es im sechzehnten Jahrhundert auch zahlreiche Täufergemeinden, so in der Umgegend von Mühlhausen, Erfurt, Sangerhausen und Halberstadt.[103]

Ein Graf Günther von Schwarzburg nahm die Täufer sogar in Schutz, trotz der Einwendungen des Kurfürsten Johann von Sachsen (1531).

In dem jetzt zu Preußen gehörigen Herzogtum Jülich-Kleve-Berg, wo ehedem die Waldenser viele Anhänger hatten, entstanden zahlreiche Täufergemeinden unter dem Schutze des Adels, besonders des Drosten zu Wassenberg, Werner von Pallant. Unter den sogenannten Wassenberger Prädikanten war der bedeutendste Johannes Campanus. Er starb nach einer zwanzigjährigen Gefangenschaft eines natürlichen Todes, während fast alle seine Mitarbeiter hingerichtet wurden.[104] Überhaupt fanden die Ideen des Täufertums überall am Niederrhein viele Freunde.

In Köln bestand eine Gemeinde von 700 Gliedern. Im nordwestlichen Deutschland schien es überhaupt eine Zeitlang, als würde das Täufertum überall zum Siege kommen. Manche Städte standen ihm durchaus entgegenkommend gegenüber, z.B. der Rat der Stadt Soest. Der Bürgermeister Wullenweber von Lübeck sagte: "Würde sich Lübeck zu den Täufern wenden, so würde Hamburg folgen und wahrscheinlich auch Bremen." Da trat die traurige Verirrung und die für die Taufbewegung in Deutschland so folgenschwere Katastrophe in Münster ein, worunter auch alle

---

cher Anfang der täuferischen Bewegung betrachtet werden." (Kalwer Kirchenlexikon.) Die auf Grund von "Offenbarungen und Gesichten" erstrebte radikale politische, soziale und religiöse Reformation mit den Mitteln äußerer Gewalt, hat an sich mit den Grundsätzen der stillen Täufer nichts zu tun. Münzer war selbst weder getauft, noch hat er die Kindertaufe verworfen. (Vgl. Erbkam, S. 495; J. Horsch, Die Stellung der Schweizer Brüder zu Thomas Münzer in "Der Hilfsbote", Cassel, Juli 1911, S. 83 ff.)

103 E. Jakobs, Die Wiedertäufer am Harz, in der Zeitschrift des Harzvereins für Geschichte und Altertumskunde, Jahrg. 32, Heft 2.

104 Dr. K. Rembert, Die Wiedertäufer im Herzogtum Jülich, Berlin 1899. Nach Goebel (Geschichte der rhein.-westfäl. Kirche I, S. 165) starb Campanus im Wahnsinn. Er war, wie Goebel berichtet, "auf Melanchthons Betreiben" gefangengesetzt worden.

stillen und wehrlosen Täufer mitzuleiden hatten und wodurch eine weitere Entwickelung dieser Bewegung in Deutschland unmöglich gemacht wurde.

Zu den interessantesten Blättern in der Geschichte der Taufbewegung im Jahrhundert der Reformation gehört die Geschichte der Ausbreitung, Verfolgung und Unterdrückung der Täufer in den Ländern Österreichs. Da war vor allen anderen Ländern zunächst das heute so gut katholische Tirol, in dem viel Märtyrerblut von Täufern geflossen ist.

In der alten Bischofsstadt Brixen, in der reichen Handelsstadt Bozen, in Klausen am Eisack und in Steinach am Brenner wütete die Verfolgung besonders heftig.

In Kitzbühel stieg die Zahl der Hinrichtungen im Jahre 1529 auf 67. Im Inntale brannten 210 Scheiterhaufen. Seit dem Jahre 1527 erließ König Ferdinand ein Mandat nach dem anderen gegen die Täufer in Tirol. Alle Eltern, die ihre Kinder nicht zur Taufe brächten, sollten nach geistlichem und weltlichem Recht dem Tode verfallen. Nach Mitteilung eines Zeitgenossen sollen allein in Tirol und Görz tausend Menschen um der Taufe willen verbrannt, geköpft und ertränkt worden sein. In Ensisheim, der Hauptstadt der habsburgischen Besitzungen in Oberelsaß, brachte es die Regierung zu 600 Hinrichtungen von "Wiedertäufern", in Linz auf 73, in Passau auf 50.[105]

In Salzburg wurde eine Versammlung im Hause eines Pfarrers entdeckt, und zahlreiche Personen wurden dem Gericht übergeben. "Die sich zum Widerruf bewegen ließen," schreibt L. v. Ranke, "wurden erst mit dem Schwert gerichtet, dann verbrannte man ihre Leiber. Die, welche nicht widerriefen, wurden auf dem Fronhof bei lebendigem Leibe dem Feuer übergeben. Unter anderen hatte ein junges schönes Fräulein von sechzehn Jahren auf keine Weise zum Widerruf gebracht werden können. Jedermann bat um ihr Leben. Der Nachrichter nahm sie auf den Arm, trug sie an die Roßtränke und tauchte sie so lange unter das Wasser, bis sie ertrunken war; dann zog er den entseelten Leib wieder hervor und übergab ihn dem Feuer."[106]

Georg Blaurock war von der Schweiz, wo er in Biel, dann in Graubünden und Appenzell gewirkt hatte, im April des Jahres 1529 nach Tirol

---

105 Dr. Ludwig Keller zitiert zwei katholische Schriftsteller jener Zeit, deren Schilderungen glaubwürdig und bezeichnend sind für die blinde Verfolgungswut gegen die Täufer. Leopold Dickius, Kaiserlicher Rat und Prokurator des Reichskammergerichts schrieb 1533: "Man schont kein Alter und kein Geschlecht, und während man die Männer tötet, verkommen die Frauen und Kinder in Elend und Hunger. Dieser in gräßlichem ewigen Gefängnis gehalten, verschmachtet in Unrat und Entbehrungen; keine Freundschaft, keine Wohltat, keine Pflicht kennt man gegen diese Menschen; jeder wird als ein solcher betrachtet, welcher des schwersten pestilenzialischen Verbrechens schuldig ist." Und der Chronist Kilian Leib berichtet: "Zu Salzburg und München wurden sie mit ernster Strenge bestraft durch Schwert, Feuer und Wasser, und alle diese Todesarten haben die verhärteten unglücklichen Männer, Frauen und Mädchen nicht nur geduldig, sondern bisweilen auch freudig ertragen, indem der Teufel sein Spiel und seine Schaustücke mit den Armen trieb." (Keller, Die Reformation usw. S. 445.)

106 Leopold v. Ranke, Deutsche Geschichte im Zeitalter der Reformation, 1840, Bd. III, S. 509.

gekommen. Er redete zu großen Scharen und durchzog das ganze Land, bis er zu Klausen am Eisack gefangengenommen und am 6. September zusammen mit Hans Langegger verbrannt wurde. Trotz dieser kurzen Wirksamkeit war sein Einfluß groß. Blaurock, vom Volke "der starke Jörg" genannt, ist einer er kräftigsten und erfolgreichsten Evangelisten unter den Täufern gewesen.

In Österreich wirkte besonders erfolgreich Hans Hut. Durch ihn wurde unter anderen Leonhard Schiemer, der frühere Mönch und spätere erste Bischof der Täufergemeinden in Österreich, getauft, und zwar in Wien. Schiemer wirkte dann in Salzburg, Steiermark und Bayern und wurde schließlich in Rottenburg, nach vorangegangener Hinrichtung mit dem Schwerte, verbrannt.

Auch Ambrosius Spittelmayer aus Linz, der in Österreich eine eifrige Tätigkeit entfaltete und in Nürnberg als Märtyrer starb, war durch Hans Hut getauft worden. Hans Hut hat in den wenigen Jahren bis 1527, wo er in Augsburg im Gefängnis bei einem Brande umkam, eine ungeheure Tätigkeit entfaltet, in Mähren, Österreich, Franken. Besonderen Erfolg hatte er in Passau und in Steyr, wo er sogar im Schloß predigen durfte. Diese Stadt war längere Zeit ein Brennpunkt der ganzen Bewegung. Die Gemeinde in Linz bediente der "Bischof" Wolfgang Brandhuber, der hier mit 70 Gemeindegliedern 1528 den Märtyrertod erlitt. Damals wurden auch in Wels acht gefangene Täufer enthauptet, obwohl ihnen das beste Zeugnis von ihren Mitbürgern gegeben wurde.

Ähnlich wie in Schwaben durchzog auch in Österreich eine Schar Soldaten das Land, um Jagd auf die Täufer zu machen. Bei einem Überfall auf 55 wehrlose Personen wurde die Hälfte im Walde von Lengbach erschlagen, den übrigen brannte man ein glühendes Eisen durch die Wangen.

Als ein Land der Zuflucht und Sicherheit für die überall verfolgten Täufer galt damals Mähren, das erst im Jahre 1526 in den Besitz des habsburgischen Kaiserhauses übergegangen war. Mehrere Edelleute nahmen gern die stillen und fleißigen Täufer als Arbeiter in ihren Dienst und Schutz. So bildeten sich schnell große Gemeinden, da ständig Flüchtlinge eintrafen.

Besonders waren es die Grafen Leonhard und Hans von Lichtenstein, die ihnen freundliche Aufnahme gewährten, ja, sich selbst der Gemeinde anschlossen, in welcher der Graf Leonhard oft das Wort zu verkündigen pflegte. Im Jahre 1527 fand hier auch eine allgemeine Täufersynode statt. Dr. Balthasar Hubmaier, der auch den Grafen Leonhard taufte, darf als der eigentliche Gründer der Mährischen Brüdergemeinde angesehen werden. Er hatte bereits ein bewegtes Leben hinter sich, als er im Juli des Jahres 1526 in Mähren eintraf. Hubmaier hatte in Freiburg und Ingolstadt studiert, wo er Priester, Doktor der Theologie, Universitätsprediger und Professor wurde. Dann war er eine Zeitlang Domprediger in Regensburg gewesen und zuletzt nach Waldshut am Oberrhein, das unter österreichischer Herrschaft stand, gekommen. Hier kam er allmählich zur Erkenntnis der Wahrheit. Auf einer Disputation, die vom Züricher Rat zwischen ihm und Zwingli veranstaltet und vom 22. bis 28.

Oktober 1523 in Gegenwart von 800 bis 900 Personen abgehalten wurde, verwarf Hubmaier bereits entschieden die Kindertaufe. Doch wurde er erst zu Ostern 1525 durch Wilhelm Reublin getauft. Mit ihm ließen sich 110 andere taufen, und Hubmaier taufte dann noch etwa 300 Personen. Unter den Getauften war auch Hubmaiers Gattin, eine Waldshuter Bürgertochter. Als dann im Dezember 1525 bei der Eroberung der Stadt durch die Österreicher Hubmaier mit knapper Not ihren Händen entrann, gelangte er mit seiner Gattin in elendem Zustand nach Zürich, wo er bald entdeckt und gefangengesetzt wurde. In der vom Rat angeordneten gerichtlichen Disputation mit Zwingli unterlag "der gebrochene Mann seinem rüstigen Gegner".

In seiner Angst, dem Kaiser ausgeliefert zu werden, ließ er sich sogar zu einem Widerruf bewegen. Aber sofort bereute er bitterlich seine "Menschenfurcht" und Blödigkeit und bat Gott um Vergebung und Wiederaufrichtung.[107]

Hubmaier wandte sich nach Konstanz und von dort nach Augsburg, wo sich Hans Denk von ihm taufen ließ. Von dort wanderte er nach Mähren.

In Nikolsburg entfaltete Hubmaier eine reiche schriftstellerische Tätigkeit. Sechzehn seiner Schriften sind dort gedruckt worden. Aus den Verhören, die in den Jahren 1528 und 1529 angestellt wurden, geht hervor, daß seit Hubmaiers Ankunft etwa 6000 Personen getauft wurden, und die Zahl der Täufer mehrte sich durch Zuzug auf 15 000. Auch Hans Hut kam nach Nikolsburg. Da er es für ein Unrecht erklärte, der Obrigkeit mit den Waffen zu dienen, ja, ihr Steuern für Kriegszwecke zu zahlen, so trat ihm Hubmaier entgegen. Aber schon Ende 1527 erzwang König Ferdinand die Preisgabe Hubmaiers. Er wurde nach Wien abgeführt. Noch einmal disputierte er öffentlich mit den römischen Theologen und appellierte an ein allgemeines Konzil. Ferdinand drang auf strenge Folterung und Hinrichtung. Hubmaiers heldenhafte Gattin ermutigte ihn zur Standhaftigkeit. So wurde er am 10. März 1528 auf dem Marktplatz in Wien zum Scheiterhaufen geführt. Mit lauter Stimme betete er: "O, mein gnädiger Gott, verleihe mir Geduld in meiner großen Marter! O, mein Vater, ich sage dir Dank, daß du mich heute aus diesem Jammertal nehmen willst! O Lamm, Lamm, das da hinwegnimmt die Sünden der Welt! O, mein Gott, in deine Hände befehle ich meinen Geist!" Aus den Flammen hörte man ihn noch rufen: "Jesus! Jesus!" Drei Tage darauf ertränkte man seine Gattin, indem man sie mit einem Stein an dem Halse die Donaubrücke hinabstürzte.

In Mähren kam es unterdessen zu einer Trennung. Hut selbst war nach Wien und Tirol gegangen. Seine Anhänger, etwa 200, wanderten unter Führung von Jakob Wiedmann und Philipp Jäger nach Austerlitz, wo sich die Gemeinde rasch durch Zuzug von außerhalb vermehrte. Dadurch entstanden bald an vielen anderen Orten neue Gemeinden, so in Brünn, Znaim, Eibantschütz.

---

107 Vgl. Dr. Alberts, Balthasar Hubmaier, ein Blutzeuge der Wahrheit, in der Monatsschrift "Wahrheit in der Liebe", 1906, S. 54 ff.

Im Jahre 1529 kam Jak. Huter nach Mähren. Er befestigte die bereits seit der Auswanderung aus Nikolsburg eingeführte Ordnung der Gütergemeinschaft, indem er die sogenannten "Brüderhöfe" oder "Haushaben" einrichtete. Diese Ordnung führte anfangs zu vielen traurigen Erfahrungen.

Auch die Gemeinde zu Auspitz mußte das erleben. Trotzdem wurden eine Reihe neuer großer "Brüderhöfe" gegründet. Die anfängliche Ruhe in Mähren fand aber bald ihr Ende. Kaum fühlte sich König Ferdinand sicher in dem Besitze des Landes, so erließ er Edikte gegen die Protestanten und Täufer. Seit 1535 ging er in grausamer Weise gegen sie vor. Viele flohen zurück in ihre alte Heimat, Schlesien und Schwaben. Viele wurden niedergemacht und hingerichtet oder gingen im Gefängnis zugrunde.

Jakob Huter flüchtete nach Tirol zurück. Überall spähten die Häscher und Grenzwächter nach ihm aus, und so wurde er in Klausen samt seiner Frau gefangen. Trotz aller Folterqualen, die die Namen seiner Glaubensgenossen erpressen sollten, blieb er stumm, und so bestieg er zu Innsbruck am 3. März den Scheiterhaufen.

In Mähren kamen immer neue Verfolgungszeiten. Im Dezember 1539 wurde die blühende Gemeinde von Staierbrunn von Soldaten überfallen, die 150 Personen gefangensetzten. Nach einjähriger Gefangenschaft wurden die kräftigsten Männer nach Triest auf die Galeeren geschickt. Der Abschied dieser Armen von Weib und Kind war ergreifend und erregte selbst das Mitleid der Feinde.

Als seit dem Jahre 1555 eine ruhige Zeit anbrach, wuchs die Zahl der Brüderhöfe auf 80 mit etwa 80 000 (?) Gliedern.[108]

Der Dreißigjährige Krieg sprengte sie auseinander. Etwa 22 000 haben nach der unglücklichen Schlacht am Weißen Berg (1620) das Land verlassen müssen.[109]

Die in Ungarn gegründeten Niederlassungen hatten durch Krieg und Verfolgungen viel zu leiden. Ein Teil flüchtete nach Rußland. Einige Hundert wurden 1763 durch die Jesuiten ihrer Führer beraubt und katholisch gemacht, von denen aber später manche nach Rußland flüchteten, um sich den Brüdern wieder anzuschließen. Der Brüderhof in Hutertal im Süden Rußlands wurde nach den alten Grundsätzen der Gütergemeinschaft verwaltet. Von dort aus sind vor vierzig Jahren die Brüderhöfe in Amerika im Staate Süd-Dakota gegründet worden, wo noch die alten Regeln in Geltung stehen, die Peter Wiedmann 1565 aufgestellt hat. Dort

108 Von den mährischen Gemeinden wurde in anderen Ländern, z. B. Tirol, Bayern, Hessen, sowie in den Rheinländern eine eifrige Mission betrieben. Von ihren Boten starben manche den Märtyrertod.

109 Die Herrschaft Nikolsburg war in die Hand Adam v. Dietrichsteins geraten, der in seinem Lande nur katholische Untertanen dulden wollte und es mit Hilfe der Jesuiten auch wirklich dahin brachte, daß gegen Ende des Jahrhunderts sein Land wieder gut katholisch war. Im Jahre 1583 sollen fast 4000 Personen zur römischen Kirche "bekehrt" worden sein. Die letzten huterischen Brüder verließen Mähren im Jahre 1650.

gibt es also noch heute blühende Kolonien auf kommunistischer Grundlage.[110]

So hat es jederzeit unter den Vertretern der urchristlichen Taufe und Gemeindeordnung verschiedene Richtungen gegeben.

Während Hubmaier z.B. den Grundsatz vertrat, daß das Waffentragen im Dienste der Obrigkeit und im Dienste des Guten erlaubt sei, erklärte sich Hans Hut, wie wir sahen, gegen jeden Gebrauch von Waffen, selbst in der Notwehr. Gar verschieden waren die Grundsätze über die Anwendung der Gemeindezucht, des "Bannes". Verschieden war auch die Form der Taufe, die einige durch Untertauchen, andere durch Begießen ausübten. Es ist wohl überflüssig, zu sagen, daß auch schwärmerische Elemente sich in allerlei Sonderlehren verirrten, wie das ja in Zeiten mächtiger religiöser Bewegungen zu allen Zeiten beobachtet werden kann.

Ein solcher schwärmerisch veranlagter Mann war z.B. der lebhafte Hans Hut, was ihn aber nicht hinderte, in aller Treue praktisch tätig zu sein, ja, sogar mit Todesverachtung und unerschrockenem Mut von Land zu Land und von Stadt zu Stadt zu ziehen. Ähnlich veranlagt war der bereits erwähnte Kürschner Melchior Hofmann, ein Mann des Volks, mit glühendem Eifer und von hinreißender Beredsamkeit. Er trat zuerst in Straßburg auf. Ihm schien alles auf die nahe Wiederkunft des Herrn hinzudeuten, und besonders sah er in der grausamen Verfolgung und Hinmordung vieler treuer Christen ein Zeichen, daß der Tag der Erlösung nahe bevorstehen müsse. Überall, wohin er kam, hingen die Zuhörer an seinen Lippen. Er kam nach Holstein, Schweden, Livland, nach Dorpat, Reval und Riga. Als er dann nach seiner Taufe 1530 von den Straßburger Brüdern wieder ausgesandt wurde, wandte er sich nach Ostfriesland und Holland. Schon 1533 wurde er in Straßburg zu lebenslänglichem Gefängnis verurteilt. Aber in den zwei Jahren zwischen Taufe und Gefangenschaft hat er mit ungeheurem Erfolg in Niederdeutschland und Holland gearbeitet.

Hofmann beschäftigte sich viel mit dem nahe bevorstehenden Anbruch des Tages der Erlösung der verfolgten Gläubigen, der zugleich ein Tag der Rache für die Feinde sei. Und können wir uns wundern, daß in den Kreisen der gehetzten und ihrer Führer beraubten Gläubigen, von denen gewiß viele nicht lesen konnten, die Schrifterklärung und prophetische Sprache des begeisterten Mannes Hoffnungen erweckte und Entschlüsse hervorrief und viele auf den Weg der Schwärmerei brachte? Man hielt ihn für einen Propheten und Gesandten Gottes.

Schon vor Hofmanns Auftreten gab es in Niederdeutschland viele Vertreter der Glaubenstaufe. Überall in den Städten Hollands und der Rheinprovinz, in Antwerpen, Maastricht, Wesel, Köln und Aachen starben ihre Märtyrer, schon ehe Hofmann in diese Gegenden kam. Aber als er kam, war sein Erfolg ein staunenswerter. Das Volk lief in Scharen zusammen, und viele schlossen sich den Täufern, den "Bundesbrüdern", an.

---

110 Vgl. "Mennonitische Blätter", Mai 1913, S. 35 ff.

Ende 1531 erfolgte die Hinrichtung von zehn Täufern in Amsterdam; aber um so mehr breitete sich die Bewegung aus. Hofmann wurde immer kühner, immer bestimmter in seinen Prophezeiungen. Bald kündigte er an, daß Straßburg die Stadt sei, von wo aus bald das Evangelium über den ganzen Erdkreis verkündigt werden würde. Das würde bald, im Jahre 1533, geschehen.

Aber in diesem Jahre wurde Hofmann verhaftet. Er blieb auch bei seinem Verhör fest dabei, daß das Reich Christi binnen kurzem in Straßburg zustandekommen werde. Er hat den Kerker nicht wieder verlassen.

Diese Verirrungen, die oft von einem großen Anhang geteilt wurden, sind sehr zu beklagen. Aber es ist zu bedenken, daß diese falschen Ideen weder mit der biblischen Taufe noch mit einer biblischen Gemeindeordnung etwas zu tun haben. Da in manchen Darstellungen von kirchlicher Seite Derartiges gern behauptet wird, so ist es nötig, dies noch besonders festzustellen. Es gilt ferner zu bedenken, daß bei der massenhaften Hinmordung der besten führenden Männer, es bald an Leitern fehlte, die imstande gewesen wären, solchen Irrtümern beizeiten entgegenzutreten. Es ist eine bekannte Methode, den Vertretern der biblischen Taufe die Verirrungen des "Königs von Zion" und seines Anhanges zu Münster auf die Rechnung zu setzen. Tragen nicht die blutdürstigen Verfolger dieser armen und vielfach unwissenden Täufer die Hauptschuld? Es ist durchaus wahr, was Chr. Hege[111] sagt: "Richtig kann die Katastrophe nur dann beurteilt werden, wenn man um die erschütternde Vorgeschichte des Dramas weiß, der Verfolgungen von katholischen und protestantischen Obrigkeiten gedenkt, die in dem grauenvollen Hinmorden taufender frommer taufgesinnter Christen 1529 ihren Höhepunkt erreichten."

Und der holländische Kirchenhistoriker Hofstede de Groot bemerkt sehr richtig, daß diese von allen gehetzte und geplagte Gemeinde der Bundesbrüder vielleicht mehr erduldet habe als irgendeine Märtyrerkirche der Welt.[112]

Mit der Rückkehr zur urchristlichen Taufweise steht eine falsche Schätzung alttestamentlicher Grundsätze in absolut keinem inneren Zusammenhang. Auch muß die lebendige Erwartung der Wiederkunft des Herrn nicht notwendig zu falschen Berechnungen führen. Man kann bei einer richtigen Auffassung von der Taufe ebensogut in Irrtum geraten oder in solchem stecken bleiben, wie die Vertreter der Kindertaufe auch dazu fähig sind. Vor einer unrichtigen Auffassung der Offenbarung Johannis schützt weder die eine noch die andere Taufweise. Dies muß so deutlich gesagt werden, weil tatsächlich bei vielen mit der Taufe der Gläubigen noch immer die Idee von allerlei Irrtümern verknüpft wird.

Wenn die Mennoniten, die Baptisten und alle Gläubigen, welche die urchristliche Taufe vertreten, jede Verwandtschaft mit den münsterischen

---

111 Chr. Hege, Kurze Geschichte der Mennoniten, S. 40.

112 Furchtbar war die Verfolgung gerade in jenen Gebieten, aus denen die meisten münsterischen Täufer stammten. Karl V. hatte ja für die Niederlande den Befehl erlassen, alle Täufer zu töten, die Männer zu verbrennen, die Frauen lebendig zu begraben.

Schwärmern ablehnen und in jenen Verirrungen nur "einen ungesunden Auswuchs an dem Stamme der an sich gesunden täuferischen Richtung sehen",[113] so haben sie deshalb ein Recht zu dieser Behauptung, weil tatsächlich solche Vorgänge von Anfang an von der Gesamtheit der Täufer mit sittlicher Entrüstung getadelt und bekämpft wurden . Ob Jan Matthiesen von Anfang an "ein verwegener Abenteurer" war, der sich "die Lage zunutze machte", oder ob er allmählich die Rolle eines Betrügers zu spielen begann, oder ob er gar bis zuletzt selbst an seine Sache geglaubt hat, wird sich wohl niemals feststellen lassen, solange wir bei der Geschichte des münsterischen Zion fast nur auf die Nachrichten der Gegner angewiesen sind.[114]

Die blutige Katastrophe von Münster 1535 hat allerdings dazu beigetragen, die Sache der "Wiedertäufer" mehr, als alle Schmähschriften und Bluturteile es vermochten, zu schädigen und ihren Namen zu schmähen.

Es kann wohl nicht bezweifelt werden, daß die kirchlichen Verhältnisse in Niederdeutschland, zumal in Westfalen und am Rhein, eine ganz andere Entwicklung genommen hätten, als wie sie infolge der münsterischen Ereignisse genommen haben; war doch das Täufertum nicht nur in Holland und Ostfriesland verbreitet, sondern waren doch auch zahlreiche Städte am Niederrhein und in Niedersachsen von Täufern erfüllt, so die Städte Wesel, Köln, Essen, Dortmund, Soest, Osnabrück, Münden, Lemgo, Coesfeld, Warendorf, Bremen, Hamburg, Lübeck, Lüneburg, Rostock, Wismar und viele andere.

Sicherlich haben die Vorkommnisse in Münster, die von den Feinden unendlich übertrieben und aufgebauscht wurden,[115] dazu beigetragen, das Täufertum in den Ländern des Kontinents noch verhaßter zu machen, wie es schon vorher war. Um so härter wurde daher auch das Los der stillen, wehrlosen Täufer, die nie an Auflehnung oder dergleichen gedacht hatten.

---

113 "Mennonitische Blätter" 1909, S. 102, heißt es u. a.: "Auf Rechnung dieser 'greuelvollen Hetze' ist auch zum großen Teile der Fanatismus zu setzen, der einzelne extreme Elemente des Täufertums zu verzweifelter Gegenwehr veranlaßt und, wie Nippold bemerkt, 'aus den Schwärmern schließlich notwendig Verbrecher machen mußte'. So haben wir jene traurigen Vorgänge und Verirrungen in Münster (1535) zu betrachten. Solche Vorgänge gehören aber doch zu den größten Ausnahmen. Sie setzen einen vollständigen inneren Abfall von den Grundsätzen der wahren Taufgesinnten voraus, deren 'Ernst der religiösen Überzeugung, Sittenstrenge des Wandels und heldenhaftes Märtyrertum' auch die Feinde anerkennen mußten."

114 Die "veraltete Kerssenbroicksche Darstellung" kann, wie Dr. Keller sagt, unmöglich als unparteiisch und zuverlässig betrachtet werden, wurde er doch "von Bürgermeister und Rat seiner katholischen Vaterstadt wegen der Erfindungen und Entstellungen, die er in jenem Werke zusammengehäuft hatte, mit der Strafe der Verbannung belegt". Das Zuverlässigste hat Dr. Keller selbst geschrieben: "Geschichte der Wiedertäufer und ihres Reichs zu Münster", Münster 1880; ferner Dr. H. Detmer in seinem zweibändigen Werke: "H. v. Kerssenbroicks Geschichte des münsterischen Aufstandes", 1900.

115 Dr. Goebel erklärte schon vor sechzig Jahren: "Ich glaube überhaupt guten Grund zu haben, daran zu zweifeln, ob alles, was von den Gegnern der Wiedertäufer erzählt wird, in so scheußlicher Art wirklich vorgekommen ist." (Geschichte des christlichen Lebens in der rhein.-westfäl. evangel. Kirche, Bd. I, S. 186.)

Selbst Hofmann, der niemals zur Selbsthilfe und zu Gewaltmitteln aufgefordert, sondern Wehr und Waffen verpönt und Leidenswilligkeit gepredigt hatte, warnte aus seinem Straßburger Gefängnis vor Matthiesen, dem Propheten, der die Zeit der Rache als gekommen verkündigte. Aber vergebens. Die Partei Matthiesens und seines Gehilfen Johann von Leyden (des späteren "Königs" von "Zion") war stärker als der Einfluß Bernd Rothmanns und seiner Freunde[116], die zuletzt selbst mit fortgerissen wurden. So nahm die Entwickelung unaufhaltsam ihren Gang. Jene Männer, die die Führung der großen Menge an sich rissen, unterschieden nicht zwischen den Grundsätzen des Alten und Neuen Bundes, zwischen Israel und der Gemeinde. Sie deuteten die angekündigten Strafgerichte der alttestamentlichen Propheten auf ihre Tage und sangen in bester Überzeugung die alttestamentlichen Rachepsalmen.[117]

Das waren Gedanken, die von den Männern wie Grebel, Sattler, Denk, Huter auf das entschiedenste abgelehnt wurden, so daß sie nicht einmal das Tragen der Waffen für erlaubt hielten. Nur Hubmaier verteidigte das Recht des Waffentragens im Dienste der Obrigkeit. Und wenn man bedenkt, daß in jener Zeit auch die übrigen Protestanten mit den Waffen für ihren Glauben kämpften, so erscheint die Verteidigung der zur Verzweiflung getriebenen Täufer nicht mehr als etwas Außergewöhnliches.

Das erbarmungslose Hinmorden Tausender erklärt genügend die Sehnsucht vieler nach einem Bergungsort, als welcher ihnen Straßburg, dann Amsterdam und zuletzt Münster erschien.

Professor C. H. Wedel sagt darum mit Recht: "Eine gerechte Beurteilung der Sachlage wird die traurigen Vorgänge zu Münster daher dem eigentlichen Täufertum nicht aufbinden. Dasselbe ist weit weniger dafür verantwortlich zu halten als die lutherische Kirche z.B. für den in ihr blühenden Hexenwahn. Die "Täufer" in Münster trugen nur diesen Namen; von den eigentlichen Grundsätzen dieser Richtung waren sie weit abgekommen. Die süddeutschen, schweizerischen und mährischen Täufer waren an der ganzen Bewegung gar nicht beteiligt, und auch die sogenannten stillen Täufer der Niederlande blieben ihr fern."

Damit stimmt folgendes gerechte Urteil von Prof. Dr. Wernle überein: "Extravaganzen geben nicht das Recht zum Aburteilen. Im ganzen waren die Täufer das leidsamste, wehrloseste Volk. Überhaupt ist die

---

116 Den durchaus friedfertigen und leidensfrohen Charakter der Täuferbewegung bezeugt auch ihr Gegner Bullinger, indem er zugibt: "Bisher haben sich alle Täufer gedemütigt und sind gar niederträchtig und schlechter Dinge gewesen, ja, sie haben geschrieben und gestritten wider alle Hoheit, Pracht und Herrlichkeit, wider die Gewalt, wider das Schwert und die Obrigkeit."

117 Auch die Einführung der "Vielweiberei" suchte man durch das Alte Testament zu rechtfertigen. Daß manche protestantischen Männer der damaligen Zeit, sogar Luther und Melanchthon, die Polygamie (d. h. nach alttestamentlichen Beispielen mehrere Frauen zu besitzen) auch für die neutestamentliche Zeit als nicht verboten ansahen, dafür sind ja Aussprüche genug aus ihren Briefen und Gutachten vorhanden. Diese falsche Idee hat mit der Tauffrage nicht die Spur zu tun, sondern entspringt der falschen Stellung der neutestamentlichen Gläubigen zum Alten Testament.

Polemik der Reformatoren so durchweg ungerecht und häufig unwahr, dabei auch noch so gekünstelt und gewaltsam, daß es ernste Pflicht ist, sich von ihrem Urteil freizumachen. Mit Mönchtum, Waldensertum, Hussitentum gehören die Täufer in die Geschichte der Reaktionen Jesu gegen den Weltgeist seiner Kirche."

Obbe Philipps, einer der Führer der stillen Täufer, erklärte selbst: "Gott weiß es, daß mein Bruder Dirk und ich immer dagegen gezeugt haben, daß man das Reich Gottes mit Gewalt bauen wollte. Aber wir wußten oft gar nicht, wie wir uns verhalten sollten. Die ganze Welt verfolgte uns mit Feuer und Schwert. Und unsere falschen Brüder, die Anhänger Matthys, schwuren uns auch den Tod, nachdem sie erkannt hatten, daß wir ihre Art nicht billigten. Keiner unserer Führer nahm sich unser an, und wir selbst waren im Worte nur schlecht zu Hause."[118]

Wer die Geschichte der Täuferbewegung zur Zeit der Reformation gründlich studiert, wird von dem größten Mitgefühl und der höchsten Bewunderung für die Leiden und Kämpfe dieser Märtyrergemeinden erfüllt werden und die Reinheit ihrer Beweggründe auch dann erkennen, wenn einzelne Männer die einfachen biblischen Grundwahrheiten der Gemeinde Gottes nicht deutlich genug erkannten oder die Forderungen der Heiligen Schrift überspannten.

Vor allem aber wird man die Vorgänge zu Münster im Rahmen der kirchlichen Zeitgeschichte wesentlich anders beurteilen und dem Urteil Dr. Kellers zustimmen müssen: "Die herrschenden Parteien jener Tage hatten die armen Täufer so lange mit Feuer und Schwert verfolgt, bis sich aus deren Mitte eine Anzahl verzweifelter Fanatiker aussonderte, welche den Boden ihrer Richtung verließen und ihre Feinde nach den Grundsätzen angriffen, nach welchen sie selbst maßlos verfolgt wurden."

Nach dem Zusammenbruch des Täufertums in Deutschland, Österreich und der Schweiz war zunächst Holland der Boden, wo seine Vertreter nach und nach Duldung und Heimatrecht erlangten.

Von dort wurden ihre Grundsätze nach England verpflanzt und endlich durch englische und holländische Kolonisten im siebzehnten Jahrhundert nach Amerika, wo das Täufertum eine neue Blüte erlebte.

Wenn heute viele Grundsätze der alten Täufer Gemeingut aller Kulturvölker geworden sind, z.B. die Gewissensfreiheit, und wenn ihre Gemeindegrundsätze heute von Tausenden vertreten werden, so ist das ein Beweis, daß in dieser Bewegung lebenskräftige Keime gesunder, biblischer Wahrheiten vorhanden waren.

---

118 Auf der im August 1536 zu Bocholt in Westfalen abgehaltenen Täufersynode, an der Vertreter aus verschiedenen Ländern teilnahmen, kam dieser Gegensatz zwischen den beiden Richtungen zur Verhandlung, wodurch ihre Trennung entschieden wurde. Batenberger und Joristen trennten sich von Obbe Philipps und seinen Freunden. Von Obbe Philipps wurde Menno Simons zum Bischof von Groningen geweiht, wobei Dirks Philipps, Obbes Bruder und späterer Gehilfe Mennos, zugegen war.

VIII. Kapitel

Übersicht über die späteren Entwicklungen der Taufbewegung in Norddeutschland und den Niederlanden, in England und Amerika

"Wenige wissen, daß die einst auf dem Festland verfolgten Täufer es gewesen sind, die in England und besonders in den Vereinigten Staaten zu weltgeschichtlicher Bedeutung gelangt sind, wo diese Dissenters ihre religiösen, gesellschaftlichen und politischen Ideale auf dem jungfräulichen Boden der neuen Welt in vielen Fragen zur Verwirklichung gebracht haben." Dr. L. Keller.

"Gerade in Deutschland hat es länger als in irgendeinem anderen Lande gedauert, bis wenigstens das eine verstanden wurde, daß die innere Kraft einer religiösen Bewegung, die von allen weitaus die meisten Märtyrer aufzuweisen hat, nur unter dem Kreuze Christi richtig abgemessen werden könne. Es ist zweifellos, daß gar manche der Ideen der hoch über ihrer eignen Zeit stehenden Propheten des Anabaptismus nachmals Gemeingut geworden sind." D. Fr. Nippold.

In den Niederlanden gab es schon längere Zeit Katharer, Waldenser und andere "Ketzer". Unter der freiheitsliebenden friesischen und flämischen Bevölkerung erhob sich immer wieder der Geist der Auflehnung und des Widerspruchs gegen Rom. Hier blühte die Mystik. Hier entstanden die zahlreichen Brüderschaften vom gemeinsamen Leben.[119] "Von Karl dem Großen bis auf Erasmus hin wurde auf dieser Bodenstrecke, die Küsten der Nordsee entlang, bei dem Freiheitssinn, der Einfalt, der Umsicht, der Tätigkeit und dem Handelsgeist der Bewohner eine größere Anzahl von Wegbereitern der Reformation gefunden als in irgendeinem Lande Europas, von Männern, die aus Liebe zur Freiheit, Tugend und Gottesfurcht sowohl gegen die Sittenlosigkeit als auch gegen die Tyrannei der römischen Kirche immer wieder auftraten und so auf den völligen Bruch mit Rom ihr Volk vorbereiteten."[120]

Kein Wunder, daß auf einem so vorbereiteten Boden die Reformationsbewegung eine rasche und gründliche Wirkung erzielte. Bald schien das ganze Land mit allen seinen blühenden Städten der römischen Kirche verloren zu sein. Doch Karl V. nahm den Kampf gegen die Ketzer auf. Schon 1524 starben zu Antwerpen die ersten Märtyrer der Reformation. Ihnen folgten bald weitere Opfer auch in den anderen niederländischen Städten. Aber die Bewegung war nicht aufzuhalten. Es

---

119 Zu ihnen gehörten Männer wie Ruysbroek (gest. 1381), Geert Groote (gest. 1384), Thomas a Kempis, Johann Wessel, der nur durch den mächtigen Schutz des Utrechter Bischofs vor dem Schicksal seines Freundes Johann von Wesel bewahrt wurde, der 1479 als Ketzer verbrannt wurde.

120 C. P. Hofstede de Groot, Professor in Groningen, Hundert Jahre aus der Geschichte der Reformation in den Niederlanden, 1893, S. 34.

ist hier nicht der Ort, auf die glorreiche Leidens- und Kampfesgeschichte näher einzugehen. Die Geschichte der niederländischen Reformation ist die ersten fünfzig Jahre eine Märtyrergeschichte. Aber von den etwa 2000 Protestanten, die in Holland zum Tode verurteilt wurden und als Märtyrer starben, "gehören 73 Prozent zu den Taufgesinnten, und fast der dritte Teil von diesen sind Frauen". Und "von den 887 Märtyrern, deren blutiges Ende in Märtyrerbüchern beschrieben ist, waren 620 Taufgesinnte".[121]

Daraus ist die ungeheure Verbreitung des Täufertums in den Niederlanden zu erkennen.[122] Schon in den Jahren 1524-1527 wurden aus den Kreisen der Täufer einzelne hingerichtet in Antwerpen, Maastricht, Wesel, Köln und Aachen. Besonders zahlreich waren die Täufer in Ostfriesland. In Emden, wo es mehrere hundert Täufer gab, wurde schon 1522-1533 die Taufe öffentlich gelehrt und vollzogen. Hier hatte der Kürschner Melchior Hofmann mit gutem Erfolg gewirkt.[123] Als dann Jan Volkerts von Emden nach Amsterdam übersiedelte, folgte ihm Hofmann dorthin, wo sein Einfluß ein "unberechenbarer" war. Im Dezember 1531 wurde Volkerts mit neun anderen im Haag enthauptet, und ihre Köpfe wurden auf langen Stangen in Amsterdam öffentlich ausgestellt.

Aber der nun beginnende harte Druck vermehrte nur die Zahl der Täufer. Bald gab es wohl keinen Ort mehr, in dem nicht einige Anhänger zu finden waren. In manchen Städten zählte man Gemeinden von Hunderten. In Monikendamm betrug die Zahl der Täufer ein Drittel der Bevölkerung, in Groningen waren es 1100 Seelen. Wie ist dieses rapide Wachstum zu erklären? Hofstede de Groot gibt folgende Erklärung: "Die unglaubliche Schnelligkeit, mit welcher der Anabaptismus sich ausbreitete, ist ohne Zweifel zum guten Teil zu erklären aus dem Ernst, mit dem er auftrat. Die ergreifende Beredsamkeit, die dringende Forderung der Bekehrung, die einfache Berufung auf den Befehl Christi, das eindrucksvolle Wort, mit dem der Getaufte, nachdem er das Bundessiegel empfangen hatte, ermahnt wurde: 'Stehe auf und wolle hinfort nicht mehr sündigen!' - und dabei die ungekünstelte Frömmigkeit, die Gewissenhaftigkeit in Handel und Wandel, die brüderliche Liebe, welche die Brüder bewiesen; der Glaubensmut, den sie bewährten, auch wenn man ihnen durch die ausgesuchtesten Martern die Namen ihrer Freunde auszupressen suchte; dies alles machte einen unbeschreiblichen Eindruck und war die beste Empfehlung einer Lehre, die außerdem genährt wurde durch die Hoffnung auf eine Erneuerung aller Dinge und das nahe Kommen des Gottesreiches."

Diese gewiß zutreffende Schilderung wird allerdings sofort ergänzt durch die Bemerkung: "Doch waren sie nicht alle eines Geistes Kinder."

---

121 Vgl. "Mennonitische Blätter", Mai 1910.

122 Noch 1586 machten die "Wiedertäufer" fast ein Viertel der ganzen Bevölkerung in Friesland aus. (Goebel, Geschichte der rhein.-westfäl. Kirche, Bd. I, S. 163.

123 Dr. J. P. Müller, Die Mennoniten in Ostfriesland vom 16. bis zum 18. Jahrhundert, S. 12.

Es läßt sich denken, daß bei der ungeheuer raschen Ausbreitung der Bewegung manche Elemente Eingang fanden, die für die äußerlich angenommene Wahrheit nur wenig Verständnis hatten, wie das in solchen Zeiten immer zu geschehen pflegt.

Dazu gehört jene schroffe und schwärmerische Richtung, deren Vertreter uns bereits durch die münsterischen Verirrungen bekannt geworden sind. Nachdem das "himmlische Königreich" zu Münster am 24. Juni 1535 gefallen war, erfolgte eine allgemeine Ernüchterung der aufgeregten Kreise, wozu auch die nun noch härteren Verfolgungen das Ihrige beitrugen.

In dieser Zeit sandte Gott in Menno Simons (1496-1559) einen Mann, der als Führer und Lehrer in schwerer Zeit seinen Brüdern große Dienste geleistet hat. Menno gehörte "zu dem kräftigen, verständigen, freiheitliebenden Friesenvolke, welches auch in Sachen der Religion niemals fremder Autorität, sondern nur seiner eignen frommen Überzeugung hatte folgen wollen" (Goebel), darum "gern ihren eignen Weg gehen und lieber nachdenken, als blindlings annehmen, was ihnen gesagt wird". (Hofstede de Groot.)

In seiner Schrift: "Mein Ausgang aus dem Papsttum" berichtet Menno, wie er als weltlich gesinnter Priester anfing, an der katholischen Brotverwandlungslehre und an der Berechtigung der Kindertaufe zu zweifeln. "Es klang mir seltsam in den Ohren, daß man von einer anderen Taufe redete. Ich untersuchte die Schrift mit Fleiß und dachte mit Ernst darüber nach, konnte aber von der Kindertaufe nichts finden." Sein ihm vorgesetzter Kollege bestätigte ihm dies. Menno sagt: "Weil ich meinem Verstand nicht traute, suchte ich Rat bei einigen alten Gelehrten. Diese lehrten mich, daß mittels der Taufe die Kinder von der Erbsünde reingewaschen würden. Ich prüfte dies an der Schrift, fand aber, daß solche Lehre wider Christi Blut sei. Da ging ich zu Luther, um bei ihm Gründe zu suchen. Dieser belehrte mich, daß man die Kinder auf ihren eignen Glauben taufen solle. Auch hier fand ich, daß es mit Gottes Wort nicht übereinstimme. Drittens ging ich zu Butzer. Dieser lehrte, man solle die Kinder deshalb taufen, damit man ihrer um so sorgfältiger wahrnehmen und sie in den Wegen des Herrn auferziehen könne. Auch hier fand ich für die Kindertaufe keinen Grund. Bullinger, als der vierte, wies mich auf die Beschneidung des Alten Bundes hin, ich fand aber gleichfalls, daß diese Meinung der Schrift gegenüber nicht haltbar sei. Als ich nun überall fand, daß die Gottesgelehrten in ihren Ansichten so weit auseinandergingen und jeder seiner eignen Vernunft folgte, sah ich deutlich, daß wir mit der Kindertaufe betrogen seien."

So gründete Menno seine Überzeugung von der Taufe lieber nur auf die Bibel. Seine Stellung zum Worte Gottes auch in dieser Frage machte es ihm unmöglich, sich einer der großen Reformationskirchen anzuschließen, und sie nötigte ihn innerlich, die Schmach Christi mit den verachteten Wiedertäufern zu tragen. Aber so leicht wurde es Menno nicht, sich von seinem Amte zu trennen. Man sagt, daß die Hinrichtung des Sicke Freerks Snyder am 20. März 1531 bereits einen tiefen Eindruck gemacht habe, und daß das schreckliche Ende zahlreicher

Täufer im Jahre 1535 ihm dann den letzten Anstoß gegeben habe, ganz mit der Kirche zu brechen.[124]

Am 12. Januar 1536 legte Menno sein Amt nieder und ließ sich taufen. "Da war's, daß der gnädige, große Herr mir seinen väterlichen Geist, Hilfe, Kraft und Hand reichte, daß ich meinen guten Ruf, Ehre und Namen, die ich bei den Menschen hatte, und alle meine antichristlichen Greuel, Messe, Kindertaufen, üppiges Leben und alles auf einmal ohne Zwang verließ." Zu dem "hohen und schweren Dienst", zu dem ihn Gott für viele Jahre ausersehen hatte, ließ er sich aber erst 1537 durch die inständigen Bitten seiner Brüder bestimmen.[125] Vier Jahre wirkte er nun in der Gemeinde in Groningen, dann siedelte er 1541 nach Amsterdam über. Aber schon bald mußte er in Emden seine Zuflucht suchen, denn es war von der Regierung ein Preis auf seinen Kopf gesetzt, und so ist er die letzten achtzehn Jahre als ein Flüchtling unter steter Lebensgefahr von Ort zu Ort gezogen. Wunderbar, daß dieser Mann seinen Verfolgern niemals in die Hände fiel![126] Seine schwere Lage schildert Menno selbst mit folgenden Worten: "Der mich mit dem Blut seiner Liebe erkauft und unwürdig zu diesem Dienste berufen, kennt mich und weiß, daß ich weder Gold noch Gut, noch Wollust, noch Bequemlichkeit auf Erden, sondern allein meines Herrn Ehre, meine Seligkeit und vieler Menschen Seelen suche. Worüber ich so maßlos viel Bangigkeit, Druck, Betrübnis, Elend und Verfolgungen mit meiner armen, schwachen Frau und meinen kleinen Kindern habe durchmachen müssen, daß ich allerwegen in Gefahr meines Leibes und in vieler Furcht mich beständig befinde. Ja, wenn die Prediger auf weichen Betten und Kissen liegen, müssen wir in der Regel in verborgenen Winkeln uns heimlich verstecken. Wenn sie auf allen Hochzeiten und Kindtaufen usw. mit Pfeifen, Trommeln und Lauten sich öffentlich belustigen, müssen wir uns bei jedem Hundegebell umsehen, ob nicht die Häscher da sind. Wo sie als Doktoren, Herren und

124 Das Urteil lautete: "Sicke Freerks wird heute, den 20. März 1531, von dem Gerichtshof zum Tode durchs Schwert verurteilt, sein Körper soll aufs Rad geflochten und sein Haupt auf einen Pfahl gesteckt werden, weil er die Wiedertaufe empfangen hat und auf dieser Taufe beharrt." Solche grausamen Bluturteile haben gewiß auf viele und auch auf Menno einen tiefen Eindruck gemacht, bekennt er doch selbst, daß das Blut dieser Märtyrer so heiß auf sein Herz gefallen sei, daß er's nicht ertragen noch darüber zur Ruhe kommen konnte.

125 Von Anfang an trat Menno entschieden auf gegen die "jüdischen" Verirrungen mancher Täufer und deren fleischliche Kampfesweise.

126 Seine Wanderungen führten ihn nach Köln, Friesland, Niederdeutschland, Holstein, Mecklenburg, West- und Ostpreußen, ja, nach Livland. Überall gründete oder besuchte er kleine Gemeinden.

Im Staatsarchiv zu Brüssel ruht ein Schreiben der Regierung von Westfriesland an die Maria von den Niederlanden, daß einigen Täufern, die widerrufen und Gnade begehrten, die Freiheit geschenkt werden dürfe auf die Bedingung hin, daß sie Menno Simons an die Regierung verraten und ausliefern würden. Die Königin geruhte, die Bitte der Räte zu gewähren, vorausgesetzt, daß die betreffenden Wiedertäufer nicht nur widerriefen, sondern sich "wirklich bußfertig zeigten, und selbst dann dürfe nicht mehr als zwei Personen (Verrätern Mennos!) das Leben geschenkt werden. Die armen Leute wurden wie wilde Tiere zu Tode gehetzt." ("Mennonit. Rundschau", Januar 1911.)

Meister von jedem begrüßt werden, da müssen wir hören, daß wir Wiedertäufer, Winkelprediger, Verführer und Ketzer sind und in des Teufels Namen begrüßt werden sollen. In Summa, da sie mit vielen großen Einnahmen und guten Tagen herrlich für ihren Dienst bezahlt werden, müssen uns Feuer, Schwert und Tod unser Lohn und Teil sein."
Nach einem solchen Leben in Unruhe und Bedrängnis fand Menno endlich 1553 im Gebiet Wüstenfeld (in Holstein), das einem Herrn von Ahlefeld auf Fresenburg gehörte, einen Bergungsort, wo er im Alter von sechzig Jahren am 13. Januar 1559 in Frieden sein Leben beschließen konnte.[127]

In den von Menno Simons gesammelten Gemeinden wurde versucht, die alten Grundsätze der Täufer zu verwirklichen. Wie die älteren stillen Täufer, so verwarfen auch sie entschieden Krieg und das Waffentragen. Sie betonten die Unabhängigkeit der Gemeinden vom Staat, die Notwendigkeit der Kirchenzucht oder, wie man damals sagte, der Ausübung des Bannes. Da die Gemeinde keine unfreiwilligen Glieder haben kann, können nur Gläubige aufgenommen werden, und nur diesen gehören Taufe und Abendmahl. Der Eid ist ihnen in jeder Form verwerflich.

Unter dem Druck harter Verfolgungen fristeten diese rechtlosen Gemeinden auf deutschem Boden nur ein kümmerliches Dasein. Auch wo sie geduldet wurden, wurde ihnen jede Möglichkeit abgeschnitten, neue Glieder zu werben. Die Gemeinden ergänzten sich fast nur durch die Nachkommen der alten Familien.

Daß dabei nach und nach eine gewisse Versteinerung der Form eintrat und eine traditionelle Herübernahme des väterlichen Erbes ohne inneres Erleben, ist zu natürlich. Und wo dieses fehlt, ist dann die Tür geöffnet für einen inneren Abfall von den Grundsätzen der Väter. Diese Beobachtung müssen wir leider bei manchen mennonitischen Gemeinden machen. Aber es wäre ungerecht und unrichtig, nach einzelnen Gliedern oder einzelnen Gemeinden alle anderen zu beurteilen.[128]

Nichts ist gefährlicher für eine Gemeinde von Gläubigen, als wenn sie freiwillig oder gezwungen aufhört, Missionsgemeinde zu sein und ihre Gemeinderechte fast ausschließlich auf die leibliche Nachkommenschaft vererbt.

War es anfangs die harte, gedrückte Lage der Restgemeinden jener einst so mächtigen Bewegung, die deren Ausbreitung in Deutschland unmöglich machte, so beschleunigte später die Ruhe den bereits eingetretenen Prozeß der Versteinerung.

---

127 Näheres über Menno Simons' Leben ist zu finden in: C. Harder, Das Leben von Menno Simons, Königsberg 1846; B. L. Rosen, Menno Simons, Leipzig 1848; Christine Hege, Kurze Geschichte der Mennoniten, Frankfurt 1912, S. 46 ff.; A. Brons, Ursprung, Entwickelung und Schicksal der Taufgesinnten oder Mennoniten, Norden 1884; D. Max Goebel, Geschichte des christlichen Lebens in der rhein.-westfäl. evangel. Kirche, Koblenz 1849, I, S. 191 ff.; das Zuverlässigste gibt wohl der Artikel von Professor Dr. Cramer über Menno Simons in Herzogs Realenzyklopädie.

128 Da diese Gemeinden kein kirchliches System bilden, so ist die selbständige und völlig unabhängige Entwickelung jeder einzelnen Gemeinde ungemein erleichtert, was die große Verschiedenheit der einzelnen Gruppen erklärt.

Die mancherlei dürren Äste an dem vielgestaltigen Baume des Täufertums gaben aber weder den Feinden der Bewegung ein Recht, dem ganzen Baume das Leben abzusprechen, noch sollte ein einzelner Zweig, der heute zu frischem Leben erblüht ist, in stolzer Sicherheit sich mit den anderen vergleichen.

Vielmehr liegt in der Tatsache, daß bei korrekter äußerer Form oft kein inneres Leben vorhanden ist, eine Warnung für uns alle.

Blicken wir, um bei dem Bilde zu bleiben, auf den weitverzweigten Stamm der Gemeinden, die als Fortsetzung der altmennonitischen Gemeinden anzusehen sind, so sehen wir auch an ihm neben manchem dürren Ast neue frische Triebe, neben äußerem zähen Festhalten an dem väterlichen Erbe auch viel lebendiges Glaubensleben.[129]

Der Einfluß dieser Bewegung reicht aber (wie dies auch bei der Brüdergemeinde, dem Baptismus und Methodismus der Fall ist) weit hinaus über die engen Grenzen der eignen Gemeinschaft.

Die von Menno Simons vertretenen Wahrheiten feierten immer wieder ihre Auferstehung, und sie werden es tun, da sie, recht verstanden und ausgeübt, die wesentlichen Gemeindewahrheiten des Neuen Testaments sind, auf die alle Gläubigen immer wieder zurückkommen müssen.

Auch in der heutigen deutschen Gemeinschaftsbewegung sind die uralten Grundsätze des Täufertums zum Teil wieder aufgelebt.

Natürlich hat diese Bewegung noch andere Wurzeln. Aber ein sehr starker Einschlag des Täufertums liegt auf der Hand. Man denke nur an die scharfe Betonung der Trennung der Gemeinde von der Welt, die Forderung der Gemeindezucht, die Ablehnung eines geistlichen Standes und bei vielen auch die Rückkehr zur urchristlichen Taufweise.

Die Frage der Wehrlosigkeit tritt heute allerdings sehr zurück; aber die Stellung der alten Täufer in dieser Frage kann überhaupt nur dann richtig gewertet werden, wenn man die mittelalterliche Art der Kriegsführung und Rechtspflege, die grausamen Religionskriege und die willkürlichen Kleinkriege, überhaupt die damalige soziale Lage des sogenannten dritten Standes kennt. Wo wir heute in einem Lande kein geordnetes Staatswesen finden, tauchen auch sofort ähnliche Bedenken unter den Gläubigen wieder auf.

Auch die Eidfrage darf durchaus nicht als erledigt angesehen werden.[130] Sie wird ohne Zweifel noch einmal größere Bedeutung

---

129 Sogar ein gesegnetes Missionswerk unter den Heiden wird von mennonitischen Missionaren in Indien betrieben.

130 Von jeher hat es Gläubige gegeben, die sich durch das Verbot der Eidesleistung (Matth. 5,34; vgl. Jak. 5,12) veranlaßt sahen, jede Art von Eidschwur, auch die vor dem Richter, zu verwerfen.

Es ist hier nicht der Ort, auf diesen Gegenstand näher einzugehen. Aber das können wir doch nicht unbezeugt lassen, daß wir mit vielen ernsten Christen einen schweren Anstoß nehmen an der jetzt üblichen Art der Eidesleistung, und daß wir die Änderung der Eidesformel für eine höchstwichtige und notwendige Sache halten, über deren Ernst und Bedeutung leider in gläubigen Kreisen noch viel zuwenig nachgedacht wird. Heutzutage kommt zwar ein Christ seltener in die Lage, einen Eid leisten zu müssen als früher, aber es handelt sich in dieser Frage ja nicht nur um die an Gott gläubigen Christen, sondern vor allem auch

gewinnen. Eine den Grundsätzen des modernen Staates entsprechende Lösung ist unbedingt erforderlich.

Eine wesentlich andere Entwickelung als in Deutschland nahm das Täufertum in den Niederlanden.

Auch hier waren die Verfolgungen zunächst immer ärger geworden, besonders seitdem Karl V. im Jahre 1540 von Brüssel aus schärfere Maßregeln befohlen hatte. Kein Alter wurde geschont, Männer und Frauen wurden zur Hinrichtung geschleppt. In Rotterdam wurde einst eine ganze Versammlung von Taufgesinnten verraten. Die Ergriffenen mußten sterben. Während die Männer enthauptet wurden, wurden die Frauen und unter diesen ein vierzehnjähriges Mädchen in ein Boot geworfen, unters Eis gezogen und so ertränkt.[131] Das war immerhin noch eine weniger grausame Behandlung, als wie sie 1527 z.B. Jan Walen mit seinen Freunden erfuhr und viele andere vor und nach ihm. "Sie wurden mit Ketten auf den Scheiterhaufen gefesselt und langsam gebraten, indem man das Feuer rings um sie her anzündete, bis man das Mark aus den Knochen ihrer Beine fließen sah. So wurden sie allmählich verbrannt und gebraten, bis daß der Tod sie erlöste." Wir müssen uns versagen, aus der überreichen Fülle ergreifender Märtyrerakten jener Jahre weitere Beispiele zu bringen.[132]

Der holländische Kirchenhistoriker Hofstede de Groot urteilt folgendermaßen über diese große Märtyrerzeit unter Karl V.:

"Diese Männer, obwohl viele Tausende an der Zahl, waren nur die vordersten Glieder des größeren Heeres von Märtyrern, das noch folgen sollte. Wenige ausgenommen, kennen wir nicht einmal die Namen derjenigen, die so willig ihr Leben ließen, um ihr Vaterland zu einer Pflanzstätte des Evangeliums zu machen. Sie waren nur bekannt in der Stadt oder dem Dorfe oder der Landschaft, in der sie wohnten, und erlangten keine weitere Berühmtheit, die sie wahrlich auch nicht suchten. Doch

---

um den Mißbrauch des Namens Gottes von seiten derer, die jeden Glauben an Gott und jede Gottesfurcht von sich geworfen haben.

Es ist an der Zeit, daß in den modernen Staaten, die die Religionsfreiheit und Gewissensfreiheit gewähren, die aus der römisch-katholischen Kirche und der staatskirchlichen Zeit stammende Eidesformel abgeschafft wird.

Sobald man an Stelle des bisher üblichen Schwures ein feierliches "Ja" oder "Nein" vor dem Richter als Eid behandeln und eine Lüge vor dem Richter mit der Strafe des Meineids belegen würde, wäre die Eidesfrage sowohl für die ernsten Christen als auch für alle bewußten Nichtchristen gelöst.

131 Vgl. Hofstede de Groot, Geschichte der Reformation, S. 129. Zu dem ganzen Abschnitt: Dr. J. G. de Hoop-Scheffer, Geschichte der Reformation in den Niederlanden von ihrem Beginn bis zum Jahre 1531.

132 Der berühmte "Märtyrerspiegel" des Tielemann von Braght vom Jahre 1659 ist wiederholt auch ins Deutsche übersetzt worden. Es werden aus der Zeit von 1524 bis 1600 allein 800 mit Namen angeführt, von denen aber die meisten in Gemeinschaft mit zwei bis fünf, ja, zehn hingerichtet wurden."

Die Männer wurden auf dem Scheiterhaufen verbrannt, zuweilen nach vorangegangener Erdrosselung. Frauen und Mädchen pflegte man zu ertränken, manche wurden auch lebendig begraben. Die Folterqualen, welche viele auszustehen hatten, sind so entsetzlich, daß die Feder sich sträubt, sie näher zu beschreiben.

was machte dies aus? Sie selbst sind geborgen, und ihre Namen sind es auch. Keiner unter allen, der nicht eingetragen ist in das Buch, das länger währt als das Blatt des Geschichtsschreibers, und aus dem sie niemals können ausgetilgt werden. Meist waren es Leute aus niederem Stande: Weber, Kleidermacher, Maurer, Schiffer; vielfach sogar völlig ungebildet, aber durch den Heiligen Geist erleuchtet und durch das Wort Gottes belehrt, legten sie oft eine Erkenntnis an den Tag und bewiesen einen Glauben, der die Vornehmen und Gebildeten in Staunen setzte und beschämte und der zuletzt den Sieg behalten sollte auch über die rohste Gewalt."

Auf Karl V. folgte sein Sohn Philipp II., der den Ausspruch getan hat, lieber über eine Wüstenei als über Ketzer herrschen zu wollen.[133] Seine Grausamkeit und Verfolgungswut trieb die Niederländer zum Aufstand und Freiheitskampf gegen den Tyrannen unter der Führung Wilhelms von Oranien, was zur Losreißung der sieben nördlichen Provinzen von der spanischen Herrschaft führte, während der südliche Teil der Niederlande, das heutige Belgien, spanisch blieb und katholisiert wurde. Wilhelm von Oranien gewährte im Jahre 1572 den Taufgesinnten Duldung und Anerkennung. Die holländische Regierung hat auch den späteren Versuchen der Reformierten und dem Vorgehen einzelner städtischer Behörden, diese Freiheiten zu beschränken, nicht nachgegeben.

In der zweiten Hälfte des 17. Jahrhunderts betrug die Zahl der Taufgesinnten in den Niederlanden etwa 200 000 unter zwei Millionen Bewohnern der Staaten.[134]

Von den Niederlanden aus waren flüchtige Täufer auch nach England gekommen.

Schon 1535 starb der erste Märtyrer in London.[135] Man spürte von seiten der Kirche den Täufern besonders seit 1549 mit großem Eifer

---

133 Unter dem Schreckensregiment des Generalstatthalters Herzog Alba (1567-1573) sind etwa 18 000 Ketzer hingerichtet worden, Calvinisten und Täufer.

134 Ihr Einfluß war sehr groß. Wiederholt haben sie dem Vaterlande wertvolle Dienste geleistet. (Vgl. Chr. Hege, Kurze Geschichte, S. 58 usw.) Auf ihre Bitte verwandte sich auch die holländische Regierung wiederholt für die bedrängten Glaubensgenossen in anderen Ländern.

135 Im Jahre 1536 erschien ein Vertreter englischer Gemeinden namens Heinrich auf der Täufersynode zu Bocholt in Westfalen. (Vgl. den Aufsatz von Dr. Keller in der Westdeutschen Zeitschrift für Geschichte und Kunst, 1882, S. 441.)

Im Jahre 1538 wurden in Smiethfield in England zwei holländische Täufer verbrannt.

Die erste eigentliche Baptistengemeinde in England soll in Hull durch die Holländer Thomas Helweys und John Marton gegründet sein, die im April 1611 von Amsterdam nach London kamen. Diese Männer standen mit den Kreisen in Verbindung, die Brownisten genannt wurden und die wieder mit den Altmennoniten in Verbindung standen.

Zu den englischen Baptisten gehörte William Carey (1761-1834), der 1793 als der erste britische Missionar nach Indien ging und als Orientalist und Bibelübersetzer und als Bahnbrecher für das moderne Missionswerk einen der ersten Plätze in der Missionsgeschichte einnimmt.

Der bekannte baptistische Kanzelredner C. H. Spurgeon (gest. 1892) gehört zu den bedeutendsten Predigern in der letzten Hälfte des 19. Jahrhunderts. Die Tatsache seines Austritts aus der Union der englischen Baptistengemeinden darf nicht so gedeutet werden, als ob er je seine Auffassung über die Taufe der Gläubigen geändert hätte, wie manche

nach. Als 1550 der erst zwölfjährige König Eduard VI. auf das Drängen des Erzbischofs Cramer hin ein Todesurteil über die Jungfrau Johanna von Kent unterschreiben mußte, tat er es mit den Worten: "Cramer, ich unterschreibe das Urteil auf Eure Gefahr und Verantwortung vor Gottes Richterstuhl."

Unter der evangelisch gesinnten Königin Elisabeth dauerten die Verfolgungen fort. Sie kann als "Retterin des Protestantismus" für England gelten. Aber indem sie eine Staatskirche erstrebte, in der alles nach einer Schablone sein sollte, konnte auch sie nur eine Partei wünschen. Die Nonkonfirmisten oder Dissenters als Gegner der Uniformitätsakte, die "Puritaner" (von *purus* = rein), wie man sie seit 1564 nannte, unterwarfen sich aber diesen Anordnungen nicht, sondern trennten sich von der Landeskirche. In der nun folgenden harten Verfolgungszeit flüchteten viele Puritaner nach Holland.

Nach jahrelangen Kämpfen kam es endlich 1642 zur Revolution. Es schien, als ob das in seiner Mehrheit aus Presbyterianern bestehende Unterhaus des Parlaments seinen Plan durchsetzen würde, eine englische Staatskirche nach dem Muster der presbyterianischen Kirche in Schottland durchzuführen. Da erhob sich die mächtige Partei der Kongregationalisten und Independenten, die das Staatskirchentum in jeder Form verwarfen und die Selbständigkeit der einzelnen Gemeinden verteidigten.

Rasch wuchs die Zahl dieser "Heiligen". Die Anerkennung des unbedingten Rechts der christlichen Persönlichkeit und der vollen Gewissensfreiheit, die sie forderten, waren die alten Ideale und Forderungen der "Wiedertäufer" der Reformationszeit.

Oliver Cromwell war der geistesmächtige und energische Führer dieser Richtung und führte sie von Sieg zu Sieg. Die Religionsfreiheit war erkämpft.[136] In dieser Zeit kehrten viele der Independenten auch zur urchristlichen Taufpraxis zurück.

Schon vorher hatten sich hier und dort im Lande Gemeinden gebildet, in denen die Taufe der Gläubigen in der Form des Untertauchens geübt wurde, deren Anhänger sich nun so schnell vermehrten, daß 1643 in London bereits sieben Gemeinden bestanden.

Früh zeigten sich unter ihnen zwei Richtungen. Während die einen die arminianische Lehre der allgemeinen Gnade Gottes und den freien Willen des Menschen betonten, neigten die anderen der Gnadenwahllehre Calvins zu. Auch über die Fragen des Eides, des Kriegsdienstes u. dgl. bestanden wie auf dem Festlande Meinungsverschiedenheiten.

Verehrer Spurgeons, die aber Gegner der Baptisten sind, glauben. Spurgeon hat einmal gesagt: "Vielen unter uns ist die Taufe der Gläubigen einer derjenigen Artikel, die in dem von Gott eingegebenen Worte am klarsten geoffenbart sind, und wir wundern uns sehr, daß dies nicht alle unsere Mitchristen erkennen." Diese Überzeugung hat Spurgeon nie aufgegeben.

136 Ausgeschlossen waren unter Cromwell nur die Katholiken, weil sie einer auswärtigen politischen Macht gehorchten, die Bischöflichen seit ihrer Verschwörung von 1655, sodann die Antitrinitarier.

Zu diesen Gläubigen gehörte Thomas Crosby, der erste Geschichtsschreiber der Baptisten, wie die Taufgesinnten dort genannt wurden. Auch John Milton, der große englische Dichter und Sekretär Cromwells, zählte zu ihnen.[137]

Als nach der Wiederherstellung der englischen Königsherrschaft der "sittlich haltlose und unlautere" König Karl II. auf den Thron kam, brach wieder eine schreckliche Verfolgungszeit über die Gläubigen in England herein. Durch die Konventikelakte wurde jede Person über sechzehn Jahre, die irgendeiner außerkirchlichen Versammlung beiwohnte, erstmals zu drei Monaten Gefängnis und fünf Pfund Sterling Strafe, im Wiederholungsfalle zur doppelten Strafe und endlich mit Deportation nach Amerika bedroht. Die sogenannten "Fünfmeilenakte" befahlen allen Dissidentenpredigern, sich fünf Meilen von allen Städten und Märkten fernzuhalten. Die Testakte schlossen alle von den staatlichen Ämtern aus, die nicht das Abendmahl in der Landeskirche nahmen.

Am 24. August 1662 wurden mehr als 2000 puritanische Prediger aus ihren Gemeinden verjagt. Unter Karl II. wurden nicht weniger als 8000 Dissenters mit Gefängnis bestraft und über 60 000 mit anderen Strafen belegt. Unter den eingekerkerten Predigern befand sich auch der Baptist John Bunyan, der zwölf Jahre im Gefängnis zubrachte, wo er seine "Pilgerreise" ("The Pilgrims Progress" 1678) und andere köstliche Erbauungsschriften verfaßte.

Durch den endgültigen Sturz der Stuarts im Jahre 1688 wurde nicht nur den Versuchen, England für die Kirche Roms zu gewinnen, ein Ende gemacht, sondern Wilhelm III. von Oranien, der den englischen Thron bestieg, erließ 1689 im Einvernehmen mit dem Parlament die Toleranzedikte. Zwar blieb die Bischöfliche Kirche Staatskirche, aber es erlangten auch die übrigen protestantischen Parteien Duldung. Doch gewährten auch diese Toleranzedikte noch nicht völlige Kultusfreiheit.

Damals hatten aber bereits in den Ländern des freien Amerika viele in Europa verfolgte Christen eine neue Heimat, Duldung und Bewegungsfreiheit gefunden. Hier fanden sie endlich Gelegenheit, ihren Grundsätzen gemäß ihre Gemeinden auszugestalten.

Seitdem dann England durch die erwähnten Toleranzedikte den Dissenters ebenfalls Duldung gewährte, ist auch dort die Taufe der Gläubigen in den verschiedensten christlichen Kreisen geübt worden bis auf den heutigen Tag.[138]

---

137 Seine Stellung zur biblischen Taufe bezeugt er klar in seinem berühmten Werke: "The Paradise lost" ("Das verlorne Paradies"). Dort sagt er von den Jüngern: "Und ihnen ward das Amt von ihm zuteil, zu lehren allen Völkern, was er sprach; die Gläubigen zu taufen in dem Strom als Zeichen, daß sie von der Sünde Schuld gereinigt sind und vorbereitet, selbst den Tod zu sterben, den Messias starb." (Übersetzung von A. Böttger.)

138 Prof. D. Rauschenbusch - Rochester hebt in Krügers Handbuch der Kirchengeschichte (Tüb. 1909, IV., S. 275) den Einfluß der amerikanischen Baptisten auf die öffentliche Meinung hervor. Viele andere Denominationen üben die Taufe der Gläubigen, sogar bei Methodisten und Universalisten werden solche, die es verlangen, durch Untertauchung getauft. Auch in anderen Kirchen, z. B. bei den Presbyterianern und Episkopalen warten manche Eltern, bis ihre Kinder die Taufe selbst begehren.

Nach und nach ließ man sich auch in den übrigen Kulturländern herbei, die harten Gesetze gegen die Täufer zu mildern oder aufzuheben.

Man berechnet jetzt die Gesamtzahl der Mennoniten auf 400 000, wovon auf Holland etwa 65 000, auf Norddeutschland 14 000, auf Süddeutschland 7000, auf Frankreich 1300, die Schweiz 1500 und auf Rußland[139] wenigstens 80 000 gerechnet werden. In Amerika beläuft sich ihre Zahl auf wenigstens 170 000, in Kanada auf 40 000. Dazu kommen noch über 10 000 Glieder, die durch die fünf mennonitischen Heidenmissionen gewonnen sind.[140]

Die Rynsburger "in den Bahnen Mennos wandelnden" Dompelaers oder Untertaucher sind die Wurzel der heute über 100 000 Glieder zählenden German Baptist Church in Amerika. Auch die "Vereinigten Brüder in Christo" sind eine taufgesinnte Richtung mit etwa 250 000 Gliedern.

Die Zahl der Baptisten wird auf über 8 671 613 Mitglieder (ihre nichtgetauften Zugehörigen nicht eingerechnet) angegeben, wovon allein 7 726 333 in Amerika leben. In Großbritannien gibt es 405 100, in Schweden 61 120.

Übrigens wird auch von den sogenannten Stundisten in Rußland die Taufe auf den Glauben vertreten, ob sie sich nun "Baptisten" oder "Evangelische Christen" nennen.[141] Dasselbe gilt von den Nazarenern in Südosteuropa, die mit den sogenannten Reutäufern in der Schweiz in Verbindung stehen, wie man dort die durch die Arbeit des leidensmutigen ehemaligen Pfarrers Fröhlich entstandenen Kreise nennt. Wenn man ferner denkt an die sogenannten "Brethren" (die "offenen" und "geschlossenen" Brüder in England und vielen anderen Ländern), wie auch an andere größere und kleinere Versammlungen, in denen die urchristliche Taufweise geübt wird, so ist die eigentliche Zahl der heutigen Taufgesinnten unberechenbar, dürfte aber zehn Millionen übersteigen.

In Deutschland, von wo die einstige Taufbewegung ausging, bestanden lange Zeit nur kleine Reste jener alten stillen Mennonitengemeinden. Man hatte sich an ihr Dasein gewöhnt, zumal sie keine Propaganda machten.

---

139 Man kann in Rußland drei Hauptgruppen von mennonitischen Ansiedlungen unterscheiden: 1. Die im Jahre 1789 unter der Kaiserin Katharina II. entstandene Altkolonie um Chortitza; 2. die seit 1803 entstandenen Ansiedlungen an der Molotschna; 3. die seit der Einwanderung 1850 entstandenen Ansiedlungen um Saratow und Samara im Osten Rußlands. Neuerdings gibt es auch schon zahlreiche Ansiedlungen in Sibirien. Kleinere Kolonien bestehen auch am Kaukasus und in Turkestan. Die meisten der russischen Mennoniten stammen aus den Gegenden am Oberlauf der Weichsel, wohin sie seit dem Ende des 16. Jahrhunderts aus den Niederlanden gekommen waren.

140 Nach den "Mennonitischen Blättern" Nr. 6, 1915, beträgt die Gesamtzahl der Mennoniten heute nicht ganz 500 000.

141 Vgl. J. Warns, Rußland und das Evangelium. Bilder aus der Geschichte der evangelischen Bewegung des sogenannten Stundismus. 1919. Oncken, Cassel.

Eine neue Taufbewegung entstand durch den Hamburger Kaufmann Johann Gerhard Oncken, den Bahnbrecher der deutschen Baptisten.

Oncken wurde am 26. Januar 1800 zu Varel im Großherzogtum Oldenburg geboren.

Vom 14. bis 19. Lebensjahr hielt er sich in Schottland auf. Dann kam er nach London, wo er in den Kreisen der Independenten entschiedenes Christentum kennenlernte und zum Herrn bekehrt wurde.

Als er im Jahre 1833 nach Hamburg kam, kannte er die Baptisten kaum dem Namen nach.

Mit großem Eifer arbeitete Oncken für den Herrn in der Sonntagsschule, in der Wortverkündigung und als Mitglied der Niedersächsischen Traktatgesellschaft. Erst später kam er durch eignes Forschen in der Bibel zu der Erkenntnis, daß die Kindertaufe keinen Grund in der Schrift habe, daß die Untertauchung die biblische Form der Taufe sei und daß nur Gläubige getauft werden sollten.

Am 22. April 1822 ließ sich Oncken von Dr. Sears aus Amerika, der zum Besuch in Deutschland weilte, zusammen mit sechs anderen in der Elbe taufen. So kam es zur Gründung der ersten Baptistengemeinde in Deutschland.

Oncken selbst blieb in Gemeinschaft mit seinen Freunden G. W. Lehmann und J. Köbner unermüdlich tätig bis zu seinem Tode am 2. Januar 1884.

Es ist merkwürdig, daß zur selben Zeit, als Oncken zur Klarheit über die Taufe kam, auch an anderen Orten diese biblische Wahrheit erkannt wurde und überall lediglich durch Forschen in der Schrift.

So in Oldenburg, Marburg, Stuttgart, Memel und Derschlag, wo in kleinen Bibelkreisen dem Zweifel an der Berechtigung der Kindertaufe bald das Verlangen folgte, auch in der Taufe zu den neutestamentlichen Grundsätzen zurückzukehren.

Den kleinen Kreisen "gläubig getaufter Christen" blieb eine Zeit schwerer Verfolgungen nicht erspart. Oncken selbst hat mehrmals wegen "separatistischen Unfugs" den Winserbaum, das ehemalige Hamburger Bürgergefängnis, beziehen müssen.

Der große Hamburger Brand vom 5. bis 8. Mai 1842 brachte eine merkwürdige Wendung in der Behandlung der verachteten Baptisten. Oncken stellte das Versammlungshaus als Zufluchtsstätte für siebzig der Abgebrannten zur Verfügung. Das wandte der kleinen Gemeinde und ihrem Führer die Achtung vieler und sogar die offizielle Anerkennung des Senats zu.

In Preußen schien die Regierung bald Duldung gewähren, bald mit Strenge einschreiten zu wollen. Zeitweilig mußten die Taufen öffentlich in Gegenwart der Polizei vollzogen werden, dann wieder hieß es, der König habe mit höchstem Mißfallen von den Taufen in öffentlichen Gewässern vernommen.

Am Himmelfahrtstage des Jahres 1842 wurde in Berlin die Versammlung überfallen. Alle Gegenstände im Raume wurden zertrümmert, so daß dieser mit den zerbrochenen Bänken und Geräten, zerrissenen Kleidern, Haaren und Blutflecken einem förmlichen Schlachtfelde glich.

Eine gerichtliche Untersuchung brachte der Gemeinde keine Genugtuung, nicht einmal eine richtige Darstellung gestattete die Zensur.

An verschiedenen Orten wütete man mit Gefängnis und Geldstrafen gegen die Vertreter der Glaubenstaufe. Noch 1852 wurde ein Prediger wegen Vollzugs der Taufe zu vierzehn Tagen Gefängnis verurteilt, ein anderer zu 100 Taler Geldstrafe. Am ärgsten verfuhr man in Hessen, wo während der Reformationszeit die Täufer am mildesten behandelt worden waren. Man holte die alten Gesetze gegen die Wiedertäufer hervor. Zwangsweise entriß man den Eltern ihre Kinder, um sie in die Kirche zur "Taufe" zu bringen. Jeremias Grimmel, der später wie andere nach Amerika auswanderte, hat vorübergehend in einem dunkeln unterirdischen Kerker schmachten müssen, in dessen Mitte ein mächtiger Block mit einer schweren Kette stand. Ein andermal wurde er mit einem zu Zwangsarbeit verurteilten Verbrecher zusammen abtransportiert. Seine Hände waren mit einer Kette gefesselt, während der andere frei ging. Auf Steinhoffs Kopf war sogar ein Preis von 30 Gulden gesetzt; trotzdem blieb er wunderbar bewahrt.

Auch in Mecklenburg wütete die Verfolgung besonders stark. Der Missionar Wegener in Ludwigslust erhielt im Februar 1852 nach vier Tagen Untersuchungshaft eine achttägige Gefängnisstrafe, davon vier Tage bei Wasser und Brot. Im nächsten Jahre wurde er zu vierzehn Tagen Gefängnis verurteilt wegen "Verwaltung der Sakramente", wieder einen Tag um den anderen bei Wasser und Brot. Im Jahre 1855 wurde C. M. Kleppe wegen Abhaltens von Versammlungen zu 75 Talern Strafe oder drei Wochen Gefängnis verurteilt. Im selben Jahre wurden zwei Baptisten wegen "Unterhaltung mit frommen Leuten und Verbreitung christlicher Schriften" zu acht Tagen Gefängnis verurteilt. Für den Wiederholungsfall wurde ihnen körperliche Züchtigung angedroht. Die Folge war, daß über sechzig dieser verfolgten "Sektierer" nach Amerika auswanderten, nicht ohne zuvor an den Großherzog und an den Oberkonsistorialrat Kliefoth in Schwerin einen feierlichen Protest wegen der erlittenen Unbill gerichtet zu haben.

In Schleswig wurde mit Gefängnis, Geldstrafen und Pfändung gegen die Täufer vorgegangen. In Braunschweig wurde einer Mutter ein vierjähriges Kind gewaltsam entrissen und in der Kirche zwangsweise "getauft".

Am längsten hielten die Verfolgungen im ehemaligen Königreich Hannover und in Schaumburg-Lippe an. Der Prediger Bolzmann mußte im Jahre 1854 zweiundzwanzig Wochen im Gefängnis zu Bückeburg zubringen. Zehn Personen, die eine christliche Versammlung im Walde abhielten, wurden zu vier Wochen Gefängnis verurteilt. Ein gewisser Brückmann, der seine Tochter nicht konfirmieren lassen wollte, mußte 37 Tage im Gefängnis zubringen.

Es waren nicht nur die unteren Organe der Polizeigewalt, die in dieser barbarischen Weise gegen friedliche Christen vorgingen. Auf dem Berliner Kirchentage 1853 hatte sogar der Minister Stahl sich für die

Anwendung der Staatsgewalt gegen Methodisten und Baptisten ausgesprochen.

Erst durch die Bemühungen des "Evangelischen Bundes" und der "Evangelischen Allianz" sowie der unter dem Vorsitz von Lord Shaftesbury in Homburg versammelten Freunde der religiösen Freiheit und durch das allen Mitgliedern des Kirchentages übersandte "Offene Sendschreiben" von J. Lehmann besserte sich nach und nach die Lage der Baptisten, wenngleich sie noch lange, besonders in Sachsen, mit großen Schwierigkeiten zu kämpfen hatten.[142]

Ende 1919 zählten die 226 deutschen Baptistengemeinden 50 700 Glieder.

In Hamburg lernte 1851 der schwedische Pfarrer und Magister Wiberg die deutschen Baptisten kennen. Er ließ sich 1852 taufen. Seit seiner Rückkehr aus Amerika, wo er sich drei Jahre aufhielt, widmete er sich seinem Vaterlande, wo die Gemeinden der Baptisten heute 61 000 Glieder zählen. Aber auch in Schweden beschränkt sich die Praxis der biblischen Taufe durchaus nicht auf die Baptisten. Dort wie in anderen Ländern ist die Zahl derer, die auf Grund der Heiligen Schrift zur Erkenntnis kamen, daß sie noch nicht getauft seien im Sinne des Neuen Testaments und die sich deshalb taufen lassen, ständig im Wachsen.

Man muß die erfreuliche Tatsache anerkennen, daß die mancherlei Vorurteile, die man früher selbst in gläubigen Kreisen gegen die sogenannten "Wiedertäufer" hegte, allmählich schwinden.

Viel mögen dazu in Deutschland die Allianzkonferenzen beigetragen haben, besonders die Blankenburger Konferenz, wo die kirchlichen Gläubigen mit Vertretern der biblischen Taufe brüderliche Gemeinschaft pflegten. Mancher entdeckte dort zum ersten Male auch unter denen, die sich hatten taufen lassen, viele ernste und treue Christen. Waren doch von den bekanntesten Rednern auf diesen Konferenzen nicht wenige selbst als Gläubige getauft, z.B. Georg Müller, Dr. Bädeker, Hudson Taylor, O. Stockmayer, General v. Viebahn, F. B. Meyer, Dr. Torrey, Fuller-Gooch, B. Kühn, G. Nagel, Dr. von Gerdtell, Dr. Arnold und viele andere.

Auch von den bekanntesten Schriftstellern, deren Bücher viel in gläubigen Kreisen gelesen werden, sind manche als Gläubige getauft worden, so außer den schon genannten z.B. Dr. Pierson, Philipp Mauro, J. Vetter, H. Großmann u.a.

Wir beendigen nunmehr die kurze skizzenhafte Schilderung der Täuferbewegung, da es die ungeheure Fülle des Stoffes nicht erlaubt, auf Einzelheiten näher einzugehen und sie bis zur Gegenwart zu verfolgen.[143]

---

142 Ausführlich beschrieben hat Joseph Lehmann diese Zeit der Kämpfe und des Wachstums in seiner "Geschichte der deutschen Baptisten". Oncken, Cassel.

143 Wer den Wunsch hat, sich näher damit zu befassen, sei nochmals hingewiesen auf die Quellenangabe in den Anmerkungen und das Literaturverzeichnis am Schlusse dieser Schrift, worin allerdings nur ein geringer Teil der Literatur namhaft gemacht ist.

Die Beschäftigung mit der Geschichte ist niemals ohne Lohn und Segen. Nichts ist lehrreicher und förderlicher zum Verständnis der gegenwärtigen Bedürfnisse und Aufgaben der Gemeinde, als die Leiden und Kämpfe, die Grundsätze und Ziele der Gläubigen früherer Zeiten kennen zu lernen. Aber auf den Blättern der Geschichte finden wir nicht nur erhebende Vorbilder zur Nachahmung, sondern auch abschreckende Beispiele und Warnungen vor Abwegen und Fehlern.

Unsere kurze Übersicht über die Geschichte der Taufgesinnten würde einseitig sein, wenn wir nur von den Leiden und Siegen berichten würden, dagegen die mancherlei Unvollkommenheiten, Fehlgriffe und Verirrungen mancher Kreise mit Stillschweigen übergehen würden. Dazu gehört die Gesetzlichkeit vieler[144], die Überspannung gewisser Grundsätze, wie z.B. der Gemeindezucht, wodurch Menno Simons die letzten Lebensjahre so verbittert wurden.[145]

Doch dürfen alle diese Fehler und Irrtümer einzelner oder vieler nicht der ganzen Bewegung zur Last gelegt werden. Aber das lehrt uns die Geschichte der Taufbewegung bis auf den heutigen Tag, daß auch bei klarer Erkenntnis der biblischen Taufe mancherlei Irrtümer festgehalten werden können.[146]

Diese Erkenntnis ist demütigend und darum heilsam. Denn sie wird uns davor bewahren, treue Jünger Jesu nach ihrem Taufstandpunkt zu beurteilen und zu verurteilen oder die Erkenntnis der biblischen Taufe zum Schibboleth ernsten Christentums zu machen. Diese Erkenntnis wird uns ferner veranlassen, milder zu urteilen über die mancherlei Fehler und Unvollkommenheiten vieler Gegner der Täufer, deren sittlicher Ernst und gute Absicht nicht zu verkennen ist.

Waren die Reformatoren in mancher Hinsicht als Kinder ihrer Zeit in mittelalterlichen Vorstellungen befangen geblieben, wie dies aus ihrer Sakramentslehre und ihrer Auffassung über das Verhältnis von Kirche und Staat erhellt, so muß man auch bei den Täufern nicht eine überall

---

144 Das trat nicht nur in der gesetzlichen Forderung der Taufe hervor und bei der Betonung anderer Gemeindeordnungen, sondern auch in dem Wertlegen auf bestimmte Sitten der Kleidung und dem starren Festhalten an gewissen Gebräuchen. (Vgl. Chr. Hege, Kurze Geschichte usw., S. 101 ff.)

145 Von den langjährigen Streitigkeiten, die über die Ausübung des "Bannes", d. i. der Gemeindezucht, entstanden und über die Trennung, die dadurch unter den Täufern entstand, berichtet jede geschichtliche Darstellung der Mennoniten. (Vgl. Chr. Hege, Kurze Geschichte usw., S. 50 ff.; C. G. Wendel, Abriß, Bd. II, S. 131.)

146 So gab es in Italien unter den zahlreichen Gemeinden der Täufer im Zeitalter der Reformation zwei Richtungen, wie auf der Synode zu Venedig 1550, an der sechzig Abgeordnete aus den Gemeinden teilnahmen, zutage trat. Die eine dieser Richtungen vertrat manche Lehren, die nur als grobe Irrtümer bezeichnet werden können. (Vgl. Karl Benrath, Geschichte der Reformation in Venedig, Halle 1887, S. 76 ff.)

Auch in Deutschland gab es noch nach der Katastrophe zu Münster hier und da kleinere Reste der radikalen Täufer, von Männern wie David Joris (gest. 1556) aus Delft, der unerkannt in Basel lebte, beeinflußt. Diese Reste fanatischer Elemente gingen aber bald zugrunde. Unter der Schuld solcher entarteten Richtungen mußten natürlich die "stillen, waffen- und rachlosen" Täufer mitleiden. (Vgl. Goebel, Gesch. I, § 16.)

gleiche Erkenntnis dieser Dinge, geschweige denn eine vollkommene Gemeindeordnung nach biblischem Muster suchen.

Es bedurfte einer gewissen Zeit der Entwickelung und Klärung, bis sich die echt biblischen Grundgedanken durchsetzten und mancherlei Irrtümer überwunden waren.

Für die Täufer der Reformationszeit darf der schlesische Edelmann Kaspar Schwenckfeld (1489-1561), der sich niemals den Täufern angeschlossen hat, als ein ziemlich objektiver Beurteiler gelten.[147]

Er hat viele von den Täufern persönlich gekannt. Ihm fiel auf, daß "etliche Wiedertäufer die Gewissen so hart dringen". Er fand bei vielen jüdische Gesetzlichkeit, grobe Unwissenheit "in göttlichen handeln", eine übertriebene Wertschätzung der äußerlichen Zugehörigkeit zu ihrer Versammlung, auch wohl eine falsche Vorstellung von einer magischen Wirkung der Erwachsenentaufe. Und vor nichts hatte Schwenckfeld größeren Abscheu als vor Gesetzlichkeit in irgendeiner Form.[148]

Das Urteil Eckes: "Daß Schwenckfelds Gesamterscheinung und besonders seine Kritik der Täufer eine völlige Widerlegung der Kellerschen Wertung der Täufer als Verkündiger des altapostolischen Christentums in der Reformationszeit darstellt, dürfte klar sein," ist in dieser Allgemeinheit entschieden zu scharf.[149] Die Täufer waren eben sehr verschieden, und wenn bei vielen von ihnen neben klarer Erkenntnis einzelner Wahrheiten doch mancherlei Irrtümer vorhanden waren, so ist das nicht zu verwundern. Aber Schwenckfelds Urteil über die Täufer beruht ohne Zweifel auf persönlicher Beobachtung vieler und ist darum keineswegs als ein völlig falsches abzuweisen, zumal er die meisten als "gottesfürchtiges einfältiges Völklein" anerkennt und immer in brüderlicher Liebe urteilt.

Auf der anderen Seite ist Schwenckfelds Kirchenideal, das sich in der Zukunft - nach seiner Meinung - verwirklichen wird, wenn die apostolische Geistesfülle eine Garantie für eine Durchführung biete, ein anderes als das der Täufer, die sogleich praktisch die Hand ans Werk legten, um Gemeinden nach biblischem Muster zu errichten.

Schwenckfeld hatte gewiß ein tieferes Verständnis für die charismatisch-pneumatische Organisation der urchristlichen Gemeinden, als die Täufer sie hatten. Er steht darin auf einsamer Höhe, seiner Zeit weit

---

147 Auch Schwenckfeld hält allerdings die Kindtaufe für nicht apostolisch, da er "nit wohl glauben kann, daß die Apostel unmündige Wiegenkinder getauft haben" und daß "beim Kindertauf ist eitel Wahn und wenig gewisses". Er weist dabei ausdrücklich hin auf die aus christlichen Familien stammenden Männer wie Hieronymus, Ambrosius, Gregor und Augustinus, ferner auf die katholische Taufliturgie als Zeugnis für den späteren Ursprung der Kindertaufe. Aber er empfindet die Forderung "des eußerlichen Tauffs" als etwas Gesetzliches und weist darum immer darauf hin, daß ein jeder sich prüfen solle, ob er "vor Gott recht getäufft" und "innerlich gewaschen". (Vgl. K. Ecke, Lic. theol., Schwenckfeld, Luther und der Gedanke einer apostolischen Reformation, S. 132 ff.)

148 S. Ecke, Schwenckfeld, S. 209 ff.

149 Inzwischen ist Lic. Ecke selbst zu dieser Überzeugung gekommen laut persönlicher Mitteilung.

voraus. Aber darum ist es nicht nötig, einen Gegensatz zwischen den Grundsätzen Schwenckfelds und denen der Täufer zu finden. Vielmehr laufen beide Linien zusammen und treffen erst in ihrer Vereinigung das Ziel, das sowohl Schwenckfeld als auch alle geistlich gerichteten wahren Täufer im Auge hatten: eine nach urchristlichem Vorbild sich aufbauende Gemeinde der Gläubigen, vom Geiste durchwaltet, aber auch nach dem Worte gestaltet. Hier soll nicht äußere Gesetzlichkeit den Geist dämpfen, aber auch nicht eine einseitige Betonung der Geistesleitung die gottgewollten äußeren Formen, wie Taufe, Abendmahl und Gemeindezucht, überflüssig machen.

Wenn darum auch manche Täufer Schwenckfeld "gram waren" und in ihrer Gesetzlichkeit seine geistlichere Auffassung der Gemeinde als des einen Leibes Christi nicht verstanden, so können alle wahren Taufgesinnten diesem treuen Jünger Jesu nur dankbar sein, daß er auf gewisse Gefahren und Fehler hinwies. Es hat dies wesentlich zu einer tieferen Erkenntnis des Wesens der Kirche Christi, ihrer Stellung und ihrer Aufgaben und ihrer wunderbaren Geistesorganisation beigetragen. Ohne Zweifel gehört Schwenckfeld zu denen, die zu einer geistlicheren Auffassung der Organisation der Gemeinde beigetragen haben. Seine Ideen sind zum großen Teil Gemeingut aller Richtungen der sogenannten Gemeinschaftsbewegung geworden.

Es wäre töricht, in den Gemeinden der Täufer lauter Gold und in den protestantischen Landeskirchen lauter Spreu zu suchen; letzteres würde nicht einmal für die römische Kirche zutreffen. Eine ehrliche Geschichtsforschung wird niemals solche Verteilung von Licht und Schatten vornehmen können. Die volle und unbedingte Wahrheit kann niemals von einer Partei in Pacht genommen werden. Es wäre das Zeichen einer traurigen sektiererischen Voreingenommenheit, die Verdienste und die Bedeutung eines von Gott gebrauchten und gesegneten Zeugen etwa nach seiner Zugehörigkeit zu einer kirchlichen Partei oder Richtung beurteilen zu wollen. Wenn wir die Lehre der Reformatoren über Kirche und Sakramente sowie ihre Stellung zu den sogenannten "Schwärmern" beleuchteten, und zwar eingehender, als dies gewöhnlich zu geschehen pflegt, so geschah dies durchaus nicht aus Freude an ihren Fehlern und Einseitigkeiten, sondern deshalb, weil ein Verständnis für die Taufbewegung im Zeitalter der Reformation schlechterdings unmöglich ist ohne die Beachtung der Stellung, die man in den offiziellen Kirchen zu den Grundsätzen und Zielen dieser Bewegung einnahm. Die Verunglimpfung der Reformatoren mag ihren Gegnern billig überlassen bleiben, die in dem Festnageln ihrer Fehler eine wohlfeile Waffe suchen für die kirchlichen Parteikämpfe der Gegenwart. Sie zeugt zugleich von dem mangelnden Verständnis für die tatsächlich geleistete Lebensarbeit dieser Männer, denen die protestantischen Völker die Freiheit von römischer Knechtschaft zu verdanken haben.[150]

---

150 Schwenckfelds Ausspruch über Luther, von dem er wahrlich nicht sanft behandelt wurde und dessen Autorität er sich auch nicht in allen Punkten unterwerfen konnte, ist auch uns aus dem Herzen gesprochen: "D. Martins wollt ich von Herzen gern verschont haben, ich weiß ja, Gott Lob, was ich ihm schuldig bin."

Darum also handelt es sich durchaus nicht, sondern um die Verteidigung unseres Rechts, das wir als Bibelchristen und Kinder der Reformation besitzen, alles zu prüfen, mit dem Schriftprinzip der Reformatoren völligen Ernst zu machen und darum auch die in den sogenannten "Nebenströmungen" der großen offiziellen Reformationsbewegung vorhandenen Wahrheitsmomente zu prüfen und anzuerkennen, soweit sie eben mit der Heiligen Schrift in Einklang stehen.

Tun wir das, so handeln wir als echte "Protestanten" in einer Zeit, da viele diesen Namen beanspruchen und sich dabei über die Heilige Schrift hinwegsetzen.

Wir wissen uns eins mit den Männern der Reformation in ihrem Kampfe gegen Rom, in ihrer Ablehnung der Menschensatzungen, in ihrer Betonung der vollgültigen und allgenugsamen Autorität der Heiligen Schrift; aber trotzdem oder richtiger: gerade deshalb bekennen wir uns bewußtermaßen zu manchen Grundsätzen und Zielen der von den Reformatoren bekämpften "Schwärmer" und "Wiedertäufer" und wie diese Schimpfnamen auch lauten mögen.

Solche Grundsätze sind:

Die Anwendung der biblischen Normen auch auf die Gemeindefragen.

Die Trennung von der Welt, auch der religiösen Welt des Namenchristentums.

Die Betonung der absoluten Gewissensfreiheit des einzelnen.

Die Ablehnung der Priesterherrschaft in jeder Form.

Die lebendige Erwartung der persönlichen Wiederkunft Christi.

Diese alten Grundsätze der vielgeschmähten Täufer sind zum Teil Gemeingut aller Protestanten geworden, zum Teil werden sie noch heute von den offiziellen Kirchen abgelehnt.

Wer sie nicht billigen kann, sollte uns wenigstens Duldung und Anerkennung gewähren, nach unserem Gewissen zu handeln und nach unserer Erkenntnis und Glaubensüberzeugung zu leben.

Die Geschichte lehrt uns, daß obige Grundsätze oft sehr unvollkommen verwirklicht wurden und manche Übertreibungen stattfanden; aber ein Blick auf die heutigen taufgesinnten Kreise läßt uns auch erkennen, daß tatsächlich alle jene Grundsätze und Ziele immer aufs neue ihre Verteidiger fanden und so gleichsam immer wieder ihre Auferstehung feierten gemäß dem Ausspruch jenes Märtyrers: "Die Wahrheit ist untötlich."

Was Luther 1523 in seinem "Lied von den zween Märtyrern Christi, zu Brüssel verbrannt", aussprach, darf auf die ganze unzählbare Schar der Märtyrer des Glaubens angewandt werden:

Die Aschen will nicht lassen ab,
Sie stäubt in allen Landen.
Hie hilft kein Bach, Loch, Grub noch Grab;
Sie macht den Feind zuschanden.
Die er im Leben durch den Mord
Zu schweigen hat gedrungen,
Die muß er tot an allem Ort
Mit aller Stimm und Zungen
Gar fröhlich lassen singen."

IX. Kapitel

Die Tauffrage eine Kirchenfrage

"Wo man jetzt die Großen und Alten sollt taufen, halt ich wahrlich, daß sich der zehnte Teil nicht ließe taufen." Luther.

"Durch die Kindertaufe wird keine geistliche Gemeinde, sondern ein babylonisches Chaos gesammelt." Michael Servet.

"Wenn die Taufe fällt, so ist der größte Haufen der Menschen aller Pfarrer überdrüssig, wird ihnen auch nichts geben und sie nicht haben wollen." Kaspar Schwenckfeld.

"Schließlich und zuletzt liegt just im Begriff der 'Kirche' die Grundverwirrung in der Christenheit bei Protestantismus und Katholizismus; oder sie liegt im Begriff 'Christenheit'." Sören Kierkegaard.

In den jahrhundertelangen Kämpfen zwischen den Kirchen und den freien Kreisen der Gläubigen hat es sich immer um die Frage selbständiger Gemeinden nach biblischem Muster gehandelt. Die Taufe war weder die einzige Wahrheit, noch stand sie im Vordergrunde des Interesses. Eine Beschäftigung mit der Geschichte der Waldenser, der Böhmischen Brüder und der Täufer des Mittelalters sowie der Mennoniten und aller verwandten Richtungen wird bald den landläufigen Irrtum beseitigen, als ob es sich in jenen Kämpfen allein oder zuerst um die Taufe gehandelt habe. Es handelte sich immer um die Frage: Kirche oder Gemeinde der Gläubigen?

Die Taufe war stets eine Kirchenfrage. Sie ist es auch heute. Weil wir eine Kirchenfrage haben, darum haben wir eine Tauffrage. Die Tauffrage führt zur Kirchenfrage, und so oft jemand die Berechtigung der Volkskirche fraglich wird, kommt er zur Frage nach der Taufe.

Stünden Tauffrage und Kirchenfrage nicht in so unlöslicher Verbindung, handelte es sich beim Vollzuge der Glaubenstaufe nicht um eine prinzipielle Absage gegen jedes Volks-, Landes- und Staatskirchentum überhaupt, so würde ganz gewiß nicht von seiten der Kirche soviel Wesens gemacht werden aus der Kindertaufe und mit solchem Abscheu und mit solcher Furcht von den "Wiedertäufern" und "Baptisten" geredet werden.

Kann doch die Kirche sonst sehr viel ertragen. Sie erträgt es, wenn Christusleugner von den Kanzeln dem Volke ihren Unglauben verkünden, wenn alle Wunder geleugnet, die Heilige Schrift als ein menschliches Buch hingestellt und die in den Bekenntnisschriften festgelegten Grundlagen der Kirche geleugnet werden. Aber eins kann sie nicht ertragen, eins bringt jeden Beamten der Kirche in Aufregung: wenn die kirchliche Kindertaufe nicht mehr anerkannt wird, wenn jemand erklärt, er sei gläubig geworden und wolle sich nun auch der Anweisung des Herrn gemäß taufen lassen.[151]

Warum? Weil hiermit die Einheitskirche als solche in ihrem eignen Bestande gefährdet wird, weil die Tauffrage eine Kirchenfrage ist. So nennt A. v. Oettingen-Dorpat die Kindertaufe einen *articulus stantis et cadentis ecclesiae*, d.h. einen Grundsatz, mit dem die Kirche (gemeint ist natürlich die Volkskirche) steht und fällt. Das ist richtig. Nur unter diesem Gesichtspunkte kann die Wichtigkeit der Frage: Kindertaufe oder Taufe der Gläubigen? richtig aufgefaßt und gelöst werden.

Im Zeitalter der Reformation stand die Kirchenfrage im Vordergrunde des Interesses. Die Bildung der Landeskirchen (seit 1525) wurde aber von vielen als Abfall von den Prinzipien der Reformation empfunden und als eine Mißachtung der biblischen Gemeindeordnungen. Die Zahl derer, die mit allen Anweisungen der Schrift Ernst machen wollten, war groß. Man schloß sich zusammen zu Gemeinden von Gläubigen mit dem Prinzip der Freiwilligkeit und Selbständigkeit. So kam man von selbst zur Anerkennung und Wiederaufnahme der biblischen Taufe. Seitdem hat sich diese Entwickelung oft wiederholt. Sie wird sich wiederholen, so oft ein einzelner oder eine Versammlung zur Klarheit darüber kommt, daß die Anweisungen des Wortes Gottes über die Gemeinde auch für unsere Zeit noch gültig sind. Da kann man der Frage nicht aus dem Wege gehen: Welche Berechtigung hat in einer biblisch geordneten Gemeinde die Kindertaufe? Man könnte dem entgegnen, daß diese Frage durchaus nicht notwendigerweise mit einer Ablehnung der Kindertaufe und einer Annahme der Glaubenstaufe beantwortet werden müsse. Das ist richtig. Es gibt manche Gläubige, die eine Lösung des Gemeindeproblems versucht haben, ohne die Sitte der Kindertaufe anzutasten.

Es gibt jedoch unter ihnen wohl nicht viele, die mit allem Ernst in allen Gemeindefragen nach den Anweisungen der Heiligen Schrift verfahren möchten. Zahlreiche Gläubige sehen diese Fragen überhaupt für unwichtig an und halten es für unnötig, sich näher damit zu befassen. Ihnen erscheint die Tauffrage wie alle Kirchenfragen bedeutungslos. Andere sind zur Überzeugung gekommen, daß die Kindertaufe keinen

151 Auch landeskirchliche Brüderräte und Gemeinschaftspfleger verleugnen oft mit einem Male ihre "Allianzgesinnung", wenn jemand in ihren Kreisen mit der Tauffrage Ernst macht. Es werden sogar Bestimmungen von den Brüderräten erlassen, die eine Beschäftigung mit der Tauffrage verbieten. Man verbietet Gläubigen, sich mit einer biblischen Wahrheit zu befassen!

biblischen Grund habe, sind aber in allen übrigen Kirchenfragen weder beunruhigt worden noch zur Klarheit gekommen. Es ist nicht selten vorgekommen, daß Gläubige sich taufen ließen, ohne in den übrigen Kirchenfragen konsequent zu sein. Die Folge dieser Unklarheit war dann oft, daß ihnen allmählich auch das Verständnis für den Wert und die Bedeutung ihrer Taufe wieder verloren ging. Bei allen kirchlich unklaren Taufbewerbern ist dieses zu befürchten.

Man kann zur Überzeugung der Richtigkeit der Glaubenstaufe gekommen sein und doch ein Vertreter des Kirchentums bleiben. Andererseits ist es möglich, das System der Volkskirche abzulehnen, ohne deshalb die Kindertaufe abzulehnen und zur urchristlichen Taufpraxis zurückzukehren.

Eine besondere übergeistliche Richtung verzichtet gar auf jede sichtbare Taufe und läßt sich an der "Geistestaufe" genügen, die allein für das jetzige Zeitalter Geltung habe. Im allgemeinen darf gesagt werden, daß die Unklarheit in allen kirchlichen Fragen erschreckend groß ist in den gläubigen Kreisen unseres Vaterlandes.

Wir wollen vielen Brüdern gern glauben, daß sie aus Überzeugung die Verbindung mit der Landeskirche aufrechterhalten und die Kindertaufe verteidigen.[152] Sie sind davon überzeugt, um ihres Gewissens willen nicht anders handeln zu können. Erbliche Belastung und falsche Erziehung mögen die Gründe sein, daß manche von ihnen die einfachsten

---

152 Von den Vertretern der Kirche wird ihnen das freilich trotz aller feierlichen Beteurungen ihrer Kirchenfreundlichkeit doch nicht so ohne weiteres geglaubt. Man ist zu oft enttäuscht worden und mußte entdecken, daß es häufig nur Berechnung und taktische Klugheit war, um innerhalb der Landeskirche um so ungestörter arbeiten zu können, wenn man die Kirchenfreundlichkeit betonte und in der Kirchenfrage nicht die Konsequenzen zog. So besteht seit 1901 in Schlesien ein "Kirchlicher Gemeinschaftsverband" neben dem "Gemeinschaftsbund innerhalb der Landeskirche"; Pastor Christiansen schrieb in seinen "Glaubensgrüßen" 1912 S. 334: "Die Ursache der Trennung war einmal die Ablehnung der Paulschen Vollkommenheitslehre, welche damals in den schlesischen Gemeinschaften viel Anklang gefunden hatte; dazu kam weiter die, wie man zugeben muß, nicht ganz unberechtigte Meinung, daß manche Evangelisten und ihre Gemeinschaften auf die Landeskirche und ihre geschichtlich gewordenen Verhältnisse zuwenig Rücksicht nehmen."

Wer in Pastorenkreisen verkehrt, weiß, wie die Klagen über die Unwahrheit und Heuchelei vieler sich für landeskirchlich ausgebender Evangelisten nicht verstummen. Mit Recht, denn unter sich die Gemeinschaften als die allein wahren biblischen Gemeinden zu erklären und kühn auszusprechen: Die Landeskirche ist nicht die Kirche Christi, reimt sich schlecht mit den Versicherungen: Wir sind kirchlich, wir arbeiten im Rahmen der Landeskirche und für die Kirche. Darum klagte ein Pfarrer einmal folgendermaßen über die "kirchlichen Gemeinschaftsleute": "Bei den Freikirchlichen weiß man wenigstens, wie man dran ist. Wenn sie die Landeskirche nicht als eine gottgewollte Form anerkennen können, so handeln sie nur konsequent. Jedoch jene kirchlichen Gemeinschaftskreise, die immer ihre Kirchlichkeit betonen, dabei aber doch ihre eignen Gemeinden bilden und uns nicht als Hirten, oft nicht einmal als 'bekehrt' ansehen, sind nicht ehrlich mit ihren Versicherungen, das wissen wir genau."

Auch Pastor Fleisch meint, das "innerhalb der Landeskirche" scheine nur räumlich verstanden zu werden, insofern man die "biblische Gemeinde nur so weit sammelt, als ihre Glieder zugleich der Landeskirche angehören". Das "innerhalb der Landeskirche" sei "nicht mehr nur eine unbewußte Inkonsequenz, beruhend auf bewußter Pietät, wie bei dem älteren Gnadauer Flügel, sondern eine nichtssagende und nicht einmal völlig ehrliche Formel".

Schriftwahrheiten nicht sehen und in den kirchlichen Fragen einen Standpunkt behaupten, der kirchlicher ist als der der Pastoren.

So werden dann auch in der Tauffrage von solchen Brüdern mit großer Kühnheit die alten Versuche erneuert, die Kindertaufe aus der Schrift zu beweisen, "Beweise", deren sich die offiziellen Vertreter der Kirche schämen oder worüber sie lächeln. Sie meinen es aufrichtig; aber das mangelnde Verständnis für alle biblischen Gemeindeordnungen überhaupt offenbart sich überall und hindert viele an einer vorurteilslosen Schriftbetrachtung. Dazu kommt die Unwissenheit oder falsche Belehrung über das Zustandekommen der protestantischen Landeskirchen und die Kämpfe der Gläubigen in früheren Jahrhunderten. Sonst würden sie sehen, daß es dieselben Wahrheiten der Schrift sind, die auch den sogenannten "radikalen" Gläubigen der heutigen Zeit teuer sind. Uns ist die Heilige Schrift nicht nur maßgebend für alle Fragen des persönlichen Lebens, sondern auch für alle Fragen des Zusammenkommens und Zusammenlebens mit anderen Gläubigen. Auch für die kirchlichen Fragen glauben wir in der Heiligen Schrift dauernd gültige Anweisungen und ausreichendes Licht zu finden.

Wir betrachten uns als die Erben jener vielverfolgten Ketzer des Mittelalters, deren Grundsätze persönlicher Gewissensfreiheit und selbständiger Gemeinden nach biblischem Muster in den Ländern des Kontinents leider nur unvollkommen zur Ausführung gebracht werden konnten dank der grausamen Verfolgungen seitens der staatskirchlichen Machthaber. Wir wollen nichts Geringeres, als mit allen biblischen Gemeindefragen Ernst machen. Und im Zusammenhang mit diesen Gemeindewahrheiten ist uns auch die urchristliche Taufe teuer und wichtig.

Ein Blick auf die Reformationskirchen und die Stellung der Reformatoren zu dem biblischen Gemeinde-Ideal wird die Wahrheit unserer Behauptung bestätigen, daß die Tauffrage im Grunde eine Kirchenfrage ist.

Professor Baumgarten äußerte sich einst in klassischer Weise in seinen kirchengeschichtlichen Vorträgen also: "Nach dem glaubensmutigen Programm seines Anfangs war der Protestantismus verpflichtet, jenen Christen, die sich nicht getrauten, den alten Bau der mittelalterlichen Kirche zu verlassen, weil sie noch keinen besseren vor Augen hatten, tatsächlich zu zeigen, daß sich die Erneuerung der Kirche auf rein geistige und freiheitliche Weise durch Kraft des Geistes und Wortes verwirklichen lasse. Diese Herstellung der Kirche auf der Grundlage der durch Christum befreiten Gemeinde der Gläubigen und Heiligen, diese vollendete Tatsache hätte erst die reine Scheidung zwischen Glauben einerseits und Aberglauben und Unglauben andererseits herbeigeführt. Wäre nun Luther mit den Seinen immer in der hohen Stimmung und Verfassung geblieben, die er so unübertrefflich schön mit den Worten beschreibt, 'sich keines Dinges zu entsetzen und keines Dinges zu getrösten', dann hätte dieser Neubau nach dem echten Grundriß des ursprünglichen Reformationsgedankens gelingen müssen. Freilich wäre er äußerlich nicht sehr imponierend ausgefallen; aber dafür hätte er nun desto größere Anziehungskraft für alle aufrichtigen Gemüter gehabt, und daß er manche unlautere Gemüter abgestoßen hätte, wäre ihm nur zum großen Gewinn geworden. Dieser Neubau ist nicht zustandegekommen, man verwarf den echten Grundriß, man baute in Eile nach einem unreinen, gemischten Stil."

Diese Worte Baumgartens ließen sich durch zahlreiche Aussprüche maßgebender Theologen bestätigen. So erklärt z.B. Prof. D. Schlatter: "Der gewaltige Gedanke von der Rechtfertigung durch den Glauben hatte die Mauern Roms durchbrochen. Aber dennoch können wir nicht verhehlen, daß auch Luther sich von der Jahrhunderte alten Vermischung zwischen Geistlichem und Weltlichem, von dem Länder und Völker umspannenden Kirchenbegriff Roms nicht völlig loszumachen vermocht hat."

Luther geht zurück auf den Gemeindebegriff des Neuen Testaments; aber es kam trotzdem nicht zu einer praktischen Durchführung der Sammlung biblischer Gemeinden nach dem Grundsatz des Neuen Testaments. Unbefangene Historiker geben ohne weiteres zu, daß "Luther nicht nach den mit dem Siegel göttlicher Klarheit und Gewißheit versehenen Grundsätzen die evangelische Kirche gestaltet hat". Wenn man bei der Sammlung der Gläubigen sich an das neutestamentliche Vorbild gehalten hätte, hätte "nicht der Eintritt der Massen (die nicht sowohl geistlich als vielmehr durch territoriale und politische Bande untereinander verbunden waren) der neuen Kirchengemeinschaft Fundament bilden" dürfen. "Der Eintritt in das erneuerte Heiligtum durfte nicht anders geschehen, als wie in der vorkonstantinischen Kirche, nämlich durch Befragen und Prüfen der einzelnen. Freilich wäre durch diese enge Pforte der Eintritt erschwert und die Zahl der Evangelischen sehr klein und nach weltlichem Maßstabe sehr verächtlich geblieben." Aber was sagt Luther? "Nur die Augen ausgestochen oder ja abgekehrt, daß man beileibe nicht sehe nach dem großen Haufen, sondern allein auf Gottes Wort". Mit dieser äußeren Geringheit wäre ein zwiefacher großer Gewinn verbunden gewesen. In ihrer Reinheit hätte die kleine Gemeinde eine große Kraft besessen, und um den mächtigen Einzelkämpfer hätte sich dann eine wirklich zuverlässige Schar von ebenbürtigen Mitkämpfern gesammelt. Und nach außen hin wäre anstatt der kriegerischen Verwicklungen eine friedliche Entwickelung ermöglicht. Man wäre dem von Luther oft ausgesprochenen Grundsatz treugeblieben, daß man den Glauben nicht mit Waffengewalt verteidigen dürfe." So äußert sich Baumgarten und spricht es offen aus: "Tiefschmerzlich ist es, daß der große Reformator, der so vieles gewagt hat, nicht den Mut gewann, mit seiner Schar diesen allerdings höchst bescheidenen, aber zu hohen Segnungen führenden Weg zu beschreiten."

Diese Worte sind uns aus dem Herzen gesprochen. Dieser traurigen Tatsache gegenüber ist es ein schwacher Trost, wenn Baumgarten darauf hinweist, daß Luther wenigstens im Prinzip seinen Standpunkt nicht aufgegeben, vielmehr an dem Ideal einer biblisch organisierten Gemeinde der Gläubigen immer festgehalten habe.

Wie ist das zu erklären? Hat Luther das Unbiblische einer staats- und landeskirchlichen Ordnung nicht gesehen und hat er kein Verständnis gehabt für eine biblisch geordnete Gemeinde der Gläubigen? Die Voraussetzung einer biblischen Gemeinde ist zunächst das Vorhandensein von Gläubigen, sodann ihr freiwilliger Zusammenschluß. Dies hat Luther klar gesehen und verkündigt, noch ehe es zur Bildung der protestantischen Landeskirchen kam.

"Ich sage: Gott will keinen gezwungenen Dienst, ich sage es hunderttausendmal: Gott will keinen gezwungenen Dienst haben."[153] Daß "Christsein" soviel ist wie "glauben" und daß wahrer Glaube uns "innerlich neu gebiert aus Gott", zu neuen Kreaturen und damit zu wahren Christen macht, ist die Grundlage echt lutherischer Theologie. Der Glaube ist die Seele des biblischen Christentums. Der Glaube ist aber etwas Inneres. Wahrer Glaube hat es nicht mit dem Sichtbaren zu tun. Er wird gewirkt durch den Geist Gottes, der dem Glaubenden eine solche innere Glaubensgewißheit gibt, "daß ihm auch sein eignes Leben nicht so gewiß ist". Nur diese aufs neue Geborenen bilden eine wahrhaft christliche Gemeinde nach Luthers Auffassung.

Wie Luther sich eine solche biblische Gemeinde dachte, schildert Prof. D. M. Baumgarten treffend.[154] Er weist hin auf Luthers Schrift: "Deutsche Messe und Ordnung des Gottesdienstes", 1526, die er ein "teures Vermächtnis" nennt, da Luther hier den Weg angegeben habe, "auf welchem aus dem weltlich getrübten Kirchentum zu der wahren Gestalt der Christengemeinde zu gelangen sei".

Auf den Wert dieser Schrift Luthers für unsere heutige Gemeinschaftsbewegung ist schon oft in der Gemeinschaftsliteratur der letzten zwanzig Jahre hingewiesen worden. Aus ihr erhellt, daß Luther den prinzipiellen Unterschied zwischen einer Landeskirche und einer aus Gläubigen bestehenden biblischen Gemeinde sehr wohl erkannte. Luther schreibt: "Die rechte Art der evangelischen Ordnung müßte nicht so öffentlich auf dem Platze geschehen unter allerlei Volk, sondern diejenigen, die mit Ernst Christen sein wollen und das Evangelium mit Hand und Mund bekennen, müßten mit Namen sich einzeichnen und etwa in einem Hause allein sich versammeln zum Gebet, zu lesen, zu taufen, das Sakrament zu empfangen und andere christliche Werke zu üben. In dieser Ordnung könnte man die, so sich nicht christlich hielten, kennen, strafen, bessern, ausstoßen nach der Regel Christi. (Matth. 18, 15.) Hier könnte man auch gemeine Almosen den Christen auferlegen, daß man williglich gäbe und austeilte unter den Armen nach dem Exempel Pauli 2 Kor. 9, 1-12. Hier bedürft's nicht vielen und großen Gesänges. Hier könnte man

---

153 "Zum Glauben kann und soll man niemand zwingen." "Denn die Seele des Menschen ist ein ewiges Ding über alles, was zeitlich ist. Darum muß sie nur mit ewigem Wort regiert und gefaßt werden. Denn es gar schimpflich ist, mit Menschenrecht und langer Gewohnheit vor Gott zu regieren."

"Weder der Papst noch ein Bischof noch irgendein Mensch," sagte Luther, "hat das Recht, eine einzige Silbe über einen Christenmenschen zu verfügen, außer es geschehe mit seiner Zustimmung, alles, was anders geschieht, geschieht im Geiste der Tyrannei."

154 Zwölf kirchengeschichtliche Vorträge zur Beleuchtung der kirchlichen Gegenwart. M. Baumgarten, Professor und Doktor der Theologie in Rostock, wurde 1858 wegen seiner freien Stellung zur mecklenburgischen Staatskirche abgesetzt.

auch eine kurze feine Weise mit der Taufe und Sakrament halten und alles aufs Wort und Liebe richten. Aber ich kann und mag noch nicht eine solche Gemeine ordnen und anrichten. Denn ich habe noch nicht Leute und Personen dazu. Kommt's aber, daß ich's tun muß und dazu gedrungen werden, so will ich das Meine gern dazu tun. Inzwischen will ich rufen, reizen, predigen, helfen, fordern, bis daß die Christen, so mit Ernst das Wort meinen, sich selbst finden und anhalten. Wir Deutschen sind ein wild, roh, tobend Volk, mit dem nicht leichtiglich etwas ist anzufahen, es treibe sie denn die höchste Not."

Hat Luther demnach geglaubt, daß zu seiner Zeit noch keine rechten Christen existierten? Durchaus nicht. Wiederholt betont er, daß er von dem Vorhandensein dieser "rechten, frommen, heiligen Kinder Gottes" weiß. Mit Recht sagt darum Baumgarten: "Da Luther selbst die Existenz von wirklichen Christen zugibt und nachweist, so kann jene Aussage, daß er die Leute nicht habe, nicht im strengen Sinne genommen werden. Der letzte Grund , warum er mit seiner kleinen Schar nicht zu einer wahrhaft christlichen Gemeindebildung schreitet, muß daher wohl in ihm selber liegen und ist wohl ein nicht geläuterter Rest von dem hergebrachten, Völker und Länder einschließenden Kirchenbegriff."

Das Abweichen Luthers von dem so klar gezeichneten biblischen Wege, seine "Abschwenkung zur Taufwiedergeburts- und Volkskirche" hängt aber auch mit seiner Lehre von den Sakramenten eng zusammen. d. i. seiner Auffassung über die Wirkung von Taufe und Abendmahl. Lic. R. Ecke äußert sich folgendermaßen über die veränderte Haltung Luthers in den kirchlichen Fragen und die damit zusammenhängende Ablehnung aller Andersdenkenden: "Tatsächlich ist der Sakramentalismus die Ursache, daß die Kirche Luthers nicht, wie der Reformator damals (1526) plante, zu einem Kern apostolischer Gemeinschaften heranreifte mit der Schale einer volkskirchlichen Missionsanstalt, sondern daß sie die Form einer Taufwiedergeburtskirche annahm mit der Sitte des Massenabendmahls. Diese offizielle Anstalt aber mußte konsequentermaßen bald jede selbständige Gemeinschaftsbildung als einen Fremdkörper ausstoßen, zumal wenn sich eine solche begreiflicherweise in den Lehrpunkten 'Wort und Sakrament' auch doktrinäre Selbständigkeit zu wahren suchte."[155]

---

155 Lic. theol. Karl Ecke, Schwenckfeld, Luther und der Gedanke einer apostolischen Reformation. M. Warneck. 1911. Auch Prof. D. H. Böhmer sagt, daß das Ideal, welches Luther (bis 1527) vorschwebte, "nicht die autonome Gemeinde war, sondern die autonome Gemeinschaft der wahren Gläubigen". Aber Böhmer sucht Luthers Verzicht auf die praktische Verwirklichung dieses Ideals anders zu erklären. Er urteilt: "Von diesem Ideal aus, das liegt auf der Hand, kann man wohl zu der automomen Gemeinde der Independenten gelangen, nimmermehr aber zu der modernen naturrechtlichen Gemeindetheorie. Aber warum hat der Reformator, wenn er so hoch von der Gemeinschaft dachte, 1527 nicht nur auf den Plan verzichtet, selber Gemeinschaften zu gründen, sondern jenes Ideal auch theoretisch nicht mehr vertreten? Man kann hierauf nur antworten: Weil er der Überzeugung war: der Jüngste Tag steht vor der Tür." Gemeint ist, daß es sich also bei der Nähe dieses Tages nicht lohne, oder daß man Wichtigeres zu tun habe. (Vgl. H. Böhmer, Luther im Lichte der neueren Forschung. 2. Aufl. S. 169.)

Das heißt: Jeder Versuch, nach urchristlichem Vorbilde selbständige Gemeinden Gläubiger zu sammeln und für diese allein Taufe und Abendmahl zu beanspruchen, muß von der offiziellen Anstalt einer Volkskirche abgelehnt und als etwas ihr Fremdartiges abgewiesen werden.

Luthers Auffassung von den Sakramenten, seine Überzeugung von dem Vorhandensein des Glaubens bei unmündigen Kindern und von der Wirkung der Taufe, mußten ihn naturgemäß, wenn nicht zur Schaffung, so doch zur Duldung der Volkskirche führen. In der Tat ist seine Tauflehre eine wesentliche Stütze derselben. Nach einigen Jahren des Schwankens steht Luther sogar mit Bewußtsein auf der Seite der Vertreter des landeskirchlichen Prinzips und landeskirchlichen Zwanges. Er warnt vor den Versuchen, seine in der "deutschen Messe" ausgesprochenen Gedanken zu verwirklichen. Er bekämpft gar entschieden die Vertreter des biblischen Gemeinde-Ideals, das er einst selbst so treffend geschildert hatte. Neben seiner Sakramentslehre war es ferner Luthers Auffassung von der Aufgabe einer christlichen Obrigkeit, die ihm den Verzicht auf das biblische Gemeindeprogramm erleichterte, um der staatlichen Macht die Leitung des "getauften" Christenvolks anzuvertrauen.[156]

Trotzdem ist ein großer Unterschied zwischen dem Standpunkte Luthers und dem seiner sogenannten Nachfolger.

Luther hat nicht behauptet, daß die Landeskirche die bestmögliche Form der Kirche sei, er hat auch die sogenannten "Gottesdienste" nicht für Versammlungen im Sinne der Schrift erklärt. Er sieht das Institut der Landeskirche, die zwar nicht ohne seine Schuld und Mitwirkung zustande kam, nur als "kirchliches Provisorium" (d.i. etwas Vorläufiges) an, als "Vorhof", nicht als das "Heiligtum". Darum ist Luther auch weit davon entfernt, seine Zuhörer in Bausch und Bogen als "Christen" anzureden, wie es heutzutage oft von den Kanzeln der Landeskirche gehört werden kann. Seine lauten öffentlichen Klagen über das unchristliche, heidnische Leben des großen Haufens verstummen nicht.[157] Aber da der

---

156 Ein Artikel des Augsburger Religionsfriedens bestimmte (nicht lange nach Luthers Tode) 1555, daß die bürgerliche Macht berechtigt sei, in jedem Staate die Lehre und den Kultus festzustellen, welche ihm die passendsten schienen.

157 In folgendem einige Beispiele: "Wenn man's recht ansieht, wie die Leute jetzt tun, die evangelisch sein wollen und viel von Christo zu sagen wissen, so ist nichts dahinter. Täuscht also der meiste Teil sich selber. Zehnmal mehr ist derer gewesen, die mit uns haben angefangen und denen ernstlich unsere Lehre wohlgefallen hat, aber nun ist nicht der zehnte Teil beständig geblieben. Sie lernen wohl die Worte reden, wie ein Papagei oder Sittich die Menschenworte nachredet, aber ihr Herz erfährt es nicht, sie bleiben wie sie sind, sie schmecken und fühlen nicht, wie treu und wahrhaftig Gott sei. Sie rühmen nur allein viel vom Evangelio und suchen es erstlich mit großem Ernst, danach ist dann nichts dahinter, denn sie tun, was sie wollen, folgen ihren Lüsten, werden ärger denn vorhin, sind viel unzüchtiger und sicherer, wilder, geiziger, diebischer, räuberischer denn andere Leute, denn Bauern, Bürger, Edelleute mehr geiziger und unzüchtiger sind, denn sie unter dem Papsttum gewesen."

"Ach, Herr, Gott, wenn man diese Lehre wohl triebe, da solltest du sehen, daß, wo jetzt tausend zum Sakrament gehen, da würden ihrer kaum hundert hingehen. Also würden der greulichen Sünden weniger, die der Papst mit seinem höllischen Gesetz (d. i. Zwang in geistlichen Dingen) in die Welt geschwemmt hat, so kämen wir zuletzt wieder zu einer

verhängnisvolle Schritt einmal getan war und die Oberaufsicht und Verwaltung der Kirche den weltlichen Fürsten und Magistraten ausgeliefert war, konnte man diesen Schritt nicht mehr rückgängig machen. Man mußte sich wohl oder übel in die neuen Verhältnisse finden und leider erkennen, daß jede Reformation des Lebens auf dieser Basis sich je länger je mehr als eine Unmöglichkeit herausstellte. Luther und viele seiner Mitarbeiter waren nicht blind gegenüber diesen Tatsachen. Daher die zahllosen Klagen und Anklagen schwerster Art. Aber ändern ließen sich die Dinge nun nicht mehr. Luther und seine Freunde mußten versuchen, sich in die neuen Verhältnisse einzuleben, was ihnen ja nicht allzu schwer war, da sie aus persönlicher Anschauung keine Gemeinden auf biblischer Grundlage kannten. Aber das muß zur Ehre Luthers betont werden, daß er im Unterschied von seinen Freunden niemals behauptet hat, daß die kirchlichen Gemeinden biblisch organisierte Gemeinden seien.

Auch zwischen Luthers und Melanchthons Auffassung ist ein großer Unterschied. Während Melanchthon nicht ansteht, die Fürsten als "vornehmste Glieder der Kirche" anzusehen, nennt Luther sie "Notbischöfe". Während Melanchthon den Widerspruch des Instituts der Landeskirche gegen die Schrift nicht zu empfinden scheint, macht Luther seinem Unwillen über die Zustände Luft und betont seine ursprüngliche Anschauung von der Freiheit eines Christenmenschen und der Selbständigkeit einer christlichen Versammlung.

Luther litt unter den Folgen seiner Nachgiebigkeit und seines Abweichens von der biblischen Linie, seines falschen Schrittes in kritischer Zeit, als es sich darum handelte, das von ihm in der deutschen Messe gezeichnete biblische Gemeinde-Ideal praktisch zu verwirklichen. An diesem Punkte versagte der alles wagende Glaubensmut und die Energie des sonst so willensstarken Mannes. Die Folgen dieses falschen Schrittes waren unbeschreiblich traurige für die ganze Zukunft bis auf den heutigen Tag. Luther hat aber schon ein gutes Teil dieser traurigen Folgen selbst fühlen müssen. Sie haben ihm sein Leben verbittert.

Und die Mitarbeiter Luthers? Sie gehen "allmählich dazu über, den mit Hilfe des weltlichen Armes hergestellten und erhaltenen Zustand der kirchlichen Dinge als ein Definitivum (d.i. Endgültiges) zu betrachten und auf das Maß dieser Kirchenanstalt ihre Lehre und Tätigkeit herabzustimmen".

Natürlich mußte der Widersinn sofort zutage treten, wenn man versuchte, in die auf unbiblischer Grundlage ruhende Kirchenanstalt biblische Einrichtungen einzuführen.

Luther betonte zum Beispiel die Notwendigkeit der Kirchenzucht. Aber zur Aufrechterhaltung einer biblischen Zucht gehört eben eine

---

christlichen Versammlung, die wir jetzt fast eitel Heiden sind unter christlichem Namen; dann könnten wir von uns sondern, die wir an ihren Werken erkennen, daß sie nicht glaubten und lebten, das uns jetzt noch unmöglich ist."
Ferner: "Satan hört nicht auf, Satan zu sein; unter dem Papste mischte er die Kirche mit dem Staate, in unserer Zeit will er den Staat mit der Kirche vermengen."

biblische Gemeinde. Überträgt man dagegen die Handhabung der "Kirchenzucht" dem weltlichen Arm, so ist das keine neutestamentliche Gemeindeordnung, sondern die Einführung weltlich-gesetzlichen Zwanges, d. i. eine Vermischung von Weltlichem und Geistlichem, die Jesus ein für allemal verboten hat.[158]

In diesen neueingerichteten Staatskirchen wurde die Selbständigkeit einer Gemeinde überhaupt nicht berücksichtigt. Wie hätte man das auch können, da man ja "Gemeinden" gar nicht gewollt hatte. Man dekretierte von oben herab und verurteilte die sogenannten "Laien" zu gänzlicher Passivität und Untätigkeit. Eine solche Kirchenzucht, die von Obrigkeits wegen geübt werden sollte, war keine biblische Gemeindezucht und unterblieb auch bald ganz, denn man würde, wie der württembergische Reformator Brenz sagte, "bei der Hauptstadt und beim Hofe anfangen müssen; aber in diese Leute könne man keine Kirchenzucht bringen, dann aber würde man in allen Städten und Flecken auf Stuttgart hinweisen und sich damit entschuldigen".

Eine ähnliche Entwicklung nahmen die Dinge in der Schweiz. Vergeblich hatten die "Brüder" ihre Abgesandten zu Zwingli gesandt, um ihn aufzufordern, "die in der Bildung begriffene neue Kirche nach den Grundsätzen der alten Gemeinden zu organisieren", d. h. Gemeinden von Gläubigen auf Grund freiwilliger Selbstentscheidung und mit eigner Verwaltung ohne staatliche Bevormundung, in dem auch der "Bann", d. i. eine biblische Gemeindezucht geübt werden könne.[159]

Nach der Oktoberdisputation im Herbst 1523 erfolgte statt dessen die Gründung der Züricher Staatskirche. Sofort setzte auch die Verfolgung derer ein, die sich diesem kirchlichen System nicht fügten. Diese traf vor allem die seit 1525 in allen schweizerischen Kantonen verbreiteten Täufer.

Die Staatskirchen kannten keine Duldung der Täufer. Die Kindertaufe war eine notwendige Forderung der Staatskirchen und wurde darum als die alleinige Taufe mit Feuer und Schwert gegen die "Wiedertäufer" verteidigt. Wird das Recht der Kindertaufe in Frage gestellt, so ist damit das Recht einer Landeskirche überhaupt in Frage gestellt. Das erkannten auch die schweizerischen Behörden.[160] Auch die Calvinische Kirchenverfassung kann auf die Kindertaufe nicht verzichten. Als Staatskirche, die in der Weise der Theokratie gedacht war, konnte sie ebenfalls nur Volks-

---

158 Justus Jonas sagt in seinem Bedenken über das Konsistorium: "Deshalben soll der Bann (die Ausübung der Kirchenzucht) daneben eine bürgerliche Strafe (!) als Verbietung des Handwerks auf eine Zeit oder dergleichen mit sich bringen." Auch verlangt er für das Konsistorium einen eignen Kerker und eigne Landsknechte. Solche Gedanken und Vorschläge waren damals möglich!

159 Keller, Die Reformation, S. 404 f.

160 "Zwingli merkte wohl, woraus der Wiedertauf kam und wozu sie ihn gebrauchen wollten, nämlich zur Absonderung. Und als sie solches nicht nur heimlich, sondern auch öffentlich trieben, hob Zwingli an, öffentlich wider sie zu predigen und ernstlich zu wehren, daß sie den heiligen Tauf nicht zu einem Rottzeichen ihrer Absonderung oder Sekte machten." (Bullinger, Der Wiedertäufer Ursprung, S. 10 ff.)

kirche sein. Die Gleichstellung der Gemeinde als Volk des Neuen Bundes mit Israel, dem Volke des Alten Bundes, schien allerdings manche der staatskirchlichen Ordnungen zu rechtfertigen, so auch die Aufnahme der Kinder in das Bundesverhältnis, in dem ihre Eltern stehen. "Wie den Kindern der Juden die Beschneidung die Bundesgnade besiegelte, so wird sie jetzt den Kindern der Christen durch die Taufe besiegelt," so sagte man.

Also auch der scharfsinnige Calvin macht nicht den Unterschied zwischen dem Volke des Alten Bundes, das sich durch fleischliche Zeugung fortpflanzt, und dem Volke des Neuen Bundes, das nur aus solchen Persönlichkeiten besteht, die durch die geistliche Zeugung oder Wiedergeburt zu dem geworden sind, was sie auf Grund ihrer fleischlichen Abstammung nicht waren. In ihrem Kirchenbegriff sind sowohl die Lutheraner als auch die Reformierten nicht frei von den Schranken des Mittelalters.[161]

Die Verquickung von Staat und Kirche finden wir sowohl bei Luther als auch bei Zwingli und Calvin. Darum konnten sie alle in den Landes- und Staatskirchen die Kindertaufe nicht entbehren. Die Tauffrage war für sie eine Kirchenfrage geworden.

Luther hatte aber mit dem vorläufigen Verzicht die Hoffnung auf eine spätere Verwirklichung des biblischen Gemeinde-Ideals niemals aufgegeben.[162] Er hat später einmal geäußert: "Wenn ich jetzt das Evangelium sollte anfangen zu predigen, ich wollte mich anders darein schicken. Den großen rohen Haufen wollte ich unter des Papstes Regiment lassen bleiben, sie bessern doch des Evangelii nichts, sondern mißbrauchen nur seine Freiheit." "Jetzt sind wir zugescharrt im Verborgenen, aber unsere Sache und Wesen muß noch einmal leuchten vor aller Welt Augen, auch noch hier in diesem Leben." Anders die Freunde Luthers: "Anstatt mit Luther auf eine bessere Zukunft zu hoffen, hielt man das vorhandene Kirchentum für das allein mögliche und mußte dann an der Befolgung der Vorschrift Christi (Matth. 18), die man zum Zeugnis wider sich selbst in alle kirchlichen Gesetzbücher aufgenommen (obwohl sie ja für keine Landeskirchen von Jesu gemeint war), für immer verzweifeln. Melanchthon kam dahin, das Streben nach einer gereinigten Kirche als das Suchen nach einer platonischen Republik zu verspotten, und die Konkordienformel, welche sich schon tief in die Lehrformelgerechtigkeit versenkt hatte, erklärte die Forderung nach obligatorischer Ausführung der Kirchenzucht für einen Irrtum der Schwenckfeldianer."[163]

---

161 Vgl. Seeberg, Dogmengeschichte, Bd. II, S. 305 ff.

162 Baumgarten, Vorträge. Auch der streng lutherische Kritiker der Gemeinschaftsbewegung, Pastor Fleisch, erkennt an: "Tatsache ist, daß Luther die praktische Verwirklichung seiner Gedanken nicht durchsetzte; das ist unbedingt zuzugeben. Aber daß er damit den Gedanken als unrichtig erkannt habe, läßt sich nicht beweisen. Zurückgenommen hat er ihn jedenfalls nicht."

163 Man hört sogar unter den sogenannten Gemeinschaftspastoren die Forderung biblischer Gemeinden von Gläubigen (der "Heiligen" des Neuen Testaments) als eine schwärmerische Idee brandmarken und Gemeinden von Gläubigen als eine Utopie erklären.

Dahin kam man, als man versuchte, die Anweisungen der Heiligen Schrift, die natürlich nur für Gemeinden Gläubiger passen, mechanisch auf das unbiblische Institut einer Landeskirche zu übertragen. Die mancherlei lebendigen Zeugen des Herrn, welche innerhalb der Landeskirche auf eine Befolgung der biblischen Vorschriften drangen, waren sich oft leider nicht bewußt, daß das Institut der Volkskirche überhaupt nicht nach dem Maßstabe des neutestamentlichen Gemeindebildes gemessen werden kann und darf. Daher verhallten ihre oft so erfreulich klaren Posaunenstöße ohne nennenswerten Erfolg.

Zu diesen Zeugen gehörte Phil. Jak. Spener (gest. 1705).

In seiner berühmten Schrift vom Jahre 1675: "*Pia desideria*" (Fromme Wünsche) bricht er aus in die Klage: "Was wäre gerechter, als wenn Gott dem Papste eine neue Gewalt über unsere Kirche verhängte, weil uns dessen Maximen (Grundsätze) eben angefangen zu gefallen!"

Der Pietismus konnte aber den protestantischen Kirchen die von vielen erhoffte Erneuerung nicht bringen, weil er nicht grundsätzlich dem Landeskirchentum die biblische Berechtigung bestritt, also nur verbessern und mit geistlichen Mitteln erneuern wollte, was seiner Natur nach überhaupt auf falscher, auf ungeistlicher Grundlage aufgebaut war. Mit Recht sagt Baumgarten: "Spener suchte den staatskirchlichen Bann zu brechen, indem er aus der wüsten Kirchenmasse kleine Gemeinden herauszubilden sich bemühte. Aber dieses Unternehmen hatte einen viel zu subjektiven und schwächlichen Charakter, um ein so verfestetes Institut, wie das nun zum zweitenmal errichtete Staatskirchentum, von innen hin zu reformieren. Das, was Luther ersehnte und hoffte, war offenbar etwas viel anderes als der Besuch der pietistischen Konventikel. Die Ekklesiolae (Kirchlein) Speners lösen sich allmählich wieder in die Staatskirche auf. Etwas anderes war es mit denen, die sich absonderten, um selbständige Gemeinden zu bilden. Die Sekten entstanden aus dem durchaus richtigen Gefühl, daß der bestehende Kirchenzustand bei uns mit den neutestamentlichen Vorschriften und Vorbildern in schreiendem Widerspruch steht."

Wer sich einmal mit der Geschichte der Täufer der Reformationszeit, der Mennoniten, der Baptisten und der übrigen taufgesinnten Kreise beschäftigt hat, weiß, daß niemals die "Taufe" die wichtigste oder einzige Forderung war, sondern daß es sich bei allen Kämpfen, wo immer sie ausgekämpft wurden, in erster und letzter Linie um die Gemeindefrage handelte. Aber weil es sich um die Bildung selbständiger, vom Staat und den kirchlichen Machthabern unabhängigen freien Gemeinden handelte, darum kannte man in diesen Kreisen keine unmündigen Glieder, die Kindertaufe mußte zum Problem werden, es kam wie von selbst zur Wiedereinführung des urchristlichen Brauchs der Taufe selbständiger Persönlichkeiten, die allein als Glieder der Gemeinden in Betracht kamen. Die Taufe war nicht das Erste, was die führenden Männer der Taufbewegung in den Gegensatz zur offiziellen Kirchenanstalt brachte. Vielmehr handelte es sich bei ihnen um die Bildung von Gemeinden nach biblischem Muster, in denen die Handhabung der Zucht und des "Bannes" möglich war.

So kamen sie von selbst auch zur Wiedereinführung der biblischen Taufe der Gläubigen.

Es zeugt von einer Unkenntnis der wahren Sachlage, wenn man in der "Erwachsenentaufe" das "ein und alles" der taufgesinnten Kreise sieht. Es handelt sich auch heute bei den Vertretern der Erwachsenentaufe in erster und letzter Linie um das Festhalten an dem biblischen Gemeinde-Ideal, um die Rückkehr zu den christlichen Gemeindeordnungen überhaupt. Dazu gehört auch die Taufe. So war es früher, und so ist es heute.

Volkskirche oder Gemeinde der Gläubigen? Kindertaufe oder Taufe der Gläubigen? Diese Fragen hängen aufs engste zusammen, und die Lösung der einen ist auch die der anderen.[164]

Wir wissen wohl, daß die Rückkehr zum Gemeinde-Ideal des Neuen Testaments nicht nur früher immer wieder verspottet wurde, sondern auch heute noch von den meisten Vertretern der Kirche als eine Utopie abgelehnt wird.

Pastor Fleisch[165] bezeichnet das Bestreben, Gemeinden von Gläubigen zu bilden, als "Donatismus" oder (mit Luther) als "Rotterei". Diese Bezeichnung ist in den theologischen Kreisen beinahe zum Schlagwort geworden, um das Bestreben nach Ordnung biblischer Gemeinden zu kennzeichnen.

Natürlich waren nach ihrer Auffassung seinerzeit die "Donatisten" im Unrecht, und die katholische Kirche vertrat den rechten Kirchenbegriff.

Pastor Fleisch unterscheidet verschiedene Formen des modernen Donatismus in der Gemeinschaftsbewegung Deutschlands: den darbystischen Donatismus und den Donatismus in den älteren Strömungen der Gemeinschaftsbewegung.

Aber "der Donatismus ist selbstverständlich in jeder Form abzulehnen", doch ist der 'Donatismus' viel weniger zu ertragen, wenn er als Organisation der wahren Kirche Gottes erscheint, als wenn einzelne Stille in einer Gemeinde sich von Babel absondern".

Pastor Fleisch kommt zu dem Resultat, "daß nicht nur in den gesamten Gemeinschaftskreisen eine totale Verkennung des lutherischen Kirchenbegriffes herrscht, sondern auch immer wieder donatistische Versuche und Gedanken durchschlagen, ja, daß im darbystischen Flügel der Donatismus System geworden ist".

So werden heute alle Versuche, zur urchristlichen Gemeindeordnung zurückzukehren, als "Donatismus" gebrandmarkt, als wenn dieser Vorwurf etwas Schreckliches bedeute! Will man damit den Zusammenschluß freier gläubiger Persönlichkeiten zu staatlich unabhängigen Gemeinden von Gläubigen, in denen biblische Zucht geübt wird, kennzeichnen, so haben unsere Gegner allerdings gemerkt, worum es sich bei allen kirchlichen Fragen handelt. Wir können uns nicht dagegen wehren,

---

164 Pastor Scheurlen hat ganz recht, wenn er schreibt: "Die Frage nach dem Wert oder Unwert der Kindertaufe pflegt in der Kirchengeschichte nicht als Frage für sich aufzutreten, sondern im Zusammenhang mit dem Problem: Volkskirche oder Gemeinde der Heiligen?" (Die Sekten der Gegenwart, S. 58.)

165 Die moderne Gemeinschaftsbewegung in Deutschland. 1903. S. 83.

daß man uns im kirchlichen Ketzerlexikon einer bestimmten Rubrik zuweist und uns mit der Etikette des "Donatismus" oder des "Darbystischen Donatismus" oder des "Neudarbysmus" kennzeichnet. Alles Protestieren dagegen würde ja auch wohl nichts nützen. Unser Begriff von einer biblischen Gemeinde ist allerdings ein total anderer als der unserer kirchlichen Gegner. Merkwürdig ist aber dabei, daß nicht sie allein, sondern auch wir uns auf Luther berufen können, denn, wie Pastor Fleisch selbst schreibt, "das muß zugegeben werden, daß die Einzeichnung derer, die mit Ernst Christen sein wollen, in ein Register, die Luther zweimal anführt, allerdings scharf an einen Widerspruch mit seinen sonstigen Kirchenverfassungsidealen streift". Luthers "Ideal" war doch wohl eine Gemeinde der Gläubigen, aber da er nach seiner Meinung noch nicht die rechten Leute dazu hatte, verzichtete er auf sein Ideal und ließ es zu, daß seine Mitarbeiter den landeskirchlichen "Notbau" errichteten. Aber wenn es auch anders wäre und Luther von Anfang an die Landeskirche als einzig richtige Kirchenform verteidigt hätte, so würden wir deshalb doch von unserer protestantischen Freiheit Gebrauch machen, die Erkenntnis, Meinung und Ansicht Luthers nicht blindlings anzunehmen, sondern an der Schrift zu prüfen, ob es sich also verhielte.

Dieser Standpunkt ist ohne Zweifel lutherischer, als wenn man sich scheut, aus falscher Pietät gegen Luther in einzelnen Punkten anderer Meinung zu sein als der große Reformator, dessen göttlicher Auftrag für seine Zeit und dessen außerordentliche Bedeutung für die Gemeinde Gottes wir mit allen Gläubigen dankbar anerkennen. Aber Luther war nicht gefeit gegen Irrtum, weshalb es niemals ein Unrecht sein kann, auch seine Äußerungen und Anschauungen an der Heiligen Schrift zu prüfen. Und das gilt auch von den Bekenntnisschriften der Kirche, deren unbedingte Anerkennung als Glaubensnorm wir ablehnen, was uns oft zum Vorwurf gemacht wird.

Inwiefern die Rückkehr zum urchristlichen Gemeinde-Ideal - oder wie unsere Gegner sagen: "Die Durchführung des donatistischen Prinzips" - "sich noch immer selbst gerichtet" hat, sehen wir nicht ein.

Noch niemals haben vernünftige Vertreter des biblischen Gemeinde-Ideals ohne jede Einschränkung erklärt: Alle Glieder dieser oder jener Gemeinde sind wirklich bekehrt, sondern die menschliche Irrtumsmöglichkeit wird stets zugegeben werden. Bei Offenbarwerdung des Irrtums wird es in einer biblischen Gemeinde zum Ausschluß des unechten Gliedes oder zur Zuchtanwendung gegen untreue Glieder kommen. Beides ist aber in einer Volkskirche nicht möglich.

Wenn Pastor Fleisch behauptet, das Neue Testament kenne überhaupt keine biblisch notwendige Gemeindeverfassung, es zeige deutlich eine Entwickelung, so schließt doch diese Entwickelung bestimmte feste Grundsätze für die Gemeinde nicht aus. Und um diese festen Grundsätze handelt es sich für uns, nicht um eine Einerleiheit äußerer Formen und Gebräuche.

Und an diesen Grundsätzen halten wir unwandelbar fest. Mag mancher Versuch gescheitert sein, mag vieles unvollkommen sein und bleiben, wir lassen uns nicht entmutigen, immer wieder danach zu streben, den Zusammenschluß der Gläubigen so biblisch als möglich zu gestalten.

Angesichts aller menschlichen Versuche des Organisierens großer Kirchenkörper erscheint es uns am geratensten, uns möglichst genau an die neutestamentlichen Gemeindeordnungen zu halten, im Vertrauen auf die Gnade Gottes, ohne die allerdings alle Bemühungen umsonst sind.

Wir kennen wohl die Einwände, die uns von unseren Gegnern gemacht werden.

"Eine Gemeinde von lauter Gläubigen," so sagt man, "ist undenkbar." "Die Gemeinde der Heiligen ist etwas Unsichtbares." "Man soll gar nicht versuchen, solche Gemeinden zu bilden." "Man kann doch niemand ins Herz sehen." "Unter den Aposteln war auch ein Judas." "Alle derartigen Versuche sind gescheitert." Und was dergleichen Einwendungen mehr sind. Betrübend ist es, daß sich an solchen Reden selbst führende Brüder des kirchlichen Flügels der sogenannten Gemeinschaftsbewegung beteiligen. Sie beweisen damit aber nur, daß sie in der Kirchenfrage im Grunde selber nicht wissen, was sie wollen.

Nach der einen Seite betonen sie immer wieder ihr Kirchlichkeit (was ihnen die überzeugten Vertreter allerdings nicht glauben), auf der anderen Seite sammeln sie selbst die Gläubigen zu "Gemeinschaften", d. h. zu festgeschlossenen, oft streng organisierten Kreisen für die sie wenigstens einen Teil der biblischen Gemeindeordnung beanspruchen. Die sogenannten "Gemeinschaften" sind nichts anderes als schwache Versuche, das biblische Gemeinde-Ideal zu verwirklichen - soweit als es mit dem äußerlichen Verbleiben in der Kirche vereinbar ist. Wo es geht, beansprucht man sogar eigne Abendmahlsfeiern neben der Kirche.

Wenn nun die Führer dieser Kreise denen, die sich ganz von der Kirche trennen und in allen Punkten zur urchristlichen Praxis zurückkehren suchen, vorwerfen, sie trachteten nach einer "Utopie", ihr Streben sei undurchführbar usw., so muß es doch deutlich gesagt werden (was den Gegnern jeder Gemeinschaftsbewegung längst klar ist), daß zwischen dem kirchlichen Flügel der Gemeinschaftsbewegung und den kirchenfreien Kreisen kein prinzipieller Unterschied ist, sondern nur ein Unterschied in dem Grade der Konsequenz.[166] Beide erkennen in einer "Landeskirche" oder "Volkskirche" nicht "die Kirche".[167] Beide sammeln die Gläubigen in gesonderte Kreise.

---

166 Daß wir beide Gedanken nebeneinander in der Bewegung finden, liegt unseres Erachtens einmal daran, daß die die kirchliche Seite Betonenden zum Teil nicht den Ernst mit den Grundsätzen der wahren Kirche machen wie andere, und ist uns zweitens ein Zeichen für die vielfach noch herrschende Unklarheit und Gärung.

167 So erklärte auf der Pastoralen Gemeinschaftsbewegung in Spandau am 27. März 1913 der Pfarrer Fr. Greve:

"Unsere Gemeinden bedürfen der Gemeinschaft! - Aus dem einfachen Grunde, weil unsere Gemeinden keine Gemeinden im biblischen Sinne sind. Darüber sollte man in unseren Tagen sich eigentlich klar und einig sein. Doch das neuste Buch von Fleisch über 'Die moderne Gemeinschaftsbewegung' beweist, daß wir davon noch weit entfernt sind. Bei diesem Buch wie bei mancher anderen Behandlung über Gemeinde und Gemeinschaft habe ich oft den Eindruck gehabt: man redet aneinander vorbei, weil man sich nicht versteht. Sehr viel Verwirrung kommt daher, daß man sich nicht klar ist über das Verhältnis von

Beide erklären, daß für das Verhalten der einzelnen und für die Ordnung des Ganzen nur die Heilige Schrift maßgebend sei.

Also wo ist ein Unterschied?

Die Verschiedenheit liegt nur darin, daß einige die Linie weiter ziehen als andere, daß viele Gläubige konsequenterweise die Linie ziehen bis zur gänzlichen Loslösung von einer Kirche, die sie, die einen wie die anderen, nicht als die Kirche Christi anerkennen.

Wer den Weg der kirchenfreien Gläubigen verurteilt und seine Verbindung mit der Kirche festhalten zu müssen glaubt, ist auch verpflichtet, der Kirche, deren Glied er ist, die Treue zu halten, indem er sich ihren Anordnungen fügt und indem er versucht, mit den kirchlich erlaubten und möglichen Mitteln den Schäden innerhalb dieser Kirche nach seinen Kräften zu steuern. Die Kirche weiß es längst, daß die Gläubigen in ihrer Mitte im letzten Grunde dieselben Ziele verfolgen wie die außerkirchlichen Gläubigen, nämliche die Bildung freier, von kirchlicher Aufsicht unabhängiger Kreise von Gläubigen, die ihre Angelegenheiten selbst verwalten und die innerhalb einer Landeskirche unmögliche Zucht ausüben. Die Kirche spricht von zwei Flügeln einer Bewegung. Das ist richtig.

Bei oberflächlichem Zusehen erscheinen allerdings die Unterschiede oft als sehr groß.

Wenn ein Glied einer "landeskirchlichen Gemeinschaft" (übrigens eine unmögliche Wortzusammenstellung, da eine "Gemeinschaft" und die "Landeskirche" sich gegenseitig ausschließen), wenn das Glied einer solchen Gemeinschaft wenigstens äußerlich die Verbindung mit seiner Kirche festhält, so scheint es, als ob zwischen ihm und einem freikirchlichen Gläubigen ein himmelweiter Unterschied wäre. Sein nicht vollzogener Auszug ist ja eine Anerkennung der Kirche! Man sagt: "Wenn er auch mit vielem in der Kirche nicht einverstanden ist und dafür in einer "Gemeinschaft" Ersatz sucht, so verwirft er doch die Kirche nicht, er

---

Kirche und Reich Gottes. Auf der einen Seite operiert man oft mit einem Begriff von Kirche und Gemeinde, der nicht orientiert ist an dem Urbild und Vorbild der ersten Christengemeinde des Neuen Testaments. Oder man nimmt aus dem Neuen Testament den Begriff der 'Kirche' und setzt stillschweigend für den biblischen Begriff der Kirche, der Gemeinde Gottes, den der 'Volkskirche' ein und übersieht völlig den klaffenden Widerspruch, der heute zwischen Begriff und Wirklichkeit besteht. So kommt man zu der Verwechselung von Volkskirche und Reich Gottes und zu der verhängnisvollen Illusion, als seien unsere Gemeinden noch Gemeinden in biblischem Sinne."

"Man mag nun den biblischen Begriff der Kirche definieren, wie man will, als den 'Leib Christi', den 'heiligen Tempel, erbaut auf dem Grunde der Apostel und Propheten, da Jesus Christus der Eckstein ist', oder mit Luther und der Augustana als 'die Gemeinde der Heiligen und wahrhaft Gläubigen', oder etwa mit Schäder als 'Die Gemeinschaft der Menschen, die Heilsgewißheit haben'; jedenfalls ergibt sich aus dem tatsächlichen Zustande unserer Gemeinden, daß die geschichtlich gewordene Volkskirche nicht 'das Reich Gottes auf Erden' ist, nicht 'die Kirche' im biblischen Sinne, die *ekklesia* (Gemeinde), die Gemeinschaft der *kletoi hagioi* (berufenen Heiligen)."

"Die eigentliche Gemeinde im biblischen Sinne bildet in jeder Ortsgemeinde die kleinere oder größere Zahl bewußter Christen, die durch Bekehrung und Wiedergeburt in persönlicher Glaubens- und Lebensgemeinschaft mit Jesu, dem König des Reiches Gottes, stehen." (Aus der "Reformation" Nr. 22, 1. Juni 1913.)

bedauert sogar, daß viele es tun." So wird ihm seine Inkonsequenz zu Tugend gerechnet.

Wer aber sehen und urteilen kann, sieht deutlich, daß ein solcher "Gemeinschaftsmann" geradeso den unkirchlichen, kirchenfreien Weg betreten hat wie seine Brüder, die ihre Verbindung mit der Kirche schon gelöst haben, daß er nur noch nicht so konsequent ist. Mit Besorgnis schaut mancher Pfarrer auf die "Entwicklung", die der einzelne, die die "Gemeinschaft" nehmen wird.

Es handelt sich eben immer um die Kirchenfrage. Ob einzelne Gläubige sich zusammenschließen und besondere Versammlungen halten, in denen "Laien" ohne Auftrag der Kirche reden, ob sie den Pfarrer des Orts etwa als "unbekehrt" ablehnen, ob sie mit Ungläubigen nicht zum Abendmahl gehen wollen, ob sie gar das Abendmahl ohne Pfarrer für sich allein fordern, immer ist es eine Kirchenfrage.[168]

So ist es auch mit der biblischen Taufe. Hier ist nur ein Unterschied im Grad. Sie gilt als offizielle, öffentliche Kundgebung gegen die Kirche. Sie rüttelt direkt an dem Bestand der Kirche. Denn ein als Erwachsener Getaufter wird natürlich seine Kinder nicht taufen lassen, diese gehen der

---

168 Folgende Ausführungen von Pastor Greve ("Reformation" Nr. 22, S. 257) geben die Forderungen zahlreicher Kreise wieder:

"So wahr es einerseits ist, daß es hier in der Welt der Sünde niemals gelingen wird, irgendwo eine reine, unkrautfreie Gemeinde der Heiligen herzustellen, so ist es andererseits ebenso wahr, daß die gläubige Gemeinde, der Leib Christi, auf sichtbaren Zusammenschluß drängt. Die sogenannte 'unsichtbare' Kirche ist meines Erachtens ein verunglückter dogmatischer Begriff. Die Gemeinde der Gläubigen strebt auch nach äußerer, durchaus sichtbarer Betätigung der Gemeinschaft." "Versäumt es die Kirche weiter, dieses Gemeinschaftsbedürfnis zu befriedigen, so darf sie sich nicht beschweren, wenn viele ernste Christen ihr den Rücken kehren, weil sie nicht finden, was sie suchen und brauchen."

"Darum ist es notwendig, daß wir es mit Ernst in Angriff nehmen, Luthers Gedanken aus der deutschen Messe aus der Theorie in die Wirklichkeit umzusetzen. Wir haben jetzt in unserer Zeit die Leute, die Luther noch nicht zu haben meinte, und 'sehen viele, die darauf dringen'. Es ist not, die lebendigen Christen, die jetzt mehr oder weniger ihre eignen Wege gehen, zu einer losen oder festen organisierten Gemeinschaft zusammenzuschließen. Eine Gemeindebibelstunde erfüllt diesen Zweck doch nicht ganz. Zusammensitzen ist noch keine Gemeinschaft. Zu wirklicher Pflege mündig gewordener Christen ist nötig, daß Gelegenheit zur Aussprache und Besprechung des Wortes Gottes und zu gemeinsamem Gebet vorhanden ist. Wenn sich dann noch ein Weg finden ließe, die Hindernisse wegzuräumen, die jetzt noch vielerorts den Abendmahlsfeiern im Kreise der gläubigen Gemeinde entgegenstehen, so würde nicht nur ein brennender Wunsch vieler ernster Christen nach biblischen Abendmahlsgemeinden und -feiern, bei denen wirkliche Zucht geübt werden kann, erfüllt; es würde dadurch ein ernster, viele Gewissen hart drückender Notstand behoben; es würde auch den Sektenleuten ihr wirksamstes Agitationsmittel aus der Hand gewunden; vor allem würden wir uns dem Ideal der apostolischen Gemeinde nähern, von der es Apg. 2, 42 heißt: 'Sie blieben in der Apostel Lehre, in der Gemeinschaft, im Brotbrechen und im Gebet.'"

Soweit Pastor Greve, dessen Ausführungen wir fast Wort für Wort unterschreiben können. Nur möchten wir den Wunsch und die Hoffnung aussprechen, daß in einer solchen geschlossenen Abendmahlsgemeinde, die sich dem Ideal der apostolischen Gemeinde in der geschilderten Weise nähert, doch auch die Apg. 2, 41 erwähnte biblische Taufe anerkannt werde oder daß wenigstens den durch die Tauffrage hart bedrückten Gewissen Freiheit gewährt werde, nach eigner Überzeugung zu handeln. Sonst würden solche Abendmahlsgemeinden ja sich selbst zur Sekte machen, indem sie treue Kinder Gottes ausschlössen. Im kirchlichen Sinne und nach theologischem Sprachgebrauch sind sie freilich schon so wie so eine "Sekte", ob sie nun noch an der Kindertaufe festhalten oder konsequenter Weise auch in dieser Beziehung zu den apostolischen Gemeindegrundsätzen zurückkehren.

Kirche verloren. Solange die Gemeinschaftsleute wenigstens äußerlich selbst in der Kirche bleiben, sind auch ihre Kinder Glieder der Kirche. Darum kann man ihnen (wenn auch ungern) manches nachsehen: Versammlungen, eigne Literatur, eignen Prediger, sogar eignes Abendmahl, wenn es nicht zu verhindern ist.

Aber weiter darf auch keinen Schritt gegangen werden! Wer etwa sich taufen läßt, der überschreitet damit die Grenze des Möglichen; er löst nicht nur sich selbst, sondern auch seine Nachkommen von der Kirche. Die biblische Taufe wird von der Kirche als Kriegserklärung aufgefaßt. Auch viele "landeskirchliche Gemeinschaften" oder "volkskirchliche Gemeinschaften", wie sie sich jetzt nach der Umwandlung der bisherigen Staats- und Landeskirche in eine "Volkskirche" wohl nennen werden, können es leider nur sehr schwer ertragen, wenn eins ihrer Glieder den Weg der Loslösung von der Kirche so weit verfolgt, daß es sich biblisch taufen läßt. Mag er sich dabei auf die Heilige Schrift berufen, die doch als die "alleinige Regel und Richtschnur" der "Gemeinschaft" anerkannt sei, mag er sich auf sein Gewissen berufen, das ihn dazu dränge, der erkannten Wahrheit zu gehorchen: mit einem Male gelten diese Grundsätze nicht. An die Stelle des klaren Wortlautes der Schrift tritt die "Überlieferung", die Schrifterklärung gläubiger Pastoren; an die Stelle des Gewissens etwa ein Beschluß des Brüderrats, sich mit der Tauffrage überhaupt nicht zu beschäftigen. Und "die alten erfahrenen Brüder müssen es doch wissen"! Sie tragen ja auch die Verantwortung. Das Ende ist in den meisten Fällen: Ein solches Glied kann nicht bleiben. Es hat "den Weg des Geistes verlassen", sein "ungeistlicher, fleischlicher Sinn ist offenbar geworden", indem er sich mit einer solchen "äußerlichen", "unwichtigen" Frage beschäftigte, die ihn von der Hauptsache, von Christus, dem Zentrum, auf "peripherische Dinge" ablenkte. Mag dieser Bruder versichern, daß gerade die Treue zu Christo ihn veranlasse, jedes Wort seines Herrn (darum auch die Anordnung der Taufe) zu beachten, er kann nicht bleiben. Seine Konsequenz, mit der er die Linien verfolgt, die ihm in der Wortverkündigung, in der Gemeinschaftsliteratur angedeutet wurden und die er in der Heiligen Schrift bestätigt fand, wird als beständiger Vorwurf gegen die Inkonsequenz derer empfunden, die auf halbem Wege stehen bleiben. Denn worin besteht der vermeintliche "Irrtum" des getauften Bruders?

Er zog die Konsequenz der von allen anerkannten Grundsätze, der Geltung der Schrift in allen Punkten und der Freiheit des Gewissens jedes einzelnen: er zog die bisherige Linie weiter, und das wird ihm als ein Abweichen von dem "geraden" Wege auf eine krumme Linie, ein totes Gleis gedeutet.

In Wirklichkeit liegt die Sache so: Die Taufe der Gläubigen ist nichts anderes als die konsequente Durchführung der allen gläubigen Kreisen gemeinsamen Grundsätze. Eine Gemeinschaft ist schon durch ihr Dasein ein Protest gegen die Kirche und ihr System, auch wenn das Gegenteil versichert wird. Die Taufe aber ist eine öffentliche Erklärung gegen das System jeder Volks- und Landeskirche. So empfindet es der Täufling. So empfindet es die Kirche, die ihren Mitgliedern vieles und alles gestatten kann in Lehre und Wandel, aber nur nicht eine Rückkehr zu der urchristlichen Taufe.[169] Denn die Anerkennung der Taufe der Gläubigen würde die Kirche auflösen, wie ein bekannter Professor der Berliner Universität öffentlich erklärte, nachdem er treffend bewiesen, daß das Neue Testament keine Kindertaufe kennt. Die Tauffrage ist eine Kirchenfrage. Die Tauffrage ist für die kirchlichen Beamten die Kirchenfrage.

In dieser Zeit der kirchlichen Wirrnisse ist den Vertretern der Kirche jede Hilfe willkommen, die ihnen geeignet erscheint, dem Verfall der Kirche entgegenzuarbeiten, ihren Bestand zu sichern und zu retten, was zu retten ist.

Viele von ihnen, sogar kirchliche Behörden, sehen darum auch in der Gemeinschaftsbewegung eine solche Hilfe in der Not. Aber diese Hilfskräfte sind unsicher, da die Begeisterung für die Kirche fehlt und die Hoffnung auf ihre bessere Zukunft am Erlöschen ist. Solange die Verbindung mit der Kirche, wenigstens bei den offiziellen Anlässen, wie Kindertaufe, Konfirmation, Trauung, Begräbnis gewahrt wird und der Ortspfarrer es versteht, die Gemeinschaftsleute zu behandeln, mag ein "Hand-in-Hand-arbeiten" einigermaßen denkbar sein. Aber das Gefühl der Unsicherheit diesen Bundestruppen gegenüber wird die Kirche nicht los. Sie weiß gar wohl, daß ihre Grundsätze, konsequent durchgeführt, eine Ablehnung des kirchlichen Systems überhaupt bedeuten. Schon sieht man weitere Scharen den vorangegangenen folgen, die ihre Verbindung mit der Kirche lösen werden.

Sind nicht schon oft aus den Gemeinschaften innerhalb der Kirche nach und nach solche neben der Kirche geworden? Ist das nicht die unaufhaltsame Entwickelung der Dinge? Geschickte Gemeinschaftsleiter, die ihre kirchliche Verbindung nicht lösen möchten[170], verstehen es

---

169 Der Fall ist wohl eine Ausnahme gewesen, daß eine Berliner Kirchenbehörde einen ihrer bisherigen Ältesten und Armenpfleger, der sich taufen ließ, bat, in der Kirche zu bleiben.

170 Viele tun es, weil ihnen die Augen nicht geöffnet sind für das falsche, unchristliche System einer Staats- und Landeskirche, viele leider aus fleischlichen Opportunitätsgründen, viele aus geistlich scheinenden Opportunitätsgründen, um einen größeren "Einfluß" zu behalten oder um besser "als Salzkraft in der Welt zu wirken". Manche befinden sich aber auch wirklich in dem Wahne, als ob die Gläubigen aus göttlich biblischen Gründen verpflichtet seien, auf Besserung der Landeskirche zu hoffen oder an der Umgestaltung der Landeskirche zur freien Volkskirche mitzuhelfen, also für ihre Erneuerung mitzuwirken und für ihren Einfluß zu beten. Von kirchlicher Seite werden die Gemeinschaften nur aus diesem Grunde geduldet oder gefördert. Aber wo gibt die Schrift den Gläubigen die geringste Anweisung, eine Institution zu fördern und zu stützen, die zu den Prinzipien einer neutestamentlichen Gemeinde in schroffstem Gegensatz steht? Man sieht darum auch vielerorts die beklagenswertesten Früchte dieses Schutz- und Trutzbündnisses zwischen Landeskirche und Gemeinschaft. Da kann es geschehen, daß eine gläubige Gemeinschaft aus der Hand eines ungläubigen Pfarrers "das Abendmahl nimmt", obwohl jeder Gläubige weiß, daß ein Unbekehrter, auch wenn er Theologie studiert hat, kein Bruder ist, geschweige denn von Gott "seiner Gemeinde als Hirt" gesetzt ist. Da geschieht es ferner, daß gläubige Eltern ihre Kinder nach kirchlichem Ritus konfirmieren lassen, obwohl sie selbst außer der Kirche das Abendmahl feiern und bei ihrer Schriftkenntnis über das Wesen der kirchlichen Konfirmation nicht im unklaren sein sollten. So stützen viele und bauen wieder auf, was sie in den Gemeinschaftsstunden durch ihr kirchlich unabhängiges Wirken abbrachen, bekämpften oder wenigstens ignorieren. Daß die überzeugten Vertreter der Landeskirche diese unklare

wohl, diese Entwickelung aufzuhalten; aber die Beispiele zeigen, daß die Gemeinschaften doch Fremdkörper in der Kirche sind.

Nichts beschleunigt nun so sehr diese natürliche Entwickelung als die Beschäftigung mit den biblischen Gemeindewahrheiten, mit dem Abendmahl und mit der Taufe der Gläubigen. Besonders die Taufe bringt die letzten Fäden zum Reißen. Der Ungläubige, der Gottesleugner, der Spötter, sofern sie nicht das Band, das sie mit der Kirche verbindet, zerreißen, indem sie gerichtlich aus ihr austreten, können Glieder der Kirche sein. Auch die "Frommen", sofern sie an der Kirche wenigstens äußerlich festhalten und ihr die Kinder zuführen, werden geduldet oder gern gesehen.

Aber die Taufe der Gläubigen wird nie auf Anerkennung seitens einer Landes- oder Volkskirche rechnen können, denn dann würde die Kirche bald nicht mehr das "Land", das "Volk" umspannen, sondern eine Gemeinschaft freiwilliger selbständiger Persönlichkeiten sein, also aufhören zu sein, was sie jetzt ist.

Das spricht Professor D. Schlatter in Tübingen offen aus in seinem Werke "Das christliche Dogma".[171] Dort heißt es: "Die Frage, ob wir die bestehende Taufpraxis fortsetzen können, hängt davon ab, ob die Kirche ihr Wort noch an das ganze Volk heranzubringen vermag. In dem Maße, als größere oder kleinere Teile des Volkes der Verkündigung der Kirche sich völlig entziehen und keinen christlichen Unterricht erhalten, sondern in einer gegen die Kirche feindselig abgeschlossenen Gesellschaft

---

Stellung vieler Gemeinschaftsleute und gar mancher ihrer Führer nicht verstehen und scharf kritisieren - wer kann ihnen das verdenken?

171 In diesem ausgezeichneten Werk, das 1911 im Kalwer Verlag erschien, macht Prof. Schlatter überhaupt manche treffliche Äußerung über die Taufe, obwohl er die Kindertaufe nicht verwirft. Es heißt dort unter anderem: "In Wahrheit hat nicht die Zuversicht zum Glauben der Kinder oder Paten die Kindertaufe in Gang erhalten, sondern die Angst, die Kinder kämen in die Hölle ohne die Taufe. Aber auf die Furcht läßt sich die Taufpraxis nicht begründen. Die Kindertaufe ist in dieser Form glaubenslos und sündlich, eine Nachwirkung der abergläubischen Entstellung des Sakraments, die die ältere Kirche befleckt. Wenn der Glaube nicht mehr im Wasser, sondern im Christus seinen Grund hat, so fällt die Angst weg, ungetaufte Kinder gingen verloren; denn Christus fehlt ihnen nicht, auch wenn ihnen das Wasser fehlt, und Gottes Gnade ist nicht tot, weil das Kind vor der Ankunft des Taufenden starb." Schlatter lehnt alle "patriotischen Erwägungen" ab, die man etwa für die Beibehaltung der Kindertaufe als notwendige Voraussetzung der Volkskirche oder als "im Interesse der Staatskirche" liegend ins Feld führen möchte. Er sagt: "Das für den Taufakt nötige gute Gewissen ist damit noch nicht geschaffen, daß wir sagen: Wir wollen die Volkskirche, also taufen wir die Kinder. Denn die Taufe muß das bleiben, wozu sie Jesus gemacht hat, und darf nicht wegen eines anderen Zweckes umgebildet werden." Das ist gewiß richtig, und wir können Schlatter nur zustimmen, wenn er Luthers Ansicht vom Kinderglauben und ebenso die reformierte Begründung der Kindertaufe durch die Parallele der Beschneidung ablehnt.

Wenn aber Schlatter die Beibehaltung der Kindertaufe doch ermöglichen möchte durch die Tatsache der Priorität der göttlichen Gnade vor dem menschlichen Glauben, so ist letzteres gewiß eine klare biblische Wahrheit, aber zu ihrer Bezeugung hat Christus nicht die Taufe vor dem Glauben angeordnet. Wenn hin und wieder jemand sich auf seine Taufe, die er als Gläubiger an sich vollziehen ließ, stützt, so ist das sicherlich falsch. Aber um dieser Gefahr zu begegnen, dürfen wir doch nicht einfach die biblische Ordnung umkehren und lieber vor dem Glauben taufen!

aufwachsen, wird die Kindertaufe unmöglich. Dann fallen aber auch die Bedenken, die gegen die Unterscheidung der Kirche vom Volkstum bestehen, dahin; denn damit ist die Trennung von seiten derer die sich jenseits des Christentums halten, bereits vollzogen und die Einheit von Kirche und Volk nur noch eine Fiktion. Fiktionen zu pflegen, ist niemals der Beruf der Kirche und ihrer Arbeit nur hinderlich. Jedenfalls hat sie keinen Anlaß, die gegenwärtige Taufpraxis ängstlich festzuhalten, als wäre sie eine unentbehrliche Bedingung ihres Bestandes. Der Lage wäre es wohl am meisten angemessen, wenn wir wieder die gemischte Praxis bekämen, wie sie in der Kirche des Römischen Reiches vorhanden war, wo die Taufe Erwachsener und die von Kindern nebeneinander bestanden.

Es wäre für die Gemeinde und für die ganze Taufpraxis eine wesentliche Förderung, wenn sich je und je nicht nur Kinder, sondern auch Männer zur Taufe einfänden, die sie mit eignem Wissen und Willen begehren und zu sagen vermögen, warum sie sich an Christum wenden. In solchen Fällen den Taufakt zu verheimlichen und Winkeltaufen zu vollziehen, ist eine Feigheit, die allen schadet, dem heimlich Getauften wie der Gemeinde, der er das aufrichtige Bekenntnis schuldet, wie sie ihm nun die christliche Gemeinschaft schuldet."

Professor Schlatter rechnete also schon vor dem Weltkriege mit der Möglichkeit, daß innerhalb der Kirche Kindertaufe und Erwachsenentaufe nebeneinander bestehen können, und diese gemischte Praxis würde von ihm sogar als eine "wesentliche Förderung" begrüßt werden. Aber er setzte für diesen Fall eben eine Auflösung der Volkskirche und ihre Umgestaltung in eine Kirche von freiwilligen Gliedern voraus, für die dann freilich die Kindertaufe nicht mehr "eine unentbehrliche Bedingung ihres Verstandes" sein würde und darum in das Belieben des einzelnen gestellt werden könnte. An eine Auflösung der Volkskirche ist aber vorläufig nicht zu denken. Wir erleben gegenwärtig im Gegenteil eine Umbildung und Neuorganisation der bisherigen Staats- und Landeskirche zu einer "Volkskirche", die zwar in Wahrheit nicht das ganze Volk umspannt, aber grundsätzlich eine derartige Eingliederung aller Volksgenossen nicht ablehnen würde.

Darum sollten die Gläubigen, anstatt auf derartige kirchliche Neubildungen ihre Hoffnung zu setzen, allerorts sich ihrer Einheit bewußt werden und ohne Rücksicht auf alle volkskirchlichen Baupläne und Trümmerhaufen sich nach biblischen Vorbildern zu Gemeinden von Gläubigen auf Grund persönlicher Überzeugung und freien Willensentschlusses sammeln.

In dem Festhalten an den volkskirchlichen Grundsätzen liegt der Hauptgrund für die Unklarheit der kirchlich gebundenen Kreise in der Tauffrage, denn ein Festhalten an dem unbiblischen System der Volkskirche macht eine biblische Lösung der Tauffrage unmöglich.

Und die biblische Lösung aller Kirchenfragen ist für den Gläubigen doch die einzig mögliche. Und nicht nur das, diese Lösung zu suchen, ist auch die Pflicht aller Gläubigen. Sie sollten sich die Tatsache klarmachen: eine Volkskirche ist nicht "die Kirche Christi", neben welcher

"Sekten" ihr unberechtigtes Dasein fristen. Eine Volkskirche steht ebenso in schroffem Gegensatz zu der im Neuen Testament gekennzeichneten Gemeinde der Gläubigen wie eine Landes- und Staatskirche.[172]

Die "unsichtbare Kirche", in welche kirchliche Theologen die Gemeinde zu verflüchtigen suchten, existiert nach der Schrift nicht.[173]

Es ist der alte Kampf und Gegensatz zwischen der Volkskirche und der Gemeinde von Gläubigen, um die es sich bei der Tauffrage handelt. Eine Gemeinde von Gläubigen (im Sinne des Neuen Testaments) wird ihre Abgrenzung von der Welt auch dadurch dokumentieren, daß sie die schriftgemäße Taufe und eine schriftgemäße Abendmahlsfeier einführt.

Innerhalb der Landeskirche und im Zusammenhange mit ihr ist eine biblische Gemeindeordnung nicht durchführbar, da es in ihr unmöglich ist, nur den Gläubigen ein Recht auf Taufe und Abendmahl zuzusprechen. Der Herr hat diese feierlichen Handlungen nur für seine Gemeinde angeordnet und nicht für alle Glieder eines volkskirchlichen Systems, das prinzipiell alle Glieder des Volkes und Bewohner des Landes umspannen will, also keine Kirche ist im Sinne des Neuen Testaments.[174]

---

172 Schon Prof. Beck sagte: "Ich erkenne, wie schon Luther, unsere bestehende Kirche nicht als eine Gemeinde Christi an, ihre kirchliche Einrichtung nicht als eine völlig nach dem Evangelium geordnete; es fehlt z. B. an einer evangelischen Sakramentverwaltung, Gottesdienstordnung, Gemeinschaft und Kirchenzucht, weil es an dem Fundament zu dem allen fehlt, ohne das diese Dinge, wenn auch der apostolischen Kirche nachgemacht, toter, leerer Schein wären, nämlich daran, daß es eine freie Verbindung von Gläubigen wäre".

173 Prof. D. Schlatter nennt diese Formel "unüberlegt", "denn Menschen sind die Kirche, und Menschen sind nicht unsichtbar". (Das christliche Dogma, S. 423.)

In seiner Missionslehre (II, 35) schreibt Prof. D. Warneck: "Das scheint uns ausgemacht, daß ohne die Organisation einer Gemeinde der Heiligen, welche freiwillig bekennt, daß sie im christlichen Glauben stehe und auf dem Grunde dieses Glaubens ein heiliges Leben führen will, eine gesunde Lösung des Kirchenproblems nicht möglich ist." (Vgl. auch Prof. Dr. O. Scheel, "Die Kirche im Urchristentum", S. 17 ff. [Religionsgeschichtliche Volksbücher 20]; ferner die Anmerkung 168.)

174 D. E. Förster gab in Nr. 16 der "Christlichen Welt" von 1911 eine durchaus richtige Erklärung über das Wesen der Landeskirche, eine Schilderung, die mit einigen Einschränkungen auch auf die jetzt in der Bildung begriffene "Volkskirche" passen wird. Er schrieb: "Das Wesen der Landeskirche. Auf ihren Personalstand angesehen, umfaßt die evangelische Landeskirche der alten Provinzen Preußens in der Tat alles, was nicht katholisch oder jüdisch oder dissidentisch ist, das ist staatsgesetzliche Betrachtungsweise; zum Glied der preußischen Landeskirche macht nicht eine Gesinnung, nicht ein Bekenntnis oder seine Betätigung, sondern lediglich der Umstand, daß einer evangelisch geboren ist und nicht von sich aus seinen Austritt erklärt hat. Alle damit charakterisierten Personen gehören nach dem Gesetz zur preußischen Landeskirche, sind verpflichtet, zu ihren Lasten beizutragen und ihre Kinder evangelisch erziehen zu lassen. Selbst wenn sie ihre Kinder nicht konfirmieren, ihre Ehe nicht trauen lassen, ihren Widerspruch gegen das Christentum laut und öffentlich dokumentieren: der Staat betrachtet sie als Glieder der Landeskirche, solange jene genannten Bedingungen erfüllt sind. Ein Haeckel ist bis vor einem halben Jahre Mitglied seiner Landeskirche gewesen; unzählige Gesinnungsgenossen Haeckels, die dies öffentlich bekunden, sind Glieder der preußischen Landeskirche. Was anders macht sie dazu als jene rein äußerlichen Merkmale? Die Anwendung des Wortes Gemeinde auf die Personenmasse der evangelischen Bewohner der neun alten preußischen Provinzen - das muß einmal deutlich gesagt werden - ist in hohem Grade irreführend und eine unstatthafte Entleerung des Begriffes Gemeinde. Gemeinde darf nur heißen, was durch ein Gemeinschaftsgefühl verbunden ist. Welches Gemeinschaftsgefühl umschließt jene Personenmasse, so daß es sie

Man muß sich nicht wundern, daß gründliche Schrifttheologen und weitherzige Kirchenmänner wie D. Fr. Schleiermacher und D. A. Schlatter sogar innerhalb der Landeskirche die doppelte Taufpraxis anerkennen möchten, also die Taufe der Gläubigen neben der Kindertaufe. Ihre aus der Schrift und aus der Geschichte gewonnene Überzeugung verbietet ihnen, in der Forderung der Taufe der Gläubigen einen Widerspruch gegen das Neue Testament oder einen Abfall von den Grundsätzen der Reformation zu sehen.

Aber zu dieser Auffassung werden sich die offiziellen Vertreter der Kirche nie aufschwingen.

Der ernstlich gemachte Vorschlag, die Art der Taufe dem Gewissen des einzelnen zu überlassen, würde auch heute noch ebenso auf allgemeinen Widerstand stoßen wie der vor sechzig Jahren (1853) auf dem Berliner Kirchentag von zwei Rednern gestellte Antrag, die Baptisten nicht von den kirchlichen Abendmahlsfeiern auszuschließen.

Die führenden Männer der Kirche, die über ihren äußeren Bestand zu wachen haben, wissen gar wohl, warum sie auf solche Vorschläge nicht eingehen können.

Ihnen ist die Tauffrage eine Kirchenfrage.

X. Kapitel

Die Konfirmation - keine Lösung der Tauffrage

"Wenn die Bildung des Menschen zu persönlicher Selbständigkeit, d. h. zur freien Selbstbestimmung und wahren Freiheit, das Ziel der Schöpfung, wie der Keim des Ratschlusses der ewigen Liebe und so das Ziel aller menschlichen Erziehung und alles Lebens ist, so kann ein System nicht wahr sein, welches die Persönlichkeit tötet." J. v. Bunsen

---

alle umfaßt und zugleich von allen anderen unterscheidet? Es ist keins vorhanden und kann keins da sein. Die Landeskirche ist keine Gemeinschaft, sie ist eine Anstalt, die der Staat geschaffen hat aus zweierlei Gründen; erstens aus Rücksichten der Staatswohlfahrt, um die in bestimmten Territorialgrenzen vorhandenen Kirchengemeinden unter seiner starken Hand zu halten; und zweitens aus der allgemeinen Verpflichtung des modernen deutschen Staates heraus, allem geistigen Leben in seinen Grenzen Existenzmöglichkeit und rechtlichen Schutz zu gewähren. Und was von der Landeskirche im ganzen gilt, gilt auch von ihren einzelnen Institutionen: Oberkirchenrat, Konsistorien, Synoden, Spruchkollegium sind Träger einer Rechtsgewalt, die ihnen der Staat beigelegt hat. Nur diese Auffassung von der Landeskirche entspricht den Tendenzen der lutherischen Reformation und dem modernen Staatsbegriff. Der starke Widerspruch weitester Kreise gegen die Benutzung des Spruchkollegiums zum Schutze des Bekenntnisses zeigt in erfreulicher Weise, daß die Erkenntnis im Wachsen ist: Die Landeskirche ist keine Kirche, sondern eine staatliche Anstalt, die den Namen Kirche zu Unrecht führt. Wenn sie überhaupt erhalten werden soll, so nur dazu, Zwecke zu erfüllen, zu denen sie kraft staatlicher Beaufsichtigung berufen ist. Sonst wird sie zu einer unerträglichen Last und Gefahr für protestantisches Christentum."

"Der Glaube ist seiner Natur nach die zarteste, freieste und innerlichste Lebensbestätigung; sie stirbt ab, wo Nötigung, Menschenfurcht und Politik ins Spiel kommen. Das ist die offenbarste aller Wahrheiten, die die Geschichte der abendländischen Völker lehrt." Prof. Dr. Fr. Paulsen

Die urchristliche Taufe fordert die freie Persönlichkeit des Täuflings. Zum Christsein, zur Nachfolge Christi kann man niemand zwingen. Die Gliedschaft in der Gemeinde setzt die persönliche Selbstentscheidung des einzelnen voraus.

Durch die Kindertaufe ist dieses persönliche Moment, die Grundlage biblischen Christentums, ausgeschaltet. Die Kirche ergänzt ihre Mitgliederzahl durch fleischlichen Nachwuchs, indem sie die unmündigen Kinder tauft und als Christen betrachtet. Seit dem dritten Jahrhundert kommt aber die Sitte auf, die früher verbundenen Akte der Taufhandlung voneinander zu trennen. Die Handauflegung wird für den Bischof reserviert und als Firmelung bezeichnet, lateinisch: *confirmatio*. Schon Cyprian und Augustin kennen sie. Die Synoden von Lyon (1274) und Florenz (1439) gestatten die Konfirmation nicht vor dem siebenten Jahre des Kindes. Das äußere Zeichen dieses "von Christus eingesetzten Sakraments", wie die römische Kirche behauptet, ist das vom Bischof am Gründonnerstag geweihte, aus Öl und Balsam gemischte "Chrisma", womit vom Bischof auf die Stirn des Firmlings ein Kreuz gemacht wird, während er spricht: "Ich zeichne dich mit dem Zeichen des Kreuzes und konfirmiere dich mit dem Chrisma des Heils im Namen des Vaters und des Sohnes und des Heiligen Geistes." Dadurch soll die Taufgnade vollendet werden und der Konfirmand Kraft zum wahren Glaubenskampf erhalten.

Obgleich also die einzelnen Taufhandlungen nicht nur umgewertet und zeitlich auseinandergerissen waren,[175] wurde trotzdem "der gesamte Apparat des Katechumenats und der Taufe der Heidenproselyten mechanisch auf die Kindertaufe übertragen, so zuerst in der katholischen Kirche und abgeschwächt in der lutherischen bis heute".[176]

Luther und Calvin zwar verwarfen die Konfirmation als nicht von Christo eingesetzt. Luther nennt sie "Affenspiel" und "Lügentand", "erdichtet, um die Ämter der Bischöfe zu zieren".

Wie ist es trotzdem in den protestantischen Kirchen zu einer Erneuerung dieser römischen Sitte gekommen?

Wir haben, um diese Frage zu beantworten, eine doppelte Art von Konfirmation zu unterscheiden: 1. die katechetische Konfirmation; 2. die sakramentale Konfirmation.

Erstere, als Abschluß des Jugendunterrichts, ließ auch Calvin gelten; eine einfache Feier, ähnlich, wie sie seit 1468 bei den Böhmischen

175 Die griechisch-katholische Kirche erteilt die Firmung unmittelbar nach der Taufe. Sie ist darin dem ursprünglichen Brauch treu geblieben. Konsequenterweise wird den Kindern auch das Abendmahl gereicht.

176 Vgl. Achelis, Praktische Theologie, § 26.

Brüdern nachzuweisen ist, welche ihre alte, seit 1469 allgemein vertretene Praxis der Taufe Gläubiger seit 1536 mit der Kindertaufe vertauscht hatten und ihre Kinder nach abgelegtem Glaubensbekenntnis und Treugelöbnis durch Handauflegung segneten.[177] Dagegen bedeutet die sakramentale Konfirmation eine Rückkehr zur römischen Praxis, eine Wiedereinführung der von Luther so energisch verworfenen Firmung.

Diese Konfirmation wurde zuerst von Butzer vollzogen. Absage vom Teufel, Bekenntnis des Glaubens, Gelübde der Treue, Handauflegung (zwecks Mitteilung des Heiligen Geistes) bildeten die einzelnen Akte dieser Konfirmationshandlung.

Diese Konfirmation wurde durch Butzer 1539 in Hessen eingeführt. Von hier aus kam sie nach anderen Gegenden.

Als im Jahre 1548 im "Augsburger Interim" die Heilsnotwendigkeit des Sakraments der Konfirmation betont wird, fügt sich Melanchthon. Bugenhagen will trotz seines "Mißfallens" nicht disputieren. Auch das Leipziger Interim erkennt die "Firmung" für die evangelische Kirche an. Hefig widersprach der Theologe Flacius. Bugenhagen und Brenz konnten sich auch nicht damit befreunden. Chemnitz (gest. 1586) versuchte, die abergläubischen Vorstellungen auszurotten und betonte als Hauptsache einen gründlichen Unterricht.

Im siebzehnten Jahrhundert kam die Konfirmation vielerorts überhaupt außer Übung. Spener war es, der dann auf die Notwendigkeit des so sehr vernachlässigten Jugendunterrichts hinwies. Er verlangt einen gründlichen Unterricht mit dem Ziele der persönlichen Entscheidung für den Herrn. Als äußeres Zeichen dieses erreichten Zieles soll dann die Ablegung des Bekenntnisses und als Symbol der Fürbitte die Handauflegung gelten. Was Spener erwartete, traf nicht ein. Doch ist es seinem Einfluß zuzuschreiben, daß die Konfirmation wieder allgemein zur Geltung kam. Man faßte nunmehr die Konfirmation als Erneuerung des Taufgelübdes auf. Daß ein im Namen eines unmündigen Säuglings von anderen abgelegtes Gelübde etwas Widersinniges sei, und daß im Christentum alles auf die persönliche Selbstentscheidung und Erfahrung des einzelnen abziele, das erkannten die Pietisten wohl. Aber nicht viele erkannten, daß die Kindertaufe überhaupt biblisch nicht haltbar sei. Sie ließen sogar die Formeln der Anrede an den Täufling, die des Exorzismus (Austreibung der bösen Geister) und das Gelübde bestehen. Da sie das unbiblische System eines staatskirchlichen Instituts nicht verstanden und an den äußeren kirchlichen Handlungen nichts ändern wollten, konnten sie auch nicht hindern, daß die von ihnen geforderte persönliche Taufbunderneuerung in eine mechanische, unwahre Zeremonie ausartete. Denn jede obligatorische Konfirmation ist "mit dem unwahren Schein freier Selbstentscheidung in Bekenntnis und Gelübde ausgestattet". (Prof. D. Achelis.)

---

177 Diese Konfirmation oder "Erneuerung" des Taufbundes hatte, wie der lutherische Historiker Flacius feststellt, aber eine große Ähnlichkeit mit der früheren Tauffeier für Erwachsene. "Nur das Wasser fehlte, damit sie Wiedertaufe sei."

Viele Theologen fühlen das selbst und möchten darum die Konfirmationshandlung ohne Handauflegung, Gelübde und Glaubensbekenntnis zu einer einfachen Entlassungsfeier der bisher schulpflichtigen Jugend umgestalten, damit dieser "unwahre Schein freier Selbstentscheidung" vermieden wird. Aber dann wäre diese Feier keine "Konfirmation" im kirchlichen Sinne mehr, sondern eben eine Entlassungsfeier, in der der Pfarrer den Segenswunsch und die Ermahnung, die er im Namen der Kirche auszusprechen hat, nach eignem Ermessen zu gestalten hat. Dann würde die Landeskirche überhaupt auf jede persönliche Glaubenserklärung ihrer Glieder verzichten und es bei der stellvertretenden Erklärung der Paten bewenden lassen.

Gelöst wäre damit diese schwierige Frage aber durchaus nicht. Immerhin wären damit die Pfarrer von der traurigen Pflicht entbunden, eine offizielle massenhafte Verführung unreifer Knaben und Mädchen zu einem scheinbar freiwilligen Glaubensbekenntnis und Treugelöbnis vorzunehmen. Man lese nur einmal das sehr verbreitete Schriftchen (1906 waren bereits 200 000 Exemplare gedruckt): "Kurzer Unterricht über kirchliche Sitte und kirchliche Ordnung", um zu erkennen, daß wir nicht zu scharf urteilen. Dort heißt es: "Du bist ein Christ! Bei deiner Taufe bist du dem Herrn Jesus Christus übergeben, und er hat dich in sein Reich aufgenommen. Du hast dann gelernt, was zum christlichen Glauben und Leben gehört und hast dann erklärt: Jesus Christus soll mein Herr sein, ihm will ich dienen getreu bis an den Tod! Denn bei deiner Konfirmation hast du vor Gott und vielen Zeugen bekannt, daß der Glaube, auf den du getauft bist, dein Glaube sei, in dem du bleiben und wachsen wollest, und hast versprochen, christlich zu handeln, dich vor Sünden zu hüten, auch das Gebet nicht zu versäumen und dich treulich zu Gottes Wort und Sakrament halten zu wollen. Nun bleibe in dem, was du bekannt und gelobt hast, und beweise dich mit allem deinem Wandel als ein Kind Gottes und treues Glied deiner Kirche."

In einem viel gebrauchten Handbuch für den Konfirmandenunterricht findet man folgende Ausführungen: "Konfirmation bedeutet Bestätigung oder Befestigung. Ist der Konfirmationstag ein Tag der Bestätigung, so muß er auf einen anderen Tag zurückweisen. Welcher Tag dies ist, wißt ihr - der Tag der Taufe. An eueren Tauftag könnt ihr euch natürlich nicht mehr erinnern, denn die meisten unter euch, wenn nicht alle, werden doch wohl in den ersten Tagen oder Wochen ihres Lebens getauft sein.

Aber ihr seid doch gewiß schon alle zugegen gewesen bei der Taufe kleiner Kindlein. Erinnert euch an diese heilige Handlung! Ihr saht an den Taufstein treten von der einen Seite aus dem Schiff der Kirche die Paten mit dem Kinde oder, wie wir auch sagen können, das Kind mit seinen Paten, denn die Paten sind nur Stellvertreter des Kindes, die dem Kinde ihren Arm und ihren Mund leihen, weil dieses noch nicht gehen und sprechen kann. Von der anderen Seite aber, vom Altar aus, trat an den Taufstein der Geistliche, der Diener und Stellvertreter Gottes. Beide haben am Taufstein etwas getan. Das Kind hat durch den Mund seiner Paten mit Ja geantwortet auf die beiden Fragen, die ihm der Geistliche vorlegte: "N. N., entsagst du dem Teufel und allem seinem Werk und

Wesen?" und: "Glaubst du an den dreieinigen Gott?" (Apostolisches Glaubensbekenntnis.)

Es hat also seinen Glauben bekannt und ein Gelübde abgelegt oder wie wir kurz mit einem Worte sagen können: Es hat sein Taufbekenntnis abgelegt (Bekenntnis des Glaubens und Gelübde der Treue). Auf solches sein Bekenntnis hin ist das Kind aber von dem Geistlichen im Namen des dreieinigen Gottes getauft, d. h. wie wir später noch genauer lernen werden, aufgenommen in die Gemeinschaft des dreieinigen Gottes und damit zugleich in die Gemeinschaft der christlichen Kirche, ist für ein Glied der christlichen Kirche erklärt.

Der Konfirmationstag ist, wie wir sahen, ein Tag der Bestätigung. An ihm soll bestätigt werden, was am Tauftage geschehen ist, und zwar haben beide, die am Tauftage etwas an heiliger Stätte getan haben, etwas zu bestätigen, und zwar gerade das, was sie am Tauftage getan haben. Das Kind hat also sein Taufbekenntnis zu bestätigen, hat am Konfirmationstage nochmals feierlich vor dem Altar Gottes das Bekenntnis seines Glaubens und das Gelübde seiner Treue abzulegen; aber nun nicht mehr durch den Mund seiner Paten, sondern, weil es selbst reden und auch die Bedeutung dieses Bekenntnisses verstehen kann, mit eignem Munde.

Auf solches Konfirmationsbekenntnis aber soll es von dem Geistlichen als Glied der christlichen Kirche konfirmiert oder bestätigt werden, und zwar nun als ein vollberechtigtes Glied der christlichen Kirche."[178]

In einem anderen Handbuch für den Konfirmandenunterricht wird folgendes gesagt: "In der Taufordnung unserer Kirche fragt der Täufer das Kind: 'Entsagst du dem Teufel und seinem Wesen und seinen Werken?' Wer aber antwortet darauf? (Die Paten.) Als wessen 'Ja' wird es jedoch angesehen? (Als das des Täuflings.) Ein jeder von euch hat sich also in der Taufe dem Herrn Christo zum Eigentum gegeben und hat ihm treue Liebe bis in den Tod zugesagt.[179] Dagegen hat er, der treue Herr, sich dir zum Heiland und Erlöser gegeben und dir verheißen, daß er dich ewig seligmachen wolle. Wenn zwei gegenseitig einander etwas geloben und sich gegenseitig zu etwas verpflichten, so nennt man das einen Bund."

Und dann wird erklärt: "Bei der Konfirmation holt der Konfirmand nach, was er als Kind nicht ablegen konnte, das Bekenntnis." "Die Konfirmation ist das öffentliche Bekenntnis vor der ganzen Gemeinde, vor Gott und vielen Zeugen." Alsdann fordert die Kirche ein Gelübde, worauf die Handauflegung erfolgt. Wie wichtig dem Verfasser diese Handlungen sind, bezeugen seine eignen Worte: "Nur um eins handelt es

178 Zweiundfünfzig Konfirmandenstunden. Ein Handbuch von Otto Hardeland, Pastor zu St. Petri und Pauli in Zittau. 4. Aufl. Dresden 1910.

179 Also man verspricht etwas, ohne zu wissen was! Vielleicht kann man nach dieser Theorie einen Eid leisten, ohne den Mund aufzutun und eine Ahnung von dem zu haben, was andere stellvertretend tun.

Im 17. Jahrhundert pflegte man die Erwachsenen allen Ernstes hier und da (z. B. bei der Einführung der Senioren in Altena 1626) feierlich an den Eid zu erinnern, den sie (!) Gott in der Taufe geschworen hätten.

sich bei der Konfirmation, um etwas so Großes und Wichtiges, daß die Seligkeit davon abhängt."[180]

Fassen wir zusammen, was die Konfirmation sein soll: Ergänzung der Taufhandlung; Bestätigung der Taufe; Erneuerung des Taufbundes; Erklärung zu mündigen Christen; Ablegen des persönlichen Bekenntnisses; ein freiwilliges Treugelöbnis; die Aufnahme in die Gemeinde als vollberechtigte Glieder.

Aber gerade das, was die Konfirmation sein soll, ein Ersatz, eine Ergänzung, eine Nachholung der bei der Kindertaufe fehlenden freiwilligen Selbstentscheidung der seines Bekenntnisses und seines Gelübdes sich bewußten Persönlichkeit, ist sie nicht. Darum sind jene scharfen Worte, die Sören Kierkegaard, dieser kühne Verteidiger persönlichen Glaubens gegenüber einem offiziellen "Christentum", in sittlicher Entrüstung im Jahre 1855 niederschrieb, inhaltlich durchaus richtig: "Das Gewissen - soweit in dieser Verbindung davon die Rede sein kann - scheint der 'Christenheit' geschlagen zu haben, daß es doch gar zu toll sei, ein rein bestialischer Unsinn, auf die Weise ein Christ zu werden, indem man als Kind durch einen Staatsbeamten ein paar Tropfen Wasser auf den Kopf bekommt und die Familie zur Feier dieser Feierlichkeit ein Gastmahl arrangiert. Das geht doch nicht, hat die Christenheit gemeint; es muß doch auch zum Ausdruck kommen, daß der Getaufte persönlich das Taufgelübde übernimmt. Darum die Konfirmation.

Das 'zarte Kind', sagt die Christenheit, 'kann ja das Taufgelübde nicht persönlich übernehmen, dazu gehört eine wirkliche Persönlichkeit.' So hat man denn - ist das genial oder sinnreich? - das Alter zwischen vierzehn und fünfzehn Jahren, das Knabenalter dazu gewählt. Diese wirkliche Person - da ist ja nichts im Wege, sie ist Manns genug, das für das Kindlein abgelegte Taufgelübde persönlich zu übernehmen.

Ein Junge mit fünfzehn Jahren! Handelte es sich um zehn Taler, so würde der Vater sagen: 'Nein, mein Junge, das kann man dir nicht überlassen, dafür bist du hinter den Ohren noch nicht trocken genug.' Wo es sich aber um die ewige Seligkeit handelt und wo eine wirkliche Persönlichkeit hergehört, welche die Verpflichtung des Kindleins (die doch eigentlich nicht ernst gemeint sein konnte) durch ein Gelöbnis mit persönlichem Ernst übernähme, da ist das Alter von fünfzehn Jahre das passendste."

Die Konfirmation ist keine Lösung der Tauffrage, denn beiden kirchlichen Handlungen, der Konfirmation sowohl wie der Kindertaufe, fehlt das, was ihnen allein die sittliche Berechtigung und den für das praktische Leben wertvollen Inhalt geben könnte: die Voraussetzung eines aus persönlicher Glaubenserfahrung hervorwachsenden inneren Bedürfnisses, diesen Glauben vor der Gemeinde zu bekennen.

Daß die Wiedereinführung der von Luther abgeschafften Konfirmation innerhalb der protestantischen Kirche diese Bedeutung haben soll und

180 Ausgeführte Unterredungen mit Konfirmanden. Von Aug. Spannuth, Pfarrer in Schulenburg. 2. Aufl. Hannover und Stuttgart 1897.

diesen Zweck erreichen soll, beweist die Entstehungsgeschichte der von Butzer zuerst in Hessen eingeführten Konfirmationsordnung.

In den "Mennonitischen Blättern" brachte der Herausgeber derselben, H. van der Smissen, einen sehr interessanten Nachweis über den Ursprung der Konfirmation. Er weist darauf hin, daß heute die theologische Wissenschaft die Tatsache allgemein anerkennt, "daß das Streben, die Wiedertäufer lahmzulegen, die Männer der Reformation auf den Gedanken einer evangelischen Konfirmation gebracht habe".

Er bezieht sich besonders auf die Schrift von W. Diehl: "Zur Geschichte der Konfirmation. Beiträge aus der hessischen Kirchengeschichte." Dort wird nachgewiesen, daß die Einführung der Konfirmation durch Butzer (1538) ein Entgegenkommen und zugleich ein "Schachzug" gegen die zahlreichen Wiedertäufer in Hessen und Straßburg war.

Landgraf Philipp von Hessen wurde von allen Seiten gedrängt, seine Milde gegen die hessischen Täufer aufzugeben und energisch gegen sie vorzugehen.[181]

Philipp forderte Gutachten von den Universitäten, beriet sich mit seinen Räten und Theologen. Eine Reihe hessischer Theologen mußte sich auf seinen Wunsch mit den gefangenen Täufern besprechen. Auch eine Disputation wurde veranstaltet, doch hatte sie nicht den gewünschten Erfolg.

"Da mußte der Landgraf zu einem anderen Mittel greifen, wenn er überhaupt in den alten Bahnen der Milde und Nachsicht bleiben und nicht vielmehr nach dem Rezept des Wittenberger (!) Gutachtens zum Schwerte greifen wollte. Und er tat es, er berief Martin Butzer von Straßburg." (Diehl.)

In einem Schreiben an die Wiedertäufer erklärte der Landgraf: "Wir haben noch einmal gnädiglich und mildiglich handeln wollen und haben darum einen gottesfürchtigen Mann abgefertigt, sich solchen Irrtum halber freundlich mit euch zu bereden und euch des Grundes zu berichten."

Butzer war zu dieser Aufgabe besonders geeignet. Eine ganze Anzahl der Täufer wurden von ihm in den angestellten Disputationen gewonnen. Daß aber damit die Bewegung noch nicht zum Stillstand gebracht war, erkannte Butzer bald. In den Besprechungen mußte er immer wieder hören, daß die Kirche keine Zucht übe, jedermann zum Abendmahl zulasse, mit der Kindertaufe sei es nichts, man "tauft und läßt es dabei bleiben, lehrt sie keine Buße und Besserung; ohne Zucht könne die Kirche nicht sein". Butzer mußte zugeben: "Ist wahr, wo keine Zucht noch Bann ist, da ist auch keine Gemeinde."

Diese Erfahrungen brachten Butzer auf den Gedanken, durch geeignete Einrichtungen in der Kirche den Wiedertäufern die Grundlage ihrer Vorwürfe zu nehmen. Das erklärt Butzer offen dem Landgrafen. Das Resultat ist die 1539 veröffentlichte Kirchenzuchtordnung von

---

181 Vgl. Reformationsgeschichtliche Studien und Texte. Heft 13 u. 14. Prof. Dr. P. Wappler, Die Stellung Kursachsens und des Landgrafen Philipp von Hessen zur Täuferbewegung. Münster 1910.

Ziegenhain, die Ende 1538 auf der dortigen Synode beschlossen war. Neben anderen Einrichtungen (z. B. den seelsorgenden Ältesten neben dem Pfarrer), wodurch dem Gerede der Wiedertäufer entgegengetreten werden sollte, ist es vor allem die Konfirmationshandlung, welche die Zuchtordnung vorschreibt.[182]

Man wollte den Wiedertäufern den Boden entziehen durch die Einführung dieser feierlichen Handlung, durch die sich das mündig gewordene Kind selbständig in die Gemeinschaft der Kirche begibt und sich ihrer Zucht unterstellt.

Der Vorwurf, daß die Kirche die unmündigen Kinder als Glieder aufnehme, daß eine persönliche Selbstentscheidung gar nicht verlangt würde, auch die nötige Erziehung und Belehrung der heranwachsenden Kinder fehle, konnte nun durch den Hinweis auf den Unterricht und das persönliche Bekenntnis des einzelnen zurückgewiesen werden. In der Tat wäre eine solche Einrichtung, wie die hessische Ordnung sie vorschreibt, wohl geeignet, die von den Täufern vermißte Zucht und Ordnung einzuführen, wenn sie wirklich ohne jeden Zwang es auf die freiwillige Selbstentscheidung des einzelnen ankommen ließe. Aber dazu wäre natürlich ein viel reiferes Alter notwendig als das von vierzehn bis sechzehn Jahren. Allein die Verschiebung dieses öffentlichen Aufnahmeaktes in die Gemeinde auf das Alter wirklicher innerer Reife "würde die Sprengung der Landeskirche bedeuten", wie man sagt. Gewiß, es würde sich herausstellen, daß die allermeisten Jünglinge und Jungfrauen sich nicht freiwillig einige Jahre nach der Entlassung aus der Schule zu einem solchen Bekenntnis einstellen würden.

Da nun aber nur Konfirmierten die Rechte der Mitgliedschaft zuerkannt werden, so würde bald neben den Gliedern der Kirche eine Unzahl von "Nichtmitgliedern" existieren. Die Volkskirche würde aufhören, Volkskirche zu sein, trotz der Beibehaltung der Kindertaufe. Schon jetzt ertönt kirchlicherseits die Klage, daß die Kirche aus dem öffentlichen

---

182 Diese Bestimmungen lauten: "Die Ältesten der Kirche samt den Dienern des Wortes sollen dafür sorgen, daß die Kinder, wenn sie des Alters fähig sind, zu dem Katechismus (-unterricht) geschickt werden, welche Katechismos man auch an jedem Orte wohl anrichten kann auf solche Zeit, daß ein jeglicher seine Kinder dazu zu schicken unbeschwert sein wird. ... Welche Kinder nun durch die Katechismos im christlichen Verstand so weit gebracht sind, daß man sie billig zum Tische des Herrn sollte zulassen, sollen die Ältesten und Prediger versehen, daß auf ein führnehmstes Fest als zum heiligen Weihnachten, Ostern und Pfingsten von ihren Eltern und Vettern vor aller Gemeinde in den Kirchen dem Pfarrer an dazu geordnetem Ort dargestellt werden: da sollen um den Pfarrer stehen die Ältesten und alle anderen Diener des Wortes; alsdann der Pfarrer dieselbigen Kinder die führnehmsten Stücke des christlichen Glaubens befragen, und nachdem die Kinder darauf geantwortet und sich da öffentlich Christo, dem Herrn, und seiner Kirche ergeben haben, soll der Pfarrer die Gemeinde vermahnen, den Herrn für diese Kinder um Beständigkeit und Mehrung des Heiligen Geistes zu bitten und solch Gebet mit einer Kollekte beschließen. Dem allen nach soll dann der Pfarrer denselbigen Kindern die Hand auflegen und sie also im Namen des Herrn konfirmieren und zu christlicher Gemeinschaft bestätigen, auch darauf zum Tisch des Herrn gehen heißen mit angehängter Vermahnung, sich im Gehorsam des Evangelii treulich zu halten und christliche Zucht und Straf von allem und jedem Christen, führnehmlich aber von den Seelsorgern allezeit gutwillig aufzunehmen und derselbigen gehorsame Folge zu leisten."

Leben verdrängt wird, daß sie keine führende Volksmacht mehr ist.[183] Was aber würde geschehen, wenn die Kirche darauf verzichtete, durch das doppelte Band der Kindertaufe und Konfirmation die große Masse des Volkes wenigstens noch äußerlich festzuhalten und auch die Gliedschaft aller der Kirche innerlich längst Entfremdeten zu behaupten, solange sie kann? Es würde in der Tat die Auflösung der Volkskirche bedeuten. Sie muß sich - wie Sören Kierkegaard sagt - der Säuglinge und der durch die Konfirmation durch die allgemeine Sitte gezwungenen, unreifen Jugend "bemächtigen" und sie nötigen, das "Taufgelübde persönlich zu übernehmen". Im reiferen Alter würden viele davor zurückscheuen, Bekenntnisse abzulegen und Gelübde auf sich zu nehmen.

Kierkegaard schreibt: "Die Konfirmation ist, wie man leicht sieht, ein weit tieferer Unsinn als die Kindertaufe, eben weil die Konfirmation als Ergängzung des bei der Taufe noch Fehlenden eine wirkliche Persönlichkeit voraussetzt, die mit klarem Bewußtsein ein Gelübde, das über die ewige Seligkeit entscheidet, übernehmen kann. Dagegen ist dieser Unsinn in anderer Hinsicht schlau genug im Interesse der egoistischen Geistlichkeit erfunden, die sehr wohl versteht, daß manche später vielleicht zuviel Charakter hätten, um nur zum Schein Christen sein zu wollen, wenn die Entscheidung in Sachen der Religion (was allein christlich und allein vernünftig ist) dem reifen Mannesalter vorbehalten wäre."

Wir haben in der Konfirmation den Versuch der Kirche, die bei der Kindertaufe nicht vorhandene freie Persönlichkeit des einzelnen und seine Selbstentscheidung zur Geltung kommen zu lassen.

Aber dieser Versuch ist als völlig gescheitert zu betrachten. Denn die Voraussetzung zur biblischen Taufe, daß sie nämlich freiwillig begehrt werde und ein persönliches Bekenntnis der Heilserfahrung darstelle, fehlt bei der heutigen Konfirmationspraxis ebenso wie bei der Kindertaufe. Darum ist und bleibt die obligatorische Konfirmation eine große Lüge. Diesen Satz haben zahlreiche kirchliche Theologen bereits ausgesprochen und verteidigt. Seit Wicherns Klagen über die traurigen Früchte der Konfirmationspraxis auf dem vierzehnten Kongreß für Innere Mission 1869 sind die Klagen nie verstummt. Es gab zuzeiten scharfe Bewegungen gegen die kirchliche Konfirmationspraxis. Manchem gläubigen Pfarrer gab sie Veranlassung zur Niederlegung seines kirchlichen Amts. Andere seufzen schwer darunter, ändern die Formeln, aber können damit die Unwahrheit dieser mit dem offiziellen Abendmahlsgang verknüpften

183 "Die Mehrzahl all der Großen und Kleinen, die eine neue Zeit heraufführen möchten, sehen dabei von der Kirche mehr und mehr ab. Nicht die Trägerin einer Reformbewegung, nicht die Fördererin geistlicher und geistiger Güter, nicht einmal das Gebiet ist sie ihnen, auf welchem aus Ruinen neues Leben entstehen und erblühen könne. Sie kommt für die großen Bewegungen und Ziele des Volkslebens nicht mehr in Betracht. Und das ist ungefähr das Schlimmste, das ihr widerfahren kann." (Kirchl. Rundschau der "Kreuzzeitung".)

"Das Netz der Volkskirche hat alle Getauften zu umfassen, hier in der Heimat und draußen in der Zerstreuung. In Wirklichkeit sind die Maschen aber so weit geöffnet, so kläglich zerrissen, daß die Kirche einen großen Teil ihrer Glieder gar nicht mehr kennt, geschweige denn, daß sie ihnen noch nahe käme."

"Ganze Volksmassen scheiden für die Kirche einfach aus." (Pfarrer Gußmann, Unsere kirchliche Lage, S. 26.)

Zeremonie nicht ändern.[184] Solange sich jedoch Tausende von kirchlichen Traditionen und Menschensatzungen bestimmen lassen, gegen das eigne Gewissen und die bessere Überzeugung zu handeln, ist eine allgemeine Bewegung gegen die kirchliche Konfirmation nicht zu denken. Es sind leider nur einzelne, die gegen derartige Dinge protestieren. Wir tun es hiermit feierlich. Unser Standpunkt, den wir vertreten, ist folgender: Alle Pfarrer, welcher Richtung sie auch angehören mögen, sollten sich weigern, länger eine so unwahre Handlung im Namen Gottes zu vollziehen, denn jeder Theologe weiß:

1. Daß die Konfirmation weder von Christo noch von seinen Aposteln eingeführt, vielmehr römischen Ursprungs ist und von Luther und anderen Reformatoren verworfen wurde.

2. Jeder Pfarrer weiß, daß viele seiner Konfirmanden nicht einmal verstandesmäßig den Heilsweg begriffen haben, wozu ja die Kinder auch im Alter zwischen dreizehn und fünfzehn Jahren überhaupt nur selten imstande sind. Trotzdem wird dem unmündigen Kinde ein Bekenntnis

---

184 So veröffentlichte Stadtpfarrer Meyer - Tübingen im "Kirchlichen Anzeiger für Württemberg" folgenden Notschrei: "Ich halte es für eine Sünde, unreife Kinder von vierzehn bis fünfzehn Jahren auf irgendeine Wahrheit zu verpflichten und ihnen ein das ganze Leben umspannendes Versprechen abzunehmen. - Ist das alles? Jawohl, durchaus alles. Aber nicht wahr, wenn ich das für eine Sünde halte und tue es doch, so darf und kann ich auch mein Gewissen damit nicht beruhigen, daß es mir vorgeschrieben ist. Denn bin ich ein Geistlicher der evangelischen Landeskirche, so stehe ich ohne allen Zweifel unter dem Apostelwort: 'Man muß Gott mehr gehorchen als Menschen', und die Kirche weist damit, daß sie eine sündige Einrichtung geschaffen hat, deutlich genug darauf hin, daß auch sie zur Kategorie Mensch gehört. Also die Konfirmation in der Form, in der sie mir vorgeschrieben ist, schließt eine Gewissensnot für mich in sich. Die Gewissensnöte sind entsetzlich und zehren an Leib und Seele." Dieser Notschrei schließt: "Ich richte zunächst an alle diejenigen Kollegen des Landes, die denselben Gewissensdruck fühlen, die dringende Aufforderung und die herzliche Bitte, mir das kurz und bündig mit Namensunterschrift mitzuteilen, damit wir sobald als möglich in geschlossener Front mit unserer aus einer Gewissensnot gebornen Bitte vor die zuständigen Instanzen treten können."

Lic. Niebergall - Heidelberg erklärte vor einigen Jahren öffentlich: "Die größte Konfirmationsnot ist aber, daß Kinder, die zu unreif, zu dumm, zu stumpf oder zu faul sind, um sich über die Bindung auf das Bekenntnis irgendwelche Gedanken zu machen, und die sich nicht darum kümmern, was mit ihnen am Konfirmationstage vor sich gegangen ist, von der Kirche als die Korrekten betrachtet werden und durch die Konfirmation die Rechte der Teilnahme am Kirchenleben erhalten, während die Reifen, die den Mund auftun, hinausfliegen. Mit anderen Worten: Es wird bei der Konfirmation von der Reife, der Aufrichtigkeit, von der Persönlichkeit, von der Echtheit, von der Selbstheit eine Steuer erhoben, aber der Stumpfheit und der Faulheit und der Heuchelei wird die Prämie der Ruhe gegeben."

Pastor D. Philipps schrieb in der "Reformation" über die Taufe und die Konfirmationspraxis der Gegenwart: "Die allgemeine Kindertaufe in unserer Kirche ist ein Ärgernis für die Gläubigen. Dem Zwange der Gewohnheit folgend, bringen die Eltern ihre Säuglinge zur Taufe oder vielmehr in vielen Fällen: Sie lassen sie bringen oder dulden nur, daß sie gebracht werden, weil sie selbst Taufverächter sind. In keiner Weise verbürgen solche eine christliche Erziehung und Unterweisung. Ebensowenig nicht selten die Paten, die meist nach rein äußerlichen verwandtschaftlichen Gesichtspunkten gewählt werden. Tauf- und Konfirmationspraxis müssen reformiert werden." "Werden diese Hindernisse und Ärgernisse nicht beseitigt, dann muß die Landes- und Volkskirche wenigstens in den Großstädten an ihrer Tauf- und Konfirmationspraxis zugrunde gehen." Wie D. Philipps sich die Reformation der Taufpraxis denkt, ist uns nicht klar, da er erklärt: "Wir lehnen die baptistische Großtaufe entschieden ab." Mit welchen biblischen Gründen?

abverlangt, dessen Bedeutung es nicht versteht. Das ist ein großes Unrecht.

3. Jeder Pfarrer weiß, daß die meisten seiner Konfirmanden überhaupt nicht ernstlich gewillt sind, das ihnen abgenötigte Gelübde zu halten, daß sie vielmehr oft noch am selben Tage, verführt oder freiwillig, ihr Gelübde brechen.[185] Trotzdem wird auch solchen Kindern das Versprechen abgenommen, woraufhin sie zum "Tisch des Herrn" geführt werden. Das ist eine direkte Sünde.

Alle vernünftig denkenden Menschen, ob gläubig oder nicht, sollten einsehen, daß die obligatorische Konfirmation, wie sie heute gehandhabt wird, der Wahrheit und Wahrhaftigkeit widerspricht.

In der Konfirmation, so sahen wir, soll zum Ausdruck kommen, daß der Getaufte persönlich das Taufgelübde übernimmt.

Unreife Kinder zu solcher "persönlichen Stellungnahme" zu zwingen, ist unmoralisch und unverantwortlich. Alle vernünftigen Eltern sollen dies bedenken. Und die Gläubigen? Sie, die da wissen, daß nur eine persönliche Herzenserneuerung in den Stand setzt, das Leben dem Herrn zu weihen und ihm Treue zu geloben, sie können im Licht des Wortes der Wahrheit nur eine Stellung zur heutigen Konfirmationspraxis einnehmen:

Handelt es sich um noch nicht wiedergeborne Knaben und Mädchen, so ist sowohl das Gelübde als auch der erzwungene Abendmahlsgang dem Herrn ein Greuel; sind die Kinder aber ein bewußtes Eigentum des Herrn, so ist die Konfirmation überflüssig; der Herr konfirmiert (d. i. "befestigt" oder "bestätigt") die Seinen. Er versiegelt sie mit dem Heiligen Geiste der Verheißung und bedarf dazu keiner menschlichen Konfirmation.

An Stelle der unbiblischen und menschlichen Konfirmation, die ein Ersatz für die bei der Kindertaufe fehlende persönliche Entscheidung sein soll, erhält dann die biblische Taufe wieder ihren gottgewollten Platz.

---

185 Auf einer Pastorenkonferenz einer großen deutschen Stadt von 70 000 Einwohnern erklärte ein Pfarrer an der Hand einer sorgfältig geführten Statistik seiner verhältnismäßig kleinen Gemeinde, die er gut übersehen konnte, daß von den konfirmierten Kindern 90 Prozent überhaupt der Kirche den Rücken kehrten. Von den übrigen käme etwa die Hälfte nur selten zur Kirche, und wie viele von dem letzten Rest wirklich aus innerem Bedürfnis die Kirche besuchten, sei nicht festzustellen.

XI. Kapitel

Die Gewissensfreiheit im modernen Staat

"Es scheint mir ungereimt, daß es nicht erlaubt sein soll, daß der eine anders denkt als der andere." Hans Denk

"Freiheit ist allgemeines Menschenrecht." Georg Fox

"Sobald jede Art, Gott zu verehren, frei ist, herrscht überall Ruhe, während die Verfolgung die Quelle der blutigsten, langwierigsten und verheerendsten Bürgerkriege gewesen ist." Friedrich der Große

Das Resultat aller Kämpfe und Verfolgungen gegen die Täufer des sechzehnten Jahrhunderts war eine fast völlige Vernichtung dieser einst so mächtigen und verheißungsvollen Bewegung. Diese vierte große Gruppe wurde von den drei übrigen, den Katholiken, den Lutheranern und Reformierten, so heftig verfolgt, daß sie fast gänzlich aufgerieben und wenigstens von dem europäischen Kontinent verdrängt wurde.

Im Westfälischen Frieden 1648 wurde noch einmal den drei großen Religionsparteien ihr Daseinsrecht beglaubigt; aber niemand dachte daran, auch den kleineren christlichen Gruppen, den Waldensern, den Böhmischen und Mährischen Brüdern, den Mennoniten und anderen einen Platz an der Sonne zu gönnen. So wurde die Lage dieser Christen auch nach dem Dreißigjährigen Kriege keine wesentlich bessere. Sie blieben "Gemeinden unter dem Kreuz".

Erst im achtzehnten Jahrhundert brach sich der Toleranzgedanke allmählich Bahn, und das neunzehnte Jahrhundert brachte dann nach und nach in den Kulturländern des Kontinents allgemeine Religions- und Gewissensfreiheit, nachdem sie in England bereits früher errungen und nachdem in den Staaten Nordamerikas der Beweis erbracht worden war, daß eine Staatsverfassung, die eine absolute Gewissens- und Kultusfreiheit gewährt, damit durchaus nicht das Christentum abschafft und der Unmoral den Freibrief ausstellt, daß im Gegenteil der friedliche Wettbewerb aller christlichen Parteien eine bessere Lösung dieser brennenden Frage ist als der zerrüttende Parteistreit innerhalb ein und derselben Kirche, die, vom Staate bevormundet, in sich selbst gespalten, einen Haufen zufälliger und darum gleichgültiger, ja, vielfach feindlicher Glieder in sich schließt.

Einst hatte Luther, wie wir sahen, mit großer Klarheit das Recht der einzelnen Persönlichkeit gegenüber den kirchlichen Machtansprüchen des Papstes verteidigt. Aber dieser Grundsatz echten Protestantismus, die Glaubens- und Gewissensfreiheit des einzelnen, fiel bald dem Landes- und Staatskirchentum zum Opfer.[186]

---

186 Treffend ist die Schilderung von Pfarrer Gußmann - Leipzig: "Die staatskirchliche Bürokratie betrachtet die Kirche als einen rechtlichen Verwaltungskörper. Wird die Ruhe gewahrt, der geordnete Geschäftsverkehr der verschiedenen Stellen nicht unterbrochen, die

Die neugeschaffenen Kirchenverbände unter landesherrschaftlicher Oberhoheit waren, wie wir bereits näher ausführten, in vieler Hinsicht die Erben und Hüter römischer Unduldsamkeit.

Das Staatskirchentum erstickt alle Freiheitsregungen der einzelnen Persönlichkeit. Es fragt nicht nach dem einzelnen. Je weniger der einzelne hervortritt aus der Menge, um so besser. Die Landeskirche fordert ihrem Wesen gemäß die Schablone, die Uniformität. Sie kann die Glaubens- und Gewissensfreiheit, mit der die Freiheit des Kultus unzertrennlich zusammenhängt, nicht gewähren, ohne sich selbst aufzulösen.

In den Reformationskirchen wurde darum auch mehr oder weniger scharf nach diesem Grundsatz verfahren. Jahrhundertelang haben die Gläubigen darunter gelitten. Heute ist dieser traurigen Geistes- und Gewissensknechtschaft auch in Deutschland glücklich ein Ende gemacht. Die Freiheit der einzelnen Persönlichkeit ist gesetzlich gesichert.

Der moderne Staat gewährt völlige Gewissens- und Kultusfreiheit. Aber diese Entwickelung ist kein Verdienst der Konfessionskirchen, sondern des von ihnen so grausam niedergetretenen Täufertums, deren Vertreter diese "modernen" Grundsätze schon vor Jahrhunderten aufstellten.[187]

Schon zur Reformationszeit erhoben deutsche Täufer die Forderung der Gewissensfreiheit und der religiösen Duldung. Vergeblich!

Wilhelm von Oranien gewährte 1572 den Taufgesinnten in Holland religiöse Freiheit und Duldung. Wilhelm III. von Oranien erließ endlich auch in England die sogenannten Toleranzakte (1689), wodurch den Dissenters das Recht der freien Religionsübung gewährt wurde. Doch bedeuteten auch diese Bestimmungen noch keine vollständige Gewissensfreiheit.

Unterdessen war es bereits in Nordamerika zur Gründung einiger Kolonien gekommen, in denen die Ideen eines Robert Browne und eines John Robinson, des Führers der Pilgerväter, verwirklicht wurden, die im

---

Befolgung der gesetzlichen Vorschriften aufrechterhalten, so ist sie vollauf befriedigt. Die Gebieter im Kirchenregiment wie die Untergebenen im Kirchenamt schlafen getrost, wenn nur die tägliche Arbeit abgewickelt ist, die Akten keine Lücken mehr aufweisen und sich nirgend ein gesetzlicher Abstand ergeben hat. An Christum denken sie wenig, um so mehr dagegen an die leitenden Staatsbehörden und ihr gnädiges Wohl-gefallen. Seelen zu retten, ist weder ihre Sorge noch ihr schönster Sieg. Das Klappern des Handwerks genügt ihrem eingerosteten Geiste. Sie fühlen sich als Staatsbeamte und schätzen das Christentum oft nur als Kappzaum für die Massen." (Die Kirche im neuen Jahrhundert, S. 33.)

187 Die Tatsache wird in den letzten Jahren immer mehr erkannt, anerkannt und auch öffentlich bezeugt. So veröffentlichte die "Christliche Welt" Nr. 31, 1911, einen Aufsatz von A. Bonus, in dem es unter anderem heißt:

"In Deutschland wurden die Schwärmer, Luthers große Feinde und seine allein echten Kinder (!) gehetzt, verjagt, erwürgt. Aber sie wachten in Holland, England und später Amerika auf. Holland wurde Kulturmacht und Weltmacht, England Kulturmacht und Weltherrscherin, Amerika das Land der unbegrenzten Möglichkeiten und der zähen puritanischen Arbeitskraft. Deutschland versimpelte derweilen in seinen kleinlichen Lehrtifteleien.

Die Schwärmer in Holland, England, Amerika schufen neue Volkseinigungen auf dem Grunde der Gewissensfreiheit. Sie schufen die modernen Staatsideen und die Menschenrechte."

Jahre 1620 nach Amerika auswanderten, wo es zur Gründung von Massachusetts kam. Aber auch hier herrschte noch nicht vollständige Gewissensfreiheit.

Volle Religionsfreiheit wurde zuerst in dem kleine Staate Rhode Island (1636) durchgeführt, der Schöpfung von Roger Williams, in dem die independentistischen Grundsätze zur freien Entfaltung kamen. Roger Williams ließ sich 1639 taufen.

Als dann die Gesellschaft der Freunde oder Quäker unter Führung von William Penn in ihrem Staate Pennsylvania mit der Hauptstadt Philadelphia dieselben Grundsätze allgemeiner Religionsfreiheit durchführte (1682), wurde durch dieses "heilige Experiment" aufs neue bewiesen, daß die völlige Gewissensfreiheit des einzelnen in allen religiösen Fragen und die staatliche Duldung aller christlichen Bekenntnisse der einfachste und gesegnetste Weg ist.[188]

Wie klar und folgerichtig George Fox (1624-1691) und seine Freunde die Grundsätze des freien Gewissens vertraten, geht aus folgenden Worten von Robert Barclay (1648-1690) hervor, die er in seiner berühmten Apologie (1673) niederschrieb: "Da Gott selbst sich die Gewalt und Herrschaft über das Gewissen angenommen hat, er, der allein es wahrhaft belehren und regieren kann, so ist es aus diesem Grunde unrechtmäßig, für irgend jemand, wer er auch sei, kraft irgendeines Ansehens oder fürstlicher Macht, welche er haben mag in dieser Welt, den Gewissen anderer Gewalt anzutun. Deshalb sind alles Töten, Verbannen, Pfänden, Einsperren und ähnliche Strafen, welche über Menschen verhängt werden, bloß deswegen, weil sie nach ihrem Gewissen Gott auf eigne Weise verehren und ihre religiösen Meinungen anders aussprechen, nichts als Werke Kains, des Mörders und aller Wahrheit zuwider: natürlich in der Voraussetzung, daß niemand unter Vorwand des Gewissens seinen Nachbar an seinem Leben oder seinem Gute beschädige oder irgend etwas tue, was die menschliche Gesellschaft zerstört oder mit ihr unverträglich ist. Denn in solchen Fällen ist das Gesetz da für den Übertreter, und das Recht hat seinen Lauf ohne Unterschied der Person."

Das waren die Grundsätze der Gewissensfreiheit jener Independenten und Täufer und der ihnen verwandten Kreise.

Ihr Einfluß reichte aber über die engen Grenzen der eignen Gemeinden hinaus. So steht z. B. auch der Philosoph John Locke (1632-1704), dieser energische Verteidiger der Toleranz, unter täuferischem Einfluß.

So waren es die strengbiblischen Kreise der puritanischen und täuferischen Christen, die zuerst mit den Grundsätzen der allgemeinen Gewissensfreiheit wirklich Ernst machten.

Jedoch nicht nur die Vertreter des biblisch orientierten Täufertums, sondern auch die - mit jenen übrigens vielfach durch persönliche Beziehungen (vgl. Locke, Milton, Comenius) verbundenen - Kultgesellschaften des Humanismus, die ihre stille aber zielbewußte Tätigkeit entfalteten,

188 Die ersten deutschen Einwanderer, die Amerika als neue Heimat erwählten, waren dreizehn mennonitische Familien aus Krefeld im Jahre 1683. (Vgl. Menn. Lexikon, S. 426)

haben als Vertreter der Geistesfreiheit und des Toleranzgedankens eine große Bedeutung gehabt. Sie waren Pflegestätten freier Gedanken und sittlicher Ideale, als deren höchstes ihnen die Erziehung des Menschengeschlechts galt, d. i. die Heranbildung selbständiger sittlicher Persönlichkeiten auf der Grundlage der Freiheit und Freiwilligkeit. Ihre Grenzen gingen weit hinaus über die Grenzen des Kirchentums. Die Errungenschaft der Gewissens- und Glaubensfreiheit im modernen Staat muß zu einem großen Teil auch als das Verdienst dieser "unsichtbaren Gesellschaften" angesehen werden, deren erziehendem Einfluß auf zahlreiche Fürsten und maßgebende Staatsbeamten die Einführung einer freieren Staatsverfassung und gerechteren Gesetzgebung sowie der Sieg des Toleranzgedankens über hierarchischen und polizeilichen Gewissenszwang zu danken ist.

Auf dem Kontinent haben sich vor allen anderen Fürsten als Vertreter dieser freien Grundsätze die beiden großen Hohenzollernfürsten Friedrich Wilhelm der Große Kurfürst (1640-1688) und der König Friedrich der Große (1740-1786) bewiesen.

Das Verhalten dieser großen Männer fand dann nach und nach in anderen Ländern Nachahmung.

In klassischer Weise hat neuerdings Professor D. Dr. Troeltsch diese Tatsachen ins Licht gestellt.[189] Er sprach es offen aus, daß die Idee der Gewissensfreiheit, Toleranz oder Humanität dem älteren Protestantismus sowohl in seiner lutherischen als auch in seiner calvinischen Ausprägung fernblieb, daß diese Grundsätze vielmehr aus dem von den protestantischen Kirchen so grimmig bekämpften Täufertum stammen. Täufertum und Humanismus - das sind die Vertreter und Vorkämpfer der allgemeinen Menschenrechte, der religiösen Freiheit und Toleranz.

Wir wollen in Folgendem einige Aussprüche von Troeltsch wörtlich zitieren, in denen er auf die große Bedeutung des Independentismus und Täufertums hinweist.

"Der Puritanismus ist nicht calvinisch, sondern täuferisch. Die calvinistischen nordamerikanischen Puritanerstaaten sind zwar demokratisch gewesen, aber sie wußten nicht bloß nichts von Gewissensfreiheit, sondern haben sie geradezu als eine gottlose Skepsis verworfen. Gewissensfreiheit gab es nur in Rhode-Island; aber dieser Staat war baptistisch und war darum bei allen Nachbarstaaten als Sitz der Anarchie verhaßt; sein größter Organisator Roger Williams ist geradezu zum Baptismus übergetreten. Und ebenso ist der zweite Herd der Gewissensfreiheit in Nordamerika, der Quäkerstaat Pennsylvanien, täuferischer Herkunft. Der Vater der Menschenrechte ist also nicht der eigentliche Protestantismus, sondern das von ihm gehaßte und in die Welt vertriebene Täufertum ... Das nordamerikanische Täufer- und Quäkertum entstammt der großen religiösen Bewegung der englischen Revolution, dem Independentismus. Dieser Independentismus selbst aber war aufs stärkste mit Einflüssen des Täufertums durchsetzt, das von Holland, dem kontinentalen Zufluchtsort

---

189 Vgl. die im Verlag von R. Oldenburg in München erschienene Schrift: "Die Bedeutung des Protestantismus für die Entstehung der modernen Welt."

der Täufer, und von den amerikanischen Flüchtlingen her auf England wirkte. Hier hat das Täufertum überhaupt endlich seine große weltgeschichtliche Stunde erlebt, indem es seine Apolitie aufgab und gestaltend eingriff zur Hervorbringung eines christlichen Staates ... Der Staat Cromwells, der eben damit ein christlicher sein wollte, hat diese Idee auf kurze Zeit verwirklicht, und so kurze Zeit dieses grandiose Gebilde dauerte, seine weltgeschichtlichen Wirkungen sind außerordentlich. Denn aus dieser gewaltigen Episode verblieben die großen Ideen der Trennung von Kirche und Staat, der Duldung verschiedener Kirchengemeinschaften nebeneinander, des Freiwilligkeitsprinzips in der Bildung der Kirchenkörper, der (zunächst freilich relativen) Überzeugungs- und Meinungsfreiheit in allen Dingen der Weltanschauung und der Religion. Hier wurzelte die altliberale Theorie von der Unantastbarkeit des persönlichen inneren Lebens durch den Staat, welche dann immer weiter auch auf mehr äußerliche Dinge ausgedehnt wurde; hier ist das Ende der mittelalterlichen Kulturidee bewirkt, ist an die Stelle der staatlich-kirchlichen Zwangskultur die moderne, freie, individuelle Kultur getreten. Es ist zunächst ein rein religiöser Gedanke, der nur bald säkularisierte und von der rationalistischen, skeptischen und utilitarischen Toleranzidee überwuchert wurde; aber er allein hat mit seiner religiösen Macht der modernen Freiheit die Bahn gebrochen.

Aber das ist nicht eigentlich das Werk des Protestantismus, sondern ein Werk des neubelebten, mit dem radikalisierten Calvinismus verschmolzenen Täufertums, das damit eine verspätete Genugtuung erfährt für die maßlosen Leiden, die diese Religion der Duldung und der Gewissensüberzeugung von allen Konfessionen im sechzehnten Jahrhundert hatte erfahren müssen."

Diese bedeutungsvolle Wandlung des Verhältnisses von Staat und Kirche, die Gewährung der absoluten Religions- und Gewissensfreiheit im modernen Staat, ist aber nicht mit einem Male geschehen. Der Geist der Unduldsamkeit und der Verfolgung, unter dem mehr oder weniger alle Gläubigen stets zu leiden haben und der stets in besonderem Maße die Taufgesinnten traf, ist nicht so leicht auszurotten gewesen.[190]

Die Geschichte der deutschen Baptisten ist ein Beweis, wie auch im neunzehnten Jahrhundert Staat und Kirche Hand in Hand arbeiteten, um diese neue Bewegung - an das Dasein der alten stillen Mennonitengemeinden hatte man sich gewöhnt - fernzuhalten. Hohe Geldstrafen, Pfändungen, Einkerkerungen waren die gewöhnlichen Mittel. Auch zu Zwangstaufen der Kinder schritt man, um dieser Bewegung Herr zu

190 In Bern zwang die Polizei noch im 19. Jahrhundert die Anhänger der Glaubenstaufe, ihre Kinder in der reformierten Kirche taufen zu lassen. "Der Kirchenrat glaubte in einer Eingabe an den Justiz- und Polizeirat vom Jahre 1809 mit dieser Forderung keinen Gewissenszwang auf die Taufgesinnten auszuüben, da es diesen, wie es in der Begründung hieß, unbenommen wäre, ihre Kinder später noch einmal taufen zu lassen." (Vgl. Chr. Hege, Die Täufer in der Kurpfalz, S. 2.)

Ein charakteristisches Beispiel aus dem 18. Jahrhundert ist im Anhang: "Die Behandlung der Solinger Täufer" mitgeteilt. (S. Anhang 20.)

werden, bis im Jahre 1875 durch Bismarck auch den Baptisten offizielle Duldung gewährt wurde.[191]

Es wird auch wohl noch lange Zeit währen, bis die Toleranz auf religiösem Gebiet Gemeingut aller staatlichen und kirchlichen Beamten geworden sein wird. Nach der landläufigen Vorstellung wird jeder, der sich von dem staats- und landeskirchlichen Verbande trennt, als ein "Sektierer" und jede freie Vereinigung als eine Sekte betrachtet. Das wird noch lange währen, auch wenn die endgültige Trennung von Kirche und Staat erfolgt sein wird.

Immerhin ist vieles anders geworden. Daß zunächst einmal die engherzige mittelalterliche Auffassung über "Kirche" und "Sekte" und die Verfolgung der Sektierer die staatliche Sanktion eingebüßt haben, bedeutet einen großen Sieg des Grundsatzes der Gewissensfreiheit im modernen Staat.

Mag auch noch manches für die kirchenfreien Gläubigen zu wünschen übrigbleiben, im Prinzip ist jedem deutschen Untertan wie auch in den meisten anderen europäischen Ländern die Freiheit der religiösen Überzeugung gewährleistet.

Der 12. Artikel der Preußischen Verfassungsurkunde vom 31. Januar 1850 erklärte: "Die Freiheit des religiösen Bekenntnisses, der Vereinigung zu Religionsgesellschaften und der gemeinsamen und öffentlichen Religionsübung wird gewährleistet. Dem Genuß der bürgerlichen und staatsbürgerlichen Rechte darf durch die Ausübung der Religionsfreiheit kein Abbruch geschehen."

Durch das Gesetz vom 3. Juli 1869 wurden diese Grundsätze bestätigt und zur allgemeinen Durchführung gebracht. Ein neues Gesetz vom 6. Februar 1875 nahm die Beurkundung des Personenstandes den Pastoren und Priestern und übergab sie dem Staate. Seitdem genügt für den Staat eine Geburtsurkunde statt des Taufscheins, und die Zivilehe ist obligatorisch statt der kirchlichen Trauung, während letztere dem Staate gleichgültig ist.

Die Gewissens- und Kultusfreiheit war gesichert. Der Austritt aus der Landeskirche war freigestellt und brachte im allgemeinen keinen Makel oder Nachteil im bürgerlichen Leben mit sich. Immerhin blieb das Band zwischen Kirche und Staat in Deutschland noch lange ein enges und scheinbar unlösbares,[192] als in Frankreich die Trennung von Kirche und

---

191 J. Lehmann schreibt in seiner "Geschichte der deutschen Baptisten", Bd. II, S. 291, über eine solche Zwangstaufe: "Als der Familie F. im Jahre 1863 ein Kind geboren wurde und sie dasselbe nicht in kirchlicher Weise taufen lassen wollte, brach der Sturm der Verfolgung sofort über sie herein. Auspfändung, Geld- und Gefängnisstrafe waren die nächsten Folgen. Damit noch nicht genug, so wurde nun die sogenannte Kindertaufe zwangsweise durch den Amtmann, fünf Polizeidiener und die Hebamme öffentlich an dem Kinde vollzogen. Vorher hatte der Pastor dem Vater gesagt: "Ich habe gebetet, daß Ihr Kind sterben soll, und ich habe auch vom Heiligen Geiste Antwort erhalten, daß es sterben wird."

192 Folgender Ausspruch von Prof. Dr. Kahl über das Verhältnis von Staat und Kirche ist bezeichnend für die Grundsätze vieler offizieller Vertreter des Staatskirchentums: "Die Zeit für eine absolute Trennung von Staat und Kirche ist bei uns noch lange nicht reif. Allerdings, diese Zeit wird mit geschichtlicher Notwendigkeit einmal kommen. Es wird der Tag

Staat längst vollzogen war.[193] Tatsächlich bestand seit den Gesetzen vom Jahre 1869 und 1875 auch in Deutschland keine allgemeine Landeskirche mehr. Die Türen waren geöffnet für alle, die gehen wollten, während es früher oft unmöglich war, den Austritt zu vollziehen. Der Zwang war aufgehoben. So war auch den Gläubigen Freiheit gewährt, nach den klaren Anweisungen der Schrift zusammenzukommen auf der Grundlage unbedingter Freiwilligkeit.

Luthers "aus dem Geiste der ewigen Wahrheit gebornes Wort": "Wer es nicht will glauben, dem steht die Tür offen, er gehe immer hin, wo er will," war endlich als Forderung der Gewissensfreiheit staatlich anerkannt worden.

Professor D. M. Baumgarten, der als Reichstagsabgeordneter an den Gesetzen vom Jahre 1875 beteiligt war, äußerte sich also: "Die Gesetzgebung des neuen Deutschen Reiches ist es, welche das, was die Kirche aus dem Triebe ihres eigenen Geistes längst hätte tun sollen, aber nicht getan hat, zur allgemeinen Regel erhoben hat, indem sie die verschlossene Tür für jedermann aufgetan hat; die Gesetzgebung des neuen Deutschen Reiches macht jenes vergessene und vergrabene Wort des deutschen Reformators zur Wahrheit." So äußert sich Baumgarten und fügt für alle, die in jenen Staatsgesetzen eine Wirkung der Finsternismächte erblickten, hinzu: "Wir haben hier eine weltliche Korrektur, welche einen vielhundertjährigen Irrtum der Kirche zu berichtigen geeignet ist. Der von dem kirchlichen Privilegium und Zwang befreite Staat ist dadurch so wenig der unchristliche Staat, daß er vielmehr nach langer Irrfahrt diejenige Gestalt des Staates herstellt, welche dem Grundcharakter des Christentums nicht mehr wie bisher widerspricht." Ferner: "Die bisherige Vermischung der beiden Gebiete stellte Privilegien und Zwang des Staates der Kirche zu Gebote, war also dem Namen nach eine Förderung der christlichen Kirche, weshalb auch der bisherige Staat zum Dank ein christlicher genannt wurde. Der Tat und Wahrheit nach war die Sache das Gegenteil. Die Religion, welche der sogenannte christliche Staat zu beschützen und zu befördern unternimmt, ist gar nicht mehr die

---

und die Stunde kommen, wo auch in Deutschland die Trennung von Staat und Kirche eingeführt werden wird - für die katholische Kirche jedenfalls eine schwere Krisis, für die evangelische Kirche eine Katastrophe bedeutend. Darum gilt es für sie, schon heute dieser unentrinnbaren Gefahr ins Auge zu blicken und die Vorkehrungen zu treffen. Unsere Gegenwartssorgen mögen sich aber darauf beschränken, das in Geltung stehende System der Kirchenhoheit, das sich noch längst nicht 'ausgelebt' hat, sondern im Gegenteil noch sehr entwicklungsfähig ist, weiter auszubauen und nach bestem Wissen und Können zu vervollkommnen." (Reformierte Kirchenzeitung, Jahrg. 34, Nr. 2 vom 7. Januar 1911.)

193 Damals veröffentlichten die Konsistorien von St. Etienne und der benachbarten Bezirke folgende echt protestantische Erklärung: "Die Trennung der Kirchen und des Staates ist eine vollendete Tatsache. Diese Maßregel entspricht zu sehr den Grundsätzen des Evangeliums, das die Religion für eine rein persönliche Sache erklärt, als daß wir sie bedauern sollten. Und da diese Form in gerechtem Sinne vollzogen wurde und die Gewissensfreiheit völlig sichert, können wir uns nur Glück dazu wünschen, daß die religiösen Wahrheiten endlich nur noch von denen unterstützt werden, die sich dazu bekennen, und der Kultus nur noch von den Christen unterhalten wird, die das Bedürfnis empfinden, gemeinsam zu beten und sich zu erbauen."

christliche, sondern eine aus christlichen und vorchristlichen Elementen entstandene Mischreligion; denn es ist ganz richtig, daß das Staatskirchentum wesentlich ein heidnischer Gedanke ist, wie Luther sagt."

Wenn man aber damals dachte, daß die ungläubigen Massen die geöffnete Tür benutzen und der Landeskirche den Rücken kehren würden, so täuschte man sich. Die Macht der Gewohnheit hielt sie davon zurück, jene geöffnete Tür zu benutzen. Wenn viele auch der Kirche innerlich längst entfremdet waren, so waren sie doch zu "gebildet" oder zu klug, keine Religion zu haben; ist sie doch bei gewissen Höhepunkten des Lebens für viele eine unentbehrliche Dekoration. Die große Masse der Unchristen ist viel zu gleichgültig, sich aus der Liste der Christen streichen zu lassen. Darum lassen sie sich als "Christen" weiter führen, und die Kirche läßt sie im Besitz ihrer Rechte.

Das ist für einen Weltmenschen psychologisch erklärbar, wenn auch gerade nicht der Beweis eines männlichen Charakters und einer selbständigen Überzeugung.

Aber was sollen wir sagen zu dem Verhalten vieler Gläubigen unserer Zeit?

Auch sie benutzen vielfach die geöffnete Tür nicht, sondern bleiben freiwillig in dieser weltkirchlichen Verbindung. Die Macht der Gewohnheit, der Einfluß der kirchlichen Erziehung hält leider auch zahlreiche Gläubige, die längst in ihren engeren Kreisen ihre eigentliche "Kirche" gefunden haben, von dem äußeren Bruch mit der Landeskirche zurück. Das wird auch wohl so bleiben; denn obwohl heute die endgültige Trennung von Kirche und Staat und die Auflösung der deutschen Landeskirchen eine vollendete Tatsache ist, löst der kirchliche Flügel seine Verbindung mit der Volkskirche nicht.

Zu keiner Zeit hat die Gemeinde des Herrn in Deutschland eine solche Bewegungs- und Entwickelungsfreiheit genossen wie heute. Es gab eine Zeit, wo mit Feuer und Schwert gegen alle vorgegangen wurde, die nach biblischem Vorbild als Brüder zusammenkamen. Staatsgesetze verboten lange Zeit die Bildung kirchlich-unabhängiger, selbständiger Gemeinschaften. Die Polizei lieh der Kirche den Arm, um die untreuen, irrenden Schäflein zu zwingen, bei der Herde zu bleiben. Das alles ist anders geworden. Aber nun sehen wir ein trauriges Bild in vielen Kreisen der Gläubigen. Anstatt diese günstige Gelegenheit zu benutzen und nun der Welt zu zeigen, wie die Liebe zum Herrn und seinem Worte die Gläubigen innerlich und auch äußerlich zusammenbringt, und zwar auf der einfach klaren biblischen Grundlage, sind sie vielerorts in zwei Gruppen geteilt.

Während die einen auch äußerlich einer Kirchenanstalt, in der der Unglaube vielfach gepredigt wird, die keine Zucht üben kann (als eine Kirche, die das ganze Volk umschließen möchte), und deren Verfassung eine gefundene Entwickelung der Geistesgaben unmöglich macht, nicht mehr angehören wollen, halten die anderen mit größter Zähigkeit fest an der Kirche, fühlen sich verpflichtet, ihren Bestand sichern zu helfen und sich in ihr in vielen Punkten (oft leider den heiligsten, wie z. B. beim

Abendmahl) zu unterwerfen. Ja, sie behaupten, dies tun zu müssen um des Herrn willen, und suchen dies aus der Schrift zu beweisen.

Nun ist doch klar, daß nur einer dieser Wege der gottgewollte, biblische sein kann.

Wer da glaubt, die Form einer Volkskirche mit der Bibel[194] in Einklang bringen zu können, ist dann auch verpflichtet, den Anweisungen dieser Kirche zu folgen. Dieser Grund ist unanfechtbar, andere dagegen sind es nicht, wie z. B. folgende: "Ich bin nun einmal darin geboren ...", "Es gibt doch auch in der Kirche viele Gläubige ...", "Man kann doch auch in der Kirche selig werden ...", "Unsere Klugheit zwingt uns zu warten ...", "Unsere Liebe zwingt uns, das Ärgernis zu vermeiden, welches eine Trennung verursachen würde ...", "Auch die Freikirchen haben ihre großen Schäden, und es gibt keine vollkommene Gemeinschaft, die der Bibel ganz entspricht ..." Alle diese Gründe, mit Ausnahme des ersten Grundes, daß man nämlich glaubt, die Volkskirche entspreche doch am meisten dem Willen des Herrn und seinem Worte, sind keine Gründe für einen Christen, dem die Bibel alleinige Autorität in allen Fragen des Glaubens ist, in der Kirche zu bleiben. Wer aus irgendeinem anderen Grunde als darum, weil er die biblische Berechtigung des Volkskirchentums vertreten zu müssen glaubt, es unterläßt, nach biblischem Vorbild Gemeinschaft zu suchen und zu pflegen, der kann zum mindesten nicht von sich behaupten, daß er um jeden Preis dem Herrn in allen seinen Anweisungen und Wünschen nachkommen möchte. Der kann aber auch nicht im Ernste glauben, daß der Herr sein heuchlerisches Mitmachen gewisser Gebräuche (von deren unbiblischem Grund er überzeugt ist) gutheißen oder übersehen werde. "Liebt ihr mich, so haltet meine Gebote!" (Joh. 14,15.)

Das ist eine falsche Liebe, die ein fälschlich sogenanntes Christentum nicht strafen kann und mit menschlicher Berechnung behauptet, durch teilweises Unterdrücken oder Nichtbefolgen des Wortes eher die Welt gewinnen und die Schwachen fördern zu können als durch einfachen Glaubensgehorsam.

Bei Gott heiligt der Zweck niemals das Mittel.

"Wenn ihr meine Gebote haltet, so werdet ihr in meiner Liebe bleiben, gleichwie ich die Gebote meines Vaters gehalten habe und in seiner Liebe bleibe." (Joh. 10,15.)

Gottes Wort fordert Scheidung von jeder Art des Bösen, Trennung von der Welt, auch der menschlich religiösen Welt, der unseligen Vermi-

---

194 Es handelt sich hier natürlich um die im Neuen Testament für die christliche Gemeinde niedergelegten Anweisungen, nicht um den theokratischen Staat des Alten Testaments. Die so gern gezogene Parallele zwischen dem Alten Testament und der Gemeinde und die beliebte Ausflucht: "Jesus hielt sich doch auch zum Tempel ..." beweisen gar nichts. Mit der buchstäblichen Übertragung alttestamentlicher Anweisungen und Gebräuche auf die Gemeinde des Neuen Testaments kann man schließlich alles verteidigen: Priester, Altäre, Opfer, Weihrauch, heilige Gebäude und Zeiten; da kann man auch mit der Beschneidung die Kindertaufe verteidigen. Die jüdische "Kirche", wenn man so sagen will, war von Gott selbst gewollt, und ihre Ordnungen waren schriftgemäß. Wer möchte das von den Landeskirchen behaupten?

schung von Gemeinde und Welt, d. h. Trennung von den Systemen der Staatskirche, der Landeskirche oder Volkskirche, die nie und nimmer mit dem Worte Gottes in Einklang zu bringen sind.

Was nützt es, wenn man die entschiedensten Gebets- und Heiligungsversammlungen hält, das "der Welt Absterben" betont, die Trennung von jeder Art des Bösen fordert und dabei in den klaren Anweisungen der Schrift sich nicht nach ihr richtet, vielmehr ein weltlich-kirchliches System zu stützen bemüht ist, dem der Herr nie eine Verheißung gegeben hat, ja, das im klaren Gegensatz zu seinem Willen steht! Denn die Vermischung der beiden Gebiete, des geistlichen und weltlichen, widerspricht nun einmal absolut dem Willen des Herrn. Darüber helfen alle Redensarten von einem "christlichen Staat" von dem "göttlichen Walten in der Geschichte" und vor der "Pietät vor dem Historisch-Gewordenen" nicht hinweg.

Wir möchten hierin nicht mißverstanden werden. Es handelt sich nicht um eine Agitation zum Austritt aus der Landeskirche oder Volkskirche, auch nicht um die Überredung einzelner zu diesem Schritt.

Wir sind zwar mit unseren Gegnern durchaus darüber einig, daß "Kirche" und "Gemeinde der Gläubigen" zweierlei ist.[195] Es ist ein durchaus anderer Kirchenbegriff, der uns veranlaßt, Versammlungen, "Gemeinschaften" oder "Gemeinden" von Gläubigen zu sammeln und nach biblischem Vorbild zu ordnen, was unsere Gegner als "Donatismus" bezeichnen.

Darum sagten wir, daß nur einer dieser beiden grundverschiedenen Kirchenbegriffe biblisch richtig, nur einer dieser beiden Wege der gottgewollte und biblische sein könne.

Zwei Dinge, die sich gegenseitig ausschließen, können wohl staatlich gleich berechtigt, aber nicht beide biblisch gleich richtig sein.

Darum sagten wir ferner, daß ein jeder sich vor Gott darüber klar werden müssen, welchen dieser beiden Wege er zu gehen habe. Eine Agitation und Überredung zum Austritt aus der Kirche liegt uns aber schon darum fern, weil für alle "überredeten Glieder", die nicht aus klarer, eigner innerer Überzeugung und aus Gewissensgründen dazu getrieben werden, ein solcher Schritt absolut wertlos ist.

Wir stimmen in dieser Beziehung durchaus den Ausführungen Stockmayers zu, die er auf der Erfurter Konferenz im Jahre 1900 machte:

"Unsere Landeskirchen sind eine tatsächliche Vermischung des Reiches Christi und des Weltreiches, eine widernatürliche und lähmende

---

195 Vgl. die Schriften von Pastor Fleisch und auch folgenden Ausspruch von Prof. D. Dunkmann: "Kein Wunder, daß diese Bewegung uns steigend in Atem hält und wir ratlos vor der anwachsenden Flut stehen. Und ob wir hundertmal uns freundlich zu ihr stellen, um sie in den Schranken der Kirche zu halten, ob umgekehrt hundertmal die Führer der Bewegung selbst uns versichern, im Dienste der Kirche zu arbeiten und gewiß auch teilweise den besten Willen dazu haben - alles vergeblich, denn unsere Kirche kann diesen neuen Inhalt nicht fassen, ohne sich selbst zu zersprengen. Sie kann sich nur den Schein geben, als wolle sie sich der Sache annehmen, um - die Bewegung in den Sand zu leiten. Denn das bedarf gewiß keines Beweises, daß es dem innersten Wesen unserer Reformationskirche widerspricht, einen solchen Nachdruck auf die menschliche Gemeinschaft zu legen."

Verbindung zweier Welten, der unsichtbaren und der sichtbaren, der oberen und der unteren ...

Der Herr Jesus hat in den Tagen seines Fleisches angekämpft gegen die Aufsätze der Ältesten, gegen das Tun und Treiben der geistlichen Führer des Volkes, aber er konnte dem Volke sagen: 'Tut nach allem, was sie euch sagen.' Alles beugte sich unter das Wort. Auch die Sadduzäer, die damaligen Liberalen, hätten nie gewagt, die Heilige Schrift anzutasten. Das Wort Christi: 'Ihr wißt die Schrift nicht noch die Kraft' genügte, sie zum Schweigen zu bringen! - Unsere heutige Kirche, anstatt ihre künftigen Lehrer und Hirten unter die Kritik der Schrift zu stellen, leitet sie auf niederen und hohen Schulen an, an der Schrift Kritik zu üben. Das Wort Gottes bleibt solchen eine verschlossene Welt. Sind die Fundamente in der Weise untergraben, was soll der Gerechte tun? Trennung von Kirche und Staat läge in der Natur der Dinge. Wollte man sie aber durch eine Massenbewegung zu erreichen suchen, so könnte man sich täuschen in seinen Hoffnungen. Durchschlagender Gewinn für das Reich Gottes wird nur erreicht durch Überzeugungstreue des einzelnen, durch Abrahamskinder, die ausziehen aus dem Lande ihrer Väter, sobald ihr Gott sie ruft, sobald ihr Gewissen nicht mehr ruhig sein kann bei dem, wovon die Kirche nicht lassen will. Was nicht aus dem Glauben kommt, das ist Sünde."

Das ist das einzige göttlich berechtigte Motiv zu einem solchen Schritt, das "Ich kann nicht anders" eines durch Gottes Wort und Gottes Geist regierten Gewissens.

So haben die alten, echten Separatisten schon geurteilt, die eine biblisch berechtigte Separation von der Kirche vertraten.

Der von Tersteegen so hochgeschätze Ernst Christoph Hochmann (gest. 1721), dieser leidensfrohe Zeuge Christi, der ausgesprochene Separatist, gibt folgende vortreffliche Erklärung über den Wert der äußeren Separation:

"Was das Kirchengehen oder Nichthineingehen betrifft, so halte ich dafür, daß, wenn man einen Menschen zu Gott führen will, man eben mit solchen äußerlichen Dingen den Anfang nicht machen müsse, sondern man müsse den Menschen zuförderst auf die wahrhaftige und gründliche Sinnesänderung und Buße von toten Werken wie auch auf Jesum Christum, den Anfänger und Vollender des Glaubens, weisen, damit der Mensch anfange, sein inwendiges Babel erst recht einzusehen und dasselbe durch die Kraft Jesu Christi in sich zu stürzen suche.

Geht ihm auf diese Weise Jesus Christus recht in seiner Seele auf und wird er durch das Licht Christi recht gründlich von dem Greuel der Verwüstung wie in allen Sekten also auch insbesondere in seiner Sekte überzeugt und davon auszugehen inwendig angedrungen, oder er wird durch Verfolgung von seiner Sekte ausgestoßen, so weiß ich nicht, warum ich einen solchen Menschen, den Jesus Christus inwendig freigemacht und der dabei gern alle Proben des Kreuzes, die damit verknüpft sind, über sich zu nehmen, von Gott gestärkt ist, wieder soll heißen in seine Sekte und in das verfallene Kirchenwesen zurückgehen.

Ich halte aber auch dafür, daß man auch andere, die keine gründliche Erkenntnis der Sache durch die Eintauchung des Heiligen Geistes empfangen haben, nicht sogleich aus dem Kirchenwesen auszugehen nötigen und andringen müsse. Denn das habe ich aus langer Erfahrung einsehen gelernt, daß zwar der Mensch leichtlich dahin gebracht werden könnte, das äußere Babel zu verlassen und auf dasselbe in allen Ständen wacker zu schelten, zu schmähen und mit einem unzeitigen Natur- und Feuereifer zu stürmen; aber das inwendige Babel, das bleibt in seiner Festung sitzen, und der Mensch vermeint mit demselben in Jerusalem einzugehen, wo doch nichts Gemeines und Unreines angenommen wird.

Ja, ich habe aus vieler Erfahrung einsehen gelernt, daß etliche zwar mit einem unzeitigen Eifer gegen das äußere sektiererische Babel wacker gestürmt und wohl auch ausgegangen, aber nach kurzer Zeit entweder wieder in ihre Sekte und Kirchenwesen zurückgegangen oder sich selbst wieder ein neues kleines Sektenbabel aufgerichtet und sich darin verbollwerkt haben, daß man fast lieber ja mit mehrerer Gewissensfreiheit in der vorigen Sekte hat leben können als in der neuaufgerichteten, wo aber der päpstliche Geist, der zu Rom und in allen anderen Sekten regiert, die Oberhand haben will.

Daher es also meines Erachtens den Seelen nicht zuträglich ist, sie ohne Unterschied zu dem Ausgehen aus dem Kirchenwesen zu nötigen, sondern dieselben Gott zu überlassen, bis er sie selbst ausführen wird, welches dann auch Bestand haben wird."[196]

Gerhard Tersteegen (1697-1769) unterscheidet gute, schlechte und böse Separatisten. "Gute Separatisten sind in Ansehung der römischen Kirche die Reformatoren gewesen, wenn man dieselben und ihre Anhänger so nennen darf, und diejenigen Männer, die seit sechzig und mehr Jahren wider den einreißenden Verfall der Kirche mit Ernst und Nachdruck gezeugt und auch wohl mit ihrer Absonderung dieses ihr Zeugnis bekräftigt, dabei aber auch ihrer eignen Seele Heilung hauptsächlich beobachtet und mit Ernst befördert haben. Schlechte Separatisten sind die bloßen, blinden Nachahmer. Böse Separatisten sind diejenigen, die entweder mit einer Gott mißfälligen Kaltsinnigkeit und Geringschätzung insonderheit die äußerlichen Religionssachen ansehen und traktieren oder die in heftigem Naturfeuer nur wider die Kirche und kirchliche Sachen als wider ein Babel oder babylonisches Wesen eifern, die auch anderen die Separatisten als etwas Notwendiges aufdränge, die ihre Kraft, Zeit und Andacht nur oder doch hauptsächlich in solch ein Eifern, Lästern und Schmähen über Kirche, Predigt und Abendmahl usw. verzehren und doch im Grund und im Wandel beweisen, daß sie von der Welt, von der Natur und Eigenheit sich abzusondern, sich nicht angelegen sein lassen, sondern tot, jämmerlich und im geringsten nicht besser sind als andere, über welche sie so unverständig eifern."

Ein fleischliches Drängen auf Kirchaustritt und Taufe könnte zwar zur Folge haben, eine Menge unreifer Menschen um die Fahne des Freikir-

196 Dr. M. Goebel, Geschichte des christlichen Lebens in der rheinisch-westfälischen Kirche, Bd. II, S. 847.

chentums zu sammeln, würde sie aber der furchtbaren Versuchung der Überhebung über andere aussetzen und so dem Fleische Vorschub leisten. Ein solcher Eifer, der die innere Entwickelung des einzelnen nicht abwarten kann und Gott vorgreift, hat schon traurige Früchte gezeitigt.

Die gottgewollte Separation, d. i. Absonderung treuer Kinder Gottes von allem Scheinchristentum und Weltkirchentum, bleibt aber bestehen. Sie ist grundverschieden von einer sektiererischen Trennung. Sie ist ein "Kleinod der Kirche Christi", wie Menno Simons sagt, "ohne welche die Gemeinde sein würde wie eine Stadt ohne Mauern und Tore, wie ein Acker ohne Graben und Zaun, wie ein Haus ohne Wände und Türen". "Es ist ein sonderlicher Brauch, Ehre und Wohlfahrt einer bestehenden Gemeinde, wenn sie die recht apostolische Absonderung in christlicher Bescheidenheit mit ernster Lehre in einer sorgfältigen wachsamen Liebe nach Ordnung der heiligen göttlichen Schrift mit treuer Sorgfalt wahrnimmt."

Aber darauf kommt alles an, wie man die Trennung von irgendeiner Sekte (wie unsere Väter alle kirchlichen Parteien zu benennen pflegten) vollzieht, d. h. aus welchen Gründen und in welchem Geiste. Auch hier hat das Wort Geltung: "Wenn zwei dasselbe tun, so ist es nicht dasselbe."

Uns scheint die Trennung von der Kirche notwendigerweise zur Anerkennung der urchristlichen Taufweise zu führen, wie umgekehrt eine Taufe auf den Glauben zwecklos ist bei einem Festhalten an den landes- und volkskirchlichen Grundsätzen.

Beides, Trennung von der Kirche und Vollzug der Taufe, erscheint uns aber als wertlos, wenn es nicht aus tiefstem, innerstem Gewissensdrang heraus geschieht und also eine Tat der freien Selbstentscheidung des einzelnen bleibt.

Darum verteidigen wir die absolute Gewissensfreiheit und freuen uns über den glorreichen "Siegeslauf des protestantischen Subjektivismus" in den modernen Kulturstaaten.[197]

Inwiefern dies "unlutherisch" ist[198], möge der Leser selbst beurteilen. Wir denken, daß wir rechte Protestanten sind, mag man uns Calvinismus, Independentismus, Baptismus oder Darbysmus vorwerfen.

In seiner Abschiedsrede an die Pilgerväter sprach John Robinson 1620 folgende wahre Worte: "Ich kann den Zustand der Kirchen nicht genug beklagen, welche zu einem Abschluß in der Religion gekommen sind und jetzt nicht über die Werkzeuge ihrer Reformation hinausgehen wollen. Die Lutheraner bleiben bei Luther, die Calvinisten bei Calvin stehen; aber wenn auch diese Männer zu dieser Zeit brennende und scheinende Lichter gewesen, so sind sie doch nicht in den ganzen Ratschluß Gottes eingedrungen, und sie würden, wenn sie heute lebten, ebenso willig weitere Erleuchtung annehmen, wie damals die zuerst empfangene, denn

197 Vgl. H. v. Schubert, Grundzüge der Kirchengeschichte, S. 233 ff.
198 Vgl. P. Fleisch, Die moderne Gemeinschaftsbewegung.

es ist unmöglich, daß mit einem Male die Vollkommenheit christlicher Erkenntnis hätte erscheinen können."

Wir bestreiten auf das entschiedenste, daß Luther als "Kirchengründer" erst auf der Höhe seines Wirkens angekommen sei und daß darin der göttliche Zweck seiner Sendung bestanden habe.

Er selbst dachte anders, hat auch wohl gewußt, daß die sogenannten evangelischen Kirchen dem biblischen Gemeinde-Ideal nicht entsprechen. Er hoffte, daß in der Zukunft die Gläubigen den biblischen Weg betreten würden. Nun sind fast 400 Jahre vergangen, die äußeren Verhältnisse sind günstiger als je. Die Zeit ist jetzt da, um Ernst zu machen mit der Verwirklichung des biblischen Gemeinde-Ideals. Aber es zeigt sich, daß viele Gläubige die Zeichen der Zeit nicht verstehen. Es zeigt sich, wie mächtig die Macht der Gewohnheit und der Respekt vor dem Althergebrachten ist. Wann wird das Volk Gottes endlich aufwachen und das Wort Gottes wirklich für alle Beziehungen und Verhältnisse auch des Gemeindelebens als einzige Norm gelten lassen? Wann wird dieser Grundsatz der Reformation wirklich beachtet und durchgeführt werden?

Diese Frage gilt den Brüdern in den mancherlei Freikirchen nicht weniger als denen in der Landeskirche. Denn um der Wahrheit willen muß es gesagt werden: Die äußere Trennung von der Kirche ist noch lange keine innere Loslösung von dem Einfluß und den Grundsätzen mittelalterlicher Theologie und unbiblischen Kirchentums. Klarheit in einzelnen Punkten hindert nicht Unklarheit in anderen. In manchen der Freikirchen wird auch ein Kirchentum großgezogen und gepflegt, das demjenigen Roms und der verlassenen Landeskirche im Prinzip durchaus ähnlich ist: heilige Orte, heilige Personen, heilige Zeiten und Formen, totes Buchstabenwesen, Regieren nach Menschenrecht und alten Gewohnheiten, einseitige Hervorkehrung wichtiger Wahrheiten unter Vernachlässigung anderer, die ebenso wichtig sind, Umformung der Versammlungen in Gottesdienste mit bestimmtem Ritus nach kirchlichen Schablonen. Und das sehen dann viele noch gar als gesunde Kristallisation des geistlichen Lebens an! Nein, liebe Brüder, darin wollen wir uns keiner Täuschung hingeben und es auch nicht übelnehmen, wenn man den Freikirchen vielfach vorhalten muß, daß auch sie noch nicht frei sind von dem Einfluß und der Tradition kirchlichen Formwesens. Vielfach bieten wirklich die Freikirchen nicht das Bild einer biblischen Gemeinde, sondern sind nur eine Abbildung, und zwar keine gute, der großen Kirchenkörper. Wollen wir nicht auch bei uns einmal gründlichen Hausputz halten und den alten Sauerteig ausfegen? Wollen wir nicht einmal unsere angelernte Theologie und kirchlichen oder freikirchlichen Besonderheiten am Worte des Herrn prüfen, ernstlich, ohne vorgefaßte Absichten, ohne eine dogmatisch gefärbte Brille?

Das apostolische Evangelium allein, ohne kirchliche Zusätze oder Abzüge, das ist der ewig neu sprudelnde Quell des Lebens, das einzig Notwendige für die Gemeinschaftsbewegung unserer Zeit und die einzig mögliche Grundlage schriftgemäßer Einigung des Volkes Gottes.

XII. Kapitel

Die Bedeutung der biblischen Taufe für die heutige Zeit

"Die heilige Schrift ist das Buch von Gott dem Heiligen Geiste seiner Kirchen gegeben, darin sie lernen muß, was sie (die Kirche) sei, was sie tun, was sie leiden, wo sie bleiben solle. Wo das Buch endet, da endet die Kirche denn er sagt: Fremde Stimmen werde seine Kirche nicht hören (Joh. 10, 5); das ist ja genug geredet und fest beschlossen und versiegelt wider alle Pforten der Höllen." Luther 1542.

"Es gibt Zeiten, in denen Reden und Schriften nicht mehr ausreichen, um die notwendige Wahrheit gemeinverständlich zu machen. In solchen Zeiten müssen Taten und Leiden der Heiligen ein neues Alphabet schaffen, um das Geheimnis der Wahrheit neu zu enthüllen. Unsere Gegenwart ist eine solche Zeit." Prof. D. Dr. Michael Baumgarten (gest. 1889).

Während auf dem Gebiet der Politik eine immer engere Verbindung der Staaten untereinander angestrebt wird und eine immer zunehmende Erstarkung und Kraftentfaltung der politischen Verbände zu beobachten ist, ist die Auflösung der Landeskirchen in stetem Zunehmen begriffen. Ihr Verfall ist fast in allen europäischen Ländern eine vollendete Tatsache, in anderen nur noch eine Frage der Zeit.

Die moderne Aufklärung und der Unglaube hat die Grundfesten der Kirche erschüttert. Die soziale Bewegung hat der Kirche die Massen entfremdet, und im Innern der Kirche tobt der Streit der Parteien.

Pfarrer Gußmann klagte: "In denselben Behörden sitzen zwei Weltanschauungen zurate, an demselben Altar begegnet sich das Ja und Nein, auf derselben Kanzel steht die alte und die neue Religion. Sie (die Kirche) kennt nicht mehr die Wahrheit, sondern nur verschiedene Auffassungen der Wahrheit, nicht mehr die lichte, alles beugende Autorität des Wortes ..."

"Dürfen wir ein Bild gebrauchen, so gleicht die Kirche einer Festung, die durch viele Stürme halb in Trümmer gelegt, von außen hart berannt und nur schwach verteidigt, in ihrem Inneren den heftigsten Krieg entflammen sieht."

"Wir nennen uns eine Kirche Jesu Christi und sind es nicht mehr. Wir nennen uns eine Kirche Luthers und sind es nicht mehr. Wir nennen uns eine Kirche des deutschen Volkes und sind es nicht mehr. Das ist mit einem Worte der ganze drohende Ernst unserer kirchlichen Lage."

So klagte man in der Kirche über die Kirche.

Durch die Glaubens- und Gewissensfreiheit ist endlich der Bann gebrochen worden, der auf der sogenannten "Christenheit" und den "christlichen" Ländern lag.

Es ist offenbar geworden, daß die "Christenheit" und die ganze Völker umspannenden "christlichen" Kirchen, daß das offizielle, staatlich beschützte und regierte Christentum und das Leben vieler Millionen "Christen" im schreienden Widerspruch stehen zu dem Christentum des Neuen Testaments.

Die große Masse des Volkes ist überall im Heidentum steckengeblieben und hat nur den Namen "christlich" angenommen. Der Begriff "Christ" war gefälscht worden. Es sei uns erlaubt, Sören Kierkegaards scharfe aber deutliche Worte zu zitieren:

"Das Ganze mit der Christenheit, den christlichen Staaten und Ländern, einer christlichen Welt, einer Staatskirche, Volkskirche usw. hat von der Wirklichkeit den Abstand der Einbildungskraft, es ist eine Einbildung und, christlich betrachtet, eine so verderbliche Einbildung, daß hier das Wort zutrifft: 'Einbildung ist schlimmer als Pestilenz.'"

"Die 'Christenheit' ist ein Geschwätz, das sich an das Christentum fest angeklammert hat wie das Spinngewebe an eine Frucht, und das nun so gut ist, sich mit dem Christentum verwechseln zu wollen, wie wenn das Spinngewebe sich für die Frucht halten wollte, weil es ja nicht so selten der Frucht anhängt. Die Art Existenzen, wie sie die Millionen der Christenheit ausweisen, haben gar keine Beziehung zum Neuen Testament, sind eine Unwirklichkeit, die keinen Anspruch auf Christi Verheißung für die Gläubigen hat."[199]

Auch den kirchlichen Führern gehen über den Ernst der kirchlichen Lage die Augen auf. So schrieb vor einiger Zeit die "Evang. Kirchenzeitung": "Diejenigen Glieder der Kirche, welche ihr nur äußerlich angehören, innerlich aber dem Christentum entfremdet sind, ergeben sich mehr und mehr einer dem Christentum schnurstracks entgegengesetzten Weltanschauung und dieser entsprechenden Lebensweise. Sie bringen die Religion des Diesseits und die sogenannte Emanzipation zur Geltung. Diesen gegenüber besinnen sich diejenigen Glieder der Kirche, welche sich vom Geiste des Christentums haben durchdringen lassen, je mehr und mehr auf das wahre Wesen der Kirche und fangen an einzusehen, daß sie auf die Dauer mit den dem Christentum der Bibel und Kirche Entfremdeten in einer religiösen Gemeinschaft nicht zusammen sein können. Sie schließen sich allerwärts zu besonderen Gemeinschaften zusammen, die wohl zunächst noch Kirchlein in der Kirche, aber doch der Anfang einer Abtrennung von der allgemeinen Kirche sind. Je entschiedener die innere Scheidung sich vollzieht, desto eher und rascher wird auch die äußere Scheidung zum Durchbruch kommen. Sehen wir unsere evangelischen Landeskirchen an, so können wir uns dem Eindruck

---

199 Man vergleiche damit folgenden Ausspruch der "Allgemeinen lutherischen Zeitung": "Wer wollte verkennen, daß in unserem Volke ein Niedergang der religiösen Erkenntnis zu finden ist, wie er seit den Tagen der Reformation noch nicht vorhanden war! - In den tiefsten und höchsten Schichten der Gesellschaft ist die religiöse Unwissenheit gleich groß, und hier wie dort gedeiht auf diesem Sumpfe ein Aberglaube, der uns mit Entsetzen erfüllt. Inmitten der Christenheit, auch der evangelischen, lebt ein Geschlecht, für das die elementarsten Wahrheiten des Glaubens und der Tatsachen der Bibel schon rein erkenntnismäßig nicht mehr vorhanden sind, ein Heidentum, dem nur noch der Name fehlt."

nicht verschließen, daß sie ihrer Auflösung entgegengehen. Die beiden jetzt noch in ihnen zusammenlebenden Parteien sind gleicherweise mit dem Zustand derselben unzufrieden und stehen dem Gedanken des Austritts aus derselben nicht mehr sehr fern, wenn sie auch zunächst noch im Kampfe um die Oberherrschaft in der Landeskirche miteinander liegen und durch den gemeinsamen Besitz des Kirchenvermögens noch äußerlich zusammengehalten werden. Der Bruch ist unausbleiblich, wenn wir auch nicht wissen, von welcher Seite er zuerst ausgehen wird."

Es handelt sich in dem Kampf der Geister im letzteren Grunde um die Autorität des Wortes Gottes.

Und angesichts dieses ernsten Kampfes im Lager der Kirche ging man mit dem Plane um, eine Verschmelzung der zahlreichen deutschen Landeskirchen zu einer mächtigen Einheit herbeizuführen, um der römischen Kirche besser die Spitze bieten zu können und der Kirche wieder zu Ansehen zu verhelfen.

Jedoch der Ausgleich der verschiedenen Parteien ist unmöglich. Alle kirchlichen Friedenskonferenzen und Vermittelungsversuche sind vergeblich.

Die Kirche gleicht dem Bilde der Gemeinde von Laodizäa: Lauheit, Unentschiedenheit, Unbestimmtheit, Ungewißheit in allen religiösen Fragen, Anpassung an die Welt und ihr Treiben im praktischen Leben starren uns überall entgegen. Und dieses Verhalten wird noch gar zu oft mit christlichem Schein und christlichem Namen gedeckt.

In heutiger Zeit sind die Gläubigen viel mehr als früher der großen Gefahr ausgesetzt, sich durch den Schein des gottseligen Lebens, durch die Menge christlicher Unternehmungen blenden und sich darüber hinwegtäuschen zu lassen, daß solche unter dem Beifall der großen Menge in Szene gesetzte Liebestätigkeit vielfach nichts ist als ein Werk fleischlicher Menschen ohne geistliches Leben. Die Predigtkunst hat eine erstaunliche Entwickelung genommen, und vielen Gläubigen fehlt leider die geistliche Befähigung, die Geister zu prüfen, ob sie aus Gott sind. Während auf der einen Seite ungezählte Scharen der Kirche den Rücken gekehrt haben, hat sie auf der anderen Seite für manche religiös veranlagte Naturen doch noch Anziehungskraft genug. Wobei allerdings die Gewohnheit eine bedeutende Rolle spielt, sonst wäre es nicht zu verstehen, daß zahlreiche Gläubige eine solche Scheu haben, den letzten Schritt der Loslösung von der Kirche zu vollziehen, während sie doch ihre kirchlichen Pflichten fast gar nicht ausüben und ihre geistliche Nahrung und Gemeinschaft außerhalb der Kirche suchen.

Eine große Gefahr für die Gläubigen der heutigen Zeit besteht in dieser Beeinflussung durch das scheinchristliche Wesen ihrer Umgebung, anstatt sich klar und reinlich zu scheiden von der Welt die um so gefährlicher ist, wenn sie sich in ein religiöses Gewand hüllt.

Gottes Wort verlangt eine klare Scheidung.

Seid nicht in einem ungleichen Joche mit den Ungläubigen. Denn welche Genossenschaft hat Gerechtigkeit und Gesetzlosigkeit? Oder welche Gemeinschaft haben Licht und Leben? Und welche Übereinstimmung haben Christus und Belial? Oder welches Teil hat ein Gläubiger mit einem Ungläubigen? Und welchen Zusammenhang hat der Tempel Gottes mit Götzenbildern? Denn ihr seid der Tempel des lebendigen Gottes, wie Gott gesagt hat: "Ich will unter ihnen wohnen und wandeln, und ich werde ihr Gott sein, und sie werden mein Volk sein." Darum geht aus aus ihrer Mitte und sondert euch ab, spricht der Herr, und rührt Unreines nicht an, und ich werde euch zum Vater sein, und ihr werdet mir zu Söhnen und Töchtern sein, spricht der Herr, der Allmächtige. (2. Kor. 6,14-18.)

Wo keine innere Verbindung ist, sollte sie auch äußerlich nicht dargestellt werden.[200]

Wer trotz besserer Erkenntnis mit Bewußtsein in der unklaren und unerlaubten Verbindung mit irgendeiner entarteten und abgefallenen Kirche bleibt, versündigt sich an dem Herrn und an seiner Gemeinde, deren klares Zeugnis vor der Welt, als einer abgesonderten Schar von Gläubigen, er verdunkelt und hindert.[201] Kein Wunder, daß in solchen Kreisen nicht von der biblischen Taufe geredet werden darf.

Denn die Taufe bedeutet, wie wir sahen, die öffentlich erklärte Absonderung des Gläubigen von der Welt, auch von der religiösen Welt. Sie ist ein klarer Protest gegen Kindertaufe und Konfirmation und wird mit Recht als die eigentliche Trennung von der Kirche angesehen. Die Kirche erlaubt ihren Gliedern viel, beinahe alles. Sie zeigt auch der neuen mächtigen Gemeinschaftsbewegung gegenüber viel Geduld und eine große Anpassungsfähigkeit der ihr im Grunde so fremdartigen Bewegung gegenüber.

Aber eins kann sie nicht ertragen und erlauben: die Taufe der Gläubigen. Sie bedeutet ihr die Verwerfung der Grundlagen der Landes- und Volkskirchen, eine Leugnung der Existenzberechtigung dieser Kirchensysteme überhaupt. Und so ist es.

Die biblische Taufe hat darum in heutiger Zeit nicht nur die ihr immer bleibende, in dem Neuen Testament erklärte und in der Erfahrung

---

200 Man vergleiche das bei Ott in Gotha verlegte klare Schriftchen von Philipp Mauro: "Warum wir uns von der Welt trennten." Ferner von demselben Verfasser: "Die gegenwärtige Weltzeit." (Emil Müllers Verlag, Barmen.) Ferner: "Die Welt und ihr Gott." (P. Otts Verlag, Gotha.)

201 Pastor Fleisch ("Die moderne Gemeinschaftsbewegung in Deutschland") macht die scharfe Scheidung zwischen der Welt und der Gemeinde zu einem besonderen Angriffspunkt, indem er die "dualistische Stellung zur Welt" einer scharfen Kritik unterzieht. Gewiß hat er nicht unrecht, wenn er auf manche Übertreibungen hinweist, die je und dann vorgekommen sind und noch vorkommen. Aber die naive Bemerkung jenes Negers, dessen Herr die religiöse Begeisterung der Gläubigen tadelte: "Massa, ist es nicht besser, das Wasser kocht über, als daß es gar nicht zum Kochen kommt?" enthält gewiß mehr Weisheit als so manche theologische Gutachten, die in Zeiten der Erweckungen eine allzugroße Ängstlichkeit vor den "Auswüchsen" und "Übertreibungen" atmen.

Es ist doch klar, daß die Heilige Schrift eine klare innere Trennung und Scheidung von der Welt und ihrem Wesen bezeugt, und diese innere Scheidung wird auch in vielen Fällen eine äußere sein müssen. Es ist der alte Kampf um die "Mitteldinge", auf den wir uns hier nicht näher einlassen können. Es gibt eben einen biblischen gerechtfertigten Gegensatz des Gläubigen zur Welt und darum auch der Gemeinde zur bloßen Namenchristenheit, deren biblische Notwendigkeit keine theologische Auslegungskunst hinwegdeuten kann.

der Gläubigen bewährte Bedeutung, sondern dazu kommt noch - was im Urchristentum nicht in Betracht kam - ihre Bedeutung als eines Protestes gegen das Massenchristentum der "christlichen" Welt, gegen das weltförmige Christentum der Christenheit. Gewiß behält die Taufe ihre ursprüngliche Bedeutung als eine äußere Bezeugung des inneren Heilserlebnisses. Der volle tiefe biblische Sinn behält seine Geltung, wo immer die Taufe an einem Gläubigen in biblischer Weise vollzogen wird.

Dennoch dürfen wir sagen, daß durch die Rückkehr zur urchristlichen Taufe in unserer heutigen Zeit noch andere Grundsätze zum Ausdruck kommen, die von allergrößtem Wert sind.

Einige Punkte mögen genannt werden:

1. In unserer heutigen Zeit ist ein öffentliches feierliches Bekenntnis zu dem auferstandenen Christus besonders notwendig und wünschenswert. Wenn je, so sollten heute alle, die die Kraft des auferstandenen Christus an ihrem Herzen erfahren haben, dies unerschrocken bezeugen. Und ein solches Zeugnis ist ohne Zweifel die urchristliche Taufweise, die der auferstandene Herr für die Seinen anordnete.

2. Durch die biblische Taufe legen wir in dieser Zeit der Bibelkritik ein Zeugnis für das Wort Gottes ab, in dem uns nichts "unwichtig" und "nebensächlich" ist. Man hört diese traurigen Redensarten vielfach in den Kreisen der Gläubigen über die biblische Taufe.

Was dem Herrn wichtig genug war, zu sagen, sollten wir nicht als "unwichtig" und "nebensächlich" erklären. Es handelt sich bei der Taufe um eine Anordnung des Herrn. Und ein treuer Knecht wird gern alle Anordnungen seines Herrn gewissenhaft befolgen, selbst wenn er ihren Zweck noch nicht ganz verstehen sollte.

3. Durch die biblische Taufe bezeugen wir ferner eine grundsätzliche Ablehnung aller Menschensatzungen, durch welche die biblische Wahrheit verdunkelt, verkürzt oder "ergänzt" wird oder biblische Ordnungen willkürlich verändert werden.

4. Die biblische Taufe ist eine Anerkennung der Grundsätze der Reformation, die gegen die Mißbräuche der römischen Kirche protestierte, aber zugleich ein Protest gegen die unvollendet gebliebene Reformation, zu deren konsequenter Durchführung auch die Abschaffung der Kindertaufe gehört.

5. Auch ist die biblische Taufe eine Erklärung unserer Zusammengehörigkeit mit den Gläubigen früherer Zeiten, die als "Wiedertäufer" und "Ketzer" verfolgt wurden. Wir brauchen uns des Zusammenhangs mit diesen Gläubigen nicht zu schämen, die für diese Wahrheit Gut und Blut geopfert haben. Wir heißen damit die Irrtümer mancher von ihnen nicht gut.

6. Sodann bedeutet die biblische Taufe eine öffentliche Lossagung von dem Schein - und Massenchristentum unserer Tage, seinem Treiben und seinen Zielen.

7. Endlich bedeutet die biblische Taufe ein Mitwirken für die Wiederherstellung und Durchführung einer biblischen Gemeindeordnung und Gemeindezucht, wofür jeder einzelne Gläubige an seinem Teil verantwortlich ist.

Ein kurzes Eingehen auf diese sieben Punkte mag für manche Leser nicht unwichtig sein:

1. Die offenbare Feindschaft gegen Christum ist niemals so deutlich und zielbewußt zutage getreten wie in unserer Zeit. Viele setzen ihren Stolz darin, sich offen als Nichtchristen zu erklären. Diese bewußte Ablehnung Christi und seiner Herrschaft treibt eine erfolgreiche Propaganda. Sie macht sich breit in den Tagesblättern und in der Literatur unseres Volkes.

Demgegenüber ist ein öffentliches Bekenntnis zu Christo dem Herrn, der für uns gekreuzigt und auferstanden ist und dessen Lebenskräfte alle die erfahren, die sich seiner Herrschaft unterstellen, von großer Bedeutung.

Es ist ein erfreuliches Zeichen der Zeit, daß die Zahl der mutigen Bekenner, die sich nicht scheuen, wo irgend die Gelegenheit sich bietet, ihre Zugehörigkeit zu Christo zu bekennen, im Wachsen begriffen ist.

Heute, wo sich die Geister scheiden und die große Unwahrheit einer "Christenheit" offenbar geworden ist, wo mitten in den sogenannten christlichen Ländern unter den zahlreichen Nichtchristen die wahren Christen zerstreut wohnen, ist die Lage der Gemeinden derjenigen des Urchristentums fast gleich geworden. Immer schärfer tritt der Unterschied zwischen den bloßen Namenchristen, den Nichtchristen, und den Jüngern des Herrn zutage.

In der Zeit des Urchristentums pflegte man den Übergang aus dem Judentum und Heidentum in die Gemeinschaft mit dem Herrn und seinen Jüngern durch die Taufe zu bezeugen.

Warum sollten die heutigen Jünger auf dieses vom Herrn gewünschte Zeugnis des persönlichen Heilserlebnisses und der persönlichen Jüngerschaft verzichten? Ist die Taufe nicht auch in unserer Zeit eine passende Form dieses öffentlichen Bekenntnisses zu Christo?

Hat nicht der auferstandene Herr die Taufe der Gläubigen angeordnet?

Für den, der die Auferstehung Christi leugnet, fallen natürlich alle solche Erwägungen als überflüssig dahin, da alle Dinge, die aus den vierzig Tagen und nach seiner Auferstehung berichtet werden, für ihn unhistorisch sind. Kein Wunder, da in manchen theologischen Lehrbüchern bereits offen die Zuverlässigkeit des Missions- und Taufbefehls (Matth. 28,19) bestritten wird. Wenn Christus nicht auferstanden ist und also auch nicht die Taufe der Gläubigen angeordnet hat, so sind alle Tauferörterungen über Taufformen (ob Kindertaufe oder Taufe der Gläubigen) wertlos und bedeutungslos.

So ist die Taufe der Gläubigen in heutiger Zeit ein ausdrückliches Bekenntnis des Glaubens an die Heilstatsachen des Todes und der Auferstehung Jesu Christi.

2. Mit der Glaubens- und Lebensverbindung mit dem auferstandenen Herrn hängt die hohe Wertschätzung seines Wortes zusammen, die wir bei allen echten Christen finden.

In unserer Zeit, da über das Wort Gottes, das da lebendig und bleibend ist (1. Petr. 1,23), viele Kritiker längst ihr abschließendes Urteil gefällt haben, ist die größte Treue diesem Worte gegenüber der beste Protest der Gläubigen gegen alle Herabsetzung und Geringschätzung desselben.

Selbst in den Kreisen der Gläubigen zeigen sich überall die Spuren der Kritiksucht in der Oberflächlichkeit, mit der das Wort Gottes behandelt wird.

Viele maßen sich an, Unwichtiges und Wichtiges, Nebensächliches und Nötiges sogar in den Aussprüchen des Herrn selbst zu unterscheiden und festzustellen.

Was dem Herrn wichtig genug war zu sagen, sollte seinen Jüngern wichtig genug sein zu tun.

Die traurige Art mancher, direkte Aussprüche Jesu, wozu auch die Anordnung der Taufe gehört, in die Rubrik des "Unwichtigen" zu setzen, ist eine beklagenswerte Form der allgemein verbreiteten Krankheit der Bibelkritik, die ihren Grund hat in der menschlichen Anmaßung.

So meistern manche Christi eigne Worte, anstatt sich in demütigem Glaubensgehorsam, wie es einem Jünger dem Meister gegenüber geziemt, unter das Wort zu beugen und in Treue danach zu handeln.

Jedes Auswählen beliebiger Stücke, jedes Herumdeuteln an klaren Aussprüchen, jedes Beiseiteschieben unbequemer Forderungen ist eine Versündigung an dem Worte Gottes selbst.

Wo immer dieses Wort an ein Menschenherz herantritt, da erwartet Gott eine persönliche Stellungnahme des Menschen, und dies kann nur in der freudigen, uneingeschränkten, bedingungslosen Annahme und Unterwerfung bestehen.

Jede Nichtbeachtung, Geringschätzung und Einschränkung des Wortes hat ihren Grund in der mangelnden Ehrfurcht vor dem, der die Worte geredet hat.

Darum ist in allen Fragen des christlichen Lebens die Stellung des einzelnen zum Worte Gottes bedingt durch das persönliche Verhältnis des einzelnen zu Christo.

Menschliche Belehrung und Überredung in einzelnen Punkten christlicher Erkenntnis heilt noch nicht den tiefen inneren Schaden der falschen Stellung des Herzens zu Christo. Diesen Schaden kann allein der Herr heilen.

In der Taufe der Gläubigen kommt daher auch ein Protest gegen die leichtfertige Behandlung einiger Aussprüche Christi und ein Zeugnis für die Anerkennung des ganzen Wortes, ohne Abstriche und Zusätze, zum Ausdruck.

3. Je höher wir das Wort Gottes und die Anordnungen Jesu einschätzen, um so wertloser und unwichtiger, bedeutungsloser und gleichgültiger werden uns alle menschlichen Gedanken, Erfindungen und Satzungen.

Eine solche menschliche Satzung ohne Grund in der Heiligen Schrift ist die Kindertaufe.

Indem wir uns taufen lassen, drücken wir daher nicht nur unsere Wertschätzung des göttlichen Wortes aus, sondern auch, daß wir nichts zu tun haben wollen mit dem, was über das Wort hinausgeht und dem Worte widerspicht, daß wir darum grundsätzlich alles verwerfen, was von Menschen als Ergänzung und Verbesserung der urchristlichen Grundsätze den Mitmenschen aufgebürdet wird.

Aber ist es denn nicht töricht, sich so buchstäblich an die Aussprüche der Bibel zu halten?

Diese Einwendung ist in unserer Zeit, da der Entwickelungsgedanke und der Fortschritt die Menschen begeistert, sehr beliebt. Warum soll nicht auf religiösem Gebiet eine stufenmäßige Entwickelung und Weiterbildung des religiösen Empfindens und der religiösen Bedürfnisse verteidigt werden?

Der moderne Mensch empfindet ja, so sagt man, ganz anders als Jesus und seine Apostel und die ersten Leser der neutestamentlichen Schriften. Darum sind Abbiegungen von der Lehre und Änderungen der Formen erlaubt, ja sogar nötig.

Solchen Stimmen gegenüber muß der biblische Christ mit vollem Bewußtsein und unerschütterlich festhalten an den unveränderlichen Besitztümern der Urgemeinde.

Natürlich nicht an Menschensatzungen.

Wenn wir unsere Kraft und unseren Eifer, anstatt ausschließlich auf die geistlichen und unvergänglichen Güter des Christentums und die vom Herrn seiner Gemeinde gegebenen Anordnungen zu beschränken, auch auf menschliche Satzungen und die verschiedenartigen und wechselnden Formen einer Kirche verwenden, so werden wir erfahren, daß die Zahl derer, die mit der Kirche zugleich das wirkliche Christentum verwerfen, die also mit dem Holz, der Spreu und den Stoppeln zugleich das Gold und die Edelsteine von sich weisen, nur noch zunimmt.

Sehen wir darum wohl zu, für was wir kämpfen in dem gewaltigen Geisteskampf unserer Tage.

Für die Gemeinde Gottes in Deutschland ist eine große weltgeschichtliche Zeit angebrochen. Werden die Gläubigen diese kostbare Gelegenheit benutzen?

Nur wenn wir Ernst machen mit der Rückkehr zu den ungetrübten, ewig jungen Quellen der Urgemeinde, wie sie im Worte Gottes fließen, werden wir imstande sein, unsere Aufgaben zu erkennen und zu erfüllen.

Nur der klaren, unverfälschten Botschaft des biblischen Evangeliums, ohne wirkliche Abzüge, ohne menschliche Zusätze, verkündigt nicht mit hohen Worten menschlicher Weisheit, sondern in Beweisung des Geistes und der Kraft, gelten die göttlichen Verheißungen des Sieges und des Erfolges, der wirklich bleibenden Frucht.

Denn alles Fleisch ist wie Gras und alle seine Herrlichkeit wie des Grases Blume. Das Gras ist verdorrt, und seine Blume ist abgefallen; aber das Wort des Herrn bleibt in Ewigkeit.

Und in diesem Worte hat die Kindertaufe keinen Platz.

Ein Gläubiger, der sich taufen läßt, bezeugt also nicht nur seine Wertschätzung des göttlichen Wortes, sondern protestiert damit zugleich gegen die Menschensatzungen.

Aber liegt denn nicht die Gefahr vor, durch die Verwerfung der Kindertaufe und die Verkündigung der biblischen Taufe abermals ein Gesetz aufzurichten?

Die Redensart: "Wir stehen doch nicht unter dem Gesetz" wird allerdings vielfach gegen die Verkündigung der biblischen Taufe gebraucht; aber mit Unrecht.

Eine Anordnung Jesu ist kein menschliches Gesetz und darf nicht auf eine Stufe mit menschlichen Satzungen gestellt werden.

Christus ist des Gesetzes Ende. Er hat uns zur Freiheit berufen und legt uns kein neues Gesetz auf.

Aber wenn er ausdrücklich sein "Ich aber sage euch" den Gesetzesforderungen gegenüberstellt, so gibt er damit seinen Jüngern doch nicht die Erlaubnis, sich über seine eignen Anweisungen und Forderungen hinwegzusetzen und nach eignem Belieben dieses anzunehmen und jenes zu übergehen.

Sich den eignen Worten des Herrn gegenüber mit der als Schlagwort mißbrauchten biblischen Wahrheit zu decken: "Ich stehe nicht unter dem Gesetz", heißt wahrlich, die Freiheit zum Deckmantel der Bosheit machen. Gewöhnlich beugen sich aber diejenigen, die sich dieser menschlichen Ausflucht bedienen, ohne Widerstreben einer menschlichen Autorität, ohne von ihrer Freiheit Gebrauch zu machen, wo sie wirklich behauptet werden sollte.

4. Aber ist denn die Verwerfung der Kindertaufe nicht eine Verleugnung der Grundsätze der Reformation?

Dies scheint manchem eine ausgemachte Sache zu sein. In Wirklichkeit ist die Verwerfung der Kindertaufe aber sowenig eine Verleugnung des Werkes der Reformation, daß sie vielmehr als eine konsequente Schlußfolgerung desselben angesehen werden muß.

Allerdings ist sie ein Protest gegen die unvollendet gebliebene Reformation, zu deren folgerichtiger Durchführung die Abschaffung der Kindertaufe gehört.

Denn wenn nur die Heilige Schrift Regel und Richtschnur für alle Fragen des persönlichen Glaubenslebens und der kirchlichen Ordnung sein soll, mit welchem Rechte hält man dann die Kindertaufe fest?

Wenn allein durch den Glauben der Mensch in Gemeinschaft mit Gott gelangt, wie kann man dann die Taufe unmündiger Kinder rechtfertigen? Nicht die Einführung der Taufe der Gläubigen widerspricht den Grundsätzen der Reformation, sondern die Beibehaltung der Kindertaufe, die durch die Schrift weder exegetisch noch dogmatisch zu rechtfertigen ist.

Es ist eine hohe Zeit, daß der Eifer mit Unverstand für kirchliche Formen und Gebräuche, für menschliche Gesetze und Ordnungen aufhöre und die unvollendet gebliebene Reformation mit dem unerschrockenen Mut des Glaubens fortgesetzt und vollendet werde, wie sie einst begonnen wurde.

Von der Kirche selbst und ihren offiziellen Organen wird das nicht geschehen, darum ist es nötig, daß die einzelnen Kreise der Gläubigen innerhalb der Landeskirchen selbst Hand ans Werk legen, da die Kirche versagt.

Versäumen sie das und verwenden sie ihre Zeit und Kraft für das Flicken des alten Kleides in der Hoffnung auf eine neue Ordnung der kirchlichen Verhältnisse durch die kirchlichen Behörden oder auf das

Auftreten eines zweiten Luther, so überlassen sie sich einer trügerischen Hoffnung und machen sich zugleich einer schweren Pflichtversäumnis schuldig. Und die unaufhaltsame Entwickelung wird doch zu einem Abschluß kommen, der wie eine Katastrophe wirken wird.

Dann wird das Anklammern an die "heilsamen Ordnungen der Kirche", alle "Pietät vor dem Geschichtlich-Gewordenen" nutzlos sein.

Es ist ja zu verstehen, daß alle, die das System einer Landeskirche oder Volkskirche für die gottgewollte Form und als beste Form der Kirche und darum als das notwendige Gehäuse des biblischen Christentums ansehen, mit dem Aufwand aller Kräfte und zäher Ausdauer für die Rettung ihres Systems kämpfen.

Ihnen erscheinen eben Kirchentum und Christentum als unzertrennlich.

Aber wie kommt es, daß auch zahlreiche Gläubige innerhalb der Gemeinschaftsbewegung in Deutschland entgegen ihrer aus Gottes Wort gewonnenen Erkenntnis sich in kirchlichen Fragen auf die Seite der Gegner stellen und für solche Dinge eintreten, die mit dem Wesen des Christentums nichts zu tun haben, vielmehr den Fortschritt der Wahrheit nur immer wieder hemmen und aufhalten?

Wer eine Erklärung dieser Tatsachen sucht, wird zu der Überzeugung kommen, daß es bei vielen der allen Menschen angeborne Respekt vor dem Althergebrachten ist, bei manchen die ehrliche Überzeugung, um des Gewissens willen so handeln zu müssen (eine Überzeugung, die man achten sollte), daß es bei vielen aber auch Gründe der Berechnung, der Taktik, der Bequemlichkeit und des äußeren Vorteils sind, also unlautere, fleischliche Gründe.

Sollte nicht jeder Gläubige davor zurückschrecken?

In dem Geisteskampf der Gegenwart, in dem es sich um die höchsten Güter des Evangeliums handelt, bedürfen wir unbedingt der scharfgeschliffenen Waffen der ersten Christenheit, um "für den einmal den Heiligen überlieferten Glauben zu kämpfen" (Judas 3). Sind die Waffen unserer Ritterschaft fleischlich (2. Kor. 10,4), so können wir auf keinen Sieg rechnen.

Wer da meint, Gott müsse um der Gläubigen willen innerhalb der Kirche und um des Guten willen in ihr die Institutionen der Landeskirche schützen und die Volkskirche vor dem Zusammenbruch bewahren, irrt sich. Gebe sich nur niemand der trügerischen Hoffnung hin, Gott werde das Festhalten der Seinen an den falschen Grundsätzen und dem unbiblischen System der Weltkirchen durch ein Eingreifen seines Armes zur Rettung dieser Dinge beantworten.

Wer so rechnet und auf seine Zugehörigkeit zur Kirche der Reformation vertraut, könnte sich ebenso verrechnen wie die Israeliten zur Zeit Samuels, die ihr Vertrauen auf die Bundeslade setzten, die ins Lager gebracht wurde, als sie an der Felszacke von Mizpa lagerten, und die Philister lagerten zu Aphek, (1. Sam. 4,1 ff.) Da jauchzte ganz Israel mit großem Jauchzen, daß die Erde erdröhnte. Und die Philister fürchteten sich, denn sie sprachen: "Gott ist ins Lager gekommen. Wehe uns! Wer wird uns erretten von der Hand dieser allmächtigen Götter?" Aber der lebendige Gott war nicht gebunden an die Lade des Bundes.

Das Volk, das auf die äußeren Gegenstände seiner Gottesverehrung vertraute, wurde geschlagen, und die Niederlage war sehr groß. (V. 10) Die Lade Gottes wurde genommen.

Der Gott, der damals sogar das gottgegebene sichtbare Heiligtum den Händen der Feinde seines Volkes überließ, wird ganz gewiß nicht die im Widerspruch zu seinem Wort gewordenen Formen und Gebräuche, Systeme und Ordnungen der Kirchen vor dem Untergange bewahren müssen, um seine Sache zu retten. Wer da meint, daß das Christentum in Gefahr sei, wenn die Landeskirche zusammenbräche, zeigt damit, daß er den Kern von den menschlichen Umhüllungen noch nicht unterscheiden kann.

So wie Gott mit seinem Volke Israel zum Ziele kam, nachdem es verlernt hatte, sein Vertrauen auf die Bundeslade zu setzen, so wird auch in unserer Zeit Gott seiner Sache zum Siege helfen, wenn die Seinen, wie damals (1 Sam. 7,1 ff.) von der gewaltigen Sehnsucht nach dem lebendigen Gott und seiner Wahrheit erfaßt, die fremden Götter hinwegtun und sich vor dem Herrn in aufrichtiger Buße über ihre Untreue und ihren Ungehorsam beugen. Dann wird die göttliche Hilfe mit Macht hereinbrechen. Wie der Ort der Niederlage an jenem Felsen bei Mizpa zu einem Eben-Ezer wurde (V. 12), so wird der Herr auch heute zu seinem Rechte kommen und seiner Wahrheit zum Siege verhelfen. Die Rechte des Herrn behält den Sieg! Aber vielleicht muß erst ein völliger Zusammenbruch des alten Systems und der morschen Stützen erfolgen, darauf man sich verläßt, ehe die Gläubigen zur Besinnung kommen und ihr Vertrauen nicht mehr auf menschliche Einrichtungen und Formen setzen, sondern allein auf den lebendigen Gott und sein Wort.

5. Die grausame Behandlung, die die machthabende Kirche durch die Jahrhunderte hindurch den mutigen Bekennern jeder anderen Meinung und besonders den Vertretern der biblischen Glaubenstaufe widerfahren ließen, ist durch gründliche, historische Untersuchungen festgestellt und wiederholt beleuchtet worden. Ein moderner Mensch, dem die Gewissensfreiheit etwas Selbstverständliches ist, kann diese Geschichte voll Blut und Tränen nicht ohne innere Bewegung und Teilnahme lesen.

Jedermann kann sich überzeugen, daß die grundlosen Verdächtigungen und Verleumdungen, mit denen man kirchlicherseits gegen die Ketzer und besonders die vielgeschmähten Wiedertäufer zu Felde zog, wissenschaftlich längst widerlegt sind und daß viele ehrliche Forscher nur Anerkennung und Hochachtung vor diesen glaubensmutigen Märtyrern der Wahrheit Ausdruck geben.

Noch zögert die offizielle Kirche, diese Tatsachen allgemein zuzugeben und die verfolgten Täufer auch als einen berechtigten Zweig am Baume der Reformation anzuerkennen.

Die Wahrheiten, die einst von zahllosen Zeugen mit Blut besiegelt wurden, konnten nicht unterdrückt werden, denn die Wahrheit ist untödlich.

Heute werden manche ihrer Ideen von vielen als schriftgemäß anerkannt, sogar von solchen, die ihnen in der Praxis nicht folgen. Sollten wir, die wir zu dem einfachen Christentum der Urgemeinden in Lehre und Form zurückkehren möchten, unseren historischen Zusammenhang und unsere innere Übereinstimmung mit jenen Blutzeugen der Wahrheit verleugnen, etwa weil wir die Fehler mancher von ihnen verurteilen müssen?

Sollen wir nicht vielmehr mit Freuden unserer Übereinstimmung mit den vielgeschmähten, verkannten und ausgestoßenen Gläubigen Ausdruck geben, die in einer Zeit, als auf der Ausübung der biblischen Taufe die Todesstrafe stand, alles für ihre Überzeugung um des Wortes Christi willen zu dulden bereit waren?

Indem wir uns taufen lassen, bringen wir auch dieses zum Ausdruck.

6. Es besteht in weiten Kreisen unseres Volkes bei hoch und niedrig eine folgenschwere Gleichstellung von Kirchentum und Christentum. Viele lehnen, weil auch sie Christentum und Kirchentum für ein und dasselbe halten, mit der Kirche zugleich das Christentum ab, dessen wahres Wesen sie niemals kennen gelernt haben, oder dessen Früchte und Wirkungen sie bei den Vertretern des offiziellen Kirchentums vergeblich gesucht haben.

Diese verhängnisvolle Verwechselung des echten biblischen Christentums mit seinen verschiedenartigen Zerrbildern ist der Grund, weshalb weite Kreise unseres Volkes überhaupt von dem Christentum nichts mehr wissen wollen und allen denen, die in Wahrheit Christen sind, von vornherein mit Mißtrauen begegnen. Sie wittern hinter jedem Bekenntnis zu Christo und zur Bibel das Offizielle des kirchlichen Christentums, oft auch berufliche und geschäftliche und selbstsüchtige Beweggründe. Daß das ursprüngliche Christentum etwas durchaus Persönliches und gerade das Gegenteil einer anstaltlich geordneten und staatlich bevormundeten und irdischen Zwecken mißbrauchten Religion gewesen sei, haben viele gehört und gelesen. Aber sie denken: Dieses echte Christentum ist nicht mehr da, die wahren Christen sind ausgestorben. Vielleicht hat sich das Christentum überlebt. Es paßt ja eigentlich auch nicht recht in unsere Zeit. Ein Christentum, das den ganzen Menschen mit seinem ganzen Willen verlangt, würde doch etwas sehr Unbequemes sein.

Der Ersatz dieses Christentums, das kirchliche "Christentum", das sich Taufende bei feierlichen Anlässen noch als Dekoration des bürgerlichen Lebens gefallen lassen, hat aber für Ungezählte keine Anziehungskraft mehr. Sie lehnen das Christentum auch in dieser Form ab und erklären sich als ausgesprochene Feinde desselben. Was sie meinen und was sie hassen, ist aber im Grunde nicht das Evangelium, das sie gar nicht kennen, sondern die offizielle Aufmachung und Formulierung desselben, die Kämpfe um Lehrmeinungen und Traditionen, den Mißbrauch christlicher Begriffe und Werke im Interesse einzelner Personen oder Stände.

Ihr Kampf richtet sich gegen die Kirche und darum gegen alles, was mit dem anstaltlichen Kirchentum zusammenzuhängen scheint. Es ist gewiß wahr, daß die Mächte des Unglaubens, die mit der Macht des Glaubens heute so erbittert kämpfen wie vielleicht noch nie, an der Kirchenfeindschaft vieler die Schuld tragen. Bei vielen ist der Haß gegen die Wahrheit überhaupt und die Liebe zur Lüge, die Zügellosigkeit und das Ablehnen jeder Art von Autorität die tiefste Ursache ihrer Kirchenfeindschaft.

Aber doch nicht bei allen. Vielmehr kann man sich bei näherem Zusehen des Eindrucks nicht erwehren, daß neben mancher persönlichen Bitterkeit, neben bewußter Ablehnung des Christentums doch auch bei vielen ein Zug der Ehrlichkeit und Wahrhaftigkeit anerkannt werden muß. Bei vielen ist die Ablehnung der Kirche so wenig ein Beweis der Liebe zur Lüge, daß sie vielmehr als ein erfreuliches Zeichen persönlicher Aufrichtigkeit gewürdigt werden sollte. Viele wollen eben nicht scheinen, was sie nicht sind und was sie nie gewesen sind.

Daher kommt es, daß oft solche Gegner des offiziellen Kirchentums, wenn sie wirkliches, einfaches, kraftvolles biblisches Christentum kennenlernen, aufs höchste davon angezogen werden und, überführt von der biblischen Wahrheit, gläubig werden im Sinne des Neuen Testaments.

Darum ist der geradeste Weg für alle, die dem Volke nur das einfache biblische Christentum nahebringen möchten, dies zu tun ohne jede Verbindung mit einer Staats- oder Volkskirche, durch deren Grundsätze das Schein- und Massenchristentum hervorgerufen und befördert wird.

Es ist soweit gekommen, wie die Erfahrung lehrt, daß einer Evangelisationsarbeit ohne kirchlichen Auftrag viele von vornherein mehr Vertrauen schenken als einer offiziellen Verkündigung des Pfarrers oder eines Evangelisten im Kleide des Pfarrers.

Wer die von den Kirchen losgelösten sogenannten Konfessionslosen und die völlig gleichgültigen Namenschristen erreichen will, wer von den bewußten Kirchengliedern verstanden werden will, wer auch an die Katholiken und Juden, also an alle ohne Unterschied herankommen möchte, sollte einzig und allein das für jedermann verständliche und annehmbare Evangelium der Bibel ohne die Sonderlehren und Sondergebräuche einer besonderen Konfessionskirche bringen.

Oder wäre es zu verantworten, die für Christum Gewonnenen in das Labyrinth der kirchlichen Parteien einzuführen und ihnen den überflüssigen Ballast menschlicher Lehrformeln und Kultusformen aufzubürden?

Aber ganz abgesehen von diesem praktischen Gesichtspunkt einer klareren Missionsarbeit ist es ja eine nicht mißzuverstehende Forderung des Wortes Gottes, daß der Gläubige nicht mit dem Ungläubigen am selben Joche ziehen darf. (2. Kor. 6,14ff.)

In der urchristlichen Zeit waren diese Ungläubigen zumeist Heiden und Juden. Heute gehören dazu ohne Zweifel auch die ungezählten Mengen der das wahre Christentum innerlich ablehnenden Namenschristen.

Die innere und äußere Trennung, nicht von den wahren Christen innerhalb der verschiedenen kirchlichen Systeme, aber von dem falschen System als solchem, bringt die Taufe des Gläubigen klar zum Ausdruck.

7. Aber die Aufgabe der Gläubigen in der Gegenwart ist nicht nur, den Millionen von Namenschristen, die überhaupt noch nie eine Entscheidung für oder gegen Christum getroffen haben, das Evangelium zu bringen, sondern es gilt, der Evangeliumsverkündigung die Sammlung der Gläubigen in schriftgemäßen Linien folgen zu lassen.

Ohne lebendige Gemeinden nach biblischem Vorbild, in denen die einzelnen zu selbständigen christlichen Persönlichkeiten heranreifen, fehlt jeder Missions- und Evangelisationsarbeit der rechte Rückhalt und die so notwendige Fortsetzung der Pflege der Gewonnenen. Manche verheißungsvolle Arbeit verlief deshalb gar bald im Sande, weil eine schriftgemäße Pflege und Sammlung der Gläubigen unterblieb.

Leider fehlt es in unserem Vaterlande vielfach an solcher schriftgemäßen Sammlung. Daher soviel Einspännerei, Kräftezersplitterung, plan- und zielloses Arbeiten, sowenig Fortschritt in Erkenntnis und Leben. Was Deutschland braucht, ist nicht nur eine Erweckung und eine allgemeine Evangelisation der Länder und Städte, sondern auch eine Sammlung und Ausgestaltung von Gemeinden nach den Grundsätzen des göttlichen Wortes.

Leider erkennen viele Gläubige diese Notwendigkeit nicht. Sie bleiben in den lähmenden, unklaren und unwahren Verbindungen und lassen sich nur zu gern einreden, die Gemeindefragen seien unwesentlich, nebensächlich und nur ein Hindernis der Evangelisationsarbeit.

In Wahrheit sind biblische Gemeinden die Voraussetzung jeder Missions- und Evangelisationsarbeit, sie sollten auch ihr Ziel und ihre Frucht sein.

Kindertaufe und Massenabendmahl verwischen den Gegensatz zwischen Gläubigen und Ungläubigen, zwischen Gemeinde und Welt. Darum ist die Verwerfung der kirchlichen Sakramentspraxis unerläßlich für alle, die mit den biblischen Gemeindewahrheiten Ernst manchen wollen.

Und beides kommt in der biblischen Taufe der Gläubigen zum Ausdruck: Die Verwerfung aller unbiblischen Kirchensysteme und die Mitwirkung an der Wiedereinführung einer biblischen Gemeindeordnung in den Kreisen der Gläubigen, wofür jeder an seinem Teile mitzuhelfen verpflichtet ist.

Dies alles bedeutet die Rückkehr zur urchristlichen Taufweise für den Gläubigen der heutigen Zeit. In manchen Fällen bedeutet sie aber auch mehr. Wie oft werden Gläubige, sobald sie sich taufen lassen, auch von anderen Gläubigen nicht verstanden! Wie oft ziehen sich Freunde und Mitarbeiter von einem solchen zurück! Wie oft werden einem solchen von den eignen Verwandten die größten Schwierigkeiten bereitet! In solchen Fällen muß es sich dann zeigen, ob wir gewillt sind, um Christi willen alles für Schaden zu achten, was uns Gewinn war, und ob wir um Christi willen alles zu leiden bereit sind, anstatt aus Menschenfurcht oder Menschengefälligkeit uns den schmalen Weg des Kreuzes auch nur ein wenig breiter und bequemer zu machen.

Georg Müller, der glaubensvolle Begründer der Waisenanstalten in Bristol, von Haus aus ein deutscher Theologe, hat auch einst viele

Bedenken überwinden müssen, als er gegen seinen Willen zu einer gründlichen Beschäftigung mit der Taufe geführt wurde. Seinen Weg, auf dem er alle seine Bedenken und Zweifel überwand und der durch das göttliche Siegel besonderen Segens bestätigt wurde, hat er selbst beschrieben und dadurch manchem Gläubigen Mut gemacht, denselben Weg zu gehen. (S. Anhang 21.)

Dieser Weg war kein anderer als die gewissenhafte Prüfung des Wortes Gottes mit glaubensvollem Gebet und dem herzlichen Verlangen, um jeden Preis der erkannten Wahrheit zu gehorchen und den Willen Gottes zu tun.

Anhang

1. Hat Luther Matth. 28,19.20 richtig übersetzt?

In der durchgesehenen Ausgabe der Bibelübersetzung Luthers hat man eine Fußnote zu dieser Stelle für nötig gehalten und erklärt: Genau lauten die Worte: "Darum geht hin und macht zu Jüngern alle Völker, indem ihr sie tauft auf den Namen des Vaters und des Sohnes und des Heiligen Geistes und sie halten lehrt usw."

Sogar in der sogen. Stuttgarter Jubiläumsbibel findet sich dieser unbegreifliche Zusatz, der übrigens auf der selben Seite (!) durch die Erklärung unter den Versen 19 und 20 widerlegt wird, wo festgestellt wird, daß der Evangelist sein Evangelium mit dem Heidenmissionsbefehl beschließt, und wo es dann wörtlich heißt: "Was enthält dieser? Das Gebot, die Völker zu Jüngern zu machen durch die Predigt des Evangeliums (Mark. 16,15.16) - die Apostelgeschichte gibt Beispiele von solcher Missionspredigt - ; die Gläubiggewordenen zu taufen auf den Namen des Vaters, Sohnes und Geistes (vgl. Joh. 14-16); den Getauften Anleitung zu geben zu einem christlichen Wandel in den verschiedenen Lebenskreisen - die Briefe der Apostel zeigen, wie sie's gemacht haben."

Es wäre sehr zu empfehlen, diese treffliche Anmerkung in jene Bibelausgaben aufzunehmen, in denen man eine Anmerkung zu Matth. 28,19 für nötig hält.

Aber warum hält man gerade an dieser Stelle und ausschließlich nur an ihr eine Fußnote zu Luthers Übersetzung für nötig?

Eine Verbesserung ist es nicht, ebensowenig wie die Wiedergabe in Dr. Wieses Übersetzung. Aber man möchte hier gern einen Beweis für die Berechtigung der Kindertaufe finden. Das erste Zeitwort, das Luther mit "lehren" übersetzt hat, bedeutet soviel wie unterweisen, zur Jüngerschaft anleiten, zu einem Jünger werben oder machen, natürlich in neutestamentlichem Sinne, d. h. durch die Verkündigung des Evangeliums, also durch Unterweisung und Belehrung. (Vgl. Cremer, Bibl.-theol. Wörterbuch.) Dagegen ist das Zeitwort "lehren" in V. 20 ein anderes als das in V. 19 und bedeutet soviel wie anweisen. Es handelt sich hier um den Gemeindeunterricht im Gegensatz zum Jüngerunterricht V. 19. Dieses zweite "Lehren" über christliches Leben und Wandeln setzt die Jüngerschaft, die durch das Lehren in V. 19 zustandekommt, bereits voraus.

Dieser Unterschied, der im Griechischen sehr deutlich ist, kommt allerdings in Luthers Übersetzung in dem zweimaligen "lehren" nicht zum Ausdruck. Läßt man auch an erster Stelle "lehren" stehen, so muß man es wenigstens auffassen als "werbt zu Jüngern" durch die Predigt des Evangeliums (vgl. Mark. 16,15). Übersetzt man: "Macht zu Jüngern", so muß man wenigstens jeden Gedanken an eine mechanische oder nur äußere Handlung fernhalten und also auch ergänzen "durch das Evangelium". Jünger sind Gläubige, wie aus Joh. 8,31; Apg. 6,2 (vgl. mit Kap. 4,32) und aus Kap. 19,9 zu ersehen ist. Der Glaube kommt aber aus der Predigt. (Röm. 10,14.17.) Die Beobachtung von Mark. 16, 15.16 beweist, daß das "Jüngermachen" ein "Evangelisieren", ein

"Unterweisen" ist, wie Luther dasselbe Zeitwort Apg. 14,21 übersetzt hat. Selbst der strenge Lutheraner Professor D. Althaus gesteht, daß *matheteuein* ein Verkündigen des Wortes voraussetzt, dem erst die Taufe folgen dürfe. Man könnte darum vielleicht am besten sagen (wobei man einen Ausdruck Luthers festhielte): Unterweist - tauft - lehrt. Das ist aber auch die einzige Änderung seiner Übersetzung, die den Sinn dieser Stelle verdeutlicht. Die Übersetzungen: "indem ihr sie tauft" (wie auch die "Miniaturbibel" der "durchgesehenen" Lutherbibel nachdruckt), "sie taufend", sind direkt falsch.

Mit Recht sagt Pastor Bunke (Der Lehrstreit über die Kindertaufe, S. 29) über Matth. 28,19.20: "Es ist hier allerdings der Glaube als Bedingung für die Taufe nicht genannt, aber er ist auch nicht verschwiegen". "In das 'Zu-Jüngern-gewinnen' ist die Verkündigung des Evangeliums eingeschlossen, die dem Taufen vorangeht". Sowohl Jesu als den Aposteln "galt das Normale als selbstverständlich, daß zur Taufe nur gelangte, wer zum Glauben gekommen war". "Die Annahme der Heilspredigt ist Voraussetzung der Taufe. Und diese Annahme besteht im Glauben."

Wer etwa meint, daß die griechischen Partizipien der Zeitworte "taufen und lehren" (V. 19) durch "taufend und lehrend" oder indem ihr sie tauft und lehrt" wiedergegeben werden müßten, sei auf Matth. 8,2.27; Eph. 6,17.18 (griechisch) hingewiesen, woraus klar zu ersehen ist, daß das Partizipium Präsens, auf ein Hauptverbum folgend, eine derselben folgende, nicht ihr vorangehende oder gleichzeitige Handlung bedeutet. Man vergleiche die anerkannt vorzügliche Grammatik des neutestamentlichen Griechisch von Prof. D. Dr. Friedrich Blaß, 2. Aufl. 1902. Dort heißt es Seite 202: "Das Partizipium Präsens steht bei dem seltenen Gebrauch des Partizipiums Fut., hier und da nach dem Hauptverbum zur Bezeichnung einer mindestens in ihrer Vollendung dieser nachfolgenden Handlung. (Vgl. Apg. 18,23; 14,21ff.; 21,2.3.) An den ersteren (Stellen) ist das Partizipium dem Hauptverbum statt eines zweiten Hauptverbums gleichsam angeschoben, um eine nachfolgende Handlung als vermöge der Absicht und der Vorbereitungen schon zu geschehen beginnend zu bezeichnen."

Man vergleiche mit diesen Ausführungen die Erklärung dieser Stelle in D. Tobias Becks Ethik (Bd. I, S. 330-345), wo der eingehende Nachweis geliefert wird, daß nach den Regeln der griechischen Grammatik die Evangeliumsverkündigung als der Taufe vorausgehend anzusehen ist.

Bei der Übersetzung "sie taufend" oder "indem ihr sie tauft" bezieht ferner jeder Leser das "sie" auf die Völker, während es ein männliches Fürwort ist, "Völker" dagegen im Griechischen sächlichen Geschlechts ist. Der Gebrauch dieses männlichen Fürwortes nach dem vorangegangenen sächlichen Hauptwort läßt erkennen, daß nicht die Völker oder Heiden als solche getauft und dadurch zu Jüngern gemacht werden sollen, sondern daß die Heiden unterwiesen (evangelisiert) und die "zu Jünger Gewordenen", d.i. die durch jene Unterweisung zum Glauben Gekommenen, getauft werden sollen. So hielten es auch die Apostel (vgl. Apg. 2,14-36): Predigt (das Lehren von V. 19 in Matth. 28); dann V. 37 Wirkung der Predigt bei einer Anzahl Zuhörer; dann V. 38 Buß- und Taufbefehl; dann V. 41 Taufe der Glaubenden; zuletzt V. 42 Apostellehre.

Man vergleiche auch hierzu die Ausführungen in Becks Ethik.

"Werbt zu Jüngern und tauft die Gewonnenen."

Das ist der richtige Sinn von Matth. 28,19.20.

Dieser Sinn sollte durch eine zu buchstäbliche und undeutsche Übersetzung der Zeitworte nicht verwischt werden.

Eine andere Frage ist die, ob man anstatt "Völker" lieber "Heiden" übersetzen sollte, da ja *ethne* ohne Zweifel nicht die Völker als eine Anzahl in sich abgeschlossener Volkskörper im Auge hat, sondern die Heiden im Unterschied von den Juden, also die "Nichtisraeliten" (hebräisch: *Gojim*).

Man vergleiche Apg.13,48; 15,14.19; Matth.6,7.32; 24,9; 25,32; Mark.10, 33; Luk.21, 24; Apg.10,45; 11,1; 13,48; 14,2; 15,7; 26,17; Röm.3,29; 11,13; 1 Kor.12,2; Gal.2,12.14; Eph.2,11; 4,17.

Mit dieser Anweisung des Herrn, das Evangelium zu allen Heiden zu bringen, war also seine früher (Matth. 10,5) gegebene Anweisung wieder aufgehoben.

Luther hat durch seine Übersetzung: "Geht hin in alle Welt und lehrt (werbt zu Jüngern) alle Völker (Heiden) und tauft sie ... und lehrt sie halten ..." den Sinn der Stelle durchaus richtig wiedergegeben. Die neuere, aus dogmatischen Gründen vorgenommene "Verbesserung" ist keine genaue Übersetzung der Stelle, sondern eine Erklärung, die aber falsch ist.

Es ist merkwürdig, daß gerade die eifrigen Verteidiger der Lutherbibel, die nicht genug den Gebrauch anderer Bibelübersetzungen in den kirchenfreien Kreisen tadeln können, an dieser einen Stelle Luthers Übersetzung korrigieren möchten.

Luther würde solchen Kritikern antworten: "Ich hab deutsch, nicht lateinisch noch griechisch reden wollen, da ich deutsch zu reden im Dolmetschen vorgenommen hatte. Darum muß ich die Buchstaben fahren lassen und forschen, wie der deutsche Mann solches redt."

2. Die Form der urchristlichen Taufe nach den Grundsprachen der Bibel und nach ihrem Gebrauch bei den Juden

Von N. Rudnitzky

Mit nur wenigen Worten möchte ich diesen meinen geringen Beitrag zu einer schwerwiegenden Frage einleiten, und zwar mit einem Bekenntnis: Die Verschiedenheit in der Auffassung vom Wesen und der Form der Taufe hat meine Gemeinschaft mit andersdenkenden gläubigen Christen nie getrübt und wird es in Zukunft nicht tun. Kein Kind Gottes hat das Recht, von einem anderen zu verlangen, daß es dieselbe Erkenntnis annehme und denselben Weg gehe, der für es selbst der gottgewiesene biblische Weg ist: "Ein jeglicher richte sich selbst!" Das ist die herrliche Freiheit und die große Verantwortung, in welcher jeder Gläubige mit seinem Gewissen vor Gott steht und fällt. Es ist dem Geiste des Evangeliums zuwider, aus einer noch so deutlichen und klaren Verordnung ein forderndes Gesetz zu machen.

Wenn es sich aber darum handelt, irgendeine Frage nach dem wirklichen Sachverhalt zu beantworten, so muß es ohne Ansehen der Person und nur der Wahrheit gemäß geschehen, auf daß wir nicht als falsche Zeugen erfunden werden.

Vieles, was man so gern verteidigt und festhalten möchte, beruht teilweise auf dogmatischer Voreingenommenheit, teilweise auf Unkenntnis und besteht nur in den allerseltensten Fällen in bewußtem Festhalten eines Irrtums gegen besseres Wissen.

Ich bin vollständig davon überzeugt, daß mancher gesegnete Evangelist, wenn er nicht so sehr von dem Drang der praktischen Arbeit gehindert wäre, sich tiefer und eingehender mit der Tauffrage zu beschäftigen, nie zu einer so spitzen Frage gekommen wäre wie die: Soll ich mich noch einmal taufen lassen? In Wahrheit verlangt keine, und sei sie auch die allerstrengste, taufgesinnteste Gemeinde, daß man sich noch einmal taufen lasse. Und wenn das nicht der Fall ist, so hat man vielen Kindern Gottes, wenn auch unbewußt, den Vorwurf gemacht, daß sie eine schriftwidrige Wiederholung der in der Bibel bezeugten einmaligen Taufe verlangten. Auf wessen Seite das gute biblische Recht ist, darauf hat die Schrift eine meines Erachtens klare und unmißverständliche Antwort gegeben. Es liegt mir am Herzen, zu zeigen, daß nach den Grundsprachen der Bibel und nach dem Gebrauch der Taufe im Judentum nur durch Untertauchen getauft worden ist. Und das soll in folgendem geschehen.

Die hebräische Sprache des Alten Testaments und die ihr verwandte aramäische, die der Herr Jesus und seine ersten Jünger als ihre Volkssprache redeten, haben für "Taufe" und "Taufen" dieselben Worte. Beide Sprachzweige verbinden mit ihren Ausdrücken die Vorstellung von einem Tauchbad (*Tebilah*) und einem Eintauchen (*tabal*). Wo immer im Alten Testament das Zeitwort *tabal* = tauchen vorkommt, wird in der griechischen Übersetzung das Zeitwort *baptein* gebraucht, das im deutschen Neuen Testament durch "taufen" wiedergegeben ist.

Dazu kommen noch an zwei Stellen besonders charakteristische Wendungen, die die Bedeutung des hebräischen Originals durch die griechische Übersetzung gleichsam verstärken wollen.

Um dem Leser die Möglichkeit der selbständigen Nachprüfung zu geben, wollen wir die betreffenden Bibelstellen bei Erwähnung ihres Inhalts in der Fußnote anführen und die entsprechenden hebräischen und griechischen Ausdrücke in Klammern dazusetzen.

I. Sehr lehrreich ist das Vorkommen des Wortes bei der Verwendung des Opferblutes durch den diensttuenden Priester. Der Hinsprengung des

Blutes vor Gott geht das Eintauchen in das in ein Gefäß gesammelte Blut voraus.[202]

Der lebendige Vogel wird beim Reinigungsopfer in das Blut des geschlachteten Vogels getaucht.[203] Die Kinder Israels sollen in der Nacht vor ihrem Auszug aus Ägypten die Türpfosten ihrer Häuser mit Blut streichen; auch hier ist das Eintauchen des Ysops in das im Becken gesammelte Blut mit den bekannten hebräischen und griechischen Zeitwörtern anbefohlen.[204]

Von geradezu zwingender Beweiskraft für die Tatsache, daß in der Bibel die mit dem Waschen, Baden, Sprengen zusammenhängenden Begriffe streng durch den sprachlichen Ausdruck auseinandergehalten sind, ist das neunzehnte Kapitel im vierten Buche Mosis. Das Zeremonialgesetz erfordert ein Waschen der Kleider[205], Baden des Leibes[206], Eintauchen in Blut oder Wasser[207] und Hinsprengen des Blutes oder des Wassers.[208] Alle diese Einzelheiten, die zum Ganzen des Zeremoniells gehören, werden, wie bereits erwähnt, sprachlich geschieden, so daß man sich wundern muß, wie man nur auf den Gedanken kommen konnte, das Zeitwort "taufen" mit besprengen zu verwechseln.

Gerade die Unterscheidung bei den Opferhandlungen zwischen Eintauchen und Hinsprengen, Waschen und Baden ist deshalb von großer Wichtigkeit und Bedeutung, weil sie tatsächlich ein Vorbild auf die christliche Taufe enthalten und die Grundlage bilden für die spätere Ausgestaltung der Taufpraxis im Judentum.

II. Sehen wir uns nach den Stellen in der Bibel um, die uns vom Eintauchen von Gegenständen und vom Baden der Personen berichten.

Das Land Assers wird so reich gesegnet sein, daß er seinen Fuß in Öl tauchen wird.[209] Jonathan tauchte die Spitze seines Stabes in eine Honigwabe.[210] Ruth erhielt von Boas die Erlaubnis, zur Mittagszeit ihren Bissen in Essig zu tauchen.[211]

Die Priester, welche die Bundeslade trugen, tauchten ihre Füße ins Wasser.[212] Der listige Hasael tauchte eine Bettdecke ins Wasser.[213]

In der Geschichte Naemans, des syrischen Feldmarschalls, haben wir eine interessante Schilderung, wie man ein Reinigungsbad nahm. Der Prophet Elisa weist den auf einen glänzenden Empfang rechnenden hohen Kriegsherrn mit den Worten, die er ihm sagen läßt, an den Jordan:

---

202 Und der Priester soll seinen Finger in das Blut tauchen (hebräisch: *tabal*) und es hinsprengen (hebräisch: *hisa*; griechisch: *pros-ranei*). (3 Mose 4, 6. 16; 9, 9; 14, 16: "Öl hinsprengen".)

203 3 Mose 14,51.
204 2 Mose 12,22.
205 Hebräisch: *kabass*; griechisch: *plünei*.
206 Hebräisch: *rachaz*; griechisch: *lüsetai* (von *lüein*).
207 Hebräisch: *tabal*; griechisch: *bapsei*.
208 Hebräisch: *hisa*; griechisch: *ranei*. (Vgl. V. 4.7.8.10.13.18-21.)
209 5 Mose 33,24.
210 1 Sam. 14,28.
211 Ruth 2,14.
212 Jos. 3,15.
213 2. Kön. 8,14.15.

"Gehe hin und bade[214] dich siebenmal im Jordan." Als der Kranke sich bewegen ließ, dem Worte des Propheten zu folgen, lesen wir: "Da zog er hinab und tauchte[215] siebenmal im Jordan unter." Demnach nahm er das Reinigungsbad durch Untertauchen. Luther übersetzte: "täuffet sich".

Wie stark die Versenkung durch das Wort "tabal" und "baptein" empfunden wurde, zeigen uns zwei Stellen aus verschiedenen Lebensgebieten. Hiob empfindet sein Elend als eine Versenkung in eine Grube, deren Schlamm ihn so vollständig überdeckt habe, daß er einen Ekel empfindet.[216]

Dagegen werden die kriegerischen Chaldäer mit einer Kopfbedeckung geschildert, die ihr Haupt vollständig umgibt. Die das Haupt einhüllende Kopfbedeckung heißt im Hebräischen "Eintaucher" und dementsprechend das griechische Wort.[217]

III. Diejenigen Stellen, in denen die griechische Übersetzung eine Abweichung von dem hebräischen Grundtext bietet, haben das Bestreben, den Begriff zu verdeutlichen und zu vertiefen.

Die Brüder Josephs tauchen seine Kleider in das Blut des geschlachteten Zickleins.[218] Die griechische Übesetzung hat hier für das hebräische "*tabal*" "besudeln" gesetzt, um dadurch das Abscheuerregende der Tat auszudrücken. Das ist aber auch die einzige Stelle, wo das Original scheinbar eine Abschwächung zu erleiden hat. Dagegen scheinen folgende Stellen durch die Wiedergabe des Griechischen eine Vertiefung oder Erklärung anzustreben. So wird die Verordnung, alle unrein gewordenen Gefäße "ins Wasser" zu stecken, im Griechischen wiedergegeben durch "ins Wasser eintauchen".[219] Die erschütternden Gesichte von dem zukünftigen Zusammenbruch Babels verwirren den Seher und verstören ihn. So der hebräische Text. Der griechische Text läßt sein Gesetz irren und ihn wie in Gesetzlosigkeit eintauchen.[220] Bemerkenswert ist die griechische Übersetzung einer Stelle in Daniel. Der von Gott heimgesuchte König lebt unter den Tieren, sein Leib wird vom Tau des Himmels benetzt. Die griechische Übersetzung hat "in den Himmelstau eingetaucht".[221]

Fassen wir, ehe wir weitergehen, das Gesagte zusammen, so erhalten wir das ganz klare Bild von dem in den Grundsprachen des Alten und Neuen Testaments gebrauchten Ausdruck für taufen. Das Resultat ist: 1. Es bedeutet durchgängig einen Untertauchungsakt. 2. Es wird streng von anderen mit Waschen und Sprengen verbundenen Begriffen unterschie-

---

214 Hebräisch: *rachz*; griechisch: *lusai*.

215 Hebräisch: *wajithbôl*; griechisch: *ebaptisato*. (Vgl. 2 Kön. 5,10.14.)

216 Wenn ich mich auch mit Schnee wüsche und meine Hände mit Lauge reinigte, so würdest du mich in den Pfuhl eintauchen (hebräisch: *titbaleni*; griechisch: *ebapsas*), daß meine Kleider vor mir Abscheu hätten. (Hiob 9,31.)

217 Hebräisch: *tebulim*; griechisch: *parabapta*. (Hes. 23,15.)

218 1. Mose 37,31

219 3. Mose 11,32. Hebräisch: *bamajim juba*, wörtlich: in das Wasser gebracht werden; griechisch: *eis hydor baphesetai*.

220 Jes. 21,4. Griechisch: *he anomia me baptizei*: die Gesetzlosigkeit taucht mich ein.

221 Dan. 5,31. Das hier gebrauchte aramäische Wort *iztebajia* ist ein hithpael von *zabah* und bedeutet eigentlich färben.

den. 3. Es dient dazu, um die Steigerung der Vorstellung von dem Untertauchungsakt zu vertiefen.

Wie wir nun aus dem Reinigungsbad Naemans und aus der Verordnung, die Gefäße ins Wasser zu stecken, wie aus dem Eintauchen des Fingers in das Opferblut ganz augenfällige Beispiele für das Eintauchen und Untertauchen haben, so werden wir erst recht aus der Taufpraxis des späteren Judentums unser bis jetzt aus der Schrift gewonnenes Resultat bestätigt finden.

Die Taufpraxis bei den Juden und ihre Bedeutung:

In einer großen Anzahl von Bibelstellen des Neuen Testaments finden wir Beziehungen auf eine Taufpraxis bei den Juden, die uns die christliche Taufe, was ihre äußere Form anlangt, als Neuerung zu erklären, unmöglich macht. Tun wir das, so bleibt es einfach unverständlich, wie das ganze jüdische Volk und Jerusalem zu Johannes hinausgingen, um von ihm getauft zu werden,[222] wie die Pharisäer und Sadduzäer, beide ohne Widerspruch sich ihm nahen und zur Taufe drängen.[223] Diese Träger der "väterlichen Überlieferung" und die erstarrten Buchstabenmenschen würden nie in solcher Einmütigkeit sich der Taufe Johannis unterzogen haben, wenn sie nicht in der Handlung etwas ihnen längst Bekanntes und Vertrautes gesehen hätten.

Mit einer für nichtjüdische Hörer und Leser bestimmten Erklärung berichtet der Evangelist Markus vom Taufen sogar der Gefäße, die die Juden "zu halten angenommen haben".[224] Ein Pharisäer ist es, der sich verwundert darüber, daß der Herr vor dem Essen kein Tauchbad genommen hat.[225] Der Brief an die Hebräer redet von "mancherlei Taufen", die zum Komplex der äußerlichen Heiligung gehören,[226] und Petrus weist auf die christliche Taufe hin als einen Akt, der mit dem Abtun des Unflats am Leibe nichts zu tun habe.[227] Alle diese Stellen setzen eine reiche und rege Taufpraxis im Judentum voraus. Was tatsächlich der Fall ist, wie sich jeder davon überzeugen kann, der die noch erhaltenen Schriften der rabbinischen Juden einsieht.

Die jüdischen Gelehrten der talmudischen Zeit unterscheiden das Badehaus und das gewöhnliche Baden von dem für rituelle Zwecke bestimmten Badeort und die gesetzlich vorgeschriebenen Waschungen.[228]

In der ältesten Zeit konnte man überall in fließendem, "lebendigem" Wasser baden und auch ein Reinigungsbad nehmen. In Flüssen, in Höhlen, welche klares und kaltes Wasser sammelten, in den Gruben pflegte man bereits zur Zeit Jesu und der Apostel rituelle Bäder zu nehmen.

---

222 Matth. 3,3-6 und Paral.
223 Matth. 3,7.
224 Mark. 7,2.3.5.
225 Luk. 11,38; wörtlich: ohne daß er sich vorher untertauchte (ebaptisthe). Über Luk. 11, 38 sei noch auf Zahns Kommentar zum Evangelium Lukas hingewiesen: "Es ist auch möglich, daß an ein Vollbad wie bei der Taufe zu denken ist." Seite 477.
226 Hebr. 9,10 und 6,2. In letzterer Stelle sind die Taufen nicht die christlichen, sondern die jüdischen mit Einschluß der Taufe Johannis gemeint, die als Ausgangspunkt für die Belehrung über die christliche Taufe dienten. (S. Riggenbach, Ebräerbrief S. 150.)
227 1. Petri 3,21.
228 Siehe Kraus' Talmudische Archäologie I, Seite 217.

Für die Tauchbäder der Priester und des Hohenpriesters waren Badeeinrichtungen im Tempel vorgesehen. Auf dem Ölberg befand sich ein sehr beliebter Badeort für rituelle Waschungen, der mit der Siloahquelle verbunden war.

Die gesetzliche Vorschrift über das rituelle Bad verordnet, daß es mindestens vierzig Sea (d. i. 486 Liter) Quell-, Fluß- oder Regenwasser enthalten müsse.[229]

Wo immer das rituelle Bad genommen wurde, es geschah durch Untertauchen. Das liegt klar vor in den rabbinischen Vorschriften und Bestimmungen. Es sei aus der überreichen Fülle von Beweisen auf die Vorschrift für das Baden der Priester und des Hohenpriesters am Versöhnungstage hingewiesen: "Niemand darf sich im Tempelvorhof oder zur (priesterlichen) Amtierung einfinden, auch wenn er am Leibe rein ist, es sei denn, er habe ein Tauchbad genommen." "Fünf Tauchbäder und zehn rituelle Reinigungen verrichtete der Hohepriester durch Untertauchen und Reinigen an diesem Tage. Man breitete zwischen ihm und dem Volke (als Vorhang) ein Byssustuch aus; er reinigte Hände und Füße, stieg hinab und tauchte unter."[230] "Zum Tauchen hinabsteigen"[231] ist der stehende Ausdruck für ein rituelles Bad. Wie das ausgeführt wird, sehen wir aus einer Vorschrift für die Aufnahme eines aus dem Heidentum zum Judentum Bekehrten in die synagonale Gemeinschaft. "Hat er (der bekehrte Heide) auf sich (das Joch des Himmels) genommen, so führt man ihn hinab in das Tauchbad, und nachdem er hinabgestiegen, trägt man ihm einen Teil der einzelnen Gebote vor ..." "Und wie zum Manne, so sagt man zur Frau ..." "Nachdem er das Tauchbad genommen und heraufgekommen ist, sagt man ihm gute Worte, Worte des Trostes . . ."[232]

Daß besonders neugekauftes Geschirr durch Untertauchen für den Gebrauch geheiligt werden müsse, das ist im Talmud eine schon zur Zeit Jesu und seiner Apostel feststehende rabbinische Vorschrift und wird noch heute bei den frommen Juden befolgt. Ich selbst habe als Knabe im Auftrage meiner Mutter für das Passahfest gekaufte Gläser getauft, indem ich sie unter fließendes Wasser setzte.

Die Zeugnisse des Talmuds über das Vorhandensein einer reichen und regen Taufpraxis bei den Juden zur Zeit Jesu und der Apostel und daß die Taufe in der Form des Untertauchens bestand, findet eine Bestätigung durch das Zeugnis heidnischer Schriftsteller und die Berichte der Kirchenväter.

Epiktet, der im Jahre 94 in Rom lehrte, sagt, diejenigen seien wahre Juden, die die Lebensweise der "Getauften und Erwählten" auf sich genommen haben.[233] Damit meint er, die zum Judentum bekehrten Heiden würden nur dann wirkliche Juden sein, wenn sie so lebten wie die

---

229 Im Talmud beschäftigt sich ein Traktat mit den rituellen Bädern und dem Baden, wo alles mit dem Reinigungsbad in Verbindung steht, genau und peinlich diskutiert und beschrieben.
230 Traktat Joma 3,3.
231 Mikwaoth II.
232 Traktat Gerim I in Winter und Wünsche. Die jüdische Literatur, Bd. I, S. 615.
233 Schürer, Geschäfte des jüdischen Volkes im Zeitalter Christi, Kap. 4. 3. Aufl. S. 187. Anmerk. 87.

Juden, die er als die "Getauften" wegen der vielen Tauchbäder, denen sie sich unterzogen, kennzeichnet. Justin, der Märtyrer, wendet die Bibelstelle aus Jer. 2,13 auf die vielen rituellen Bäder der Juden an; sie nehmen ihre Tauchbäder darin aber ohne Gewinn für die Seele, wenn auch "ihr Leib und ihr Fleisch dadurch rein werden".[234] Von den Juden in Afrika sagt Tertullian, daß sie täglich baden, weil sie täglich verunreinigt werden.[235]

Die aus dem Judentum hervorgegangenen Sekten, wie die der Morgentäufer, u. a., haben ebenfalls das Untertauchen bei ihren vielen rituellen Waschungen geübt.

Aber noch bis in unsere Zeit existieren die rituellen Bäder für Frauen und auch für Männer. Die Sekte der Chassidim in Russisch-Polen und in Galizien nehmen noch jetzt vor dem Gottesdienst ein Tauchbad.

Welche Bedeutung hat nun die Taufe im Judentum? Wir können uns hier sehr kurz fassen. Zunächst die Erfüllung einer gesetzlichen Vorschrift, sodann die Reinigung des Leibes von äußerer Befleckung, "um mit einem reinen Leib vor dem Schöpfer zu erscheinen".[236] Deshalb finden wir in den Zeugnissen der Apostel und der Schreiber des Hebräerbriefes einen Hinweis auf die ganz äußerliche Art der jüdischen Tauchbäder und die Betonung der christlichen Taufe, die zwar in der Form sich ganz an die im Judentum geübte Taufweise anlehnt, aber weit und himmelhoch über sie hinausragt. Schon Johannes beginnt seine Tauftätigkeit mit der Predigt der Buße und weist deshalb, wie schon oben angeführt, diejenigen als "Otterngezücht" von seiner Taufe zurück, die in ihr ein neues Mittel vermuten, der Sinnesänderung aus dem Wege zu gehen. Paulus sieht in der Taufe das vom Gläubigen errichtete Denkmal[237] für die ihm zuteil gewordene Freiheit der Gotteskindschaft. Sie ist ihm gerade in der von den Juden seiner Zeit geübten und von Gott gewollten Form des Untertauchens eine wunderbare Symbolik für das Werk des Heiligen Geistes an dem zu Christo bekehrten Sünder.[238] "Ein schönes Bekenntnis vor vielen Zeugen"[239] ist die Taufe, deren man sich nicht zu schämen braucht.

Für Petrus ist die Taufe das Siegel seines Bündnisses mit Gott. Das sind Gedanken, die die Juden bei ihren Taufen nicht kannten und doch kennen sollten, wenn sie nur tiefer in ihre Geschichte hineingeschaut und aufmerksamer auf die heilige Sprache der still sich vollziehenden Werke Gottes in der Erwählung und Erlösung Israels geachtet hätten!

Vor der Gesetzgebung am Sinai erhielt Moses den göttlichen Auftrag, dem Volke zu sagen, daß es sich heilige und seine Kleider wasche,[240] was Jakob in einer Weihestunde seines Lebens mit seinem ganzen Hause

---

234 Dialog 14.
235 Über die Taufe, Kap. 15.
236 Talmudischer Ausspruch.
237 Gal. 3,27.
238 Röm. 6,3.
239 1. Tim. 6,12. Bei der Aufnahme von Proselyten in die jüdische Gemeinschaft mußten auch Zeugen zugegen sein.
240 2. Mose 19,10.14.

getan hat.[241] Darin lag für Johannes das Vorbildliche seiner Taufe: sie war das Sinnbild innerer Vorbereitung für den Eintritt in das Verhältnis zu Gott durch den Neuen Bund und den Empfang dessen, in dem Gott seinem Volke entgegenkommt. In der einmaligen christlichen Taufe haben, wie in dem einmaligen Opfer Christi die vielen Opfer, die mancherlei Taufen des vorchristlichen Judentums ihre abschließende Erfüllung gefunden. So lehrt der Hebräerbrief. Die Waschungen, das Blutbesprengen in den Vorschriften des Gesetzes weisen auf nichts anderes als die schließliche Entsündigung und Vereinigung des Volkes mit Gott. Die Taufe, auch den Juden wohlbekannt, aber auf den Namen Christi bezogen, besiegelt die Wahrheit jener gewaltigen Vorbilder des Alten Testaments und schützt sie vor der Entstellung in der jüdischen Taufpraxis.

Doch diese Gedanken weiterzuspinnen, würde mich über den Rahmen der mir gestellten Aufgabe hinausführen.

In aller Kürze sei, um noch auf das Sprachliche zurückzukommen, erwähnt, daß sämtliche im Neuen Testament vorkommenden Wörter, die die "Taufe" und das "Taufen" ausdrücken, in den hebräischen Wörtern "*tebilah*" oder "*tabal*" ihre Grundlage haben und nur "ein Tauchbad nehmen" oder "untertauchen" bedeuten können. Man könnte darüber aus der rabbinischen Literatur in viel reicherem Maße, wie es oben aus der Bibel geschah, Beispiele genug anführen und ein dickes Buch damit füllen. Das ist aber durchaus nicht nötig. Es mag hier genügen, das Ergebnis eines Gelehrten zur Bestätigung meiner Behauptung anzuführen: "Das einfache griechische Verbum *baptein* bedeutet tauchen . . . Die von der verstärkten Form hergeleiteten spätgriechischen Substantiva *baptisis, baptismos, baptisma* bedeuten die transitive Handlung des Ein- und Untertauchens, welche irgendein Mensch als *baptistes* (Täufer) an einem anderen, Mann oder Weib oder auch an Sachen vollzieht."[242]

Die Wörterbücher zum Talmud und den Midraschim geben einstimmig "*tabal*" mit "untertauchen" wieder.

Bezeichnend ist die Wiedergabe des Wortes in J. Burdorf, Rabbinisches Lexikon. Als Nichtjude sieht sich Burdorf genötigt, das Verbum "*tabal*" mit der Bemerkung zu verdeutlichen: "Es bedeutet den ganzen Leib unter Wasser tauchen."

Erst um das Jahr 120 oder 140 nach Christi Geburt findet sich die Erlaubnis zum Begießen, aber nur für den Fall, daß es unmöglich ist, in einem Flusse oder in einem Teiche die Taufe zu vollziehen[243], also bei einer Nottaufe.

So hat unsere knappgehaltene Untersuchung ergeben: 1. daß wie im Alten Testament so auch in der spätjüdischen Literatur das Wort "*tabal*" nur "untertauchen" bedeutet; 2. daß das religiöse Bad durch Untertauchen genommen wurde; 3. daß die Form des Untertauchens von den Zeugen Jesu Christi als entsprechender Ausdruck des Heilswerks befunden worden ist.

---

241 1. Mose 35,1-5.
242 W. Brandt, Die jüdischen Baptismen, Gießen 1910, S. 1.
243 "Die Lehre der zwölf Apostel", Kap. 7,3.

3. Ist unter "taufen" nur "untertauchen" zu verstehen?

Das griechische Wort *baptizein* bedeutet untertauchen. So haben die Griechen es immer verstanden, und so erklären es alle guten Wörterbücher. So heißt es in dem biblisch-theologischen Wörterbuch von D. H. Cremer: *baptizein* = eintauchen, untertauchen. Der eigentümliche, neutestamentliche und christliche Gebrauch zur Bezeichnung einer Eintauchung, Untertauchung zu religiösem Zweck = taufen.

Dr. E. Preuschen erklärt in seinem Handwörterbuch zu den Schriften des Neuen Testaments: : *baptizo*: 1. ins Wasser tauchen; 2. im christlichen Sprachgebrauch von dem rituellen Eintauchen, taufen.

Im Lexikon Graeco-Latinum von Grimm wird *baptizein* wiedergegeben durch *immergo* (eintauchen), *submergo* (untertauchen), *submergendo abluo* (durch Untertauchen abwaschen).

In der Form des Untertauchens ist die Taufe zu unseren Vorfahren gebracht worden. Bis ins Mittelalter hinein hat die römische Kirche an dieser Form festgehalten, wie es die griechisch-katholischen und orientalischen Kirchen ohne Ausnahme bis heute tun. Darum ist das griechische *baptizein* und das lateinische *baptizare* (untertauchen) durch das entsprechende deutsche Wort "taufen" wiedergegeben worden.

Taufen bedeutet ursprünglich nur untertauchen.

Wer sich die Mühe gibt, einige unserer guten deutschen Wörterbücher zur Hand zu nehmen, kann sich überzeugen, daß "taufen" das alte Bewirkungswort zu "tief" ist und bedeutet: in die Tiefe, unter die Oberfläche des Wassers zu bringen. Vielleicht ist dieses Wort ursprünglich von den Goten zu den übrigen Germanen gekommen. Bei den mittelalterlichen deutschen Schriftstellern ist der Gebrauch des Zeitwortes "taufen" für "untertauchen" oder "baden" ein sehr häufiger. (Man vgl. die Wörterbücher von Fr. L. K. Weigand, Fr. Kluge, Dr. Sander und Moritz Heine.) Weil die alten Missionare, die zu den Germanen kamen, durch Untertauchen tauften, so wählten sie zur Bezeichnung dieser Handlung die allgemein verständliche und damals gebräuchliche Bezeichnung, nämlich "taufen" und "Taufe", Worte, die damals denselben Klang hatten wie das heutige "Untertauchen".

Die englische Kirchensprache dagegen gibt diese Handlung nicht durch 'dip' oder 'dye' oder 'immerse' wieder, sondern durch baptize, also durch ein lateinisches Lehnwort.

Der ursprünglich am Worte "Taufe" haftende Sinn ist in demselben Maße verlorengegangen, als dieses sich mit einem neuen Begriffsinhalt erfüllte. So kann es geschehen, daß ein und dasselbe Wort auf den Hörer einen verschiedenen Eindruck macht, je nach der Vorstellung, die er mit dem Worte zu verbinden gewohnt ist. Wer niemals eine Taufe in Form der Untertauchung gesehen hat, wohl aber manche Kindertaufe in kirchlicher Form, denkt auf Grund dieser Anschauung natürlicherweise bei dem Worte "Taufe" nie an ein "Untertauchen". Und doch ist "Taufe" nur ein anderes Wort für "Untertauchen", das nun im Laufe der Zeit fast ausschließlich auf jene kirchliche Handlung angewandt worden ist, die, streng genommen, keine "Taufe", sondern eine Besprengung ist.

Diese falsche Begriffsverbindung mit dem Worte "Taufe" kommt überall zum Vorschein. So kann man in der Kunst fast immer den Täufer Johannes mit einer kleinen Wasserschale in der Hand dargestellt finden, die er etwa über das Haupt Jesu ausgießt. Man begreift nicht, warum dazu ein "Hinabsteigen" in den Jordan nötig war und warum der Täufer sich einen Ort suchte, wo "viel Wasser" war. (Joh. 3,23.)

Zum Taufen bedarf man Wasser, das eine gewisse Tiefe hat. (Vgl. Joh. 3,23.) Der Täufer steigt mit dem Täufling ins Wasser und wieder aus dem Wasser. (Vgl. Matth. 3,16; Apg. 8,38.) Nur in der Form des Untertauchens ist die Taufe ein Bild des Begräbnisses. (Röm.6,4.8.13; Kol. 2,12; 2 Kor. 5,15.)

Das griechische Zeitwort *baptein* entspricht dem hebräischen *tabal* (z.B. 4. Mose 19,18; 2 Kön. 5,14) und bedeutet eintauchen. So bittet der reiche Mann im Hades den Abraham, den Lazarus zu senden, daß er die Spitze seines Fingers ins Wasser tauche. (Luk. 16, 24.) Jesus tauchte den Bissen ein, den er dem Judas gab. (Joh. 13,26.) Johannes sieht den Herrn kommen in einem Gewand, das in Blut getaucht war. (Offb. 19,13.)

Abgesehen von solchen Stellen, wo untertauchen oder eintauchen im gewöhnlichen Sinne gebraucht wird, und von einigen Stellen, wo dieses Zeitwort in übertragenem Sinne gebraucht wird, nämlich von der Leidenstaufe (Mark. 10,38f.; Luk. 12,50; vgl. Ps. 42,8; 18,16; 69,2), ist unter baptizein taufen im Sinne einer feierlichen, religiösen Handlung zu verstehen, sei es, ob von Johannes dem Täufer, von Jesu oder von den Jüngern Jesu die Rede ist.

In diesem Sinne steht das Wort taufen (baptizein) an folgenden Stellen:

Matth. 3,6.11.13.14.16; 28,19.

Mark. 1,4.5.8.9; 6,14; 16,16.

Luk. 3,7.12.16.21; 7,29.30; Joh. 1,25.26.28.31.33; 3,22.23.26; 4, 1.2; 10,40.

Apg. 1,5; 2,38.41; 8,12.13.16.36.38; 9,18; 10,47.48; 11,16; 16,15.33; 18,8; 19,3.4.5; 22,16.

Röm. 6,3.

1. Kor. 1,13.14.15.16.17; 10,2; 12,13; 15,29.

Gal. 3, 27.

Das entsprechende Hauptwort zu *baptizein* ist *baptisma*, das Tauchbad, altdeutsch die Taufe, lateinisch *immersio, submersio*. Auch dieses Wort wird zuweilen im übertragenem Sinne als Leidenstaufe gebraucht. (Mark. 10,38f.; Luk. 12,50.)

Als Taufe des Johannes steht dieses Wort Matth. 3,7; 21,25; Mark. 1,4; 11,30; Luk. 3,3; 7,29; 20,4; Apg. 1,22; 10,37; 13,24; 18,25; 19,3.4.

Als christliche Taufe steht *baptisma* Röm. 6,4; Eph. 4,5; Kol. 2,12; 1.Petri 3,21.

Ein anderes Hauptwort ist *baptismos* und wird gebraucht, wenn von Waschungen im allgemeinen Sinne die Rede ist. (Mark. 7,4.8; Ebr. 6,2; 9,10.) Es kommt im Neuen Testament nur in der Mehrzahl vor: Waschungen oder Bäder, als rituelle Reinigungsbäder.

Zum Beweise, daß im Neuen Testament das Wort *baptizein* nicht immer die Bedeutung von Untertauchen haben müsse, sondern auch "waschen" bedeuten könne, werden gern einige Stellen herangezogen wie Mark. 7,4 und Luk. 11,38.

Man sagt, Mark. 7,4 sei berichtet, daß die Pharisäer nicht essen, wenn sie vom Markte kommen, ohne vorher sich zu waschen. Hier sei im Griechischen das Wort *baptizein* gebraucht, und das könne doch unmöglich bedeuten, daß sie sich untertauchten.

Aber warum denn nicht? Wer die peinlich genauen Reinigungsvorschriften der Ältesten kennt, kann gar nicht daran zweifeln, sie waren unter Umständen dazu verpflichtet.

Darum gibt die neue Übersetzung des Neuen Testaments von Böhmer diese Stelle wieder: "Auch gehen sie nicht vom Markte an den Tisch ohne ein Bad."

Man könnte höchstens sagen, es sei hier ein anderes Objekt zu ergänzen, etwa "die Hände", dann wäre gemeint: "ohne sich vorher die Hände zu waschen", wobei doch eine Eintauchung der Hände stattfinden kann. So erklärt Joh. Fr. v. Meyer.

Weizsäcker übersetzt: "Auch essen sie nichts vom Markte weg, ohne es zu besprengen." Dann ist "es", also das auf dem Markt gekaufte Objekt, zu *baptisôntai*, und es liegt kein Grund vor, weshalb nicht auch die gekauften Gegenstände richtig eingetaucht und abgewaschen wurden. Eine bloße Besprengung hätte dem peinlichen Pharisäer wohl kaum genügt. Jedenfalls hat aber Weizsäcker nicht *baptisôntai* gelesen, sondern die Lesart *rantisôntai* als bessere angenommen. Das heißt allerdings besprengen.[244] Die griechische Sprache hat nämlich besondere Worte für "besprengen" und "untertauchen".

Dem steht der Ausdruck "Bett", *kline*, nicht im Wege, denn es handelt sich nicht um Federbetten, sondern um Bettgestelle aus Holz (wie Kap. 4,21), richtige Ruhebetten, auf denen man während der Mahlzeiten zu liegen pflegte. Es kann auch Tisch bedeuten und die kleinen schemelartigen Tische bezeichnen, wie sie heute im Orient häufig sind. Die Miniaturbibel übersetzt Stühle und gibt Waschungen durch "Untertauchen" wieder, von Meyer übersetzt, Bänke. Übrigens lassen gute griechische Handschriften dies Wort überhaupt aus. (Vgl. die Übersetzungen von Weizsäcker, Böhmer.)

In der neusten Ausgabe von Nestles griechischem Neuen Testament fehlen beide Ausdrücke, auf die die Gegner des Untertauchens ihre Beweise gründen möchten. Nestle gibt der Lesart *rantisôntai* den Vorzug und verweist *kai klinôn* "und der Bettgestelle" (oder Tische) als weniger gut bezeugte Lesart unter den Text.

---

244 Diese Lesart hat P. Wilde wohl übersehen, wenn er sagt, Weizsäcker habe *baptizein* mit "besprengen" übersetzt.

So ist es mit dieser Stelle (Mark. 7,4) als Beweis gegen die ausschließliche Bedeutung des Untertauchens in dem griechischen Zeitwort *baptizein* bestellt.

Die andere Stelle (Luk. 11,38) kann diesen Beweis auch nicht erbringen. Ob man das Wort *ebaptiste* übersetzt durch "baden" oder "waschen" ist im Grunde belanglos. Wörtlich lautet die Stelle: "Der Pharisäer aber, als er es sah, verwunderte sich, daß er nicht zuerst sich badete vor dem Frühmahl." (Th. Heutzer, Evangelienharmonie.) Weizsäcker übersetzt: "Daß er das Waschen vor dem Frühstück unterließ"; Dr. Wiese: "Daß er sich nicht erst vor dem Frühmahl wusch"; Dr. Böhmer: "Daß er sich nicht vor Tisch gewaschen hatte." Auch die Elberfelder Bibel und die Miniaturbibel übersetzen: "gewaschen hatte" und stimmen darin mit Luther überein.

Hier liegt also, wie es scheint, wirklich der Beweis vor, daß *baptizein* im Neuen Testament nicht nur "untertauchen" bedeuten kann, sondern auch "waschen".

Aber Joh. Friedr. v. Meyers Anmerkung zu dieser Stelle zeigt, daß dieser Schluß durchaus nicht nötig ist. Er schreibt zu der Übersetzung, "daß er sich nicht vor dem Essen gewaschen hätte": "Eigentlich: getauft, Hände und Arme untergetaucht" hätte.

Auch Luk. 11,38 ist ein Untertauchen die Grundbedeutung des Wortes *baptizein* wie Mark. 7,4, aber es ist nicht nötig, an ein Untertauchen des ganzen Menschen zu denken. Auch das Eintauchen der Hände (mit denen man aß, denn mit Messern und Gabeln aß man nicht) kann gemeint sein. So erklärt es auch Prof. Dr. Blaß in seiner Grammatik des neutestamentlichen Griechisch, § 55. Auch in Zahns neustem Kommentar zum Evangelium Lukas heißt es zu dieser Stelle: "Es ist auch möglich, daß an ein Vollbad wie bei der Taufe zu denken ist." (Seite 477.)

Ein weiterer Beweis gegen die Form des Untertauchens wird von den Gegnern gern aus den verschiedenen Verhältniswörtern gezogen, die im Neuen Testament mit *baptizein* verbunden sind. Es wird nämlich sowohl *eis* (= in) als *en* (= in) gebraucht. An einigen Stellen liest man einfach *baptizein hydati*. Dr. Eichhorn behauptete in der Kritik meiner Darstellung, dies könne doch nur durch "taufen mit Wasser" übersetzt werden und könne doch nur "Übergießen" bedeuten, da man doch nicht "mit Wasser" eintauchen könne. Gewiß nicht, aber diese Übersetzung ist falsch, denn es handelt sich hier nicht um den Dativ des Mittels, sondern um den sogenannten Lokativ, dessen alte Form nur vereinzelt im Alten Testament vorkommt und der durch den Dativ vertreten wird. So z. B. Luk. 10,30: *lestais periepesen* = er fiel unter die Räuber. So oft bei Zeitwörtern des Gehens und der Bewegung. (Vgl. Robertson, Gramm. zum Neuen Testament, S. 155; L. Rademacher, Neutestamentliche Grammatik, S. 105.)

Es ist aber bezeichnend, daß sich die Gegner der Untertauchung ausgesucht auf die drei oder vier Stellen im Neuen Testament berufen müssen (Luk. 3,16; Apg. 1,5; 11,16 und in Nestles Neuem Testament auch Mark. 1,8), dabei aber der Tatsache nicht gerecht werden, daß an den anderen Stellen *en* und am häufigsten *eis* zu lesen ist. Man kann doch daraus nicht verschiedene Weisen der Taufform konstruieren?

Wer das behaupten möchte, wird schon durch die wenigen Verse Mark. 1,5-9 eines Besseren belehrt.

Die Leute aus Jerusalem wurden nach V. 5 *en tô Jordane* getauft; Jesus selbst wurde nach V. 9 *eis ton Jordanen* getauft; Johannes erklärt aber selbst, er taufe *hydati*. Sind das drei verschiedene Taufweisen? Oder ist stets die Untertauchung gemeint?

Unsere Gegner möchten *en tô Jordane* durch "in dem Jordan" übersetzen, wobei sie dann an ein Begießen denken. *Hydati* heiße "mit Wasser", was abermals als ein Begießen oder Besprengen gedeutet werden könne. Bei eis Jordanen kommen sie freilich in Verlegenheit, denn die beliebte, aber falsche Übersetzung des *eis* durch "auf" (z.B. auf Christum taufen, auf Paulus taufen) läßt sich hier nicht halten, denn das gibt selbst Dr. Eichhorn zu: "auf den Jordan" wäre Unsinn. Also Christus wurde nach Mark. 1,9 in den Jordan getauft.

Die Lösung der scheinbaren Schwierigkeit liegt darin, daß tatsächlich alle drei Ausdrucksweisen dasselbe meinen. 1. Beide Präpositionen, eis und en werden im Neuen Testament bei Zeitwörtern der Bewegung abwechselnd in demselben Sinne gebraucht. Es ist durchaus nicht so, daß en nur auf die Frage "wo?" antworte. Man vergleiche dazu die Grammatiken von Blaß-Debrunner, 4. Aufl., § 205 und 218, und von Robertson, S. 169. Hier sei nur auf einige Beispiele hingewiesen, die jeder in einem griechischen Neuen Testament nachschlagen kann.

Nach Matthäus tauchte Judas die Hand *en to tryblio*, nach Mark. *eis to tryblion*. Beide geben doch dieselben aramäisch gesprochenen Worte Jesu wieder. Judas tauchte die Hand in die, nicht in der Schüssel. In das Gefängnis werfen kann man im neutestamentlichen Griechisch durch *en te phylake* oder *eis ten phylaken* ausdrücken. (Vgl. Matth. 14, 3 mit 18, 30 und Luk. 23, 19 mit 23, 25.) "in die Hand" (*eis tas cheiras* <Joh. 13, 3>) kann auch durch *en te cheiri* ausgedrückt werden. (Vgl. Joh. 3, 35.) Demnach sind *en to hydati* (Dativ) und *eis to hydor* (Akkusativ) nicht zwei verschiedene Taufweisen. Und daß der Lokativ *hydati* auch dasselbe bedeutet, wurde schon bewiesen.

So konnte Apg. 10,38 die Taufe *en onomati* befohlen werden und nach Kap. 8,16; 19,5 eis to onoma vollzogen werden, und es war doch dieselbe Taufweise, nämlich in den Namen.[245] Dies scheint mir die

245 Ganz ähnliche Konstruktionen kennt die lateinische Sprache. (Vgl. *ponere in loco*: an den Platz stellen.) Hieronymus läßt in seiner lateinischen Übersetzung Judas auch *in catino* eintauchen. In der lateinischen Übersetzung der "Itala" wird sogar das griechische *baptizein eis to onoma* durch *baptizare in nomine* wiedergegeben, was aber nicht heißen soll: in **dem** Namen, sondern in **den** Namen. Wenn Tertullian sagt: *in nomen* und Cyprian *in nomine*, so meinen beide dasselbe. Beachtet man diese Tatsachen, so hat Johannes ohne Zweifel (dem Sinne nach) gesagt: "Ich zwar taufe (tauche) euch ins Wasser, er wird euch in Heiligen Geist und ins Feuer taufen." (Matth. 3,11; vgl. Mark. 1,8; Luk. 3,16; Joh. 1,26; Apg. 1,5.) Dr. Eichhorn behauptet zwar, es könne nur heißen: "**mit** Geist taufen", also auch dementsprechend "**mit** Wasser"; der Heilige Geist werde **über** uns ausgegossen, man werde nicht **in** ihn hineingetaucht. Das ist nicht richtig. Man denke nur an das Pfingstwunder. Damals wurde zunächst das ganze Haus erfüllt, in dem die Jünger waren, dann erst wurden die Jünger selbst erfüllt. So können wir "im Geiste" sein, und der Geist kann "in uns

richtigste Übersetzung zu sein, auch an der bekannten Stelle Matth. 28, 19. Nicht "auf den Namen" (Elberf. Übers.), auch nicht im Namen, sondern in den Namen taufen wir die Gläubigen. (Vgl. Apg. 8,16; 19,5.) Röm. 6,3 sollte übersetzt werden: "in Christum Jesum", "in seinen Tod"; V. 4: "durch die Taufe in den Tod".

Wenn an einigen Stellen die Übersetzung durch "in" mit dem Akkusativ befremdlich klingt und sprachlich nicht gut möglich ist, so liegt ohne Zweifel auch an diesen Stellen dieselbe Vorstellung des Hineinversenkens vor, so z. B. Apg. 19,3: *eis ti oun ebaptisthete*; "in was ..."; 1.Kor. 12,13: *eis hen sôma*"in einen Leib", denn die Gläubigen sind ja eingefügt worden in den einen Leib, dessen Haupt Christus ist. Sogar 1 Kor. 10,2 liegt dieselbe Vorstellung zugrunde: *eis ton Môysen* (in die Gemeinschaft mit Moses).

Nur an einer Stelle des Neuen Testaments finden wir anstatt *en* oder *eis* ein *epi*. Die Übersetzung muß lauten: "Laßt euch taufen auf Grund des Namens Jesus Christus." (Apg. 2, 38.)

Aber die Zweifel über die Zuverlässigkeit des *epi* an dieser Stelle sind sehr berechtigt. Nach zahlreichen Handschriften und sehr alten Übersetzungen hat hier wohl ursprünglich ein *en* gestanden. So übersetzt die Vulgata: "*in nomine*", was der griechischen Vorlage *en tô onomati* entspricht. So lasen auch Kyrill von Jerusalem, Kyrill von Alexandrien, Epiphanius, Theodoret und andere griechische Kirchenlehrer in ihren Handschriften. Auch die englische "Revised Version" gibt an dieser Stelle dem *en* den Vorzug vor *epi*, ebenfalls Dr. R. Böhmer (Das Neue Testament verdeutscht, 1910). Aber selbst, wenn Apg. 2,38 die Taufe gefordert wurde *epi to onomati*, so wurde sie jedenfalls vollzogen *en to onomati* (= *eis to onoma*), wie sie Petrus Apg. 10,48 befielt.

So bestätigt also eine gründliche grammatische Untersuchung der in Betracht kommenden Stellen die auch historisch unanfechtbare Tatsache, daß die rechte Form der Taufe die der Untertauchung ist.

4. Baptisterien und Taufsteine

Ein weiterer Beweis dafür, daß sämtliche Kirchen jahrhundertelang die Taufe durch Untertauchen vollzogen, sind die sogenannten Baptisterien oder Taufkapellen an den ältesten katholischen Kirchen. Sie enthalten große Taufbassins (mit hinabführenden Stufen), oft auch einen Raum zur Erteilung des Taufunterrichts. Berühmt ist das Baptisterium des Laterans in Rom. Das große Taufbecken von weißem Marmor in dem Baptisterium S. Giovanni in Fonte zu Ravenna stammt aus dem fünften Jahrhundert. Ähnliche Gebäude findet man auch in Pisa, Florenz, Novara, Pistoja und in vielen anderen Städten.[246]

---

wohnen". Das "in den Geist hineingetauft werden" ist ebensogut vorstellbar wie das "in Christum hineingetauft werden". (Röm. 6, 3; Gal. 3, 27.)

246 In dem italienischen Werke "Il Battistero di Parma da Michaele Lopez" (S. 124. 125) werden allein 66 solcher Baptisterien in Italien namhaft gemacht, deren Erbauung in die

Nach der Einbürgerung der Kindertaufe traten an die Stelle der Baptisterien die Taufsteine, die aber, wie sich jeder in den alten katholischen Kirchen überzeugen kann, eine solche Tiefe und Größe hatten, daß das Kind bequem untergetaucht werden konnte.[247]

Heute sind auch diese Taufsteine vielfach durch kleinere mit einer metallenen Taufschale ersetzt. Manchmal findet man den alten, tiefen Taufstein mit einem Deckel zugedeckt und darauf ein kleines Taufbecken.

Schon Cyrillus von Jerusalem (gest. 386) erwähnt Baptisterien in seinen uns erhaltenen Taufreden.[248] Teilweise waren die Gebäude so groß, daß Synoden darin abgehalten werden konnten.

Bis zum Mittelalter pflegte man nur in Notfällen die Untertauchung des Täuflings durch eine Begießung zu ersetzen.[249] In Frankreich

---

Zeit vom 4. bis 14. Jahrhundert fällt. In manchen Baptisterien und Kirchen findet man auch noch alte Gemälde mit Darstellungen der Taufe in der Form der Untertauchung, so in der Krypta der heiligen Lucina in der Katakombe des Kallistus zu Rom aus dem dritten Jahrhundert. Täufer und Täufling stehen im Wasser, letzterer auf dem einen Bilde bis an den Hals.

In der Capella del Battisterio der Kapelle von San Porziano, außerhalb Roms, wird Christus bis an die Brust im Jordan stehend dargestellt. Das Bild stammt wahrscheinlich aus dem fünften Jahrhundert.

Aus derselben Zeit soll das Mosaikbild in der Kuppel des Baptisteriums zu Ravenna stammen, auf dem Christus ebenfalls im Wasser stehend dargestellt wird.

In der Basilika St. Clementis zu Rom entdeckte man ein altes Freskobild, das wahrscheinlich die Taufe eines slawischen Fürsten durch den Slawenmissionar Cyrillus darstellt. Auch hier steht der Täufling tief im Wasser.

Ähnliche Darstellungen findet man in Miniarturbildern auf zahlreichen Manuskripten, die aus verschiedenen Jahrhunderten stammen.

Die Weise des Untertauchens war eben die ursprüngliche und bis in das späte Mittelalter allgemein übliche.

247 Daher der bekannte Ausdruck: "jemanden aus der Taufe heben". Die Synode von Mainz im Jahre 813 bestimmte: "Niemand darf ein Kind aus dem heiligen Taufwasser heben, bevor er das Symbol und das Gebet des Herrn seinem Priester aufgesagt hat."

Der fränkische König Chlodwig stieg selbst in das Taufwasser, wie Gregor v. Tours, Fränkische Geschichte II, 31, berichtet. Das setzt ein Baptisterium voraus. In manchen Gegenden Deutschlands ist die Form des Untertauchens noch lange im Gebrauch gewesen, so in der Grafschaft Mark, wo diese Sitte erst allgemein zur Zeit des Nationalismus fiel. (Vgl. die Festschrift zum 300jährigen Gedächtnis der Synode in Unna von P. Rothert und P. zur Nieden.)

Die Gebrüder Grimm berichten in den deutschen Sagen, wie der Friesenherzog Radbot vom heiligen Wolfram zur Taufe bewogen wurde und schon einen Fuß im Taufbecken hatte, als ihm auf seine Frage, wohin denn seine Vorfahren gekommen wären, die Antwort wurde: "Sie waren Heiden, und ihre Seelen sind verloren." Da zog Radbot schnell den Fuß zurück und erklärte, er wolle sein, wo seine Vorfahren wären. So berichtet die Sage. Was wollte denn Radbot mit seinen Füßen im Taufbecken? Für den, der die ursprüngliche und zu Radbots Zeiten noch übliche Form der Taufe als Untertauchung nicht kennt, muß die Schilderung unverständlich, wenn nicht lächerlich erscheinen. Das Mittelalter kennt nur eine Taufe in der Form der Untertauchung. Wenn unsere Künstler, die mit peinlicher Genauigkeit die Trachten und Sitten der damaligen Zeiten studieren, doch auch in dieser Beziehung sich einer historisch getreuen Darstellung befleißigen wollten!

248 In einer dieser Taufreden (Kat. 17) sagt er: "Ihr werdet nun zum Taufbecken hinabsteigen, um ins Wasser gesenkt zu werden ...; denn wer ins Wasser getaucht wird, ist ringsum vom Wasser umgeben."

249 Thomas von Aquino (gest. 1274) erklärte in seiner *Summa totius theologiae*: *In immersione expressius repraesentatur figura sepultuare Christi, et ideo hic modus baptizandi est communior et laudabilior*. "In der Untertauchung kommt die Darstellung des Begräbnisses

erklärte das Konzil zu Ravenna 1311 die Taufe durch Begießung für erlaubt. In England wurde die Untertauchung wiederholt durch Synodalbeschlüsse anbefohlen, so in den Jahren 1106, 1200, 1217, 1224. Erst 1645 erklärte man sich für die Besprengung, die hundert Jahre vorher durch schottische Prediger - unter Berufung auf Calvin - in England eingeführt worden war. Die orientalischen Kirchen haben die Praxis des Untertauchens bis heute beibehalten. In Rußland und selbst in dem kalten Sibirien werden nach wie vor alle Kinder durch "Untertauchen" getauft. Die römische Kirche läßt seit dem 14. Jahrhundert die Wahl zwischen Besprengung und Untertauchung. Die Reformatoren folgten darin der römischen Praxis nach Überwindung anfänglicher Bedenken. Bugenhagen, der Mitarbeiter Luthers und Stadtprediger in Wittenberg, schreibt im Jahre 1542 folgendes:

"Da ich war zu Hamburg Anno Domini 1529 stund ich Gefatter, da nahm der Teuffer das Kind zu sich in den Kleidern und Windeln, und teuffets alleine oben auf dem Kopfe. Da erschrak ich für, weil ich's nie gesehen noch gehört hatte, auch hatte ich's in keinen Historien gelesen, daß es je also geschehen were, außerhalben der Noth, wie von den Clinicis zuvorgesagt ist."

Bugenhagens Urteil lautete: "Es gehe zu wissentlich oder unwissentlich, so ist's ein Mißbrauch." Und er erklärte, daß Luther ihm auf seine Anfrage hin geschrieben habe, daß solches ein Mißbrauch sein, "den sollen wir wegtun". Dasselbe erlebte er aber 1537 wieder in Kopenhagen, wo er den dortigen Predigern darüber Vorstellungen machte, aber zur Antwort erhielt, die Neuerer hätten "das Volk so beredet aus Unverstande, oder auch aus Mutwillen wider die *immersionem* (d.i. Untertauchung), die man zuvor hielt in diesen Landen, daß das Volk sie nicht gern wieder annimmt".

Die Taufe als Untertauchen schreibt auch Luther immer vor, wenn er in seinen Katechismen von dem "Ersäufen des alten Adam" redet, von einem "aus der Taufe heben" oder "aus der Taufe kriechen". In seinem "Sermon vom Sakrament der Taufe" heißt es:

"Zum ersten: Die Taufe heißet auf Griechisch Baptismus, zu Latein Mersio, das ist, wenn man etwas ganz ins Wasser tauchet, das über ihm zusammengehet. Und wiewohl an vielen Orten der Brauch nimmer ist, in die Taufe gar zu stoßen und zu tauchen, sondern man allein mit der Hand aus der Taufe begießet: so sollte es doch so sein, und wäre recht, daß man nach Laut des Wörtleins Taufe . . . jeglichen der getauft wird, ganz hinein ins Wasser senkte oder taufte, und wieder herauszöge. Denn auch ohne Zweifel in deutscher Zungen das Wörtlein Taufe herkommt von dem Worte tief, daß man tief ins Wasser senket, was man taufet. Das fordert auch die Bedeutung der Taufe; denn sie bedeutet, daß der alte Mensch und sündliche Geburt von Fleisch und Blut soll ganz ersäuft werden durch die Taufe; wie wir hören werden. Darum soll man der Bedeutung genugtun, und ein recht vollkommenes Zeichen geben."

Christi deutlicher zum Ausdruck, und aus diesem Grunde ist diese Taufweise allgemeiner und lobenswerter." (III, 66, 7.)

Bereits in seinem "Sermon von dem hochwürdigen Sakrament des heiligen und wahren Leichnams Christi", 1519, sagte Luther, "daß es ziemlich und fein wäre, so des Sakraments Gestalt und Form oder Zeichen nicht stücklich eines Teils, sondern ganz geben würde: gleichwie ich von der Taufe gesagt, daß es füglicher wäre, ins Wasser zu tauchen, denn damit begießen, um der Gänze und Vollkommenheit willen des Zeichens".

Prof. Dr. Hagenbach schreibt in seiner "Kirchengeschichte der ersten sechs Jahrhunderte", 4. Auflage, S. 291: "Daß die Taufe anfänglich im Freien vollzogen wurde, in Flüssen und Teichen, und zwar durch Untertauchen, ist aus der Geschichte des Neuen Testaments bekannt. Später errichtete man große Taufbecken und Taufkapellen (Baptisterien). Indem der zu Taufende mehrere Stufen in den Wasserbehälter hinunterstieg und dann mit dem ganzen Leibe unter das Wasser getaucht wurde, trat das Bild des 'Begraben-werdens in den Tod Christi' und des 'Wiederaufstehens aus dem Grabe' mit aller Macht vor die Selle, was bei der späteren Besprengung nur allzusehr zurücktrat. Die Besprengung wurde anfänglich nur bei Kranken angewendet, die sich auf dem Totenbette noch taufen ließen und bei denen die Taufe durch Untertauchen nicht mehr ausführbar war."

Man hat die große Zahl dieser Täuflinge als Beweis gegen die Form des Untertauchens vorgebracht. Es sei in Jerusalem nirgend die Möglichkeit gewesen zum Untertauchen so vieler Personen. Dr. Alberts (Die Geistestaufe im Urchristentum, S. 130ff.) beweist, daß die Wasserversorgung der Stadt Jerusalem nie eine so reichliche war wie damals und daß die zahlreichen ummauerten Badebassins der Stadt Gelegenheit genug boten zur Taufe. Er erinnert an die Teiche Siloah, Bethesda und Sihon und an die großartigen Wasserleitungen des Herodes.[250]

Der frühere Pfarrer Missionar P. Kranz zitiert in seiner Schrift: "21 Gründe, warum ich dem neutestamentlichen Vorbild der Geistestaufe gehorcht habe" eine Angabe in "The New Directory for Baptist Churches by Dr. Hiscox", in der eine Anzahl größerer und kleinerer Teiche in und um Jerusalem nachgewiesen wird.

Kranz weist auch auf zwei neuere Beispiele aus der Missionsgeschichte hin, auf eine Taufe von 2222 Personen im Süden Indiens im Gundalakumafluß (1878), die in sechs Stunden von je zwei Predigern, die alle Stunde abgelöst wurden, vollzogen wurde. Ferner auf die am 28. Dezember 1890 im Baptisterium von Dr. Clough in Angola vollzogene Taufe von 1671 Personen, die innerhalb 4 Stunden 25 Minuten vollzogen wurde.

Auch im Altertum wurden wiederholt große Scharen an einem Tage getauft, so einmal in Antiochien "in einer Vigilie dreitausend Personen beiderlei Geschlechts" (vgl. Augusti, Handbuch der christlichen Archäologie, Bd. 2, S. 387). Der Erzbischof Remigius von Reims hat allein an einem Tage gegen dreitausend Personen durch Untertauchen getauft. Der Einwand, daß es unmöglich sei, an einem Tage dreitausend Personen zu

250 Vgl.: Die Wasserversorgung der Stadt Jerusalem von Baurat C. Schick. (Zeitschrift des deutschen Palästinavereins, Bd. I, S. 138.)

taufen, wird auch nur von denen erhoben, die nie eine Taufe in biblischer Form gesehen haben.

5. Ein klares, kirchlich-theologisches Zeugnis über die Taufe

Wie klar heutzutage die kirchlichen Theologen sich oft über die biblische Taufe äußern - ohne freilich die Konsequenz aus der Schrift zu ziehen (was mit ihrer Stellung zur Schrift überhaupt zusammenhängt) -, beweist folgende Ausführung von Professor D. W. Schmidt (Die Lehre des Apostels Paulus, S. 75 ff.) über die Taufe der Gläubigen: "Die Aufnahme in die Lebensgemeinschaft mit Gott in Christo vollzieht die Taufe. Christ wird man vor aller Welt, gleichsam verantwortlich und rechtsverbindlich durch die Taufe. 'Seid ihr auf den Namen Pauli getauft?' Die ironisch paränetische Frage hat zu ihrer Voraussetzung, daß alle korinthischen Christen auf den Namen Jesu getauft sind oder des Herrn Jesus, wie Apg. 8,16 oder *eis Christon Iesoun* (Röm. 6,3). Schon dieser Umstand weist darauf hin, daß nur Gläubige an unseren Herrn Jesus getauft wurden und werden konnten. Der Christusglaube ging der Taufe immer voran. Insofern war die Taufe recht eigentlich der Akt, in dem man sich zu ihm bekannte seitens des Täuflings und in dem der Täufer das Zutrauen bekundete, daß dieses Bekenntnis ein ehrliches sei und als ein verläßliches sich beweisen werde, beides Momente, welche noch vor der eigentlichen Handlung lagen, im Begehr und in der Gewähr derselben. Wer sich taufen ließ, bekennt aber damit selbst nicht nur seinen Glauben an den Herrn, sondern daß er ihm angehören will (1 Kor. 1,12; 3, 23), daß er hinfort nicht mehr sich selbst, sondern dem leben will, der für ihn gestorben und auferstanden ist (Röm. 6,4; 8,13). Das kommt symbolisch zum Ausdruck in dem Hinabsteigen ins Wasser und Untertauchen unter den Wasserspiegel. Das ganze eigne Selbst verschwindet unter den über ihm zusammenschlagenden und sich wieder schließenden Wellen. Das Wassergrab ist fertig. Es hat das Selbst aufgenommen und sich über ihm geschlossen. Das will sagen: Das Selbst ist tot und begraben, ganz tot. Das Sichleben ist der Begriff der selbstischen und widergöttlichen Gesinnung. Damit soll es also ganz aus sein. Es soll der Sünde prinzipiell damit abgestorben sein. (Röm. 6,2.) 'Oder wißt ihr nicht, daß so viele getauft wurden auf Jesum Christum, die wurden auf seinen Tod getauft?' 'So sind wir nun mit ihm durch die Taufe begraben in den Tod.' (Röm. 6,3.4.) Das ist der erste Akt der eigentlichen Handlung: ein unmißverständlicher Beweis für den durchaus und eminent ethischen Charakter des paulinischen Christusglaubens. Er kommt nicht und nirgend zuwege, ohne daß mit dem ganzen bisherigen Sündensinn und Sündendienst prinzipiell und ganz entschieden gebrochen wird. Mit dem alten Adam muß es ganz aus sein. Alles Liebäugeln und Paktieren mit ihm ist ausgeschlossen. Das ist das Sterben mit Christo, das keinem erlassen werden kann, der mit ihm auferstehen soll. Und auch das bringt die Taufhandlung zum sinnbildlichen Ausdruck. Es teilen sich die Wogen, es öffnet sich das Wassergrab, und heraus kommt ein neuer Mensch, nicht mehr der alte, der Sünde zugewendete, sondern innerlich entgegengesetzte, der Gnade Gottes in Christo zugewendete, prinzipiell "*en kainoteti zôes peripatesôn*" (in Neuheit des Lebens wandelnde). (Röm. 6,4.) In diesem geistlichen, ethischen Sinne sind die Gläubigen *symphytoi* (eingepflanzt) worden, *homogen* (gleichartig) mit dem Bilde seines Todes, und in diesem vor allererst und zu allererst sollen wir es auch mit der Auferstehung werden. (Röm. 6,5.) Die Taufhandlung, die eben diesen Umschwung, dieses grundsätzliche Sterben und Auferstehen im geistlichen Sinne nicht nur sinnbildlich darstellt, sondern den Rezipienden (d.i. den Täufling) darauf verpflichtet, während dieser damit, daß er sich dieser Handlung unterzieht, eben diese Verpflichtung übernimmt, vollzieht eben damit diese Gemeinschaft mit Gott in Christo im geistlich ethischen Sinne als Initiationsakt (d. i. Akt des Eintritts). Das heißt Christ werden nach paulinischer Lehre, und das heißt sich taufen lassen auf den Namen des Herrn Jesus nach seinem Verständnis."

6. Bemerkungen zu 1 Kor. 7, 12-17.

Obwohl obige Erklärung des Sinnes von 1 Kor. 7,12-17 so deutlich ist, daß eine andere Auffassung geradezu unmöglich erscheint, kann man in den für das Volk berechneten Sonntagsblättern und Traktaten doch immer wieder diese Stelle als Beweis für die Kindertaufe angewandt finden.

Zum Beweise, daß wir mit unserer Erklärung durchaus nichts Neues behaupten, mögen darum einige Äußerungen anerkannter kirchlicher Exegeten jeder Richtung folgen:

"Der Apostel argumentiert von dem Bewußtsein aus, daß ihre Kinder als solche (und nicht getaufte) nicht mehr unrein sind im Sinne von Apg. 10,14.28, sondern Gott geweiht. Wie hier das gottgestiftete Elternverhältnis die Heiligkeit der Eltern in Gottes Augen auf die Kinder übergehen läßt, so dort das gottgeordnete Gattenverhältnis die Heiligkeit des christlichen Teils auf den nichtchristlichen!" Prof. D. Weiß, Berlin.

"Der von der Gottgeweihtheit der Kinder entnommene Beweis zeigt, daß die Kindertaufe nocht nicht üblich war, da das 'unrein' sonst gar nicht als möglich gesetzt werden könnte."

Prof. D. Schmiedel, Jena.

"Von einer Kindertaufe ist bei ihm (Paulus) wie im ganzen Neuen Testament keine Rede, vielmehr ist die Art und Weise, wie er 1. Kor. 7, 14 in betreff der Christenkinder argumentiert - daß, wenn der nichtchristliche Gatte unrein und nicht vielmehr durch die Lebensgemeinschaft mit dem christlichen Gatten 'geheiligt' wäre, dann auch die Christenkinder unrein sein würden -, der schlagendste Beweis, daß an ein *hagiazesthai* (Geheiligtwerden) der Christenkinder durch die Taufe noch gar kein Gedanke war. Also zur Taufe kam damals nur, wen sein entstehender persönlicher Glaube dazu trieb, und wiederum dieser Glaube war noch kein entschiedener, solange er nicht ins Taufwasser trieb; das Sich-taufen-lassen war der entscheidende Schritt auf der Welt in die Gemeinde der Gläubigen." Prof. D. Beyschlag, Halle.

In dem Kommentar von Meyer zum Neuen Testament heißt es zu Apg. 16, 15:

"Aus was für Mitgliedern ihre (der Lydia) Familie bestand, wissen wir nicht. Darum kann natürlich auch aus unserer Stelle sowenig wie aus V. 33; 18, 8 und 1 Kor. 1, 16 ein Beweis für die Anwendung der Kindertaufe in der apostolischen Zeit entnommen werden. Gegen dieselbe zeugt entschieden 1 Kor. 7, 14."

"Es kann keine tiefere Auffassung der Ehe geben, als wenn Paulus gegenüber dem Bedenken, das christliche Eheleute haben könnten, die Ehe mit dem ungläubig gebliebenen Teil fortzusetzen, geltend macht, daß nicht die Profanität des ungläubigen Teils die Heiligkeit des christlichen schädige, sondern daß umgekehrt die Gottgeweihtheit des christlichen Teils in Kraft der gottgeordneten Lebensgemeinschaft in der Ehe auf den unchristlichen übergehe. Er beweist dies aus der dem christlichen Bewußtsein von vornherein feststehenden Tatsache, daß die Kinder christlicher Eltern, obwohl noch nicht getauft, in Kraft des gottgestifteten Familienbandes geheiligt seien, d. h. an der Gottgeweihtheit der Eltern teilnehmen." Prof. D. Weiß (Lehrbuch der bibl. Theologie).

"Zu 1 Kor. 7, 14: Paulus würde diese Beweisführung nicht gewählt haben, wenn damals schon die Kindertaufe üblich gewesen wäre. Die Kindertaufe ist sicher nicht apostolisch." Prof. Dr. Olshausen.

"Wie bei den Kindern nichts anderes als der spezifische Verband mit Christen (ihren Eltern) das Heiligmachende ist, so muß auch in der gemischten Ehe derselbe Verband denselben Einfluß ausüben. Wäre damals die Taufe der Christenkinder schon üblich gewesen, so hätte Paulus nicht so schließen können, weil dann die Heiligkeit der Christenkinder einen anderen Grund gehabt hätte."

Prof. D. Heinrizi
im Meyerschen Handkommentar zum Neuen Testament.

"Allerdings finden wir in 1 Kor. 7, 14 eine Spur davon, daß damals schon Christenkinder vor den Kindern der Heiden ausgezeichnet und als in gewissem Sinne der Gemeinde zugehörig betrachtet wurden; aber dies wird hier nicht von einer ihnen schon erteilten Taufe abgeleitet, vielmehr spricht die Art, wie dies geschieht, gerade gegen ein Vorhandensein der Kindertaufe. Es ist hier die Rede von einem heiligen Einfluß der Gemeinschaft der Eltern und Kinder, durch welche die Kinder christlicher Eltern vor den Kindern nichtchristlicher Eltern sollten ausgezeichnet sein und vermöge dessen sie in einem gewissen Sinne *hagia* (heilig) im Gegensatze gegen die *akatharta* (Unreinen) sollten genannt werden können. Wäre nun die Kindertaufe damals schon vorhanden gewesen, so hätte das den Christenkindern beigelegte Prädikat *hagia* (heilig) von dieser heiligen Handlung, wodurch sie der christlichen Gemeinde schon einverleibt wurden, abgeleitet werden können."

Prof. D. Neander (gest. 1850), Geschichte der Pflanzung und Leitung der christlichen Kirche.

Durchaus zutreffend ist auch Luthers Auslegung dieser Stelle:

"Das ist auf hebräische Weise und nach St. Pauli Art geredet, daß dem, der da heilig ist, dem sind alle Dinge heilig. Wie er spricht Tit. 1, 15: 'Dem Reinen ist alles rein' und Röm. 8,28: 'Alle Dinge dienen den Heiligen zum Besten.' Und will soviel sagen: Eines Christen Gemahl darf sich nicht scheiden, sondern kann wohl bleiben bei seinem unchristlichen Gemahl und auch unchristen Kinder zeugen und aufziehen. Also sind die Kinder auch heilig, obgleich sie nicht getauft, noch Christen sind. Nicht sind sie heilig an ihr eigen Person, von welcher Heiligkeit St. Paulus hier nicht redet, sondern dir sind sie heilig, daß deine Heiligkeit mit ihnen kann umgehen und sie aufziehen, daß du an ihnen nicht entheiligst wirst, gleich als wären sie ein unheilig Ding."

7. Das angebliche Zeugnis des Origenes über die Kindertaufe

Unter den historischen Beweisen für die Kindertaufe wird besonders das "Zeugnis des Origenes" (gest. 254) angeführt.

Origenes soll behauptet haben, die Kindertaufe sei apostolischer Brauch. In den in Betracht kommenden Stellen redet Origenes, wie es scheint, allerdings von der Sitte der Kindertaufe (*secundum ecclesiae observantiam etiam parvulis dari baptismum*; ferner: *ecclesia ab apostolis traditionem accepit, etiam parvulis baptismum dare*).

Aber an verschiedenen anderen Stellen betont Origenes ausdrücklich die Taufe der Verständigen und Erwachsenen.

Auf den Vorwurf des heidnischen Schriftstellers Celsus, die Christen gewännen ihre Glieder, indem sie Unmündige tauften, erwiderte Origenes (s. Celsus III, 51): "Die Christen prüfen zuvor, so gut sie es können, die Herzen derer, die ihre Hörer werden wollen. Sie unterrichten sie einzeln, und erst wenn diese Hörer genügende Proben dafür abgelegt haben, daß sie ein gutes Leben führen wollen, werden sie in die Gemeinschaft eingelassen."[251]

Von den Kindern schreibt Origenes gegen Celsus: "Wir ermahnen die kleinen Kinder ..., und wenn diejenigen von den Ermahnten Fortschritte machen, zeigen, daß sie durch das Wort gereinigt sind und so gut wie möglich ein besseres Leben führen, dann laden wir sie ein in unsere Gemeinschaft."

An einer anderen Stelle erklärt er: "Die Wohltat der Taufe hängt ab von dem freien Willensentschluß des Täuflings."

Aus diesen klaren Zeugnissen des Origenes gegen die Taufe Unmündiger und für die Taufe von Gläubigen ergibt sich eigentlich schon zur Genüge, daß obiges, nur in lateinischer Übersetzung überlieferte

---

251 S. Harnack, Die Mission und die Ausbreitung des Christentums, S. 328.

angebliche Zitat sehr zweifelhafter Natur ist, wenn man nicht annehmen will, Origenes habe sich selbst widersprochen.

Das angebliche Zitat für die Kindertaufe entstammt einer sehr freien lateinischen Übersetzung des Rufinus aus dem vierten Jahrhundert. Dadurch werden jene Zitate des Origenes für eine streng wissenschaftliche Beweisführung unzuverlässig und unbrauchbar.

Wenn Rufinus bei den "Kindern", die getauft werden, selbst an Säuglinge gedacht hat, so ist damit noch nicht erwiesen, ob Origenes so dachte, denn Rufinus hatte ein dogmatisches Interesse daran, den Origenes im Sinne der Dogmatik des vierten Jahrhunderts zu "verbessern" und abzuschwächen.[252]

Leider sind uns nur wenige Schriften des Origenes in griechischer Sprache erhalten.

Aber selbst angenommen, wir hätten in obigem Zitat eine wirklich zuverlässige Übersetzung eines Ausspruchs des Origenes vor uns, so bliebe doch bestehen:

1. Origenes beruft sich nicht auf die Heilige Schrift, sondern auf die kirchliche Sitte und die Tradition.

2. Aus diesem ziemlich späten Zeugnis könnte der apostolische Ursprung der Taufe unmündiger Kinder für eine streng wissenschaftliche Forschung nicht bewiesen werden, sondern nur, daß man im dritten Jahrhundert die Kindertaufe wie so manchen anderen Irrtum auf die apostolische Zeit zurückführte.[253]

Es könnte als überflüssig erscheinen, auf das Zeugnis eines einzelnen Kirchenvaters, wie Origenes, so ausführlich einzugehen; aber es ist nötig, da in zahlreichen Schriften zur Verteidigung der Kindertaufe immer auf die "schlagenden historischen Beweise" hingewiesen wird, die angeblich bei Irenäus und Origenes zu finden sind.

Eine ganze Anzahl schriftstellernder Prediger innerhalb der Gemeinschaftsbewegung wiederholt mit denselben stereotypen Redensarten, was Irenäus, Origenes usw. gesagt haben. Das klingt sehr gelehrt, und gewiß verfehlt auch solche Beweisführung bei vielen die beabsichtigte Wirkung nicht.

Wer eine Anzahl dieser landläufigen Traktate gelesen hat, weiß schon im voraus genau, was kommt. Jeder, der die Dogmengeschichte der beiden ersten christlichen Jahrhunderte wirklich studiert hat, muß aber lächeln über den siegessicheren Ton, mit dem diese "geschichtswissenschaftlichen Beweise" immer wieder vorgebracht werden.

Um den Eindruck dieser Beweise zu erhören, pflegt man die zitierten Autoren mit allerlei lobenden Beiwörtern und Titeln zu schmücken. Sie sind "sprachkundig", "gründliche Kenner", "berühmt", "bekannt", "selig vollendet". Das Resultat dieser Beweise ist, "daß eine ununterbrochene

---

252 So Heussi, Kompendium der Kirchengeschichte, § 32, 5.

253 Prof. D. Kattenbusch sagt: "Wenn sich Origenes für sie auf die Tradition der Apostel beruft (in *ep. ad. Rom lib. V.* Opp, ed. de la Rue IV, 565), so hat man sich (wenn wirklich er und nicht Rufin spricht) zu erinnern, daß die Kirche seinerzeit rasch bei der Hand war, eine gebilligte Lehre oder rituelle Übung aus der apostolischen Überlieferung abzuleiten." (Theol. Realencyklopädie, 1907, Bd. 19, S. 408.)

Zeugenreihe berühmter Kirchenlehrer ihre Stimmen zugunsten der Praxis der Kindertaufe in der christlichen Kirche der ersten Jahrhunderte erheben". So wird in einem Traktat, den die "Evangelische Gemeinschaft" zur Verteidigung der Kindertaufe verbreitet, behauptet:

"Wir glauben, an der Hand kirchengeschichtlicher Nachweise eine festgegliederte und ununterbrochene Kette treuer, einwandfreier Zeugen angeführt zu haben, die ihre gewichtigen Stimmen dafür erheben, daß die Taufe als Kindertaufe je und allezeit seit der Apostel Tagen in der christlichen Kirche im Gebrauch war und daß die Behauptung, die Kindertaufe sei eine Irrlehre, die von der entarteten Kirche eingeführt wurde, bis auf den heutigen Tag ohne Beweis geblieben ist.

Wir fragen: Welcher Kirchenlehrer oder welches Konzil hat etwas Derartiges getan? Wo oder wann wurde beschlossen, die Kindertaufe in der Kirche einzuführen?

Wir haben die Prüfungsergebnisse kompetenter Forscher gelesen und die Kirchengeschichte selbst sorgfältig geprüft, finden aber nirgend eine Antwort auf obige Fragen. Also ist die Kindertaufe eine apostolische Überlieferung und Einrichtung der Kirche."

Dieses "also" ist naiv! Wer so schreiben kann, beweist, daß er sich bei seiner "sorgfältigen Prüfung der Kirchengeschichte" wohl nicht an die rechten Quellen gewandt hat, was man doch von jemand erwarten kann, der andere darüber belehren will und das in so sicherem Tone tut.

Es ist ein Jammer, daß mit solchem gelehrt klingenden Unsinn zahlreiche Gläubige irregeführt werden. Auch Rubanowitsch ("die Tauflehre") verschmäht solche Mittel nicht. Um Tertullians Protest gegen die Kindertaufe zu entkräften, erzählt er, daß Tertullian ein "gewalttätiger, exzentrischer Geist" gewesen sei und "daß er in verschiedenen Sachen mit großer Schonungslosigkeit gegen die Schrift lehrt". Er hat z. B. "die Trockenkost gefordert" usw. Resultat: "Ein Mann, der sich so in Gegensatz zu klaren Aussagen der Schrift stellt, kann nicht als großer Gegenbeweis der Säuglingstaufpraxis gelten." Damit ist für ihn Tertullians Zeugnis beseitigt. Aber nun kommt das Beste: Sofort wird als Widerpart angeführt: "Der Kirchenvater Origenes, ein Zeitgenosse Tertullians." Hier fehlt jedes tadelnde Beiwort über seinen Charakter und seine Irrlehren, die einem Vertreter der Kindertaufe doch viel krasser erscheinen müssen, als die des Tertullian. Man könnte nach obiger Regel verfahren und auf des Origenes philosophische Spekulationen, seine Lehre von der Präexistenz der menschlichen Seele und der endlichen Errettung aller hinweisen und dann den Schluß nach obiger Weise ziehen: "Ein Mann, der sich so in Gegensatz zu klaren Aussagen der Schrift stellt, kann nicht als großer Beweis für die Säuglingstaufpraxis gelten." So würden sich die Zeugnisse von Tertullian und Origenes gegenseitig aufheben, und das Resultat wäre gleich Null.

Daß der so oft als Beweis zitierte Ausspruch des Origenes von wissenschaftlicher Seite als ungenau überliefert und darum als unzuverlässig angesehen wird, haben jene Verteidiger der Kindertaufe nicht gehört.

Zu bedauern ist, daß auch ein Mann wie Pastor Klein diese ausgefahrenen Geleise einer laienhaften historischen Beweisführung benutzt. Auf

Seite 25 seiner Schrift: "Das Urchristentum und unsere jetzigen Gemeinden" wird ebenfalls als Hauptzeuge für die "apostolische" Praxis der Kindertaufe der "große" Origenes, "der bedeutendste" aller Kirchenlehrer, ein "hervorragender" Blutzeuge, angeführt und dann triumphierend ausgerufen: "Damit ist die Sache entschieden, denn wer Origenes kennt, weiß, daß er das gewiß nicht gesagt hätte, wenn ihn einer seiner Zeitgenossen, die es ja noch wissen mußten, hätte widerlegen können." Von Tertullians Protest gegen die Kindertaufe wird ganz geschwiegen. Warum?

Man könnte dann ja obige Formel auch auf Tertullian anwenden und feststellen: "Tertullian spricht entschieden gegen die Kindertaufe; damit ist die Sache entschieden, denn wer Tertullian kennt, weiß, daß er das gewiß nicht getan hätte, wenn ihn einer seiner Zeitgenossen, die es ja doch wissen mußten, hätte widerlegen können durch den Hinweis auf die überlieferte Sitte."

Und waren die Eltern des Origenes gerade besonders "weitblickend", wie Pastor Klein und Pastor Modersohn hervorheben? Wir wissen ja von ihnen und der Jugendzeit des Origenes nichts Genaues zuverlässig. Wir wissen z.B. nicht, ob die Eltern des Origenes ihn als Kind haben taufen lassen. Wir wissen aber von Augustinus, der eine sehr fromme Mutter hatte, und von Hieronymus, Ambrosius, Gregor, Chrysostomus, Basilius und anderen, die aus christlichen Familien stammten, daß sie als Kinder nicht getauft waren. Warum wird das verschwiegen? Waren die Eltern etwa nicht so "weitblickend" wie die des Origenes? Ein Historiker hält sich doch besser korrekt an die Quellen, als daß er seiner Phantasie die Zügel schießen läßt.

Bei einer gründlichen Nachprüfung der "kirchengeschichtlichen Nachweise" stellt sich heraus, daß die Historiker jeder Richtung die Behauptung von der apostolischen Praxis der Kindertaufe ins Gebiet der frommen Legende verweisen. Es ist ein Jammer, daß in der Gemeinschaftsliteratur noch immer die tendenziösen und unwissenschaftlichen Beweise aus einem Traktat in den anderen herübergenommen werden, wodurch bei solchen Lesern, die diese angeblichen Beweise nicht nachprüfen können, der Eindruck hervorgerufen wird, als ließe sich durch die Kirchengeschichte der apostolische Ursprung der Kindertaufe beweisen.

8. Massentaufen und Zwangstaufen im Mittelalter

Als im Jahre 496 Chlodwig, der König der Franken, sich von dem Bischof Remigius von Reims taufen ließ, folgten ihm sofort einige Tausend seiner Edlen ins Wasser, um die Taufe zu empfangen. (Vgl. Hauck, Kirchengeschichte Deutschlands I, S.114.)

Damals soll Remigius dem König die Worte zugerufen haben: "Beuge dein Haupt milde, Sigambrer; bete an, was du verbrannt hast; verbrenne, was du angebetet hast!" Aber leider blieb Chlodwig auch nach der Taufe "ein ränke- und mordsüchtiger Gewaltmensch, dem das Christentum gerade gut genug war, ihm zur Erreichung seiner politischen Ziele die Wege zu ebnen".

Ähnliche Vorgänge wiederholen sich bei der Taufe des Königs der Westgoten, Rekkared, 589 auf einer Synode in Toledo.

Der Frankenkönig Dagobert (628-38) ließ nicht nur die Juden, sondern auch Heiden zwangsweise taufen, z.B. die Einwohner von Gent. Das geschah auf die Bitten des Missionars Amandus. (Siehe Hauck, Kirchengeschichte I, S.297.)

Beda Venerabilis (gest. 735) berichtet in seiner *Historia Ecclesiastica Gentis Anglorum* (*Lib.* 2, Kap. 16) über die Tätigkeit des Missionars Paulinus, daß der König Edwin mit dem gesamten Adel und einer großen Menge seines Volkes im Jahre 627 die Taufe empfing. 36 Tage nahmen Unterricht und Taufen in Anspruch. Er taufte im Flusse Glen (Bowent) und im Sarle.

Als Karl der Große die Sachsen unterworfen hatte, fanden sich notgedrungen 776 viele zur Taufe ein. Auch 777 kamen die besiegten Sachsen zu Tausenden "zur katholischen Taufe" nach Paderborn. In den Berichten heißt es: "Von Furcht erschüttert, kamen die Älteren zum König Karl und forderten Frieden, und eine große Schar des Volks ist getauft worden." (776.) "In Paderborn hielt er eine große Gerichtsversammlung ab, und dort kamen die Sachsen zur katholischen Taufe zusammen, und getauft wurden viele Tausende von heidnischen Völkern." (779.) "Getauft wurde von ihnen eine ungezählte Menge."

Seit 786 hatte Karl auf die Verweigerung der Taufe die Todesstrafe gesetzt. (Vgl. Prof. Dr. Hauck, Kirchengeschichte Deutschlands II, S. 352.) Prof. Knodt bemerkt darüber: "Mit seiner unvollkommenen christlichen Erkenntnis, welche den Glauben als ein von Gott vorgeschriebenes Gesetz in einer von der Kirche festgesetzten Formel auffaßt, fühlte sich Karl als Landesvater verpflichtet, seine Untertanen durch das Taufsakrament in die Christenheit einzuführen, daher will er den Taufzwang." Erst unter dem Einfluß Alkuins ließ Karl es sich angelegen sein, die dem Sachsenvolke geschlagenen Wunden durch eine weise Regierung zu heilen.

Auch den wendischen Stämmen wurde das Christentum aufgenötigt durch Karl den Großen, Heinrich I. und Otto I.

Die Normannen in der Normandie folgten ihrem Fürsten Hrolf in der Taufe, der aber noch nach seiner Taufe Kriegsgefangene zu Ehren seiner heidnischen Götter schlachten ließ. Einer von diesen Normannen, als er bei seiner Taufe in Ermangelung weißer Kleider von Ludwig dem Frommen ein gestückeltes Kleid erhielt, rief entrüstet aus: "Schon zwanzigmal habe ich mich taufen lassen und jedesmal ein weißes Kleid bekommen; so ein Sack wie dieser paßt für Sauhirten, nicht für Soldaten; mein Kleid hast du mir genommen, und deines würde ich, wenn ich mich meiner Blöße nicht schämte, verschmähen und dir deinen Plunder mitsamt deinem Christus lassen!"

In Dänemark erzwingt Kaiser Otto I. von König Harold die Einführung des Christentums, der König und zahlreiche Untertanen müssen sich taufen lassen.

In Norwegen war die Zwangstaufe seit 950 eine häufige Erscheinung. Aber erst der König Olaf Tryggvason (995-1000) setzte in Viken einen Volksversammlungsbeschluß durch, demzufolge das Volk sich taufen lassen mußte. Mit großem Heeresgefolge zog er von Landschaft zu Landschaft und befahl allen die Taufe. Jede Weigerung wurde aufs grausamste bestraft. Auch Schweden ward von oben herab durch Gesetz und Zwang christianisiert nach einer Zeit ruhiger Entwickelung.

Im Jahre 865 ließ sich der bulgarische Zar Boris zu Konstantinopel taufen. Dem Beispiele ihres Zaren folgte die Mehrzahl der Bulgaren. Bald gab es zehn bulgarische Bistümer unter einem Erzbischof.

Als der russische Fürst Wladimir im Jahre 988 sich zu Cherson taufen ließ, empfingen mit ihm 2000 seiner Untertanen die Taufe. Auch er versuchte den Russen das Christentum aufzunötigen, indem er kurzerhand den Befehl erließ, daß jeder, der nicht sein Feind sein wolle, an einem festgesetzten Tage sich zur Taufe einzufinden habe. So wurde das Volk scharenweise im Dnjepr getauft.

Das sind einige Beispiele aus der Geschichte der Christianisierung der Völker, die sich leicht um zahlreiche vermehren ließen.

In der Geschichte des jüdischen Volkes von Heman wird über die Zwangstaufen der Juden berichtet, die seit 1496 der König Manuel von Portugal vollziehen ließ. Der Bischof Coutinho erzählt: "Ich habe es gesehen, wie viele an den Haaren zum Taufbecken geschleppt wurden und wie die Väter in Trauer mit verhülltem Haupte und mit Schmerzensgeschrei ihre Kinder begleiteten und am Altar gegen diese unmenschliche Gewalttaufe protestierten. Ich habe noch anderes unaussprechlich Grausiges gesehen, das ihnen zugefügt wurde." Die Getauften verteilte man an Christen zu christlicher Erziehung. Auch Männer schleppte man an Haaren und Bärten zur Taufe. (S. 251 f.) Auch in Frankreich wurden jüdische Kinder zwangsweise getauft. (S. 264.) Ähnliche Zwangstaufen wiederholten sich seit 1648 in Polen.

Der "Sachsenspiegel", diese älteste Niederschrift des deutschen Gewohnheitsrechts (vor 1235), enthält u. a. folgende Bestimmungen über einmal vollzogene Zwangstaufen an Juden: "Und wäre es auch, daß man sie dazu zwänge, daß sie sich taufen ließen, so sollen sie doch ihrem christlichen Glauben treu bleiben. Und zwar deshalb, weil man die Taufe niemals einem Menschen nehmen kann, der sie einmal empfangen hat. Und wird ein Jude Christ und will er wieder von dem Glauben, so soll ihn geistlich und weltlich Gericht zwingen, daß er dabei bleibe. Und verleugnet er den Christenglauben und will er ihn nicht beweisen, dann soll man ihn verbrennen wie einen Ketzer."

9. Römische Missionstaufen der Neuzeit

Über die Taufpraxis der römischen Missionare in China teilte Missionar P. Kranz im "Wahrheitszeugen" (1913, Nr. 11) folgende interessante Berichte aus der Oeuvre de la Sainte Enfance (Arbeit der heiligen Kindheit) mit, in der französische römisch-katholische Missionare über ihre Arbeit in China berichten.

Dort heißt es im Juniheft 1897: "Seit 1884 hatten wir das Glück, 20 552 kleine sterbende Kinder zu taufen, davon 3558 in diesem Jahre. Alle diese kleinen Engel, werden sie oben nichts wirken für die Bekehrung des ungläubigen China?"

Im selben Heft heißt es in einem Bericht über die Hungersnot in Yünnan 1893: "Die Vorsehung hat, es ist wahr, unsere Arbeit sehr vereinfacht, indem sie eine große Anzahl unserer kleinen Kinder in den Himmel rief. Diese vorzeitigen Toten, so betrübend in einem christlichen Lande, sind ein Gegenstand der Freude und des Trostes in diesen heidnischen Gegenden."

Einer der Korrespondenten schreibt: "Machen Sie doch einen kleinen Besuch in dem Hause der unbefleckten Empfängnis in Peking. Sehen Sie diese bescheidene Eingangstür? Sie ist dieses Jahr für eine große Anzahl kleiner Brüder und Schwestern die Pforte des Himmels geworden. 873 kleine Kinder wurden uns, jedes für 45 Cents (etwa 90 Pfg.), an dieser Pforte abgegeben, und davon sind 843 gestorben, nachdem sie durch das heilige Wasser der Taufe wiedergeboren waren." (Heft 21, S. 258.)

Ein anderer meldet: "Ein Säugling kostet etwa 5 Frank im Monat. Gewiß, ich flehe zu Gott, daß diese lieben kleinen Seelen uns sobald wie möglich verlassen und zum Himmel fliegen mögen. Aber schließlich, wenn sie schon nicht sterben wollen, muß man sie doch ernähren und aufziehen."

Eine einzige dieser Anstalten kann triumphierend berichten, von 12 000 ihr anvertrauten Täuflingen hätten nur 124 oder 125 das erste Lebensjahr erreicht; und ein Bischof Quieroy beglückwünscht in denselben Annalen die Missionare des Werkes dazu, daß sie jedes Jahr mehr als 40 000 Kinder in den Himmel schicken.

In seinem "Abriß einer Geschichte der protestantischen Missionen" (9. Auflage, 1910) berichtet Warneck über die römische Taufpraxis in den Missionsländern folgendes:

"Wie beträchtlich die Zahl der (allerdings meist in 'Todesgefahr') getauften Heidenkinder in der katholischen Mission ist, wird ersichtlich, wenn berichtet wird (Jahrbuch 1904, 334), daß allein auf den asiatischen Gebieten des Pariser Missionsseminars von 1800 bis 1850 neben 250 000 Erwachsenen 8 244 700 und von 1850 bis 1904 neben 984 000 Erwachsenen 9 260 667 Heidenkinder getauft worden seien. Allerdings die große Majorität in *periculo mortis*." (S. 453.)

"Am eiligsten, mechanischsten und massenhaftesten ging es in der älteren amerikanischen Mission; z.B. in Mexiko blühte die Mission so schnell empor, daß binnen fünfzehn Jahren sieben Millionen Eingeborne die Taufe annahmen; aber auch am Kongo und selbst in Indien, Japan und China gab es in kurzer Zeit Massentaufen." "Und zu Zehn-, ja, zu Hunderttausenden werden bis auf diesen Tag Kinder heidnischer Eltern in periculo mortis (und nicht immer bloß in diesem Falle) getauft, und zwar oft 'heimlich und mit List' getauft." (S. 517.)

10. Zeittafeln und Überblicke zur Geschichte der Taufe in den ersten fünf Jahrhunderten

Das erste Jahrhundert

Jahr	Ereignisse	Die Entstehungszeit der Schriften des Neuen Testaments	Kindertaufe
30	Tod und Auferstehung Christi: Anordnung der Taufe, Ausgießung des Heiligen Geistes		
	35 Bekehrung des Paulus		
40	43 Paulus in Antiochien, Apg.11,25		
	44 Hinrichtung des Jakobus (Apg.12,2)		
50	50 Erste Missionsreise Pauli. Apg.13,4	50 Brief des Jakobus	
	52 Sog.Apostelkonzil Apg.15 Zweite Missionsreise Apg.15,40	53 Galater-Brief 1.Thess-Brief; 2.Thess.-Brief	
	54 Dritte Missionsreise Apg.18,23; 19,1	57 1. und 2. Korintherbrief 58 Römerbrief	Aus dieser Zeit ist weder eine Erwähnung noch ein Beispiel der Kindertaufe zu finden
60	60 Paulus vor Festus Apg.25		
	61 Ankunft Pauli in Rom Apg.28,16		
	62 Steinigung des Jakobus		
	64 Verfolgung durch Nero; Kreuzigung des Petrus	62 Matth-Ev; 2 Petr.-Briefe; Kolosserbrief; Philipperbrief; Epheserbrief 63 Phil-Brief	
	66 Beginn des jüdischen Krieges	64 1.Petri-Brief 65 1.Tim.-Brief; Titusbrief 66 2.Tim.-Brief	
	67 Enthauptung des Paulus	67 Ev. des Markus	
70	70 Zerstörung Jerusalems durch Titus	75 Brief des Judas Evangelium und Apg. des Lukas	
80			
90	Das Christentum im Flavischen Kaiserhause	80 oder früher: Hebräerbrief 80-90 Ev. und Briefe des Johannes	
	96 Brief des Clemens v.Rom an die Gemeinde in Korinth	95 Offenbarung des Johannes	
100	Tod des Johannes		

Das zweite Jahrhundert

Jahr	Ereignisse	Falsche Lehren über die Bedeutung der Taufe	Entstehung der Kindertaufe
100	106-107 Martyrium des 120j. Bischofs Simeon von Jerusalem	**Ignatius** - mystisch-magische Wirkung der Taufe **Barnabas** - die Taufe wirkt die Wiedergeburt und Einwohnung Gottes	
110	117 **Ignatius** gest.	**Didache** - die Taufe ist Heilsmittel; in Notfällen Begießung statt Untertauchung	Aus dieser Zeit findet man weder eine Erwähnung noch ein Beispiel der Kindertaufe, doch bereiten die falschen Vorstellungen über die Wirkung der Kindertaufe allmählich das Aufkommen der Kindertaufe vor.
120	um 120 **Barnabasbrief**	**Clemens** - Taufe = Siegel und Mittel der Sündenvergebung	
130	um 130 "Lehre der 12 Apostel" (**Didache**) 135-140 Zweiter Brief des **Clemens**	**Hermas** - die Taufe teilt das Leben mit und wirkt Vergebung der Sünden	
140	141 **Hermas** verfaßt den "Hirt"	Bei den **Gnostikern**, deren Blütezeit in die Jahre 140-180 fällt, ist die Taufe ein Weiheakt zur Einführung in die Mysterien	
150	144 **Marcion** und seine Anhänger gründen eigne Gemeinden	Um die Mitte des Jahrhunderts wird das Taufbekenntnis zur Wahrheitsregel oder Glaubensregel erhoben, in der zweiten Hälfte des vierten Jahrhunderts "Symbol" genannt. Das älteste uns bekannte ist das römische Taufbekenntnis, woraus sich das sog. Apostolische Glaubensbekenntnis entwickelt hat.	
160			
170	156 **Polykarp** gest.		Manche finden bei Irenäus die erste Erwähnung der Kindertaufe. Doch kann die Stelle auch anders verstanden werden (siehe S.33)
	165 **Justinus** der Märtyrer gest. nach 172 Beginn der montanistischen Bewegung	**Justinus** gibt eine genaue Beschreibung der Taufweise. Auch ihm ist die Taufe = Erleuchtung, Wiedergeburt, Anfang des neuen Lebens. Einige Sekten verwerfen die Wassertaufe, andere taufen sich täglich.	
180	178 **Irenäus** wird Bischof von Lyon **Montanistische Gemeinden** in Kleinasien; sie bestehen bis an den Anfang des frühen Mittelalters	**Irenäus** verbindet ebenfalls magische Vorstellungen mit der Taufe. In den Jahren 180-250 fand die Ausbildung des Katechumenats, der Vorbereitung für die Taufe, statt. Reiches Zeremoniell.	Erstes sicheres Zeugnis für die aufkommende Kindertaufe, aber zugleich ausdrückliche Bekämpfung derselben.
190	190-191 Streit über die Passahfeier zwischen Abendland und Morgenland	**Clemens**, von 190-203 Lehrer an der Katechetenschule in Alexandrien, glaubt an eine Taufe frommer Juden und Heiden im Hades.	
	197 **Tertullian** (150-223) verfaßt eine Schrift über die Taufe	**Tertullian** bekämpft die Unsitte, Tote zu taufen, sowie den aufkommenden Brauch, die Kinder zu taufen. Die Taufe ist ein wirksames Sakrament.	
200			

Das dritte Jahrhundert

Anno	Ereignisse	Weitere Entwicklungen der Lehre über die Taufe und die Taufform	Die Kindertaufe
200		Im Laufe des dritten Jahrhunderts: Feste Taufzeiten, Taufformen und Taufformeln.	
210	207: **Tertullian** trennt sich mit der montanistischen Partei von der Großkirche		
220	**Origenes** von 203-232 Lehrer an der Katechetenschule in Alexandrien (gest. 254)	**Origenes** lehrt, daß die Taufe Vergebung der Sünden und den Heiligen Geist verleihe. Höher als die Wassertaufe steht ihm die Feuertaufe des Martyriums.	Angeblich bezeugt Origenes die Kindertaufe als apostolische Tradition. Aber seine Äußerungen sind nicht zuverlässig überliefert (vgl. Anhang 7).
230			
240	**Cyprian** (geb.210?) wird 246 Christ, 248 Bischof von Karthago, gest.258.	Berühmt und vielgelesen war **Cyprians** Schrift: "Über die Einheit der katholischen Kirche". Auch ihm ist die Taufe das Mittel zur Wiedergeburt. Sie teilt Kraft und Leben mit. Cyprian hält auch die Taufe der Besessenen für zulässig.	253 - eine Synode von 66 Bischöfen unter dem Vorsitz von Cyprian behandelt die **Kindertaufe als anerkannten Brauch**. Trotzdem bürgerte sich mehr und mehr die Sitte ein, mit der Taufe so lange wie möglich zu warten. Nirgend erhebt sich dagegen Widerspruch oder wird diese Sitte als Abfall von der Tradition bezeichnet.
250	251: **Novatian** Presbyter in Rom, trennt sich mit seinen Anhängern von der Kirche		
260	255-257 - Der Ketzertaufstreit		
270			
280	273 - Kaiser Aurelian entscheidet einen Streit zweier kirchlicher Parteien		
290		Schon im dritten Jahrhundert entwickelte sich aus der Salbung mit Öl nach der Taufe ein selbständiges "Sakrament", die Konfirmation oder Firmelung, deren Vollziehung als alleiniges Recht des Bischofs betrachtet wurde.	"Während des ganzen kirchlichen Altertums blieb die **Erwachsenentaufe die Regel**." (Heussi, Kirchengeschichte §21,d)
300			

Das vierte Jahrhundert

Jahr	Ereignisse	Weitere Entwicklungen der Lehre über die Taufe	Die Kindertaufe
300	305- Auf der Synode zu Elvira große Zugeständnisse der Kirche an den Staat 306 - die meletianische Kirchenspaltung in Ägypten bis ins 5.Jh.		
310	311 - die donatistische Kirchenspaltung in Nordafrika 313 - allgemeine Religionsfreiheit 314 - Synode zu Arles gegen die Donatisten	Die Donatisten übten an den von der Großkirche zu ihnen Übertretenden die Wiedertaufe	
320	325 - das **Konzil zu Nicäa**, auf Betreiben des Kaisers Konstantin 328 - **Athanasius** wird Bischof von Alexandrien (gest. 373)	Das Konzil (can.19) fordert die Wiedertaufe der Anhänger des Bischofs von Samosata	
330	337 - Kaiser **Konstantin** wird von Eusebius getauft	Im 4.Jh. finden wir genauere Ausführungen über die Taufe bei Cyrill von Jerusalem, Gregor von Nazianz, Gregor von Nyssa (vgl. Kap.3)	
340	340 - **Ambrosius** geboren (gest.420) 345 - **Hieronymus** geboren (gest.420) 347 - **Joh. Chrysostomos** geboren (gest.407)		
350	354 - **Augustinus** geboren (gest.430) 356 - Der Einsiedler Antonius gest.		Gregor von Nazianz, Basilius, Gregor von Nyssa und viele andere führende Männer der katholischen Kirche wurden, obwohl sie aus christlichen Familien stammten, nicht als Kinder getauft, sondern als erwachsene Männer; ein Beweis, **daß die Erwachsenentaufe in den alten christlichen Familien noch lange festgehalten wurde**.
360	361-363 - Der Kaiser Julian versucht eine Wiederherstellung des Heidentums		
370	370 - **Basilius der Große** wird Metropolit von Cäsarea 372 - **Gregor** wird Bischof **von Nyssa** 374 - **Ambrosius** Bischof von Mailand 379 - **Gregor von Nazianz** wird Prediger in Konstantinopel	Durch die Gesetze des Kaisers Theodosius I. wird die rechtliche Stellung und die Lage der Christen außerhalb der Reichskirche sehr verschlechtert.	
380	385 - Priscillian in Trier enthauptet 386 - **Chrysostomos** wird Presbyter in Antiochien und sechs Jahre später Patriarch von Konstantinopel 387 - Taufe **Augustins**		
390	**Hieronymus**, seit 386 als Mönch in Bethlehem lebend, übersetzt die Bibel in die lateinische Sprache, die sog. Vulgata 395 - **Augustinus** wird Bischof in Hippo Rhegius		
400			

Das fünfte Jahrhundert

Jahr	Ereignisse	Weitere Entwicklungen der Lehre über die Taufe	Die Kindertaufe
400	400 - Martin von Tours gest.	**Augustinus** ist der bedeutendste Kirchenlehrer des Abendlandes und der eigentliche Begründer der eigenartigen, religiösen und kirchlichen Entwicklung des Abendlandes. In seinem Hauptwerk "Über den Gottesstaat" (De civitate dei), das in den Jahren 412-426 entstand, "hat er der Kirche ihren Platz in der Weltgeschichte und im Weltplan Gottes angewiesen". Eigentümlich ist seine Lehre von Sünde und Gnade. Die Kirche ist ihm die große Gnaden- und Zuchtanstalt Gottes. Die objektive Gnadenwirkung der Sakramente steht ihm fest. Aber nur in der katholischen Kirche ist Vergebung der Sünden durch die Taufe zu gewinnen.	Im Kampfe gegen Pelagius (über die Erbsünde) und gegen die Donatisten (über das Wesen der Kirche) gewann Augustinus seine Auffassung von der Kirche als Heilsanstalt und von der objektiven Wirkung der Sakramente, wodurch er zu einem eifrigen Verteidiger der Kindertaufe wird.
	407 - Chrysostomos gest.		
	408-450 - Kaiser Theodosius II.		
410	410 - Alarich in Rom		
	414 - Den Donatisten werden die bürgerlichen Rechte entzogen.		Doch protestiert er gegen die Unsitte, Tote zu taufen und Kinder im Mutterleibe zu taufen.
	415 - Todesstrafe für die Versammlungen der Donatisten		Als "Paten" des Kindes galten noch zu Augustins Zeit die Eltern des Kindes, die die Bürgschaft übernahmen.
420	420 - Hieronymus gest.		Leo der Große verbot die Hinzuziehung mehrerer Paten.
430	430 - Vandalen in Afrika		Das Gesetz des Kaisers Theodosius II. vom Jahre 413 verbot die Wiedertaufe bei Todesstrafe.
	430 - Augustinus gest.	Wird jemand außerhalb der katholischen Kirche "richtig" getauft, so ist die Taufe gültig, wird aber erst wirksam, wenn der Getaufte in die katholische Kirche aufgenommen wird. Die Taufe ist notwendig zur Seligkeit. Sie ist das Sakrament der Wiedergeburt. Die Lehre Augustins über die Taufe ist später von den Dogmatikern der katholischen Kirche, den Scholastikern, verteidigt worden.Im allgemeinen blieb Augustins Lehre von der Taufe die Lehre der Kirche.	
	Seit 430 Trennung der Nestorianer von der Kirche. Ihre Ausbreitung in Mittel- und Ostasien		Dadurch wurde die biblische Taufe für solche, die als Kinder getauft worden waren, fast zur Unmöglichkeit. Dieses Gesetz stand jahrhundertelang in Geltung.
440	440-461 - Leo der Große, Bischof von Rom, der erste wirkliche Papst		
450	451 - Attila von Aetius geschlagen.		
460		Die **Form der Taufe** bleibt nach dem einstimmigen Zeugnis aller noch für lange Zeit die Untertauchung, die nur in Notfällen durch eine Begießung ersetzt werden durfte, welche Tauform aber von vielen nicht als genügend betrachtet wurde. In den griechisch-katholischen Kirchen hält man bis heute an der Untertauchung fest. Die römische Kirche gestattete seit dem 14.Jh. die Begießung, woraus noch später die Besprengung wurde.	
470	476 - Untergang des weströmischen Reiches durch Odoaker		
480			
490	496 - Chlodwig, König der Franken, getauft. Römisches Christentum unter den Franken		Bis zum Ende des 5.Jh. dauerte der Brauch, die Erwachsenen zu taufen, neben der immer häufiger werdenden Kindertaufe fort. Aber "**erst seit dem 6.Jh. kam allmählich die Kindertaufe zur Herrschaft**" (Heussi, Kirchengeschichte § 39,g).
500			

11. Kaiser Friedrich II. und die Inquisition

Die Zusagen seines Vorgängers Otto IV. erneuerte Friedrich II. 1213 in Eger, 1219 in Hagenau, und im November des Jahres 1220 erklärte er anläßlich seiner Kaiserkrönung in der Peterskirche zu Rom:

"Sämtliche Ketzer beiderlei Geschlechts verurteilen wir zu ewiger Infamie, erklären sie als friedlos und der Acht verfallen und gestatten, daß deren Güter konfisziert und nie zurückerstattet werden, so zwar, daß auch die Kinder derselben nicht erben können, da es schwerer ist, die ewige als die zeitliche Majestät zu beleidigen. Diejenigen, welche der Häresie verdächtig sind und ... ihre Unschuld nicht beweisen können, sind als infam und geächtet zu betrachten und nach Jahresfrist als Ketzer zu verurteilen. Für ewige Zeiten bestimmen wir, daß die Behörden (*Potestates, consules, rectores*), wessen Amt sie immer walten ..., öffentlich schwören müssen, sämtliche von der Kirche als Ketzer Bezeichnete aus den Landen, so ihrer Gerichtsbarkeit unterstehen, zu entfernen ("*exterminare*") ..., widrigenfalls sie nicht mehr als Behörden betrachtet werden und ihr Rechtsspruch als ungültig und nichtig erscheint. Ein Landesherr, welcher von der Kirche aufgefordert und ermahnt, sein Gebiet von der Ketzerei nicht säubern will - dessen Land überlassen wir nach Jahresfrist den Katholiken zur Eroberung, und dieselben sollen, nachdem sie es von der Ketzerei gesäubert, dasselbe ohne Widerspruch besitzen und im reinen Glauben erhalten."

Das war fast wörtlich der Beschluß des großen Kirchenkonzils im Jahre 1216 im Lateran zu Rom.

Die *Practica Inquisitionis haereticae pravitatis* des Dominikaners Bernhard Guidonis (gest. 1331), der sich u. a. auf die Verordnungen Friedrichs II. gegen die Ketzer beruft, teilt folgenden Eid mit, den die weltlichen und königlichen Beamten den Inquisitoren leisten mußten:

"Wir ... schwören bei den heiligen Evangelien Gottes, daß wir den Glauben unseres Herrn Jesu Christi und der heiligen römischen Kirche bewahren und gegen alle nach Kräften verteidigen werden; wir schwören, daß wir die Ketzer und ihre Vergünstiger verfolgen und ergreifen werden, wo immer wir können, und daß wir sie der Kirche und den Inquisitoren anzeigen werden, wo immer wir wissen, daß Ketzer sich aufhalten; wir schwören, daß wir solchen pestilenzialischen Personen kein öffentliches Amt übertragen werden, auch allen anderen nicht, denen von den Inquisitoren die Führung eines Amtes untersagt ist; auch werden wir nicht gestatten, daß solche im Amte bleiben; wir schwören, daß wir keine Ketzer in unsere Familie, in unseren Verkehr oder in unseren Dienst aufnehmen werden; sollte es ohne unser Wissen geschehen, so werden wir sie, sobald die Inquisitoren es mitgeteilt haben, sofort verjagen. Hierin und in allem, was zum Amte der Inquisition gehört, werden wir gehorsam sein Gott, der römischen Kirche und den Inquisitoren. So wahr uns Gott helfe und diese heiligen Evangelien."

In einer Verordnung vom Jahre 1232 wiederholte Friedrich II. seine Erklärung vom Jahre 1220. Er versprach aufs neue, "daß er alles daransetzen wolle, um die von der Kirche Abgefallenen ihrer verdienten

Strafe, dem Tode, zu überliefern. Auch wer sich dazu bereit erkläre, seine Irrtümer abzuschwören, solle zu lebenslänglicher Kerkerhaft verurteilt werden. Gleich schwere Strafen sind den Häretikern in Aussicht gestellt, und auch deren Nachkommen bis ins zweite Geschlecht sollen durch die Einziehung ihres gesamten Vermögens an die Schuld ihrer Vorfahren erinnert werden. Nur wer als Ankläger gegen seine ketzerischen Eltern auftritt, wird von dieser Maßregel ausgenommen. Die Erbgüter der verurteilten Ketzer sollten an die Erben, die Lehen an ihre Verleiher, die fahrende Habe der Hörigen nach Abzug der Verbrennungskosten an die Herren fallen. Sodann bestand auch in Deutschland die Verfügung, daß überwiesene Ketzer, wenn sie entflohen, auch in der Fremde als solche behandelt würden; daß diejenigen als hartnäckige Ketzer gestraft würden, welche die Häresie abgeschworen, jedoch in dieselbe rückfällig geworden waren; ebenso auch, daß die Rechtsakte von Richtern, Notaren u. dgl., wenn sie der Häresie überwiesen wurden, kraftlos und ungültig wären. Die Leichen der Verurteilten durften unter Strafe des Kirchenbannes nicht kirchlich beerdigt werden; wer sich über diese Bestimmung hinwegsetzte, konnte erst absolviert werden, nachdem er eigenhändig aus der exsekrierten heiligen Erde die Leiche wieder ausgegraben hatte. Plätze, wo Ketzer beerdigt wurden, durften nicht zu Friedhöfen umgestaltet werden. Was endlich die Heger, Hehler und Gönner sowie die einfachen Credentes (Gläubigen) der Ketzer anbelangt, so verfielen dieselben *ipso jure* dem Kirchenbann. Versäumten sie aber, binnen Jahresfrist sich von der Exkommunikation freizumachen, so galten sie als überwiesene Häretiker und verfielen der Aberacht mit allem, was drum und dran war. Sie waren fried- und ehrlos, unfähig zu wählen und gewählt zu werden, zu erben und zu testieren (als Zeugen aufzutreten). Weltpriester, welche ihnen die Sakramente reichten, ihre Oblationen annahmen oder sie christlich begruben, verloren ihr Amt; Mönche, die solches taten, ihre Privilegien."

Dr. Herm. Haupt, Die religiösen Sekten in Franken vor der Reformation. Würzburg 1882.

Vgl.: Dr. Kaltner, Konrad von Marburg und die Inquisition in Deutschland. Prag 1882.

Prof. D. Hauck, Kirchengeschichte Deutschlands IV., S. 877 ff.

12. Häresie und Hexenprozeß

Unter dem Titel "Inquisition und Ketzerverfolgungen im Mittelalter" hat J. Hansen aus Köln eine Schrift verfaßt, zu der Dr. Keller in den Monatsheften der Comeniusgesellschaft, 7. Jahrgang, unter anderem folgendes bemerkt:

"Hansen weist nach, daß etwa vom Jahr 1400 an eine 'Vermischung' der beiden Begriffe 'Hexen' und 'Waldenser' eintrat und daß diese Vermischung besonders für die romanischen Länder während des fünfzehnten Jahrhunderts charakteristisch wurde. Es ist sicher, daß auf diese

Weise ein Kampfmittel vorzüglicher Art zur Bekämpfung der 'Sektierer' und 'Ketzer', d. h. der nicht staatskirchlichen Gläubigen gewonnen wurde.

Man besaß damit eine Handhabe, um nicht nur die 'Ketzer' vor der öffentlichen Meinung in den schlimmsten Verdacht zu bringen, sondern man konnte ihnen nun auch auf dem Rechtswege in bequemster Art beikommen. Es wurden nämlich im fünfzehnten Jahrhundert die Verfolgungen und Hinrichtungen bloß um des Glaubens willen stark anrüchig, und besonders verstärkte der aufkommende Humanismus die Opposition dagegen; es führten auch die sogenannten Glaubensprozesse den 'Ketzern' viele wahrheitsuchende Seelen zu. Die erhobenen Beschuldigungen reichten auch nicht mehr aus, um der Ketzerei beizukommen, die Opposition zu brechen und den Anhang zu verringern. Nachdem man aber dem Volke glauben machen konnte, daß die 'Hexensekte' nur eine Abart der 'Ketzersekte' sei und umgekehrt, gewannen die Anklagen gegen die Ketzer neuen Boden. Erst wenn man diese Entwickelung der Ketzerverfolgungen kennt, versteht man manche bis dahin unerklärbare Tatsache. Man hat z. B. unbegreiflich gefunden, weshalb die Täufer oder - wie man sie von Zürich aus seit 1524 schalt - die Wiedertäufer, wenn sie wirklich Waldenser waren, sich nicht so nannten, und aus dieser ihrer Weigerung hat man den Schluß gezogen, daß sie eben auch keine Mitglieder jener freien Kreise gewesen seien. Aber wie konnten die 'Täufer', die sich ebenso wie die Waldenser einfach 'Christen' und 'Brüder' nannten, wie konnten sie sich einen Namen geben, der sie in den gefährlichsten Verdacht und die unmittelbarste Lebensgefahr stürzte? Zudem war ja auch für das Empfinden der Brüder der Name 'Waldenser' bis in die Mitte des sechzehnten Jahrhunderts ein Ketzername, den sie bis dahin keineswegs als Gemeinschaftsnamen angenommen hatten.

Hansen weist nach, daß die Inquisitoren, wie z. B. Ludwig von Paramo, die hierüber am besten unterrichtet sein mußten, schon um das Jahr 1550 die Zahl der seit dem Jahre 1400 - also in 150 Jahren - zum Feuertode verurteilten Hexen auf 30 000 schätzten! Die Mehrzahl der Verbrannten waren Frauen, daß aber auch viele Männer darunter waren, zeigen die einzelnen Prozesse. So wurden in einem Hexenprozeß, der vom Jahre 1427 an in der Dauphiné stattfand, neben 110 Frauen auch 57 Männer verbrannt und ertränkt. Immer und überall sind in den älteren Zeiten die Prozesse und Opfer dort am zahlreichsten, wo auch die Waldenser am zahlreichsten waren."

Keller fragt mit gutem Recht: "Was sind gegen solche Verirrungen alle 'Häresien' und 'Irrtümer', deren man die Ketzer unausgesetzt beschuldigt?"

13. Aus Luthers Schrift "Das Taufbüchlein" verdeutscht und aufs neue zugerichtet, 1526

Der Täufer spreche:

"Fahre aus, du unreiner Geist, und gib Raum dem Heiligen Geist!"

Danach mache er ihm ein Kreuz an die Stirn und Brust und spreche: "Nimm hin das Zeichen des heiligen Kreuzes, beide, an der Stirn und an der Brust."

Laßt uns beten:

"O allmächtiger, ewiger Gott, Vater unseres Herrn Jesu Christi, ich rufe dich an über diesen N., deinen Diener, der um deiner Taufe Gabe bittet und deine ewige Gnade durch die geistliche Wiedergeburt begehrt. Nimm ihn auf, Herr, wie du gesagt hast: 'Bittet, so werdet ihr nehmen; sucht, so werdet ihr finden; klopft an, so wird euch aufgetan;' so reiche nun das Gut dem, der da anklopft, daß er den ewigen Segen dieses himmlischen Bades erlange und das verheißene Reich deiner Gabe empfahe durch Jesum Christum, unseren Herrn! Amen."

Laßt uns beten:

"Allmächtiger, ewiger Gott, der du hast durch die Sündflut nach deinem gestrengen Gericht die ungläubige Welt verdammt und den gläubigen Noah selbacht nach deiner großen Barmherzigkeit erhalten und den verstockten Pharao mit allen den Seinen im Roten Meer ersäuft und dein Volk Israel trocken hindurchgeführt, damit dies Bad deiner heiligen Taufe zukünftig bezeichnet und durch die Taufe deines lieben Kindes, unseres Herrn Jesu Christi, den Jordan und alle Wasser zur seligen Sündflut und reichlichen Abwaschung der Sünden geheiligt und eingesetzt, wir bitten dich durch dieselbige, deine grundlose Barmherzigkeit, du wollest diesen N. gnädiglich ansehen und mit rechtem Glauben und Geist beseligen, daß durch diese heilsame Sündflut an ihm ersäufe und untergehe alles, was ihm von Adam angeboren ist und er selbst dazu getan hat, und er aus der Ungläubigen Zahl gesondert, in der heiligen Arche der Christenheit trocken und sicher behalten, allezeit brünstig im Geist, fröhlich in Hoffnung deinem Namen diene, auf daß er mit allen Gläubigen deiner Verheißung, ewiges Leben zu erlangen, würdig werde durch Jesum Christum, unseren Herrn! Amen.

Ich beschwöre dich, du unreiner Geist, bei dem Namen des Vaters + und des Sohnes + und des Heiligen Geistes +, daß du ausfahrst und weichst von diesem Diener Jesu Christi N.! Amen."

Laßt uns hören das heilige Evangelium S. Marci:

"Und sie brachten Kindlein zu Jesu, daß er sie anrührte, die Jünger aber fuhren die an, die sie trugen. Da es Jesus sah, ward er unwillig und sprach zu ihnen: Laßt die Kindlein zu mir kommen und wehrt ihnen nicht, denn solcher ist das Reich Gottes. Wahrlich, ich sage euch: Wer das Reich Gottes nicht empfängt als ein Kindlein, der wird nicht hineinkommen. Und er herzte sie und legte die Hände auf sie und segnete sie."

Dann lege der Priester seine Hände auf des Kindes Haupt und bete das "Vaterunser" samt den Paten niedergekniet:

"Vaterunser usw."

Danach leite man das Kindlein zu der Taufe, und der Priester spreche:

"Der Herr behüte deinen Eingang und Ausgang von nun an bis zu ewigen Zeiten."

Danach lasse der Priester das Kind durch seine Paten dem Teufel absagen und spreche:

"Entsagst du dem Teufel?"

Antwort: "Ja."

"Und allen seinen Werken?"

Antwort: "Ja."

"Und allem seinen Wesen?"

Antwort: "Ja."

Danach fragt er:

"Glaubst du an Gott den Vater, allmächtigen Schöpfer Himmels und der Erden?"

Antwort: "Ja."

"Glaubst du an Jesum Christum, seinen einigen Sohn, unseren Herrn, empfangen vom Heiligen Geiste usw.?"

Antwort: "Ja."

"Glaubst du an den Heiligen Geist, eine christliche Kirche usw.?"

Antwort: "Ja."

"Willst du getauft sein?"

Antwort: "Ja."

Da nehme er das Kind und taufe es in die Taufe und spreche: "Und ich taufe dich im Namen des Vaters und des Sohnes und des Heiligen Geistes."

Dann sollen die Paten das Kindlein halten in der Taufe, und der Priester spreche, weil er das Westerhemd[254] anzeucht:

"Der allmächtige Gott und Vater unseres Herrn Jesu Christi, der dich anderweit geboren hat durchs Wasser und den Heiligen Geist und hat dir alle deine Sünden vergeben, der stärke dich mit seiner Gnade zum ewigen Leben! Amen. Friede mit dir!"

Antwort: "Amen."

14. Die Taufe in den Bekenntnisschriften der lutherischen Kirche

(Vgl. J. F. Müller, Die symbolischen Bücher der evangelisch-lutherischen Kirche.)

Die maßgebende Lehre der lutherischen Kirche über die Taufe erhellt am besten aus den Bekenntnisschriften der Kirche.

Es ist kein Zweifel möglich, daß die kirchlichen Bekenntnisschriften der Taufe, auch der Kindertaufe, volle sakramentale Wirkung beilegen.

---

254 Das ist das weiße Taufkleid (lateinisch: *vestis alba*).

In dem Augsburger Bekenntnis (*Confessio Augustana*) vom Jahre 1530 lautet der 9. Artikel: "*De baptismo docent, quod sit necessarius ad salutem, quodque per baptismum offeratur gratia Dei, et quod pueri sint baptizandi, qui per baptismum oblati Deo recipiantur in gratiam Dei.*" Deutsch: "Von der Taufe wird gelehrt, daß sie nötig sei, und daß dadurch Gnade angeboten werde, daß man auch die Kinder taufen soll, welche durch solche Taufe Gott überantwortet und gefällig werden (wörtlich: in die Gnade Gottes aufgenommen werden.)"

Daß dieses "Aufgenommen-werden-in-die-Gnade-Gottes" auch bei den Kindern den persönlichen Glauben voraussetzt (nicht den der Paten), ist zwar nicht direkt ausgesprochen, aber aus dem 2. Artikel, der von der Erbsünde handelt, zu entnehmen, wo alle als unter dem Zorne Gottes stehend bezeichnet werden, die "nicht durch die Taufe und den Heiligen Geist wiederum neu geboren werden".

Der Glaube ist, wie aus anderen Stellen der Bekenntnisschriften hervorgeht, natürlich vorausgesetzt, denn jede Wirkung der Sakramente durch einen bloß äußerlichen Vollzug (*ex opere operato*) wird abgelehnt. (Art. 13.)

Die Apologie hebt hervor (Art. 2), daß die heilige Taufe die ganze Schuld und Erbpflicht der Erbsünde hinwegnimmt und austilgt, daß der Heilige Geist durch die Taufe gegeben wird, in dem Herzen die böse Lust täglich tötet und ein neu Licht, neuen Sinn und neuen Mut bringt. Im 4. Artikel wird zwar diese Wirkung dem lebendigen Heilsglauben zugeschrieben, der aus der Buße erwächst. Aber das beweist eben, daß auch bei der Taufe (Art. 2) der Glaube des Täuflings angenommen wird. Dieser Glaube entsteht aber durch das Wort.

Im 9. Artikel, der von der Taufe handelt, wird die Kindertaufe verteidigt als nicht wirkungslos, sondern als nötig zum Heil.

Aber es ist festzuhalten, daß die mit der Taufe verbundenen Wirkungen niemals ohne den Glauben gedacht werden. (Vgl. die Ausführungen in E. Bunke, Der Lehrstreit über die Kindertaufe, S. 3 ff.)

Ebenso wird in den Schmalkaldischen Artikeln der Glaube vorausgesetzt, denn sie lehren, daß Gott niemand seinen Geist oder Gnade gibt, ohne durch oder mit dem vorhergehenden äußeren Wort. Also auch hier wird der Glaube als Bedingung der Taufe vorausgesetzt. Eine mechanisch-magische Wirkung des Sakraments wird auch hier abgelehnt.

Im Kleinen Katechismus ist ebenfalls der Glaube deutlich als Bedingung für den Segen der Taufe genannt, wenn es von der Taufe heißt: "Sie wirkt Vergebung der Sünden, erlöst vom Tode und Teufel und gibt die ewige Seligkeit allen, die es glauben (lateinisch: *omnibus et singulis, qui credunt hoc, quod verba et promissiones divinae pollicentur*), wie die Worte und Verheißungen Gottes lauten. Auf die Frage, wie denn Wasser so große Dinge tun könne, wird geantwortet: "Wasser tut's freilich nicht, sondern das Wort Gottes, so mit und bei dem Wasser ist, und der Glaube, so solchem Wort Gottes im Wasser traut."

Auf die Frage, wie denn ein Kind diesen Glauben haben könne, geht Luther im Kleinen Katechismus gar nicht ein; dagegen erklärt er im Großen Katechismus auf die Frage, "damit der Teufel durch seine Rotten die Welt verwirrt", nämlich ob die Kinder "auch glauben und recht getauft werden?" folgendes: "Wer einfältig ist, der schlage die Frage von sich und weise sie zu den Gelehrten."

Damit ist die Sache nun freilich nicht erklärt, denn trotz aller Bemühungen haben die Gelehrten bis heute den Beweis nicht erbringen können, daß unmündige Kinder glauben können im Sinne des bewußten, persönlichen Heilsglaubens.

Aber das hält Luther auch hier fest: "Wo der Glaube nicht ist", da bleibt die Taufe "ein bloß unfruchtbar Zeichen". (*absente fide nudum et inefficax signum tantummodo permanet*).

"So laß nun weiter sehen, wie die Person sei, die solches empfahe, was die Taufe gibt und nützt. Das ist abermal aufs feinste und klärlichst ausgedrückt eben mit den Worten: 'Wer da glaubt und getauft wird, der wird selig.' Das ist: der Glaube macht die Person allein würdig, das heilsame, göttliche Wasser nützlich zu empfangen (*sola fides personam dignam facit, ut hanc salutarem et divinam aquam utiliter suscipiat*), denn weil solches allhier in den Worten bei und mit dem Wasser fürgetragen und verheißen wird, kann es nicht anders empfangen werden, denn daß wir solches von Herzen glauben. Ohne Glauben ist es nichts nütze, ob es gleich an ihm selbst ein göttlicher, überschwenglicher Schatz ist."

Wie aber, wenn der Glaube nicht vorhanden ist?

Auch auf diesen Fall geht Luther ein. Der Glaube macht nicht die Taufe, sondern empfängt sie. Und falls jemand nicht glaubte, ja, etwa "ein Jude mit Schalkheit und bösem Fürsatz hinzukäme und wir ihn mit ganzem Ernst taufeten, sollen wir nichtsdestoweniger sagen, daß die Taufe recht wäre. Denn da ist das Wasser samt Gottes Wort, ob er sie gleich nicht empfähet, wie er soll." "Darum sind es vermessene, tölpische Geister, die also folgern und schließen: Wo der Glaube nicht recht ist, da müsse auch die Taufe nicht recht sein."

Sollte es also sein, daß die Kinder "nicht glaubeten" (wogegen ihm aber die Tatsache zu sprechen scheint, daß viele nur als Kinder Getaufte den Heiligen Geist hatten und haben), "so wäre doch die Taufe recht und soll sie niemand wiedertaufen".

Ihm selbst steht es aber fest, daß die Kinder glauben, denn: "Das Kind tragen wir herzu der Meinung und Hoffnung, daß es gläube (*quod certe credat*) und bitten, daß ihm Gott den Glauben gebe."

In der Konkordienformel wird es als irriger Artikel der Wiedertäufer bezeichnet, "daß das Taufwasser nicht sei ein Mittel, dadurch Gott der Herr die Kindschaft versiegle und die Wiedergeburt wirke".

Aber auch nach der Konkordienformel ist ohne Glauben kein heilsamer Empfang der Sakramente denkbar, ebensowenig wie das Wort an sich ohne den Glauben des Hörenden wirkt.

Die gläubige Annahme des Wortes ist der Weg zur Wiedergeburt.

Trotzdem wird auch den Kindern der bewußte Heilsglaube zugesprochen und nur darum ihre Wiedergeburt durch die Taufe behauptet.

15. Was lehren die heutigen "Lutheraner" über die Taufe?

Im folgenden geben wir einige Beispiele. Der "Alte Glaube" brachte folgende Ausführungen über die Kindertaufe:

"Ein frommer Mann, der in seinem Leben viel Freude erfahren hatte, wurde einst gefragt, welches sein glücklichster Tag gewesen wäre. 'Kein anderer,' erwiderte er, 'als mein Tauftag!' Unsere Väter hielten die Taufe sehr hoch und konnten nicht herrlich genug von ihr reden. Sie nannten sie das 'Heiligtum der Wiedergeburt', die 'Mutter der Gotteskindschaft', das 'Kleid des Lichts' und den 'Himmelswagen'. Unser Luther hat sich in Angst und Not, in Anfechtung und Zweifel oft getröstet: 'Ich bin ein getaufter Christ, der Himmel ist mir umsonst gegeben, und ich habe Brief und Siegel darüber.' In gleichem Sinne sprach Ludwig der Heilige, König von Frankreich: 'Die drei Hände voll Wasser, mit denen ich einst als Kindlein besprengt ward, sind kostbarer als die Königskrone, die ich jetzt auf diesem Haupte trage.'"

"Die Taufe ist die höchste Würde und Weihe eines Menschenkindes. Ein getauftes Kind liegt in der Wiege wie ein Königssohn. Aller irdischer Glanz erbleicht vor der Krone des Himmelreichs, wie sie die Taufe darreicht. Der Heiland streckte berufend, schirmend und segnend seine Hand nach jedem Kinde aus. In der Taufe geschieht die Mitteilung aller Erlösungsgnade, die Reinigung von der Sünde und die Einigung im Heiligen Geiste mit dem, der unsere Sünden getragen hat. Das ärmste Kind, das vielleicht nicht einmal einen ehrlichen Namen sein eigen nennt, wird reich durch den, der arm geworden ist um unsertwillen; es wird ein Gotteskind und Erbe des ewigen Lebens. In der Taufe erhält es die sakramentlich besiegelte Urkunde darüber. Der Kirchenvater Augustin sagt: 'Die Taufe ist die Tür zum Himmel und der Heiligen erster Eingang zur Gemeinschaft Gottes.' Wer in das Taufbuch eingeschrieben ist, der wird auch in das Buch des Lebens eingetragen. Wenn er trotzdem verdammt wird, kann man eigentlich nicht von ihm sagen, daß er die Seligkeit nicht erlangt habe. Er hat sie vielmehr wieder verloren. Sein Name, der bereits im Buche des Lebens stand, ist wieder ausgelöscht."

"Unverständlich bleibt es, wie manche die Taufe ihres Kindes ungebührlich verzögern und aus ganz äußerlichen Gründen hinausschieben können. Es ist ein trauriges Zeichen der Gleichgültigkeit gegen die Gnade Gottes, die dem Kinde zuteil werden soll, jene immer mehr sich einbürgernde Unsitte, mit der Taufe monatelang, ja, jahrelang zu warten. Und die Taufe ganz verweigern, welche Roheit des Herzens wird da offenbar! Wer die Taufe verachtet, verachtet nicht nur den Herrn und sein Gebot, sondern mißachtet auch sein Kind, seines Kindes Würde und seines Kindes Recht. Ob solche Eltern ihrem Kinde mit ruhigem Gewissen in das Auge schauen können? Ob sich nicht schon mancher Mutter mit Zentnerlast das durch eigne Schuld ungetauft verstorbene Kind auf das arme Herz gelegt hat?

Unsere Vorfahren tauften die Kinder wenige Tage nach der Geburt, um ihnen das heilige Sakrament nicht ohne Grund vorzuenthalten. Die altkirchliche Ordnung ist, nicht über sechs Wochen mit der Taufe zu warten. Vom himmlischen Leben soll ein Kind sobald nur möglich berührt werden. Wie man die Sonnenstrahlen nicht von seinem Zimmer abhält, so soll auch das Licht der ewigen Sonne dem Kinde nicht verschlossen bleiben. Es gibt Lebensversicherungen, in die man die Kinder gleich nach der Geburt einkauft, um nach zwanzig Jahren eine Summe Geldes ausbezahlt zu erhalten. Aber wie viele von diesen versicherten Kindern sterben dahin, und das Geld ist verloren! In der Taufe handelt es sich, wenn wir so sagen dürfen, um eine ewige Lebensversicherung mit einem Kapital, das in Ewigkeit nicht verlorengeht. Wer wollte da nicht eilen?"

"Die Taufe bleibt das unsichtbare Band, daran der Herr alle Getauften, die ihn verlassen haben, doch noch hält und wieder zurückziehen kann. Seit der Taufe ist im Menschen eine rufende Gottesstimme. Man kann sie übertäuben, sie kann im Tageslärm ganz verstummen. Aber wo ein Mensch wieder zurückkehrt zu seiner Taufe, zurück zu dem, den er treulos verlassen hat, da leuchtet auch der Morgenstern der Taufe wieder auf: 'Ich habe dich je und je geliebt, du bist mein!' Wir alle sind einst zum Taufstein getragen worden. Das war die heiligste Stunde in unserem ganzen Leben. Was wissen wir denn überhaupt von unserem Tauftage? Manche Christen, auch evangelische Christen, feiern im Kreislauf des Jahres ihren Tauftag als einen hohen Festtag. Jeder Christ sollte dankend und lobend solches Tages gedenken und nicht gleichgültig daran vorübergehen. Es ist ein Tag, der die Schrift der Ewigkeit an der Stirn trägt, es ist der Tag, an dem wir Gottes Kinder geworden sind. Möchte er doch unter aller Veräußerlichung und Verweltlichung der Gegenwart unserem ganzen Christenvolke wieder heilig werden! Mein Tauftag unter allen leuchtenden Lebenssternen mein Morgenstern! Und wie schön leuchtet dieser Morgenstern, voll Gnad und Wahrheit vor dem Herrn!"

"Die Königin Kleopatra, so hieß es, hatte ihren Feldherrn zu einem kostbaren Gastmahl geladen und setzte ihm nichts als eine Schüssel Essig vor. Aber sie hatte darin eine Perle aufgelöst, die dritthalb Tonnen Goldes wert war. Also ist auch dem Augenscheine nach das Taufwasser nichts als 'schlecht Wasser'. Aber Gott hat alle Schätze des Himmels hineinversenkt. Luther schreibt: 'Die Taufe ist ein Wasser der göttlichen Majestät selbst. Gott hat seinen Namen darein gesteckt und geflochten, daß sie mit demselben durchmenget ist, und mag wohl ein durchläutert Wasser heißen.' Oder: 'Gleich als wenn du Eisen angreifest, das in der Esse liegt und glühet, da greifest du nicht schlecht Eisen, sondern Feuer an. Und ob du nicht Feuer, sondern allein Eisen siehest, so ist es doch nicht allein Eisen, sondern Eisen und Feuer, ja, daß das Feuer sogar durch und durch gegangen, daß man nichts fühlet und spüret denn eitel Feuer. Also soll man die Taufe auch ansehen, in Gottes Wort und Namen eingeleibt und ganz und gar mit demselben durchgangen, daß es gar ein Wesen ist.' Darum ist der Taufe Wirkung, Macht und Kraft so groß."

Neben diesen Lobliedern auf die Wirkung des Taufwassers brachte man häufig Klagen über die abtrünnigen Gemeinschaftschristen, die nicht mehr festhalten an der kirchlichen Lehre von der Wiedergeburt durch die Kindertaufe. So klagte ein anderes lutherisches Blatt vor einigen Jahren:

"Die Gemeinschaftsbewegung von heute stellt sich zwar in zwei verschiedenen Flügeln dar. Allein wie entgegengesetzt sich jene beiden Flügel auch zu einander verhalten, in der Ablehnung der heiligen Taufe als des 'Bades der Wiedergeburt' sind sie einig. Damit aber haben sie, und zwar grundsätzlich, gegen Kirche und kirchliche Arbeit Stellung genommen. Und so sieht sich die Kirche, wenn sie sich nicht selber drangeben will, außerstande, mit der Gemeinschaftsbewegung, die neben vielem Abstoßendem doch auch vieles Anziehende besitzt, ein Bündnis zu machen, um Verlornes wieder zu gewinnen, um Gefallenes wieder aufzurichten, um Schwaches zu stärken."

In einem anderen lutherischen Blatte sind folgende Ausführungen über die Kindertaufe zu lesen:

"Es gibt Christenleute, welche es verantworten zu können glauben, das Sakrament der heiligen Taufe, welche in unserer Kindheit an uns vollzogen wurde, als 'Säuglingsbesprengung' in der Christenheit in Mißkredit zu bringen. Nicht nur die Baptisten, welche die Kindertaufe rundweg ablehnen, versündigen sich mit solcher Bezeichnung dieses Sakraments an der heiligen Handlung, sondern selbst innerhalb der Kirche sucht man das heilige Taufsakrament seines Inhalts, seiner Bedeutung und seiner Würde zu berauben. Selbst positive Christen werden bei der Lehre von der heiligen Taufe zu ganz vulgären Rationalisten, die nur das gelten lassen, was sie in dem armseligen Lampenlicht ihrer menschlichen Vernunft sehen können. Vollends widersinnig ist es aber, sich einen lutherischen Christen zu nennen und dabei die in der heiligen Taufe vollzogene Wiedergeburt des Menschen zu leugnen. Denn wer seinen Katechismus kennt, weiß, daß das vierte Hauptstück von dem Sakrament der heiligen Taufe handelt und daß Luther in diesem vierten Hauptstück das apostolische Wort an den Titus auf die heilige Taufe bezieht: 'Gott macht uns selig (genau: hat uns gerettet) durch das Bad der Wiedergeburt und Erneuerung des Heiligen Geistes.' Also nach unserem Katechismus, d. h. nach dem Bekenntnis unserer lutherischen Kirche ist die heilige Taufe das Bad der Wiedergeburt. Und daß Luther dabei die Kindertaufe im Auge gehabt hat, wird selbst der schwärmerischste Sakramentierer nicht leugnen. Wenn nun Baptisten, Methodisten, Darbysten und Sakramentierer den Hinweis auf die lutherischen Bekenntnisse nicht als beweiskräftig ansehen, so kann man solches verstehen. Aber von den Gliedern der lutherischen Kirche, insbesondere von den Geistlichen, die feierlich gelobt haben, nach dem kirchlichen Bekenntnis zu predigen und zu lehren, muß man verlangen, daß sie dieses wichtige Bekenntnisstück nicht durch ihre eignen Menschenfündlein ersetzen. Die Sekten haben wenigstens ehrlich die Konsequenz gezogen und haben sich losgelöst von einer Kirche, deren Lehren sie in wichtigen Stücken nicht anerkennen. Solche ehrliche und mutige Konsequenz möchte ich allen Sakramentierern und wiedertäuferisch Gesinnten innerhalb unserer Kirche wünschen. Von außen mag man unsere Kirche bekämpfen, aber der Feind im eignen Lager ist nicht zu dulden. Es zeugt doch von großer Verblendung, die hauptsächlichste Gefahr für unsere Kirche von seiten der katholischen Kirche oder auch von Seiten der Sekten zu befürchten. Die größte Gefahr ist der Feind im eignen Lager, und zwar halte ich den Liberalismus und Protestantenverein für noch nicht so gefährlich wie die Schwarmgeisterei von sonst positiven Christen."

Die Ablehnung der "lutherischen" Taufwiedergeburtslehre in der "kirchlichen" Gemeinschaftsliteratur läßt allerdings manchmal nichts an Schärfe übrig. So schreibt Pastor Lüdecke-Staßfurt in dem "Glaubenswege", Mitteilungen aus der Gemeinschaftsbewegung in der Provinz Sachsen und Anhalt, Nr. 6, Juni 1912:

Etwas von der Taufwiedergeburt. Der "Lutherische Gotteskasten" schreibt: "Man hört heutzutage so viele verächtlich von der Taufwiedergeburt reden. Sobald wir aber aufhören, in der Taufe das Bad der Wiedergeburt zu sehen, sobald sind wir in bezug auf die Wiedergeburt nur auf unsere inneren Erfahrungen angewiesen und bringen uns selbst um den gewissen Trost, den uns Christus mit der Taufe hat darbieten wollen." Dazu bemerken wir: Die Gemeinschaftsbewegung hat von jeher protestiert gegen die unbiblische Lehre der Taufwiedergeburt, der wir ein großes Teil unseres kirchlichen Elends verdanken. Nicht die Taufe macht uns des Gnadenstandes gewiß, sondern "der Geist Gottes gibt Zeugnis unserem Geist, daß wir Gottes Kinder sind" (Röm.8,6). Nach der Augsburger Konfession wird in der Taufe das Heil angeboten, zur selbständigen Aneignung des Heils kommt es aber erst durch den Glauben in der Bekehrung und Übergabe an Gott. Luther hat sich in der zweiten Hälfte seiner Entwickelung, was die Tauflehre anbetrifft, von dem Sauerteig des Katholizismus nicht befreien können. Die Reformation ist dadurch um ihre volle Frucht gekommen und geriet nicht lange nach Luthers Tode in einen äußeren Formalismus, der erst durch den Pietismus Speners und seiner Nachfolger durchbrochen wurde. Sören Kierkegaard, einer der Geistesheroen der Menschheit, dem wir die Wegräumung vielen Schuttes in Theologie und Kirche des 19. Jahrhunderts verdanken, findet scharfe Worte über die Taufwiedergeburt: "Wir halten uns an die Kinder, geben jedem Kinde ein paar Tropfen Wasser auf den Kopf, und damit ist es ein Christ. Wenn ein paar ihre Wassertropfen nicht richtig bekommen haben, so macht das auch nichts, sie sollen sich nur einbilden, daß mit ihnen alles der Ordnung gemäß vorgenommen worden sei und daß sie damit Christen seien. So haben wir in kurzer Zeit mehr Christen als Heringe zur Fangzeit, Millionen von Christen, und so sind wir die größte Macht, welche die Welt je gesehen hat. Denn diese christliche Falschmünzerei ist zu grauenhaft." Soweit der sarkastische und sehr scharfe Kierkegaard. Er hat recht mit seinen Vorwürfen, daß durch die kirchliche Lehrpraxis en masse Christen in die Welt gesetzt werden, die gar keine sind. Wir fragen den "Gotteskasten": Wo sind die Tausende und Abertausende, welche in der Taufe zu einer lebendigen Hoffnung wiedergeboren sind? Die Tatsachen, der allgemeine Abfall unseres Volkes jetzt auch von den äußeren kirchlichen Formen, haben schon längst das Gericht über die

Taufwiedergeburtslehre ausgesprochen, man sollte sich in den lutherischen Kreisen nicht mit Schlagworten über den offenbaren Bankrott, den diese Lehre nach sich zog, hinwegtäuschen.

Dieser Protest gegen die Taufwiedergeburtslehre ist gewiß erfreulich, und es gibt wohl keinen Pastor innerhalb der Gemeinschaftsbewegung in Deutschland, der nicht auch erklären würde wie Pastor Fr. Cörper ("Ein wenig über Taufe und Abendmahl", S. 13): "Wenn jemand sagen wollte wie jener Pastor, als er im Begriff stand, ein Kind zu taufen: 'Laßt uns zum Akte der Wiedergeburt schreiten!', so müßten wir entschieden protestieren."

Aber es ist doch wohl unbestreitbar, daß die ausgesprochenen Lutheraner, die an dem Kinderglauben und der Taufwiedergeburt festhalten, die Bekenntnisschriften für sich haben, also die offizielle Lehre der Kirche vertreten, die Gemeinschaftspastoren nicht. (Vgl. den vorigen Anhang.) Übrigens ist auch heute die Zahl der landeskirchlichen Pfarrer nicht klein, die an der lutherischen Tauflehre konsequent festhalten.

Sie können sich dafür sogar auf den bekannten ehemaligen Professor D. H. Cremer in Greifswald berufen, der in seiner Schrift: "Taufe, Wiedergeburt und Kindertaufe" (S. 30 ff.) folgende unbegreifliche Lehre aufstellt:

"Sind wir wirklich durch unsere Taufe wiedergeboren? Und nicht bloß wir, die wir glauben gelernt haben an Gottes Gnade, an die Vergebung unserer Sünden, an unsere Wiedergeburt, sondern auch die wie wir getauft sind und doch ihren Gott und Heiland nicht kennen? Ist unsere, ist ihre Taufe ein Bad der Wiedergeburt?

Wird diese Frage mit Nein beantwortet, dann ist unsere Taufe oder die Taufe, wie sie jetzt innerhalb der Christenheit geübt wird, nicht die vom Herrn Christus befohlene Taufe. Ist sie aber das nicht, so ist sie überhaupt keine Taufe, keine Abwaschung von Sünden, kein Begräbnis mit Christo, keine Auferweckung mit ihm - dann ist sie nichts.

... Darum bleibt es dabei: Entweder ist unsere Taufe oder die Taufe, wie wir sie in der Christenheit üben, nichts anderes als die von Christo angeordnete Taufe, genau wie die Taufe der Erwachsenen, oder sie ist nichts, nein, noch weniger als nichts, dennn sie hindert dann die wirkliche Taufe, wie sie der Herr Christus geboten hat!"

Freilich erhoben sich lebhafte Proteste gegen diese Lehre. So bekennt D. G. Warneck: "Völlig unmündigen Kindern einen latenten (verborgenen) Glauben beizulegen oder zu lehren, daß durch die Taufe der Heilsglaube in ihnen gewirkt werde, ist eine dogmatische Verirrung, wie jetzt wohl allgemein anerkannt wird." Noch schärfer äußerte sich Professor D. Steinmeyer: "Einen Glauben in Säuglingen zu erblicken, ist eine monströse, das christliche Gefühl wie das religiöse Denken verletzende Annahme." Auch D. Stöcker bekannte: "Nennt man die Kindertaufe Wiedergeburt, so entleert man den letzteren Begriff, der ohne Glauben nicht zu realisieren ist. Und schreibt man den Kindern Glauben zu, so entleert man den evangelischen Begriff des Glaubens, der im Zustande unbewußter Kindheit unmöglich ist."

Aber was nützen dergleichen Proteste? Wie die landeskirchlichen Pfarrer trotz des einstimmigen Zeugnisses ihrer akademischen Lehrer gegen die Behauptung der apostolischen Einrichtung der Kindertaufe dennoch nicht davon ablassen, so wird es auch noch lange dauern, bis der Aberglaube von der Taufwiedergeburt und dem Glauben der Säuglinge aus den Andachtsbüchern, Katechismen und Agenden verschwindet.

Das unter dem Titel "Zweiundfünfzig Konfirmandenstunden" herausgegebene Handbuch von Pastor O. Hardeland ist 1910 in vierter Auflage erschienen. Der "Leitfaden für den Konfirmandenunterricht" von demselben Verfasser hat bereits vierzig Auflagen erlebt.

In dem erstgenannten Werke findet man folgende Ausführungen über die Taufe:

"Durch die heilige Taufe sind wir alle in die Gemeinschaft des dreieinigen Gottes versetzt, sind Kinder des Vaters, Brüder und Schwestern Jesu Christi, Tempel des Heiligen Geistes geworden. Wir sind nicht mehr Fleisch vom Fleisch geboren, sondern Geist vom Geist geboren." (S. 61.)

"Ohne Wiedergeburt in der Taufe gibt es kein Wachstum des inneren Menschen, können wir auch nicht die Seligkeit erlangen." (S. 81.)

"Ebenso schlimm als jene Wiedertäufer zu Luthers Zeit sind die mancherlei Sektierer und Schwarmgeister unserer Tage, die, zumeist von der reformierten Kirche ausgegangen und wie diese alle Sakramente gering schätzend, verächtlich urteilen über die heilige Taufe und an die Stelle der Wiedergeburt in der Taufe setzen eine sogenannte Wiedergeburt im späteren Leben, also an die Stelle des Wunderwerkes, das der allmächtige Gott an uns tut, setzen ihr eignes Werk, ihre eigne Wiedergeburt, die sie selbst, die Toren, aus eigner Kraft fertigzubringen wähnen; die ganz genau die Stunde dieser ihrer Wiedergeburt angeben zu können behaupten und auf ihre 'wahrhaftige Wiedergeburt' ihre Heilsgewißheit gründen und auch von allen sogenannten 'wahrhaft wiedergebornen und bekehrten Christen' verlangen, daß sie auf dieselbe Weise und Methode ihres Gnadenstandes gewiß sein müssen und die armen Gewissen ängstigen mit der Frage: 'Bist du wiedergeboren?' und 'Kannst du die Stunde deiner Wiedergeburt angeben?'"

"Was ist von solcher Rede, von solcher Frage zu halten? Sie gehören zu den schlimmsten Irrtümern unserer Zeit und sind um so gefährlicher, als sie sich mit dem Mantel der Frömmigkeit decken. Kinder, laßt euch warnen! Sobald euch jemand den Trost eurer Taufe rauben will, geringschätzig spricht von diesem Bade der Wiedergeburt oder von einer Wiedergeburt im späteren Leben im Gegensatz zu der einmal durch Gottes Gnade an euch gewirkten Wiedergeburt der heiligen Taufe - so wißt, ihr habt einen Verführer vor euch. Und ob er auch wie ein Engel Gottes zu euch spräche, so weist ihn doch von euch, ruft ihm zu wie der Herr dem ihn versuchenden Petrus: 'Hebe dich weg von mir, Satan, du bist mir ärgerlich; denn du meinst nicht, was göttlich, sondern was menschlich ist.'(Matth.16,23.)" (S. 82.)

"Die Wiedergeburt erfolgt nur in der Taufe; in anderen Zeiten des Lebens kommen wohl Erweckungen und Bekehrungen vor (obschon dies auch nicht nötig ist), aber das sind nur Ausflüsse und Folgen der Taufgnade, von denen das Wort Wiedergeburt nur in weiterem Sinne gebraucht werden kann, am besten aber (so setzen wir hinzu) überhaupt nicht gebraucht wird, weil dadurch leicht eine gefährliche Begriffsverwirrung entsteht.

Also, daß ich es kurz noch einmal sage: Die Lehre der reformierten Kirche von der Taufe, daß dieselbe die Wiedergeburt nur abbilde und verspreche, die Wiedergeburt selbst aber sich erst im reiferen Alter ohne die Taufe vollziehe, daß aber eine derartige Wiedergeburt oder Bekehrung sich bei allen wahren Christen finden müsse, ist ebenso wie die Frage der meist von der reformierten Kirche ausgegangenen Sektierer und Schwarmgeister unserer Tage nach der Stunde der Wiedergeburt oder Bekehrung im späteren Leben als eine die armen Gewissen irreführende aufs bestimmteste zu verwerfen und zurückzuweisen.

Wie beim leiblichen Leben gibt es auch beim geistlichen Leben nur eine Geburt, das ist die Wiedergeburt in der heiligen Taufe, und diese können wir ganz genau nach Zeit und Stunde angeben. Aber zugleich mit dem Anfang ist wie beim leiblichen Leben auch die Kraft gegeben zum Fortgang und zur Vollendung. - So lehrt die Schrift von der Wiedergeburt, und zu dieser so tröstlichen Lehre der Schrift sagen auch wir mit dem Apostel Paulus wie mit unserem Luther: Das ist gewißlich wahr." (S. 83.)

Aber nicht nur die Wiedergeburt durch die Kindertaufe wird mit dieser äußersten Konsequenz verfochten, sondern auch der Glaube der Kinder wird fest behauptet. "Die Wiedertäufer haben recht, daß die Taufe ohne Glauben nichts nützt, daß also in der Tat die Kinder nicht getauft werden dürften, wenn sie keinen Glauben hätten; der Herr sagt ja aufs bestimmteste: 'Wer nicht glaubt, wird verdammt werden.'

Aber das ist falsch, daß sie behaupten, die Kinder könnten nicht glauben. Sollen die Kinder getauft werden, so müssen sie glauben können, müssen sie Glauben haben."

Abgelehnt wird mit Luther der stellvertretende Glaube der Paten oder der Kirche. Die Kinder glauben selbst.

Fragt man: Wie ist das möglich?, so erhält man die Antwort: Der Heilige Geist hilft ihnen, zu glauben. Der Heilige Geist kommt zu dem Kinde in der Heiligen Taufe. "Bei diesem Bade der Wiedergeburt wird er reichlich über uns ausgegossen."

Also ein Kind darf nicht getauft werden ohne eignen Glauben? Wie kann es glauben? Durch die Taufe. Das ist der *Circulus vitiosus*, mit dem man nichts beweist. Ob nicht mancher Konfirmand selbst diesen Trugschluß merkt?

Vielleicht bezweifelt mancher Leser, ob diese Belehrung über die Taufe noch heute zahlreichen Konfirmanden erteilt wird. Die hohe Auflage des Buches beweist aber seine weite Verbreitung. Und daß wir nicht etwa unberechtigterweise verallgemeinern, beweisen zahlreiche andere Schriften, die denselben Standpunkt vertreten. So u. a. "Ausgeführte Unterredungen mit den Konfirmanden" von A. Spannuth, Pfarrer in Schulenburg, das auch mehrere Auflagen erlebt hat.

Dort findet man folgende Ausführungen: "Es gibt eine christliche Sekte, die die Kindertaufe verwirft. Welche Sekte ist das? (Baptisten oder Wiedertäufer.) Warum heißen sie Wiedertäufer? (Weil sie die in ihrer Kindheit Getauften beim Übertritt zu ihnen nochmals taufen.) Da diese Sekte auch in unsere Gemeinde eindringt, so müßt ihr ausführlich darüber unterrichtet werden. Die Baptisten verwerfen also die Kindertaufe, denn sie behaupten, das unmündige Kind könne noch nicht glauben, darum sei es unfähig, die Sakramentsgnade zu empfangen."

Der Verfasser sucht dann zu beweisen, daß die Säuglinge doch glauben. Denn der Geist Gottes wirke diesen Glauben in ihren Herzen. "Solcher Glaube ist freilich noch etwas Unbewußtes." Als ob die Heilige Schrift unbewußten Glauben kenne!

Sodann wird den Baptisten der Vorwurf gemacht, daß sie den Taufbefehl (Matth. 28,19) "aus Unkenntnis wörtlich nach Luthers Übersetzung" nehmen. Den Kindern wird nun gesagt: "Ihr wißt es besser, denn wie lautet eigentlich der erste Befehl Christi?" Antwort: "Macht zu Jüngern ..., indem ihr sie (oder dadurch, daß ihr sie) tauft usw."

Die Kindertaufe wird ferner als berechtigt erwiesen durch Ps. 51,7 und Joh. 3,6; weiter durch Mark. 10,14 und Matth. 28,19. Allerdings wird zugegeben: "Daß Kinder zur Zeit der Apostel getauft sind, davon lesen wir nichts im Neuen Testament." Aber Apg. 16,15; 1 Kor. 1,16 "lassen die Möglichkeit zu".

Auch wird zugegeben (S. 39), daß Untertauchen die rechte Form der Taufe sei. Diese sei aber in unseren Ländern des Klimas wegen geändert worden. Als ob nicht in Sibirien, Island und Kanada fort und fort geradeso durch Untertauchen getauft würde wie in England, Deutschland oder auch in Afrika!

Näheres über die Tauflehre der heutigen Lutheraner ist zu finden in P. E. Bunke, Der Lehrstreit über die Kindertaufe, S. 35ff., wo die Ansichten von Höfling, Martensen, Kahnis, Frank, Wacker, Cremer und Althaus besprochen werden und der Mangel einer Lehreinheit unter den Lutheranern konstatiert wird.

16. Die kirchlichen Tauflieder

Die allgemeine volkstümliche Vorstellung über das Wesen und die Wirkung der Kindertaufe spiegelt sich auch in den Liedern der Gesangbücher wieder. So enthält z. B. das Evangelische Gesangbuch für Rheinland und Westfalen vier Tauflieder. Nr. 213 stammt von Chr. Becker (gest. 1604) und trägt als Überschrift Mark. 10,13-16. Nr. 214 und 215 stammen von Benjamin Schmolk (gest. 1737). Sie enthalten klar die kirchliche Lehre. Man beachte nur folgende Worte aus dem Liede 214:

"Liebster Jesu, wir sind hier,
Deinem Worte nachzuleben,
Dieses Kindlein kommt zu dir,
Weil du den Befehl gegeben,

Daß man sie zu dir hinführe,
Denn das Himmelreich ist ihre.
Ja, es schallet allermeist
Dieses Wort in unsern Ohren:
Wer durch Wasser und durch Geist
Nicht zuvor ist neugeboren,
Wird von dir nicht aufgenommen
Und in Gottes Reich nicht kommen."

Im Liede 215 heißt es u. a.:

"Nun gottlob! Es ist vollbracht
Und der Bund mit Gott geschlossen;
Was uns rein und heilig macht,
Ist auf dieses Kind geflossen;
Jesus hat es eingesegnet
Und mit Himmelstau beregnet."

In V. 3:

"Deine Taufe sei die Türe,
Welche dich zum Himmel führe."

Das Lied 216 ist von J. Sturm (gest. 1896) und enthält u. a. folgende Strophen:

"Guter Hirt, der seine Herde
Mit dem eignen Blut erkauft,
Daß dies Kind dein eigen werde,
Ward es heut auf dich getauft
Und im heil'gen Wasserbad
Eingetaucht in deine Gnad."

In dem evangelischen Gesangbuch für die Provinz Brandenburg (Berlin 1910) werden dieselben Anschauungen von der Taufe vertreten. Luthers Lied: "Christ, unser Herr, zum Jordan kam" wird natürlich auf die Kindertaufe angewendet, obwohl der zweite Vers deutlich Luthers Ansicht von dem persönlichen Heilsglauben des Täuflings erkennen läßt:

"Sein Jünger hieß der Herre Christ:
Geht hin, all Welt zu lehren,
Daß sie verlor'n in Sünden ist,
Sich soll zur Buße kehren.
Wer gläubet und sich taufen läßt,
Soll dadurch selig werden;
Ein neugeborner Mensch er heißt,
Der nicht mehr könne sterben,
Das Himmelreich soll erben."

In dem Taufliede von F. W. Krummacher finden sich folgende Worte:

"Sieh an dies arme Kind,
In Sünden tot und blind,
Jesu, Jesu!
Nimm's gnädig ein
Zum Busen dein
Und hauch ihm Geist und Odem ein.

Tauf es selbst auf deinen Namen,
Gebier es neu zu deinem Samen,
O komm mit Wasser, Geist und Blut.
Zähl es unter deine Erben,
Schenk ihm die Frucht von deinem Sterben,
Versenk's in deine Gnadenflut."

So spiegelt sich die kirchliche Lehre über die Taufe wider in den kirchlichen Taufliedern, ein wenig abgeblaßter in den Liederbüchern der landeskirchlichen Gemeinschaften.

In die letzte Ausgabe der "Reichslieder" ist nur ein Tauflied aufgenommen: "Heiland, nimm dies Kindlein an" von Chr. Eppler.

In dem zweiten Teil des "Rettungsjubel" 1912 sind vier Tauflieder gedruckt, wobei auch nur auf die Kindertaufe Rücksicht genommen ist.

In dem schon genannten Liede: "Liebster Jesu, wir sind hier, deinem Worte nachzuleben," ist allerdings der Vers ausgelassen, der von der Wiedergeburt handelt. Wohl aber heißt es: "Haupt, mach es zu deinem Gliede" und: "Ja, den Namen, den wir geben, schreib ins Lebensbuch zum Leben", Lied 290.

Im Liede 291 heißt es sogar: "Zähl zu dem dir erkauften Volk auch dieses Kind für immer." Ferner: "Es ist von uns hineingetaucht (!) in deinen heil'gen Namen." "Auf seine Stirne schreiben wir das heil'ge Kreuzeszeichen."

Im Liede 292 heißt es: "Nimm hin dies Kind, wir haben es in deinen Tod getauft." "Erfülle es mit deinem Geist, erneure Herz und Sinn."

Auch das bekannte Kirchenlied: "Ich bin getauft auf deinen Namen" fehlt nicht. (293.)

Sicherlich werden diese Lieder nicht oft gesungen. Der große Mangel an brauchbaren Taufliedern ist auch ein Beweis für die große Unsicherheit und Meinungsverschiedenheit in der Tauffrage.

17. Wie die reformierte Kirche die Kindertaufe begründet

Eigentümlich ist der Weg, auf dem die Reformierten im Gegensatz zu den Lutheranern zur Aufrechterhaltung der Kindertaufe kommen.

Die vierundsiebzigste Frage im Heidelberger Katechismus lautet: "Soll man auch die jungen Kinder taufen? Ja. Denn sie sowohl als die Alten gehören in den Bund Gottes und seine Gemeinde, und ihnen wird in dem Blute Christi die Erlösung von Sünden und der Heilige Geist, der den Glauben wirkt, nicht weniger denn den Alten zugesagt. Deshalb sollen sie auch durch die Taufe, als das Zeichen des Bundes, der christlichen Kirche einverleibt und von den Kindern der Ungläubigen unterschieden werden, wie im Alten Testament durch die Beschneidung geschehen ist, an deren Statt im Neuen Testament die Taufe eingesetzt ist."

Scharf wird die katholische Lehre abgelehnt, nach der die Kirche alle Gnade vermittelt und besonders durch Taufe und Abendmahl als Gnadenmittel die Gnade austeilt, speziell durch die Taufe die Wiedergeburt.

Auch die lutherische Lehre, daß die Taufe die Wiedergeburt wirke und als solche die Gnade einflöße, also die Gnadenwirkung nicht nur an das Wort, sondern auch an die Sakramente und Kirche gebunden sei, wird abgelehnt.

Nach reformierter Ansicht sind die Sakramente Zeichen und Siegel für Gläubige, Wiedergeborne, für alle, die in den Gnadenbund Gottes aufgenommen sind, die Christi Eigentum sind. Die einfache Konsequenz dieser Lehre scheint zu sein: Nur Gläubige, nur solche, die in den Gnadenbund aufgenommen sind, sollen und dürfen das Bundeszeichen und Bundessiegel empfangen, also können und dürfen keine kleinen Kinder getauft werden.

Aber diese Schlußfolgerung zu ziehen, ist der Reformierte nicht gezwungen.

Seine Gnadenlehre und vor allem seine Bundeslehre führen ihn zu der Überzeugung, daß Kinder gläubiger Eltern, allerdings nur diese, getauft werden können, da sie als in den Gnadenbund Eingeschlossene, als "Bündlinge" anzusehen seien.[255]

Nur der wahrhaft Gläubige gehört in den Bund und in die Gemeinde des Herrn, aber auch die Kinder gläubiger Eltern gehören mit in den Bund. Wenn der Vater oder die Eltern im Bunde stehen, dann auch die Kinder. Die Kinder gläubiger Eltern sind in Christo heilig, sie sind "aus Gnaden durch den Bund mit den Eltern und dadurch mit ihnen gemacht, dem Sündigen und Gemeinen, der Welt und dem Sein in Adam entnommen und zu Christo und seiner Gemeinde hinübergebracht; sie sind als Geschlecht, als Same in und mit den Eltern der Zugehörigkeit des sündlichen und unter dem Zorne Gottes liegenden Adamsgeschlechts entnommen und unter die Gnade Christi gestellt". "Wenn Gott in einem Hause einkehrt, mit den Eltern den Bund der Gnade schließt, dann lehrt uns die Schrift, daß Gott auch da unter den Kindern solcher Eltern seiner Wahl seinen geistlichen Samen hat."

"Sind die Eltern der Gläubigen schon Glieder des Gottesbundes, ehe sie zum Verständnis gekommen sind, so hat man kein Recht, ihnen das äußere Bundeszeichen zu verweigern, auch wenn sie das Gelöbnis des Bundes noch nicht abzulegen vermögen."

"Die Erwachsenen, die sich zum Herrn bekehren wollen, dürfen ohne Glauben und Buße zur Taufe nicht zugelassen werden; denn nur Buße und Glauben eröffnen den Zutritt zu dem Bunde, dessen äußeres Zeichen die Taufe ist. Die Kinder der Christen dagegen, die durch ihre Abstam-

---

255 Vgl. zu den folgenden Ausführungen die "Lehre von den Sakramenten" von Pastor *Jäger* in Emden. Diese Beweisführung für die Berechtigung der Kindertaufe durch Berufung auf den Gnadenbund, zu dem die Kinder *gläubiger* Eltern gehören, ist in *Th. Haarbecks* "*Glaubenslehre*" zu finden. Auch Pastor F. *Herbst* in seinem Vortrag über die Taufe (Der Weg göttlicher Zeugnisse V, 4) vertritt diesen Standpunkt. Ähnlich äußert sich Pastor *Fr. Cörper*.

mung kraft der Verheißung Erben des Bundes sind, müssen allein um dieses Grundes willen zur Taufe zugelassen werden."

"Wer den Kindern gläubiger Eltern die Zugehörigkeit zum Bunde absprechen will, der muß erst beweisen, daß solche nicht Bundeskinder sind, und muß nachweisen, daß die ganze Lehre von dem Gnadenbunde auch mit den Kindern der Gläubigen heute abgetan ist."

"Nach der Lehre Christi und der Apostel dürfen und sollen getauft werden und sind berechtigt, die Taufe zu empfangen solche Personen, welche, nach Gottes Wort zu urteilen, als Gläubige oder als Wiedergeborne oder als Kinder Gottes oder als in Christo seiend oder als Bündlinge oder als Gottes Eigentumsvolk in Betracht kommen. Also nicht jeder Erwachsene oder auch nicht jedes Kind darf oder soll getauft werden. Auch Kinder gläubiger Eltern sind Bündlinge und darum berechtigt zur Taufe."

Diese reformierte Lehre von der Taufe widerspricht der Heiligen Schrift nicht so gröblich wie die Behauptung, die Taufe bewirke die Wiedergeburt.

Auch ist die reformierte Begründung der Kindertaufe einleuchtender als die Behauptung einer *fides vicaria*, d. i. des stellvertretenden Glaubens der Kirche oder der Paten oder gar eines eignen Glaubens der Säuglinge. Aber auch die reformierte Begründung der Kindertaufe ist schriftwidrig.

Gewiß gehörten im Alten Bunde alle von Israeliten leiblich abstammenden Kinder zum Bundesvolk. Aber diese auf leiblicher Abstammung beruhende Bundeszugehörigkeit wird nirgend für das Volk des Neuen Bundes behauptet. Was vom Fleisch geboren ist, das ist Fleisch, auch wenn die Eltern eines Kindes gläubig waren und schon vor der Geburt des Kindes in treuer Fürbitte das Kind vor Gott brachten.

Es fehlt jeder Schriftbeweis (denn mit alttestamentlichen Stellen läßt sich der Beweis nicht erbringen) für die behauptete Zugehörigkeit der von gläubigen Eltern gebornen Kinder vom Bunde. Außerdem beweist die Erfahrung täglich das Gegenteil.

Und vorausgesetzt, daß die Kinder gläubiger Eltern wirklich nach der Schrift als Bündlinge anzusehen wären, so müßte noch bewiesen werden, ob nicht mit dem Bundeszeichen und Bundessiegel gewartet werden müßte, bis das betreffende Kind selbst seine Berufung und seine Erwählung festgemacht hätte, was tatsächlich viele Kinder gläubiger Eltern nicht tun. Jedenfalls würde dieses Warten besser sein. Denn durch den Nichtempfang der Taufe im unbewußten Kindesalter würde die Zugehörigkeit des Kindes gläubiger Eltern zum Gnadenbunde nicht in Frage gestellt oder aufgehoben, wie andererseits das schon erteilte Bundeszeichen die persönliche Entscheidung des Täuflings für Christum auch weder beschleunigen noch fördern kann.

Man sieht nicht ein, warum nicht mit dem Vollzug des Zeichens und mit der Erteilung des Siegels gewartet wird, bis die Sache selbst, die versiegelt werden soll, nämlich die Zugehörigkeit zum Gnadenbunde auf Grund persönlicher Glaubenserfahrung da ist. Jedenfalls würde dann die Verwirrung in der sogenannten Christenheit viel geringer sein, und es würden nicht so viele Menschen außerhalb des Gnadenbundes mit dem Bundessiegel echter Christen umherlaufen, wodurch das Siegel überhaupt wertlos ist.

Denn wenn außer den echten Gliedern eines Blaukreuzvereins an einem Orte auch noch tausend andere, die nicht zu dem Verein gehören und seine Grundsätze billigen, mit dem Abzeichen des Vereins umhergingen, ja, vielleicht alle Einwohner des Orts, so wäre die Blaukreuznadel zu einem allgemeinen Schmuckzeichen geworden und hätte aufgehört, ein Bundeszeichen und Zeichen der Zugehörigkeit zu dem Blaukreuzverein zu sein.

Wenn es wirklich so ist, wie die Reformierten lehren, daß nur den "Bündlingen", den Gliedern des Volkes Gottes das Bundeszeichen gehört, so ist es geratener und richtiger, mit dem Siegel zu warten, bis sich die Zugehörigkeit des Menschen zum Volke Gottes des Neuen Bundes feststellen läßt, soweit wir Menschen überhaupt dazu fähig sind. Denn daß auch bei dem Warten bis nach der persönlichen Glaubenshingabe an den Herrn Täuschungen vorkommen können, ist selbstverständlich. Aber diese Ausnahmen derer, die ihren Glauben "bezeugten" und sich selbst täuschten oder nur mit dem Munde bekannten und andere betrogen, würden doch nur verschwindend sein im Vergleich zu der Unzahl getaufter Kinder, denen man ihre Zugehörigkeit zum Volke Gottes, also ihren zukünftigen Glauben bereits bestätigt, ehe sie überhaupt hören, zustimmen und annehmen, d. h. glauben können.

Die richtige Konsequenz der reformierten Tauflehre ist die Taufe nach dem Glauben.

18. Konstitution oder Mandat des Kaisers Karl V. wider die Wiedertäufer, 23. April 1529

"Wir, Karl der Fünfte, von Gottes Gnaden Erwählter Römischer Kaiser, zu allen Zeiten Mehrer des Reiches, in Germanien, zu Hispanien, beider Sicilien, Jerusalem, Ungarn, Dalmatien, Croatien usw. König, Erzherzog zu Österreich, Herzog zu Burgund usw., Graf zu Flandern und Tirol usw. entbieten allen und jeglichen, unseren und des Heiligen Reiches Churfürsten, Fürsten, Geistlichen und Weltlichen, Prälaten, Grafen, Freien, Herren, Rittern, Knechten, Hauptleuten, Landvögten, Vitztumben, Vögten, Pflegern, Verwesern, Amtleuten, Schultheißen, Bürgermeistern, Richtern, Räten, Bürgern und Gemeinden und sonst allen unseren und des Reiches Untertanen und Getreuen in was Würden, Standes oder Wesens sie sein, unsere Freundschaft, Gnade und alles Gute.

Hoch und ehrwürdige, hochgeborne lieben Freunde, Neffen, Oheime, Churfürsten, Fürsten, Wohlgeborne, Edle, Ehrsame, Andächtige, liebe Getreue. Wiewohl in gemeinen Rechten geordnet und versehen, daß keiner, so einmal nach christlicher Ordnung getauft worden ist, sich wiederum oder zum zweiten Male taufen lassen, noch derselbigen einen taufen soll, und vornehmlich in Kaiserlichen Gesetzen solches zu tun bei Strafe des Todes verboten; darauf wir dann im Anfang des letztvergangenen achtundzwanzigsten Jahres der Minderzahl (1528) euch allesamt und sonders als Römischer Kaiser, Oberster Vogt und Beschirmer unseres heiligen christlichen Glaubens durch unser offenes Mandat ernstlich haben tun gebieten, euren Untertanen, Verwandten und Angehörigen von denselben jetzo kürzlich von neuem aufgestandenen Irrtum und Sekte der Wiedertaufe und derselben unwilligen, verführenden und aufrührerischen Anhang durch euer Gebot und sonst auf den Kanzeln durch christliche gelehrte Prediger getreulich und ernstlich, auch der Pein des Rechts in solchem Fall und sonderlich der Strafe Gottes, die sie zu erwarten haben, zu erinnern, zu ermahnen, abzuweisen und zu warnen, und gegen die, so also in solchem Laster und Irrung der Wiedertaufe erkundiget, erfunden und betroffen wurden, mit Strafe und Pein des Rechts, wie sich solches gegen einen seinem Verschulden nach gebühret, zu verfahren und deshalb nicht säumig zu sein, damit solches Übel gestraft und anderer Unrat und Weiterung, die sonst daraus erwachsen, zuvorkommen und verhütet würde, so befinden wir doch täglich, daß wider angezeigtes gemeines Recht auch unser ausgegangen Mandat solche alte, vor viel hundert Jahren verdammte und verbotene Sekte der Wiedertaufe je länger je mehr und beschwerlicher einbricht und überhandnimmt. Solchem Übel und was daraus folgen mag, zuvorzukommen und Friede und Einigkeit im heiligen Reiche zu erhalten, auch alle Disputation und Zweifel, so der Strafe halber der Wiedertaufe folgen möchten, aufzuheben, so erneuern wir die vorigen Kaiserlichen Gesetze, auch oben gemeldetes unser darauf gefolgtes und ausgekündetes Mandat, ordnen, setzen, machen kund und deklarieren demnach aus Kaiserlicher Machtvollkommenheit und rechtem Wissen und Willen, daß alle und jede Wiedertäufer und Wiedergetauften Mann und Weibspersonen verständigen Alters vom natürlichen Leben zum Tode mit Feuer und Schwert oder dergleichen nach Gelegenheit der Person ohne vorhergehende der geistlichen Richter Inquisition gerichtet und gebracht werden. Und sollen derselben Vorprediger, Hauptsacher, Landläufer und aufrührerische Aufwiegler des berühmten Lasters der Wiedertaufe, auch die darauf beharren und diejenigen, so zum anderen Mal umfallen, hierin keineswegs begnadigt, sondern gegen sie vermöge dieser unserer Konstitution und Satzung ernstlich mit der Strafe gehandelt werden. Welche Personen aber ihren Irrtum für sich selbst oder nach Unterrichtung und Ermahnung unverzüglich bekennen, denselben zu widerrufen, auch Buße und Strafe darüber anzunehmen willig sein und um Gnade bitten würden, dieselben mögen von ihrer Obrigkeit nach Gelegenheit ihres Standes, Wesens, Jugend und allerlei Umstände begnadet werden. Wir wollen auch, daß ein jeder seine Kinder nach christlicher Ordnung, Herkommen und Gebrauch in der Jugend taufen lassen soll. Welche aber das verachten und nicht tun werden, in der Meinung, als ob die Kindertaufe nichts sei, der soll, wenn er darauf zu beharren sich untersteht, unserer oben angezeigten Konstitution unterworfen sein. Und soll keiner derselbigen, so aus oben angezeigten Ursachen begnadigt würde, an einen anderen Ort relegieret und verwiesen werden, sondern unter seiner Obrigkeit zu bleiben verstrickt und verbunden werden, die dann ein fleißiges Aufsehen, damit sie nicht wieder abfallen, haben soll. Desgleichen soll keiner des anderen Untertanen oder Verwandten, die aus angezeigten Ursachen von ihrer Obrigkeit gewichen und ausgetreten, Unterhalt geben, beherbergen und Vorschub leisten, sondern sobald dieselbige Obrigkeit, darunter sich der Entwichene aufhält, solcher Übertretung inne oder gewahr wird, soll sie gegen denselben, der so entwichen, laut unserer oben gesagten Satzung streng handeln und ihn deshalb nicht bei sich leiden oder dulden, alles bei Strafe und Acht. Hierauf gebieten wir euch allen und jedem besonders, welcher Würde, Standes oder Wesens ein jeder ist, bei den Pflichten und Eiden, dadurch ihr uns und dem Heiligen Reich zugetan und verwandt seid, auch um unsere schwere Ungnade und Strafe zu vermeiden und wollen, daß ihr alle und jeder besonders solche unsere Konstitution und Satzung der Wiedertaufe halber, streng, fest, in allen Stücken und Punkten haltet, danach urteilt, handelt und unnachlässig vollzieht, euch auch hierin mit solchem Gehorsam und so erzeiget, wie ihr zu tun schuldig seid und die Notwendigkeit der Sache an sich selbst erfordert, dessen wollen wir uns ungezweifelt versehen, daß ihr auch hierin unsere Meinung tut. Gegeben in unserer und des Heiligen Reiches Stadt Speyer am 23. April 1529 nach Christi Geburt." "Menn. Bl.", 1. Okt. 1900.

19. Ein ergreifender Protest gegen die grausame Verfolgung der Täufer

(Vgl. Chr. Hege, Die Täufer in der Kurpfalz, S. 53 ff.)

Ein klares und ergreifendes Zeugnis gegen die ungerechte Behandlung der Täufer ist der im Jahre 1528 gedruckte Sendbrief des evangelischen Pfarrers Johann Odenbach zu Moscheln unter Landsberg an die Richter zu Alzey. Darin heißt es:

"Ihr sollt als arme, unwissende und ungelehrte Leute fleißig und ernst zu dem rechten Richter schreien und ihn um seinen göttlichen Beistand, um Weisheit und Gnade bitten. Dann werdet ihr Eure Hände nicht leichtfertig mit unschuldigem Blut beflecken, wenn Euch schon Kaiserliche Majestät und alle Fürsten der Welt hierin zu urteilen geboten hätten. Diese armen Gefangenen haben sich mit der Wiedertaufe nicht so hoch gegen Gott verschuldet, daß er ihre Seele darüber verdammen werde, noch gegen die Obrigkeit oder alle Menschen deshalb so gefrevelt, daß sie ihren Leib verwirket haben. Denn die rechte Taufe oder die Wiedertaufe ist nicht solcher Kraft, daß sie vermöge, den Menschen seligzumachen oder zu verdammen. Man muß die Taufe ein Zeichen sein lassen, damit wir bekennen, daß wir Christen seien, der Welt gestorben, des Teufels Feind, elende, gekreuzigte Leute, die nicht zeitliche, sondern ewige Güter suchen, wider Fleisch, Sünde und Teufel ohne Unterlaß streiten und ein christlich Leben führen. Unter Euch Richtern wüßten nicht viele von der rechten oder unrechten Taufe zu sagen, bevorab, wenn es an die Bindriemen und an die peinliche Frage ginge. Sollte man euch aber darum über die Klingen sprengen? Nein! Das rede ich nicht, um die Wiedertaufe zu bekräftigen, die man mit göttlicher Schrift, nicht mit Henkers Händen vertilgen soll. Deshalb, lieben Freunde, vergreift Euch nicht an der göttlichen Majestät, auf daß nicht der Zorn Gottes über Euch ergehe, größer denn über die Sodomiter und alle Übeltäter auf Erden. Ihr habt viele Diebe, Mörder und Bösewichter barmherziger im Gefängnis sehen halten denn diese Armen, die doch nicht gestohlen, nicht gemordet, nicht gebrannt, nicht verraten oder einige schändliche Missetat begangen haben, sondern denen alles das zuwider ist und die Gott zu Ehren, aber niemand zu Leid, sich in guter, einfältiger Meinung, aus geringem Irrtum abermals taufen lassen. Wie könnt oder mögt ihr in Eurem eignen Herzen oder Gewissen finden, sprechen und bekennen, daß man sie darum köpfen soll oder daß sie verdammt seien. Würdet Ihr mit ihnen, wie es christlichen Richtern gebührt, handeln und wüßtet Ihr sie aus dem Evangelium zu unterweisen, so würde es keines Henkers bedürfen, so würde ohne Zweifel auch der Wahrheit stattgegeben und wäre mit dem Gefängnis genug bestraft. Desgleichen sollten Eure Priester auch tun, sie als irrige Schäflein auf ihren Achseln zum Stall Christi tragen, ihnen ihre Gunst, brüderliche Liebe, von amtswegen jetzund beweisen, sie mit süßer, evangelischer Lehre trösten, erhalten und wiederbringen. Laßt Euch nicht verführen, daß Ihr wider diese armen Leute ein Urteil fället, dadurch sie ums Leben kommen. Ihr solltet in dieser Sache erschrecken, vor Ängsten solltet Ihr Blut schwitzen, denn Ihr wisset nicht, worin der Irrtum liegt. Ihr solltet es nicht in den Wind schlagen, wenn diese Armen sagten: Wir begehren besseren Bericht aus göttlicher Schrift und sind willens, zu folgen, wenn man uns aus dem Evangelium Besseres berichtet. Bedenket den großen Irrtum Eurer ewigen Schmach! Bedenket die Verachtung und den Argwohn des gemeinen Mannes, so nach Entleibung dieser Armen entstünde. Von ihnen wird es einst heißen: Siehe, mit welch großer Geduld, Liebe und Andacht sind diese frommen Leute gestorben, wie ritterlich haben sie der Welt widerstrebt! O, möchten wir in ihrer Unschuld bei Gott auch leben, man hat sie mit Wahrheit nicht überwunden, ihnen ist Gewalt geschehen: sie sind heilige Märtyrer Gottes. Jedermann wird sagen, daß Ihr nicht um der armen Wiedertäufer Irrtum zu vertilgen, sondern um das heilige Evangelium und die lautere Wahrheit Gottes gewaltiglich zu dämpfen, ein blutiges Urteil gesprochen hättet!"[256]

256 Dieser "Sendbrief und Ratschlag an verordnete Richter über die armen Gefangenen zu Alzen, so man nennt Wiedertäufer," hatte die Wirkung, daß die Richter es ablehnten, in Glaubenssachen zu urteilen.

Die höhere Instanz, an die die Angelegenheit ging, urteilte nach den kaiserlichen Gesetzen. Da alle standhaft blieben, wurden die Männer enthauptet, die Frauen in der Roßschwemme ertränkt.

20. Die Solinger Täufer im Gefängnis zu Jülich, 1717-1720

Als ein für die Lage der Täufer im achtzehnten Jahrhundert charakteristisches Beispiel mag die Erfahrung der sechs Solinger Dompelaers (Untertaucher) oder Neutäufer hier mitgeteilt werden. Sie läßt uns beides, die Haltung der Kirche sowie die des Staates, deutlich erkennen.[257]

Im Jahre 1714 ließen sich sechs Glieder der reformierten Gemeinde in Solingen an der Wupper in fließendem Wasser von Krefelder Dompelaers taufen.

Ihre Schicksale in ihrer schweren Gefangenschaft zu Düsseldorf und Jülich hat einer von ihnen, Wilhelm Grahe, ausführlich beschrieben.

Mit Stricken zu zwei und zwei an den Armen gebunden, wurden sie nach Düsseldorf transportiert. Mit Gnade und Freudigkeit überschüttet, lobten sie Gott, daß sie um seiner Wahrheit willen leiden durften. Sie sangen das Lied: "O Jesu, mein Bräutigam, wie ist mir so wohl" unter großem Auflauf des Volkes. Das war am 26. Februar 1717.

In dem Verhör wurde ihnen vorgeworfen, sie fingen eine neue Lehre an, worauf sie antworteten, sie wunderten sich, daß sie das für eine neue Lehre hielten. "Das, was wir lehrten und getan hätten, sei nichts anderes, als was unser Jesus gelehrt und befohlen und in der Heiligen Schrift vollkommen gegründet sei. Sie möchten die Heilige Schrift recht durchsehen, so würden sie befinden, daß es nichts Neues sei. Auch ferner sagten wir: Es sind aber die Menschen von der Wahrheit und den richtigen Wegen sehr weit abgewichen, daß es wohl recht und nötig sei, wiederum anzufangen, nach den vorigen Wegen zu fragen, welches die guten und richtigen Wege sind, um darin zu wandeln."

Man gab ihnen zur Antwort, sie seien darum gefangengesetzt worden, weil sie sich "zu keiner der drei Religionen hielten". Als sich die Täufer auf ihren Wandel und das gute Zeugnis ihrer Mitbürger beriefen, hieß es: "Gegen euer Leben und Wandel haben wir nichts; nur das allein, ihr müßt euch zu einer Religion halten." Sie sollten sich darüber bedenken.

Am folgenden Tage kommt der Jesuit Bromer zu ihnen. Er war sehr freundlich und erkundigte sich teilnehmend. "Ei", sagte er, "das ist ja alles schön und sehr gut, daran habt ihr recht und wohl getan, denn das Leben der Welt ist so böse, daß man sich wohl bessern möchte; aber eins wundert mich sehr: daß euch protestantische Prediger angeklagt haben wegen der Taufe, da eure Taufe aus der Heiligen Schrift kann erwiesen werden und hingegen die Kindertaufe gar nicht." Darauf sagten die Täufer: "So wundert uns denn, daß die Obrigkeit uns gegen die Heilige Schrift möge gefangennehmen." "Ja, liebe Leute," sagte er, "es sind noch andere Lehren in der Kirche Gottes; die überlieferte Lehre, damit ist's nicht strittig, denn darin ist die Kindertaufe befestigt." Die Täufer erklärten: "Wir halten die Heilige Schrift für genugsam und mehr als

---

257 Ausführlich teilt sie Dr. M. Goebel mit in seiner "Geschichte des christlichen Lebens in der rheinisch-westfälischen evangelischen Kirche", Bd. 3, S. 239 ff.

Traditionen. Genug ist uns, daß unsere Lehre und Glauben nach der Heiligen Schrift gegründet ist auf den Fels des Heils, Jesum Christum."

Auf den Rat dieses freundlichen Jesuiten trennte man die sechs Freunde und sperrte sie in einzelne kalte Zellen.

Nach einigen Wochen fand abermals ein Verhör statt. Ob sie sich noch nicht bedacht hätten? "Wir antworteten, daß uns die Gnade Gottes erschienen, daß wir sollten verlassen das eitle Leben und uns von ganzem Herzen Gott ergeben, ihn allein zu lieben nach dem Evangelium Jesu Christi; darüber haben wir keines Bedenkens nötig." Alle Mühe des Jesuiten und der Beamten war vergeblich. Sie blieben fest. Unter ihnen war die Folterkammer, aus der im Mai das Geschrei einer Frau und ihres Mannes heraufdrang, von denen man durch Anwendung von Daumschrauben und spanischen Stiefeln ein Geständnis erpressen wollte. Schon machten sich die Brüder auf eine gleiche Behandlung gefaßt. Jedoch wurden zunächst die Bekehrungsversuche durch einen lutherischen und mehrere reformierte Prediger fortgesetzt. Bis zum Herbst saßen sie so zu Düsseldorf im Gefängnis.

Von drei Universitäten wurden Gutachten eingeholt. "Die Römischen machten nach ihrer blutdürstigen Art das Urteil, daß wir mit dem Tode bestraft werden sollten. Die Lutheraner: Auf die Galeeren! Die Reformierten: Nach Jülich an die Schubkarren! Und wir sind also kondemniert worden, daß wir auf lebenslang nach Jülich gebracht werden sollten." So wurden die Gefangenen am 1. Dezember 1717 von 48 Schützen fortgebracht. Das Gehen wurde ihnen schwer infolge der langen Haft, so daß sie erst am dritten Tage in Jülich ankamen. Dort kamen sie in einen Raum, wo noch zwölf andere Arrestanten waren, "meist allerhand ruchlose Menschen". Die Leiden, die dort auf sie warteten, übergehen wir hier. Ihre Beschäftigung bestand in Arbeiten auf dem Schloßwall oder im Ausschachten eines Brunnens sowie Auswerfen des Morastes aus dem Stadtgraben. Es kam vor, daß sie dabei im Oktober bis an die Hüften im Wasser stehen mußten. Später wurden sie in einem dunkeln, halb unterirdischen Raum mit einer kleinen Luftöffnung untergebracht. Die sie besuchenden Brüder konnten nur wenig Erleichterung und leibliche Erquickung bringen. Ihre Bibeln wurden ihnen von den Wärtern fortgenommen. Im Sommer 1719 erkrankten alle Brüder infolge der Überanstrengungen durch die zwölfstündige harte Arbeit und die Entbehrungen. In diesem übermäßig heißen Sommer mußten sie vier Wochen lang in glühender Sonnenhitze das Gras zwischen den Steinen des Schlosses ausjäten.

So brachten die Brüder fast vier Jahre im Gefängnis zu, und sicherlich würden sie auch dann noch nicht befreit worden sein, wenn sich nicht die holländische Regierung energisch für die armen Gefangenen verwandt hätte. So verfügte der Kurfürst von der Pfalz ihre Freiheit, aber zugleich ihre Ausweisung aus seinen Ländern. Am 20. November 1720 durften sie Brüder das Gefängnis verlassen, mußten aber versprechen, das Land nie wieder zu betreten.

Zahlreiche Täufer sind damals nach Pennsylvanien ausgewandert. Mit diesen taufgesinnten Kreisen stand u. a. auch Tersteegen in brüderlicher Verbindung. (Vgl. Goebel, Gesch., 3. Bd., S. 264.)

Noch in den siebziger Jahren des achtzehnten Jahrhunderts schickte die Kurpfälzische Regierung die "Schwärmer" in das Zuchthaus zu Kaiserswerth.

21. Wie Georg Müller zur Klarheit über die Taufe kam

In seiner von ihm selbst geschriebenen, 1844 im Druck erschienenen Lebensgeschichte äußert sich Georg Müller in folgender Weise über die Taufe:

Im Anfang des Monats April 1830 ging ich nach Sidmouth, um dort zu predigen. Während ich mich dort aufhielt, hatten drei Schwestern in dem Herrn in meiner Gegenwart ein Gespräch über die Taufe; eine von ihnen war getauft worden, nachdem sie gläubig geworden war. Nachdem sie eine Zeitlang hierüber gesprochen hatten, wurde ich aufgefordert, meine Ansicht darüber mitzuteilen. Ich antwortete: "Ich glaube, daß ich mich nicht noch einmal taufen lassen muß." Die Schwester, die getauft worden war, fragte mich darauf: "Aber sind Sie denn getauft?" Ich antwortete: "Ja, als Kind." Darauf erwiderte sie: "Haben Sie je, mit besonderer Rücksicht auf diesen Punkt, die Schrift gelesen und gebetet?" Ich antwortete: "Nein." Dann sagte sie: "Ich bitte Sie, nie wieder darüber zu reden, ehe Sie das getan haben." Es gefiel dem Herrn, mir die Wichtigkeit dieser Bemerkung zu zeigen; denn während ich gerade zu der Zeit jedermann ermahnte, nichts anzunehmen, was nicht durch das Wort Gottes bewiesen werden könnte, so hatte ich doch wiederholt gegen die Taufe der Gläubigen gesprochen, ohne je deshalb in der Schrift geforscht oder ernstlich gebetet zu haben, und nun beschloß ich, mit Gottes Hilfe auch diesen Gegenstand zu untersuchen, und im Falle die Kindertaufe schriftgemäß wäre, dieselbe mit Ernst zu verteidigen; wenn aber die Taufe der Gläubigen die wahre Taufe wäre, so wollte ich diese ebenso eifrig verteidigen und mich taufen lassen. Sobald ich Zeit hatte, fing ich an, diese Frage zu untersuchen, und zwar auf folgende Weise: Ich bat Gott wiederholt, mich in dieser wichtigen Sache zu unterweisen und las das Neue Testament von Anfang an mit besonderer Rücksicht auf diesen Punkt. Nun aber, da ich die Sache mit Ernst betrieb, kamen mir eine Anzahl von Einwürfen in den Sinn: 1. "Da viele heilige und erleuchtete Männer über diesen Punkt eine verschiedene Ansicht gehabt haben und noch haben, ist das nicht ein Beweis, daß wir in dem jetzigen unvollkommenen Zustande der Kirche nicht zu erwarten haben, zu einem genügenden Schlusse in diesem Punkte zu kommen?" - Dieser Einwurf wurde so beseitigt: "Wenn es in der Bibel geoffenbart ist, welches die wahre schriftgemäße Taufe ist, warum sollte ich nicht zur Erkenntnis dieser Wahrheit kommen können, da der Geist jetzt wie früher der Lehrer in der Kirche ist?" 2. "Nur wenige meiner Freunde sind getauft worden, und die meisten von ihnen sind der Taufe der Gläubigen entgegen, und diese werden mir den Rücken zukehren." - Antwort: "Wenn alle Menschen mich verlassen würden, so nur Jesus mit mir Gemeinschaft hat, so werde ich glücklich sein." 3. "Du wirst sicherlich die Hälfte deines Einkommens verlieren, wenn du getauft wirst." - Antwort: "Solange ich dem Herrn treu zu sein suche, wird er mich nicht Mangel leiden lassen." 4. "Die Leute werden dich einen Baptisten nennen, und du wirst als ein Glied dieser 'Sekte' betrachtet werden, und doch kannst du nicht alles billigen, was unter ihnen vorgeht." - Antwort: "Wenn ich mich auch taufen lasse, so folgt daraus nicht, daß ich mit denen, die die Taufe der Gläubigen als die Wahrheit betrachten, in allen übrigen Punkten übereinstimmen muß." 5. "Du hast jetzt schon seit einigen Jahren gepredigt, und du wirst öffentlich zu bekennen haben, daß du in einem Irrtum gewesen bist, wenn es dir einleuchten sollte, daß die Taufe der Gläubigen die wahre sei." - Antwort: "Es ist viel besser, es zu bekennen, daß du in dieser Hinsicht in einem Irrtum gewesen bist, als in demselben zu beharren." 6. "Selbst wenn die Taufe der Gläubigen die wahre sein sollte, so ist es doch jetzt zu spät, dich taufen zu lassen, da du ja gleich, nachdem du gläubig geworden warst, hättest getauft werden sollen." - Antwort: "Es ist besser, ein Gebot Jesu zu erfüllen, sei es auch noch so spät, als in der Vernachlässigung desselben fortzuleben." Es hatte Gott in seiner überschwenglichen Gnade gefallen, mein Herz in einen solchen Zustand zu bringen, daß ich bereit war, das auszuführen, was ich in bezug auf diese Wahrheit in der Schrift finden würde, wäre es nun die sogenannte Kindertaufe oder die Taufe der Gläubigen. Ich konnte sagen: "Ich will seinen Willen tun", und aus dem Grunde, glaube ich, erkannte ich auch bald, "welche Lehre von Gott ist", ob die Kindertaufe oder die Taufe der Gläubigen. Und hier möchte ich im Vorbeigehen bemerken, daß die Stelle, auf die ich mich soeben bezogen habe (Joh. 7,17), mir manche Lehren und Vorschriften unseres allerheiligsten Glaubens auf eine außerordentlich leichte Weise sehr klar und deutlich gemacht hat. Wie zum Beispiel: "Ich aber sage euch, daß ihr nicht widerstreben sollt dem Übel; sondern so dir jemand einen Streich gibt auf deinen rechten Backen, dem biete den anderen auch dar. Und so jemand mit dir rechten will und deinen Rock nehmen, dem lasse auch den Mantel. Und so dich jemand nötigt eine Meile, so gehe mit ihm zwo. Gib dem, der dich bittet; und wende dich nicht von dem, der dir abborgen will. Liebt eure Feinde; segnet, die euch fluchen; tut wohl denen, die euch hassen; bittet für die, so euch beleidigen und verfolgen." (Matth. 5,39-44.) "Verkauft, was ihr habt, und gebt Almosen." (Luk. 12,33.)

"Seid niemand nichts schuldig, denn daß ihr euch untereinander liebt." (Röm. 13,8.) Viele werden zwar sagen, diese Stellen können nicht buchstäblich genommen werden, denn wie könnten sonst die Kinder

Gottes durch die Welt kommen; aber Joh. 7,17 erklärt ihre Bedeutung. Jedermann, der willig ist, diese Befehle des Herrn praktisch auszuführen, der wird inne werden, daß es Gottes Wille sei, sie buchstäblich zu verstehen.

Sobald ich in diesen Herzenszustand versetzt worden war, lernte ich aus der Schrift, daß allein Gläubige getauft werden sollten und daß das Untertauchen die einzige schriftgemäße Art zu taufen sei, die deshalb auch allein beobachtet werden sollte. Die Stelle, die hauptsächlich mich von dem ersteren überzeugte, ist Apg. 8,36-38 und von dem letzteren Röm. 6,3-5. Einige Zeit darauf wurde ich getauft. Ich genoß dabei sehr großen Frieden, und nie habe ich es nur einen Augenblick bereut, daß ich dem Befehle des Herrn in dieser Hinsicht gehorsam war. - Ehe ich mich von diesem Punkte trenne, will ich noch einiges über den Erfolg mitteilen, was nämlich die Einwürfe anbetrifft, die in meinem Gemüt entstanden waren, als ich die Schrift mit besonderer Beziehung auf die Taufe untersuchte.

1. In bezug auf den ersten Einwurf kann ich es jetzt als meine völlige Überzeugung aussprechen, daß von allen geoffenbarten Wahrheiten keine einzige in der Schrift so deutlich geoffenbart ist, als gerade die von der Taufe; und daß diese nur durch Menschen verdunkelt worden ist, weil sie nicht willig waren, die Schrift allein in diesem Punkte entscheiden zu lassen. 2. Nicht einer meiner wahren Freunde im Herrn hat mir, wie ich gedacht hatte, den Rücken zugewandt, und die meisten derselben haben sich seitdem selbst taufen lassen. 3. Obwohl ich auf der einen Seite dadurch, daß ich mich taufen ließ, an meinem Einkommen verlor, so hat der Herr es doch nicht zugelassen, daß ich selbst in zeitlichen Dingen einen Nachteil erlitt; denn was ich auf der einen Seite verlor, ersetzte er auf der anderen reichlich wieder. - Endlich hat mein Beispiel auch viele bewogen, die Frage über die Taufe im Lichte des göttlichen Wortes zu betrachten und in der Überzeugung, daß die Taufe der Gläubigen die wahre sei, sich taufen zu lassen. Und da ich diese Wahrheit erkannt hatte, so fühlte ich mich auch bewogen, über sie wie über andere zu reden; und nur seitdem ich in Bristol bin, etwa zwölf Jahre, sind mehr als 700 Gläubige in unserer Mitte getauft worden.

Anmerkung: Georg Müller, geb. am 27. September 1805 zu Kroppenstedt bei Halberstadt, studierte in Halle a./S. Theologie. 1829 kam er nach England und arbeitete hier zunächst in der Judenmission. Später siedelte er nach Bristol über. 1834 gründete er die Anstalt zur Verbreitung des Evangeliums in der Heimat und draußen. 1836 gründete er die berühmten Waisenanstalten in Bristol. In den letzten Jahren machte Georg Müller größere Evangelisationsreisen. Er starb, 92 Jahre alt, am 9. Mai 1898.

Literatur-Verzeichnis

(Die meisten der hier genannten Schriften wurden zu vorliegender Arbeit als Quellen benutzt. Alle weiteren benutzten und zitierten Bücher sind in den Anmerkungen genannt.)

Über die Taufe im allgemeinen

A. *Seeberg*, Prof.D., Das Evangelium Christi. 1905. Die Taufe im Neuen Testament. 2. Auflage. (Bibl. Zeit- u. Streitfragen. 1. Serie. 10. Heft.

W. *Heitmüller*, Prof.D., Taufe und Abendmahl bei Paulus. 1903. Taufe und Abendmahl im Urchristentum. (Religionsgeschichtliche Volksbücher, 1. Jahrgang, Heft 22-23.) 1911.

A. *Freiherr von Romberg*, Studien zur Theorie und Praxis der Taufe. Berlin, Trowitsch & Sohn, 1913.

P. *Gennrich*, lic.theol., Die Lehre von der Wiedergeburt. Leipzig 1907.

H. *Windisch*, Taufe und Sünde im ältesten Christentum. 1908.

W. *Lütgert*, Prof.D., Der Streit um die Taufe, Seite 126ff. in Gottes Sohn und Gottes Geist. Leipzig, Deicherts Verl., 1905.

M. *Kähler*, Prof.D., Die Sakramente als Gnadenmittel. Leipzig 1903.

Althaus, Prof.D., Die Heilsbedeutung der Taufe im Neuen Testament.

H. *Cremer*, Prof.D., Wesen und Wirkung der Taufgnade. Gütersloh. Taufe, Wiedergeburt und Kindertaufe in Kraft des Heiligen Geistes. 2. Aufl. Gütersloh 1901.

Jäger, Die Lehre von den Sakramenten. Emden 1904.

E. *Bunke*, Der Lehrstreit über die Kindertaufe. Cassel 1900.

Wolfred *Nelson Cote*, Taufe und Taufkapellen oder Baptisterien. Philadelphia, Pa.

Für die Kindertaufe

Das Sakrament der heiligen Taufe. Flugblatt des Zeitschriftenvereins in Berlin.

Kemmler, Der Kindertaufe Recht und Kraft. Stuttgart 1890.

Coerper, Ein wenig über Taufe und Abendmahl. 1902.

Th. Hardeland, Das Bad der Wiedergeburt. Hannover 1902.

H. Kücklich, Die biblische Berechtigung der Kindertaufe. Stuttgart 1903.

J. Herbst, Die Taufe. Der Weg göttlicher Zeugnisse, 5. Jahrg., Heft 4. 1904.

Fr. Saul, Ist die Kindertaufe die Wiedergeburt? Dresden 1905.

M. Wilde, Schrift, Taufe und Kindertaufe. 1905.

J. Rubanowitsch, Die Tauflehre. Neumünster 1906.

E. Klein, Das Urchristentum und unsere jetzigen Gemeinden. 1907.

G. Mau, Ist das Taufsakrament noch haltbar? Wismar 1903.

E. Modersohn, Soll ich mich noch einmal taufen lassen? Neumünster 1913.
H. Demandt, Buchstabe oder Geist? Freudenberg 1913.

Gegen jede Wassertaufe

J. Paul, Pastor, Taufe und Geistestaufe. Berlin 1895
J. Curare, Gedanken über Inhalt und Bedeutung der Wassertaufe Berlin 1907
E. F. Ströter, Tauffreiheit oder Taufbefehl? Bremen

Für die Taufe der Gläubigen

F. B. Meyer, London, Warum sollte ich mich taufen lassen? Cassel, Oncken
A. Rauschenbusch, Die Entstehung der Kindertaufe. Cassel, Oncken 1898
H. Alberts, Dr., Die Geistestaufe im Urchristentum. Steglitz 1907, Selbstverlag
Joseph Lehmann, Christi Gemeinde und Bundesstiftungen, Cassel, Oncken 1900
P. Kranz, Missionar, 21 Gründe, warum ich dem neutestamentlichen Vorbild der Glaubenstaufe gehorcht habe. Cassel, Oncken 1912.
- Biblische Gemeinde gläubig getaufter Christen. Bielefeld 1913, Selbstverlag des Verfassers
Pengilly, Wer soll getauft werden? Cassel, Oncken
John Morcott, Die Taufe. Bearbeitet von C. H. Spurgeon, Cassel, Oncken.
Die Gemeinde Jesu Christi. Herausgegeben von den Freien Gemeinden. Witten a./Ruhr 1905
W. Meili, Ennenda (Schweiz), Zeugnisse für die Taufe der Gläubigen. Witten a./Ruhr
S. von Sallwürk, Das Wort sie sollen lassen stahn, Halle 1909, Selbstverlag
P. Schröder, Meine Glaubenstaufe und mein Austritt aus der lutherischen Kirche
C. A. Flügge, Zeugnisse von hundert Theologen über die Taufe, Cassel, Oncken

In englischer Sprache

Baptism: A Search Through the Scriptures. Significance, Subjects, Mode, Households, Objections. By J. R. Caldwell
Christian Baptism: An Examination of the Word of God concerning same. With review of "Household Baptism" Theories. J. J. Sims

A New Catechism on Baptism. Reply to John Scott. Questions on Christian Baptism. By A. Hamilton. 67 answers. 72 pages
Is Household Baptism Scriptural? An Examination in the light of God`s Word of the arguments and ideas for same. By J. R. Caldwell
Infant Baptism: The principal arguments used to favour examined and exploded
The Immersion of Believers: The only Scriptural Baptism: a testimony. Wm. Shaw
Plain Words about Baptism. By Chas. F. Perrin
Is Baptism for Salvation? By W. Wylson
Believer`s Baptism by a Believer
David King, Baptism. Sprinkling and Pouring versus Immersion
J. B. Broodus, D. D., Immersion Essential to Christian Baptism. American Philadelphia Baptist Publication Society
T. Vincent Tymns, D. D., The Evolution of Infant Baptism and Related Ideas. London: The Kingsgate Press 4, Southampton Row. W. C. 502. pag.
Theodosia Ernest, or the Heroine of Faith. With an Introduction by Rev. J. Clifford, M. A., D. D., L. L. B. Fourteenth Edition, Revised and completed. London: Elliot Stock, 62, Paternoster Row E.C.
My Baptism, and what led to it. By the Rev. James Mountain. With Preface by the Reverend F.B.Meyer, B.A. London: Baptist Union Publication Department. 4 Southampton Row
The New Directory for Baptist Churches. By Edw. T. Hiscox, D. D. Philadelphia, American Bapt. Publ. Soc. 1420 Chestnut Str. 1904

Zur Geschichte der Taufgesinnten, Mennoniten usw.

Karl Benrath, Wiedertäufer im Venetianischen um die Mitte des 16. Jahrhunderts. Theol. Stud. u. Kris. 1855, 1. Heft
T. J. von Braght, Märtyrerspiegel usw. Neue deutsche Ausgabe der Mennon. Publ. Co. in Elkhart, Indiana
H. Böhmer, Prof. D., Urkunden zur Geschichte des Bauernkrieges und der Wiedertäufer. Nr. 50-51 der Sammlung der kleinen Texte usw. von H. Lietzmann
A. Brons, Ursprung, Entwickelung und Schicksale der altevange- lischen Taufgesinnten oder Mennoniten. J. Müller, Amsterdam, 3. Auflage 1912
Paul Burckhardt, D., Die Baseler Täufer, Basel 1898
Daniel K. Cassel, History of the Mennonites. Philadelphia 1890. Zweite vermehrte Ausgabe 1890. Deutsche Bearbeitung unter dem Titel: Geschichte der Mennoniten
J. M. Cramp, D., Geschichte der Baptisten, Oncken 1873
H. Detmer, Dr., H. v. Kerssenbrocks Geschichte des Münsterschen Aufstandes. 2 Bände, 1900
W. Diehl, Zur Geschichte der Konfirmation, Beiträge aus der hessischen Kirchengeschichte, 1897
J. M. Glothin, Die Berner Täufer bis 1532, Berlin 1906

E. Gerbert, Geschichte der Straßburger Sektenbewegung zur Zeit der Reformation, 1524-1534, Straßburg 1889
Emil Egli, Die Züricher Wiedertäufer zur Reformationszeit, Zürich 1878. Die Geschichte der St. Galler Wiedertäufer, Zürich 1887
P. M. Friesen, Die Altevangelische Mennonitische Brüderschaft in Rußland (1789-1910) im Rahmen der mennonitischen Gesamtgeschichte. Halbstadt, Rußland 1911
Christian Hege, Die Täufer in der Kurpfalz, 1908
Christine Hege, Kurze Geschichte der Mennoniten. Herm. Minjon, Frankfurt
Emil Händiges, Lic. theol., Die Lehre der Mennoniten in Geschichte und Gegenwart, Kaiserslautern 1921
J.G. de Hoop-Scheffer, Geschichte der Reformation in den Niederlanden, Leipzig 1886
Johs. Horsch, Geschichte der Mennoniten-Gemeinden, Verlag der Mennonite Publishing Co. in Elkhart, Indiana
J. Jäkel, Geschichte der Wiedertäufer in Oberösterreich und speziell in Freistadt
L. Keller, D., Geschichte der Wiedertäufer und ihres Reichs in Münster, Münster bei Coppenrath 1880
- Ein Apostel der Wiedertäufer, Hans Denck, Leipzig, S. Hirzel, 1882
- Die Reformation und die älteren Reformparteien, Leipzig, S. Hirzel, 1884
- Zur Geschichte der altevangelischen Gemeinden, Berlin, E. S. Mittler & Sohn, 1887
- Die Waldenser und die deutschen Bibelübersetzungen, Leipzig, S. Hirzel, 1886
- Johann von Staupitz und die Anfänge der Reformation. Leipzig, S. Hirzel, 1888
- Die Gegenreformation in Westfalen und am Niederrhein, Leipzig, S. Hirzel. Zwei Teile
- Die böhmischen Brüder und ihre Vorläufer, 1894

W. Köhler, Prof. D., Reformation und Ketzerprozeß, Tübingen, Siebeck
Joseph Lehmann, Geschichte der deutschen Baptisten. Cassel, Oncken, 1900
J. Loserth, Dr., Der Anabaptismus in Tirol. 2 Bände, 1892-1893.
- D. Balthasar Hubmaier und die Anfänge der Wiedertaufe in Mähren, Brünn 1893
- Der Kommunismus der mährischen Wiedertäufer, Wien 1894
- Wiedertäufer in Steiermark, 1894

Zur Linden, Melchior Hofmann, ein Prophet der Wiedertäufer, Haarlem 1885
Mennonitisches Lexikon. Herausgegeben von Chr. Hege und Chr. Neff. Bisher elf Lieferungen
Ernst Müller, Pfarrer, Geschichte der bernischen Täufer, Frauenfeld 1895

J. P. Müller, Dr., Die Mennoniten in Ostfriesland vom 17. bis 18. Jahrhundert. Erster Teil, Emden und Borkum, W. Haynels Verlag, und Amsterdam, Johannes Müller, 1887
Nicoladini, Dr., Johann Bünderlin von Linz. Johann Bünderlin von Linz und die Oberösterreichischen Taufgemeinden in den Jahren 1525-1531, Berlin 1893
R. Nitsche, Geschichte der Wiedertäufer in der Schweiz zur Reformationszeit, Einsiedeln 1881
A. J. Ramaker, Prof., Eine kurze Geschichte der Baptisten, Cleveland, O., Germ. Bapt. Publ. Soc. 149 S.
Rembert, Dr., Die Wiedertäufer im Herzogtum Jülich, 1899
B. C. Roosen, Geschichte der Mennoniten-Gemeinde zu Hamburg und Altona, 1886-1909
Fr. Roth, Dr., Augsburgs Reformationsgeschichte, 2. Auflage 1901
Carl Sachse, Lic. theol., D. Balthasar Hubmaier als Theologe, Berlin 1914
M. Schön, Das Mennonitentum in Westpreußen, Berlin, Fr. Luckhardt
Michael Servets Wiederherstellung des Christentums, Bd. II. Von Dr. B. Spieß, Wiesbaden 1895
Fr. Thudichum, Dr., Die deutsche Reformation 1517-1537, 2 Bände, Leipzig 1907-1909
Carl A. H. van der Smissen, Kurzgefaßte Geschichte der Glaubenslehre der Altevangelischen Taufgesinnten oder Mennoniten, Sommerfield in Illinois 1895 *P. Wappler*, Prof. Dr., Inquisition und Ketzerprozeß in Zwickau zur Reformationszeit, Leipzig 1908.
- Die Stellung Kursachsens und des Landgrafen Philipp von Hessen zur Taufbewegung, Münster 1910
J. Warns, Rußland und das Evangelium. Bilder aus der Geschichte der evangelischen Bewegung des sogenannten Stundismus, Cassel, Oncken 1919
C. H. Wedel, Abriß der Geschichte der Mennoniten in vier Bändchen, Newton Kansas, Schulverlag des Beth. College, 1901-1904
R. Wolkan, Die Lieder der Wiedertäufer, Berlin 1903

Englische Werke

Henry S. Burrage, A history of the Anabaptists in Switzerland, Philadelphia 1881
J. N. Brown, The life and times of Menno, Amer. Baptist Publ. Soc. Philadelphia 1853

Holländische Werke

Tielemann Jansz van Braght, Het bloedig Tooneel of Martelaerspegel der Doopsgesinde of weerelose Christenen, Amsterdam 1660
A. Hulshof, Geschiedenis der Doopsgezinden te Straatsburg, 1525-1557

A. M. Cramer, Het leven en de verrigtingen van Menno Simons, Amsterdam 1837
S. Blaupot ten Cate. Geschiedenis der Doopsgezinden, 5 Bde., 1839-1847
T. C. Fleischer, De Doopsgezinden, Baarn 1909

Französische Werke

Louis Hauth, Les Anabaptistes à Strassbourg au temps de la Réformation, 1860
Michiels, Les Anabaptistes des Vosges, Paris 1860

Zur Kirchenfrage

O. Scheel, Prof. D., Die Kirche im Urchristentum (Religionsgeschichtliche Volksbücher 20).
A. Schlatter, Prof. D., Die Gemeinde in der apostolischen Zeit und im Missionsgebiet (Beiträge zur Förd. christl. Theol. 1912, Heft 5)
R. Sohm, Prof. D., Wesen und Ursprung des Katholizismus, 1912
Rendtorff, Prof. D., Kirche, Landeskirche, Volkskirche
Karl Müller, Prof. D., Kirche, Gemeinde und Obrigkeit nach Luther, 1910
Paulus, N., Dr., Luther und die Gewissensfreiheit, München 1905
W. Köhler, D., Die Entstehung des Problems Staat und Kirche, Tübingen, Mohr 1903
Hefte zur Christlichen Welt, Tübingen, Mohr
- 52. Die evangelischen Kirchen und der Staat. Leit- und Streitsätze von Schürn, Förster, Naumann, Katzer, von Soden, Baumgarten, 1905
- 12. E. Gabermann, Christentum und Staat, 1893
- 13. Das Apostolicum als Tauf- und Konfirmationsbekenntnis, 1894
- 16.17. Müller, K. und Förster, E., Kirche Christi und Landeskirche, 1895
- 25. A. Harnack, Zur gegenwärtigen Lage des Protestantismus, 1896
- 54. Förster, E., Weshalb wir in der Kirche bleiben!
E. Troeltsch, D., Die Trennung von Staat und Kirche, 1907
Hefte zum "Alten Glauben":
- 1. Walther, W. D., Die Gemeinschaftsbewegung der Gegenwart, 1900
- 2. Gußmann, W., Die Kirche im neuen Jahrhundert, 1901
- 6. " Der Zusammenschluß der deutschen ev. Landeskirchen, 1902
- 10. " Unsere kirchliche Lage, 1904
Hefte "Kirchlich Positiv", Verlag der posit. Union, Berlin
W. Kautz, Die Grundlagen der Religionsfreiheit in Preußen, Cassel, Oncken
Fr. Speemann, Landeskirche oder religiöse Freiheit? Berlin 1907
A. Heß, Die wesentlichen Merkmale, durch die sich der Baptismus von der Volks-, Staats- und Landeskirche unterscheidet, Cassel, Oncken

G. Gieselbusch, Warum wir Baptisten sind, Cassel, Oncken
G. Nagel, Der große Kampf (Kirche oder Gemeinde der Gläubigen), 2. Aufl., Witten 1912
E. Wächter, Volkskirche oder Gemeinde? Buchhandlung der Stadtmission, Witten a./Ruhr 1921
J. Warns, Staatskirche? Volkskirche? Freikirche? Ein Wegweiser durch die kirchlichen Wirren der Gegenwart für fragende Christen, Wiegand & Co., Homburg vor der Höhe 1919

INHALT

Anhang